RIO DOS DEUSES

CANDICE MILLARD

Rio dos deuses

*Coragem, traição e genialidade
na busca pela nascente do Nilo*

Tradução
Pedro Maia Soares

Copyright © 2022 by Candice Millard

Grafia atualizada segundo o Acordo Ortográfico da Língua Portuguesa de 1990, que entrou em vigor no Brasil em 2009.

Título original
River of the Gods: Genius, Courage, and Betrayal in the Search for the Source of the Nile

Capa
Alceu Chiesorin Nunes

Imagem de capa
Aleksandra Kossowska/ Shutterstock

Preparação
Julia Passos

Índice remissivo
Gabriella Russano

Revisão
Huendel Viana
Eduardo Santos

Dados Internacionais de Catalogação na Publicação (CIP)
(Câmara Brasileira do Livro, SP, Brasil)

Millard, Candice
   Rio dos deuses : Coragem, traição e genialidade na busca pela nascente do Nilo / Candice Millard ; tradução Pedro Maia Soares. — 1ª ed. — São Paulo : Companhia das Letras, 2025.

   Título original: River of the Gods : Genius, Courage, and Betrayal in the Search for the Source of the Nile.
   Bibliografia.
   ISBN 978-85-359-3653-7

   1. Bombay, Sidi Mubarak – Viagem – Rio Nilo 2. Burton, Richard Francis, Sir, 1821-1890 – Viagem – Rio Nilo 3. Nilo, Rio, Vale – Descobertas e explorações 4. Rio Nilo – Descobertas e explorações 5. Speke, John Hanning, 1827-1864 – Viagem – Rio Nilo I. Título.

25-263571   CDD-916.204

Índice para catálogo sistemático:
1. Rio Nilo : Descrições e viagens   916.204

Cibele Maria Dias – Bibliotecária – CRB-8/9427

Todos os direitos desta edição reservados à
EDITORA SCHWARCZ S.A.
Rua Bandeira Paulista, 702, cj. 32
04532-002 — São Paulo — SP
Telefone: (11) 3707-3500
www.companhiadasletras.com.br
www.blogdacompanhia.com.br
facebook.com/companhiadasletras
instagram.com/companhiadasletras
x.com/cialetras

Para meus filhos

O lago ondulava de um extremo ao outro do mundo.
Largo como um mar embalado na palma da mão
de um gigante.
Ranjit Hoskote, "Sidi Mubarak Bombay"

Sumário

Prólogo — Obsessão 11

PARTE I: UM CORAÇÃO VALENTE

1. Uma chama de luz 19
2. Sombras 32
3. Garantia por nosso sangue 39
4. O *abban* 48
5. O inimigo está sobre nós 55

PARTE II: O QUE PODERIA TER SIDO, O QUE TERIA SIDO

6. Na boca do inferno 69
7. Que maldição é um coração 79
8. *Horror Vacui* 89
9. Bombay 103
10. A morte estava escrita 111
11. Um velho inimigo 137
12. Tanganica 155
13. Até o fim do mundo 171

PARTE III: FÚRIA

14. As facas estão embainhadas 183
15. Foi em mim que ele atirou 194
16. O sonho de um exilado 208
17. Duro como tijolos 215

PARTE IV: AS LÍNGUAS MALIGNAS DOS AMIGOS

18. O príncipe 225
19. Danem-se suas almas 240
20. Neston Park 250
21. O coração cansado esfria 263

Epílogo — Cinzas 277

Agradecimentos 289
Créditos das imagens 295
Notas 297
Bibliografia selecionada 325
Índice remissivo 331

Prólogo

Obsessão

Ao atravessar os famosos portões de Alexandria no final de 1801, um jovem oficial britânico chamado William Richard Hamilton se viu no meio de um quadro impressionante — uma miséria abjeta e, ao fundo, a grandeza perdida dos faraós. Outrora o maior centro de aprendizagem do mundo antigo, a cidade de Alexandria era agora uma ruína em chamas, apanhada nas garras de uma guerra europeia travada em terras africanas. Na esteira da vitória esmagadora da Grã-Bretanha sobre a França napoleônica, soldados feridos jaziam moribundos sob o sol escaldante; prisioneiros libertados das masmorras arrastavam seus corpos maltratados pelas ruas; famílias famintas brigavam pelos últimos cavalos mortos dos exércitos. Para Hamilton, no entanto, o momento era a chance de sua vida. Sozinho, o classicista de 24 anos formado em Cambridge fora enviado ao Egito com uma única missão: encontrar a Pedra de Roseta.

Ignorada de maneira significativa durante séculos pelas elites europeias educadas na glória e nas línguas da Grécia e de Roma, a cultura egípcia começara havia pouco a receber reconhecimento por suas realizações assombrosas e por ser ainda mais antiga, fazendo dela um prêmio novo e especialmente cobiçado pelas potências europeias obcecadas por supremacia cultural e militar. Três anos antes, no início de 1798, Napoleão Bonaparte havia desembarcado na costa egípcia na esperança de enfraquecer a Grã-Bretanha ao bloquear sua rota terrestre para a Índia. Porém, esse objetivo militar convencional também abriu as portas para uma conquista científica e cultural muito mais audaciosa. Atrás das tropas invasoras, Napoleão levava outro exército altamente treinado — de estudiosos. Esses homens ambiciosos da França, conhecidos como "savants" (sábios), estavam encarregados de se apropriar de tudo o que pudessem desenterrar das tumbas ou tirar do solo, numa tentativa de afirmar a soberania francesa sobre a cultura antiga do Egito. Eles mediram a cabeça da Grande Esfinge, mapearam o Cairo, pesquisaram cidades e pintaram quadros de tudo o que não podia ser embrulhado e levado embora. Esses homens, botânicos e engenheiros, artistas e geólogos, estavam vivendo, como um deles escreveu animadamente para casa, "no centro de um núcleo flamejante de razão"[1] e acreditavam que não havia símbolo maior de seu poder militar e intelectual do que a apreensão da Pedra de Roseta.

Embora seus hieróglifos cuidadosamente esculpidos ainda não estivessem decifrados, a pedra oferecia acesso aos mistérios espetaculares que os estudiosos europeus agora viam que os esperavam ao longo do rio Nilo, mistérios que antecediam qualquer coisa que compreendessem e que os fariam reescrever tudo o que se sabia sobre história. Os franceses haviam desenterrado a pedra de pouco mais de um metro de altura dois anos antes, em 1799, quando os soldados de Napoleão tentavam reforçar um forte antigo em ruínas na margem oeste do Nilo, no porto de Roseta. Seus oficiais reconheceram de imediato que a laje cinza-escura era um objeto de valor extraordinário, aquilo que os estudiosos passaram a vida inteira esperando encontrar. Em sua face estava gravado um decreto de 2 mil anos escrito em três linguagens diferentes: duas desconhecidas — demótico, outrora a língua cotidiana do povo egípcio, e os hieróglifos, a linguagem misteriosa de seus sacerdotes — e uma conhecida: o grego antigo, que tinha o poder de desvelar os outros dois. A notícia da descoberta logo se espalhou, e estudiosos e cientistas de toda a Europa começaram a falar em voz baixa sobre a Pedra de Roseta.

Que Napoleão possuísse tal mapa do tesouro da sabedoria antiga era intolerável para a Grã-Bretanha, império rival da França. Vitoriosos no sangrento cerco de Alexandria, os britânicos exigiam agora seus direitos de conquistadores: cada sarcófago, cada escultura, cada escaravelho dourado reluzente e, acima de tudo, a Pedra de Roseta. Na derrota, esconder a pedra era a única opção que restava à França. Apesar de seu peso enorme — estimado em cerca de três quartos de tonelada —, os soldados de Napoleão já a haviam movido várias vezes, do forte onde havia sido encontrada para o Cairo e, por fim, para Alexandria. Agora, estava num depósito, escondida numa pilha de bagagem comum e coberta com esteiras. Para enganar os britânicos, os franceses espalharam o boato de que a pedra já se fora, escondida a bordo de um navio que partira para a Europa no meio da noite, tal como o próprio Bonaparte havia feito assim que a derrota pareceu iminente.

William Richard Hamilton, no entanto, recusou-se a aceitar as evasivas. Ao percorrer os escombros de Alexandria, não acreditou que a Pedra de Roseta tivesse saído do Egito e exigiu saber onde ela estava escondida. O comandante-geral francês, que havia supervisionado pessoalmente grande parte da pilhagem cultural, enfureceu-se com o jovem determinado, acusou o britânico de o extorquir com "um canhão em cada um dos meus ouvidos e outro na minha boca" e proferiu uma frase que viria a ser a caricatura atemporal do duplo padrão dos imperialistas. *"Jamais on n'a pillé le monde!"*, reclamou ele com desdém — "Nunca saqueamos o mundo!". Como tinha certeza de que teria sucesso na busca, Hamilton acabou descobrindo o esconderijo da pedra e, cinco meses depois, transportada pela fragata francesa capturada HMS *Égyptienne*, ela chegou enfim a Londres, onde logo se tornou o maior tesouro do Museu Britânico.

Longe de extinguir o interesse da Europa pelos mistérios do Nilo, a chegada da Pedra de Roseta alimentou uma obsessão de décadas pelo Egito, pelas culturas do Oriente Médio e pelo "orientalismo". Quando os hieróglifos da pedra foram enfim decifrados, 23 anos depois, por um estudioso francês chamado Jean-François Champollion, o fascínio da Europa pela história egípcia e pelo vale do Nilo já se tornara um frenesi em grande escala. Depois que os segredos enigmáticos da língua esquecida dos faraós foram desvendados, abriu-se uma comporta de interesse e estudo, que por sua vez se infiltrou na cultura popular. Da arqueologia à arte, da poesia à moda, o fascínio exercido por uma vasta e brilhante civilização perdida no tempo foi irresistível para o público. Gerações de aristocratas dedicariam dinheiro e tempo competindo para desenterrar novas dimensões desse mundo antigo e reconciliá-lo com os textos e a história dos clássicos gregos e romanos em que estavam imersos desde seus primeiros dias na escola. Entre as histórias mais sedutoras que leram estavam as várias teorias sobre a nascente do Nilo, desde especulações do historiador grego Heródoto até as expedições fracassadas da Guarda Pretoriana de elite do imperador romano Nero.

Tendo colocado seu país na vanguarda dessa nova tendência, Hamilton, como o resto do mundo, ficou ainda mais cativado pelos segredos do Nilo. À medida que suas feições jovens se tornavam vincadas e seu queixo aristocrático se suavizava com a idade, ele intensificava seu estudo, publicando sua própria tradução da porção grega da Pedra de Roseta. Para acrescentar mais um ícone cultural controverso ao currículo, ele ajudou a recuperar as esculturas do Partenon quando um dos navios que as transportava afundou. Em 1830, ele ajudou a dar forma institucional à preocupação nacional da Grã-Bretanha, tornando-se um membro original e, mais tarde, presidente da Real Sociedade Geográfica, dando-lhe até mesmo seu lema latino: "*Ob terras reclusas*" — "Para a descoberta de terras".

Ao pôr suas melhores mentes e vastas fortunas imperiais no apoio à tarefa de explorar as raízes antigas da humanidade, a Grã-Bretanha assumiu rapidamente um papel de liderança nos novos campos abertos por essa busca, tendo a Real Sociedade Geográfica como a principal organizadora e defensora. Mas, enquanto enchia o Museu Britânico de artefatos capturados pela força imperial, as ambições da Sociedade em perseguir o antigo Egito até as cabeceiras do Nilo eram frustradas pela enorme escala do majestoso rio, o mais longo do mundo, que derrotou incontáveis iniciativas de chegar às suas origens. No caminho de qualquer tentativa de exploração, havia vastos territórios inexplorados, defendidos por povos locais e inúmeras dificuldades físicas, que supostamente escondiam a herança secreta de todo o mundo moderno.

Em vez de abrir caminho rio acima, o que também implicaria discernir qual dentre o desconcertante número de afluentes era o que se qualificava como a principal fonte do Nilo, os exploradores voltaram sua atenção para um plano alternativo e ousado: desembarcar na costa leste da África, bem abaixo da linha do Equador, e avançar para o interior na esperança de encontrar o divisor de águas onde um riacho começasse a correr para o norte na jornada de mais de 6 mil quilômetros até o Egito. Essa épica tática indireta era apoiada por rumores de uma região de lagos gigantescos que se dizia existir na parte central do continente. A estratégia também aproveitava a crescente força militar e naval da Grã-Bretanha, permitindo que os exploradores transportassem seus suprimentos e equipamentos por mar para os principais portos e áreas de parada, como Áden e a ilha de Zanzibar, protegidas por trinta quilômetros de mar justamente ao largo da costa onde uma expedição precisaria desembarcar e iniciar a jornada para o interior.

Ao pôr os exploradores britânicos em contato direto com o interior da África, esse empreendimento de fato reconectaria, como a análise de DNA provaria mais tarde, a cultura de um local de desenvolvimento mais recente com algumas das terras em que a migração humana começara havia mais tempo. Desse modo, preparou o terreno para a "descoberta" de regiões que, na verdade, estavam ocupadas por seres humanos centenas de milhares de anos antes do que Londres ou Paris. Mas como "descobertas" semelhantes, de Hispaniola ao Peru, haviam provado, a disparidade de poder e recursos entre os dois lados em tais encontros abria caminho para a tragédia e a exploração. As consequências dessa perigosa assimetria foram demonstradas na África ao longo dos séculos anteriores, quando negociantes europeus, norte-americanos e árabes que se moviam entre dois mundos capitalizavam seu poder escravizando os povos africanos e os vendendo para obter lucro. Para os exploradores, essa injustiça dolorosa era uma realidade da região tanto quanto a geografia ou o clima, moldando tudo, desde a localização dos portos e a disponibilidade de alimentos até os caminhos que seguiriam. Com efeito, seus esforços acabariam levando ao saque da própria terra que desejavam explorar. Como o escritor britânico Samuel Johnson havia escrito menos de um século antes, após a expedição ao Ártico do capitão Constantine Phipps, "não desejo o bem das descobertas, pois sempre temo que terminem em conquista e roubo".[2]

No entanto, com todo o conhecimento e poder imperial da Grã-Bretanha, a tarefa de procurar a nascente de um rio distante numa região desconhecida era tão difícil e proibitiva que permaneceu quase impossível. Na década de 1850, com o orgulho nacional britânico empenhado e o prestígio da descoberta científica transformadora e os planos de expansão imperial em jogo, a Real Sociedade Geográfica resolveu montar uma das expedições mais complexas e difíceis já tentadas. Embora entre seus membros houvesse luminares científicos que iam de Charles Darwin a David Livingstone, a Sociedade sabia que esse empreendimento exigiria experiência e discernimento que estavam além do alcance de qualquer coisa que já tivesse realizado no passado. Ela precisaria da ajuda de guias e carregadores africanos habilidosos, uma dívida pesada que raras vezes era reconhecida, mas também precisaria de mais do que apenas um explorador. Demandava um cientista e erudito, um artista e linguista, um escritor extraordinariamente habilidoso e um pesquisador ambicioso e obsessivo — um exército de sábios em um único homem.

PARTE I
UM CORAÇÃO VALENTE

1. Uma chama de luz

Sentado num tapete fino em seu minúsculo quarto alugado em Suez, no Egito, em 1854, Richard Francis Burton observava calmamente cinco homens lançarem olhares críticos sobre seus escassos pertences. Os homens, que ele acabara de conhecer no Hajj, a peregrinação islâmica anual a Meca, "olharam minhas roupas, revisaram minha caixa de remédios e criticaram minhas pistolas",[1] escreveu Burton. "Eles zombaram do meu relógio com estojo de cobre." Ele sabia que se descobrissem a verdade — que ele não era Shaykh Abdullah, um médico indiano nascido no Afeganistão e muçulmano devoto, e sim um tenente de 32 anos do Exército da Companhia Britânica das Índias Orientais — não só sua expedição planejada de forma minuciosa estaria em grave perigo, como também sua vida. Burton, no entanto, não estava preocupado. Mesmo quando os novos amigos encontraram seu sextante, o instrumento científico mais indispensável — e obviamente ocidental — que ele tinha, Burton não achou que tinha algo a temer. "Isso foi um erro", escreveu mais tarde.[2]

O objetivo de Burton era fazer algo que nenhum outro inglês havia feito, e que poucos tinham habilidade ou audácia para realizar: entrar em Meca disfarçado de muçulmano. Era uma empreitada que ao mesmo tempo reconhecia o que havia de mais sagrado para a fé muçulmana e negava o direito de protegê-la, tornando-a irresistível para Burton, que estudava todas as religiões e não respeitava nenhuma. Local de nascimento do profeta Maomé, Meca é o lugar mais sagrado do islamismo e, como tal, proibido para não muçulmanos. Burton sabia que, "para passar pela Terra Santa dos muçulmanos, é preciso ser um crente nato, ou ter se tornado um",[3] mas ele nunca havia pensado em realizar o Hajj como um convertido. "Os homens não dão informações de bom grado a um 'muçulmano novo', em especial um franco [europeu]: eles suspeitam que a conversão seja fingida ou forçada, olham-no como se fosse um espião e o deixam ver o menos possível da vida", escreveu. "Seria preferível desistir do querido projeto a comprar um sucesso duvidoso e parcial a tal preço." Burton, que havia desistido de Oxford e era um erudito autodidata, um explorador compulsivo e um poliglota extraordinariamente habilidoso, queria acesso irrestrito a todos os locais sagrados que conseguisse, a confiança de todos os homens que cruzasse e a resposta para todos os mistérios antigos que encontrasse — nada menos, ele escreveu, do que ver e compreender a "vida interior islâmica". E também queria voltar para a Inglaterra vivo.

Ao se disfarçar de muçulmano, Burton se arriscava a sofrer a justa ira daqueles para quem o Hajj era o mais sagrado dos ritos religiosos. Embora "nem o Alcorão, nem o sultão prevejam a morte de intrusos hebreus ou cristãos",[4] ele sabia que "no caso de um peregrino se declarar infiel, as autoridades seriam impotentes para protegê-lo". Um único erro poderia lhe custar a vida. "Um erro, uma ação precipitada, uma palavra mal interpretada, uma oração ou reverência, não fazer estritamente o *shibboleth* correto", escreveu, "e meus ossos teriam embranquecido a areia do deserto."[5]

Além disso, o plano de Burton exigia a travessia do Rub' al-Khali — "Lugar vazio" —, o maior deserto contínuo do mundo e, em suas palavras, uma "enorme mancha branca"[6] nos mapas do século XIX. A expedição era tão ambiciosa que captou a atenção de Sir Roderick Impey Murchison, presidente da Real Sociedade Geográfica. Para Murchison, que ajudara a fundar a instituição quase um quarto de século antes, esse era exatamente o tipo de exploração que a Sociedade fora criada para estimular. Ele "me honrou", escreveu Burton, "ao apoiar de forma calorosa [...] meu pedido de licença de três anos em serviço especial".[7] A Companhia das Índias Orientais, uma corporação privada de 250 anos com exércitos próprios, argumentou que a jornada era muito perigosa e que Burton, que fizera mais inimigos do que amigos durante seus anos no Exército, deveria receber não mais do que um ano de licença. A Real Sociedade

Geográfica manteve sua promessa de ajudar a financiar a expedição. Murchison acreditava que, para um desafio dessa magnitude, Burton era "singularmente bem qualificado".[8]

Embora os membros da Real Sociedade Geográfica se impressionassem com as realizações de Burton, a maioria tinha reservas em relação àquele jovem incomum que parecia ser britânico apenas no nome. Burton havia nascido em Devon, junto ao Canal da Mancha, mas passou mais tempo perambulando pelo restante do mundo do que em sua terra natal. Esse padrão tinha começado cedo, quando seu pai, Joseph Netterville Burton, tenente-coronel aposentado do Exército britânico, mudou com a família para a França antes do primeiro aniversário de Richard. Nos dezoito anos seguintes, ele se mudou outras treze vezes, estabelecendo-se brevemente em cidades como Blois e Lyon, Marselha e Pau, Pisa e Siena, Florença, Roma e Nápoles.[9] Quando se tornou adulto, Burton, junto com seus irmãos mais novos Maria e Edward, sentia-se menos um cidadão do mundo do que um homem sem pátria. "Por termos sido criados no exterior, nunca entendemos completamente a sociedade inglesa", escreveu ele, "nem a sociedade nos entendeu."[10]

Burton não se sentia britânico — como haviam lhe dito muitas vezes, nunca de forma elogiosa —, como também não parecia particularmente britânico. Os que o conheceram nunca esqueciam seu rosto. Bram Stoker, que viria a escrever *Drácula*, ficou abalado em seu primeiro encontro com Burton. "O homem prendeu minha atenção", escreveu mais tarde.[11] "Ele era moreno, forte, magistral e implacável. [...] Nunca vi ninguém como ele. É de aço! Passaria por você como uma espada!" Seu amigo e poeta Algernon Charles Swinburne escreveu que Burton tinha "a mandíbula de um demônio e a testa de um deus"[12] e disse que seus olhos tinham "um olhar de horror indescritível". Os olhos negros de Burton, herdados de seu pai inglês-irlandês, pareciam hipnotizar a todos que encontrava. Amigos, inimigos e conhecidos os descreveram como magnéticos, imperiosos, agressivos, ardentes e até terríveis, e os compararam a todos os animais selvagens perigosos que poderiam imaginar, de uma pantera a uma "serpente peçonhenta". Igualmente impressionantes eram seus cabelos grossos e negros, sua voz profunda e ressonante e até seus dentes, que podem ter inspirado o vampiro mais icônico da literatura. Stoker jamais se esqueceria de ter observado com fascínio o lábio superior de Burton subir de maneira ameaçadora enquanto ele falava: "O dente canino mostrou todo o seu comprimento, como o brilho de uma adaga".

Burton crescera lutando, de brigas de rua a escaramuças escolares e encontros violentos com professores enfurecidos. Embora o pai tivesse arrastado os filhos de uma cidade europeia para outra, ele queria que tivessem uma educação britânica, que começou num sombrio internato em Richmond. Burton se lembrava apenas de ter aprendido na escola, descrita como "a 'fábrica de graxa' de Charles Dickens",[13] "uma certa facilidade em usar os punhos e um desenvolvimento geral da brutalidade. Eu estava numa cena perpétua de lutas; a certa altura, tinha 32 questões de honra para resolver". Quando ele e Edward foram finalmente mandados de volta para Boulogne, depois que uma epidemia de sarampo matou vários meninos e fechou a escola, eles escandalizaram a todos no navio ao comemorar o fato de estarem finalmente deixando a Inglaterra. "Nós gritamos, guinchamos, dançamos de alegria. Sacudimos nossos punhos para os penhascos brancos e torcemos em voz alta para que nunca mais os víssemos", escreveu ele. "Demos vivas à França e vaiamos a Inglaterra, 'a Terra onde o sol nunca se põe — nem nasce.'"[14]

O pai de Burton o ensinou a jogar xadrez,[15] mas a maior parte do que aprendeu veio de uma sucessão de tutores alternadamente aterrorizantes e aterrorizados. Não importava o tema, eles tinham permissão para bater nos alunos, até que estes tivessem idade suficiente para espancá-los de volta. Anos mais tarde, Burton expressaria sua tristeza pelo dano incalculável causado por "aquele ditado imprudente do homem sábio: 'Poupe a vara e estrague a criança'".[16] Na adolescência, ele reagiu. O músico coitado e nervoso que os pais de Burton contrataram para lhe ensinar violino — "nervos sem carne, pendurados em fios", como Burton mais tarde o descreveria com desprezo, "só cabelo e nenhum cérebro" — finalmente desistiu depois que o aluno quebrou um violino em sua cabeça.[17]

Na infância, o único professor que Burton respeitava era seu mestre de esgrima, um ex-soldado que tinha apenas um dos polegares, após perder o outro em uma batalha. Richard e o irmão se entregaram à esgrima com tanto entusiasmo que seus estudos quase terminaram em tragédia. "Logo aprendemos a não negligenciar a máscara", escreveu Richard. "Passei meu florete pela garganta de Edward e quase destruí sua úvula, o que me causou muito pesar."[18] As lições, no entanto, não só valeram a pena, como também produziram um dos espadachins mais habilidosos da Europa. Burton ganhou o cobiçado título francês de *Maître d'Armes*;[19] aperfeiçoou dois golpes de espada, o *une-deux* e o *manchette* — um movimento de corte ascendente que incapacitava o oponente, muitas vezes poupando sua vida —; e escreveu *The Book of the Sword* [O livro da espada] e *A Complete System of Bayonet Exercise* [Um sistema completo de exercícios de baioneta], que o Exército britânico publicou no mesmo ano em que ele partiu para Meca. Ele diria mais tarde que a esgrima "foi o grande consolo da minha vida".[20]

Enquanto crescia, Burton também desenvolvia outro interesse que o consumiria ao longo da vida e que o tornaria ainda menos bem-vindo na alta sociedade: o sexo. O que começou como casos de amor com belas mulheres da Itália à Índia logo se transformou em algo mais investigativo e erótico, e muito menos aceitável na Inglaterra vitoriana. Na qualidade de jovem oficial em Sindh, hoje uma província no sudeste do Paquistão, ele investigou os bordéis homossexuais e escreveu um relatório para seu comandante que ele alegou mais tarde ter prejudicado sua carreira. Seus escritos etnológicos, que viriam a abranger a Ásia, a África e a América do Norte, se concentravam no vestuário, na religião e nas estruturas familiares de seus súditos, mas também nas práticas sexuais. Seus leitores ficariam chocados com discussões abertas e detalhadas sobre poligamia e poliandria, prostituição e sexo entre homens mais velhos e garotos. Burton, no entanto, tinha pouco tempo para o pedantismo britânico e nenhum interesse por aquilo que chamava de "inocência da palavra, não do pensamento; moral da língua, e não do coração".[21]

Embora a infância nômade e seus interesses escandalosos fizessem com que se sentisse desconectado de seu país e alvo da desconfiança de seus compatriotas, Burton aprendeu uma coisa notável sobre si mesmo ao longo do caminho: ele era, nas palavras de um de seus tutores aturdidos, "um homem capaz de aprender uma língua correndo".[22] No final da vida, falaria mais de 25 idiomas diferentes, além de pelo menos uma dúzia de dialetos. Até certo ponto, seu dom para línguas era produto da habilidade natural e do treinamento precoce. "Eu estava destinado a ser aquele ser miserável, a criança-fenômeno", explicou ele, "e assim comecei o latim aos três anos e o grego aos quatro."[23] Mas foi seu fascínio por outras culturas e sua mente metódica que fizeram dele um dos linguistas mais talentosos do mundo. Muito cedo, ele desenvolveu um sistema que lhe permitia aprender a maioria dos idiomas em dois meses, e nunca parecia entender por que os outros achavam tão difícil. "Nunca trabalhei mais de um quarto de hora por vez, pois depois disso o cérebro perdia seu frescor", escreveu. E continuou:

> Depois de aprender cerca de trezentas palavras, o que é fácil de fazer em uma semana, tropeçava em alguns livros fáceis (um dos Evangelhos é o mais acessível) e sublinhava cada termo que desejava lembrar, a fim de rever meus sublinhados pelo menos uma vez por dia. [...] O pescoço da língua estava agora quebrado e o progresso era rápido.[24]

Depois de arquitetar sua própria expulsão de Oxford, onde fora ridicularizado, ignorado e ficara entediado, Burton ingressou no 18º Regimento de Infantaria Nativa de Bombaim, da Companhia das Índias Orientais. Percebendo que uma das maneiras mais rápidas de subir na hierarquia era se tornar intérprete, ele aprendeu doze idiomas em sete anos.[25] Começou a estudar hindustâni logo após chegar à Índia e, seis meses depois, passou facilmente em primeiro lugar entre os muitos linguistas talentosos que fizeram o exame. Ao longo dos anos seguintes, acrescentou um idioma após o outro à sua longa lista: gujarati, marathi, armênio, persa, sindi, punjabi, pashto, sânscrito, árabe, telugu e turco, e raramente ficou em segundo lugar, mesmo enfrentando rivais talentosos.[26]

Burton se envolveu de tal modo com sua paixão por idiomas que muitas vezes se esquecia de que nem todos compartilhavam de seu entusiasmo descomunal. Em seu livro *Falconry in the Valley of the Indus* [Falcoaria no vale do Indo] — uma das cinco obras que escreveu entre 1851 e 1853 —, usou tantos dialetos indianos diferentes que foi abertamente ridicularizado numa resenha britânica:

> Se o autor não se orgulhasse tanto de seu conhecimento das línguas orientais a ponto de julgar desejável exibir o referido conhecimento por uma mistura constante de palavras indianas com sua narrativa, esse livro seria um acréscimo muito agradável tanto para a zoologia como para a falcoaria do Oriente. Achamos sua afetação quase insuportável e desejamos sinceramente que ele fique confinado ao uso do inglês simples pelo resto de sua vida natural.[27]

Burton, no entanto, não se sentiria envergonhado ou dissuadido de sua obsessão. "Por muitos anos, trabalhei no estudo da literatura e da língua scindia", escreveu ele em resposta. "Você [...] descobrirá que é a língua de um país tão grande quanto a Inglaterra."[28] Ele até escreveu uma carta ao *Bombay Times* em que criticava o exame de idiomas dentro da Companhia das Índias Orientais e alegava que, para um estudante sério, o processo não era particularmente desafiador. "A tarefa pode parecer colossal: mas garantimos que parece muito mais aterrorizante do que é na realidade", escreveu. "Qualquer homem de habilidades moderadas pode, com estudo cuidadoso, embora não pesado, qualificar-se em um ano para passar no exame que descrevemos."[29]

Esse desdém pelos exames notoriamente difíceis e competitivos era enlouquecedor para os colegas oficiais de Burton que lutavam durante anos para aprender os idiomas. Um homem em particular se irritou com essa arrogância e viria a justificar a afirmação de Burton de que "linguistas são uma raça perigosa".[30] Christopher Palmer Rigby era considerado um dos linguistas mais ilustres da Companhia das Índias Orientais. Aos vinte anos, havia passado nos exames de língua hindustâni e marata, além de canarês, persa e árabe antes de completar trinta anos. Em 1840, enquanto estava em Áden, não só aprendeu somali, como escreveu *An Outline of the Somali Language and Vocabulary* [Um esboço da língua e do vocabulário somali], que Burton admirava e usou amplamente ao estudar esse idioma. Quando Rigby fez seu exame em Gujarat, esperava-se que recebesse a pontuação mais alta.[31] No entanto, para a surpresa de todos, sobretudo de Rigby, ele perdeu essa honra para Richard Burton.

Muitos anos depois, Rigby se veria em condições de provar a Burton que os linguistas não eram apenas perigosos, mas tinham boa memória. Burton só fez o exame de árabe, uma língua que conhecia tão bem que a chamava de "minha língua nativa",[32] em 1855. Logo depois de fazer o teste, ele deixaria o país, supondo que havia passado com facilidade. "Pode-se dizer sem falta de modéstia", escreveu ele, "que esqueci tanto quanto muitos arabistas aprenderam."[33] Mas como descobriria muito mais tarde, ele havia sido reprovado no exame: a Comissão Examinadora de Bombaim se recusou a aprová-lo porque seu teste havia sido informal. Dezessete anos depois de Burton ter feito a prova, o estudioso de árabe George Percy Badger lhe escreveria explicando que havia comentado "sobre o absurdo da Comissão de Bombaim julgar sua proficiência, pois eu não acreditava que qualquer um deles possuísse um décimo do conhecimento do árabe que você tinha".[34] O presidente da comissão na época da decisão era Christopher Palmer Rigby.

Burton sabia que, mesmo que falasse árabe como alguém de lá, isso não seria suficiente para preservar seu disfarce em Meca, por isso passou meses planejando de maneira meticulosa a viagem. Enquanto ainda estava na Inglaterra, assumiu discretamente o personagem Shaykh Abdullah: raspou a cabeça, deixou a barba crescer, vestiu mantos soltos e usou suco de nozes para escurecer a cor de sua pele. E, para completar, submeteu-se à circuncisão, feita de acordo com o rito árabe, e não o judaico.[35] Uma vez no Cairo, apesar de já falar persa, hindustâni e árabe — as três línguas que julgava ser importantes para "passar na prova" — e ter um conhecimento tão detalhado do islamismo que era capaz de recitar de cor um quarto do Alcorão, contratou um antigo *khatib*, um pregador islâmico, para aprimorar sua gramática e expandir sua teologia. Por fim, como qualquer peregrino, dividiu com cuidado seu dinheiro: costurou uma parte num cinto de couro e empacotou o resto em caixas, na expectativa de ser roubado pelos homens que assombravam as rotas mais movimentadas do Hajj. "Se encontrarem certa quantia de dinheiro em sua bagagem, eles não revistam seu corpo", aconselhou Burton a seus leitores. "Se não encontrarem nada, procedem a uma inspeção corporal e, se o cinto estiver vazio, estão bastante dispostos a rasgar sua barriga, pois acreditam que deve ter algum modo peculiarmente engenhoso de esconder objetos de valor nela."[36]

Mas até mesmo o estudo mais sério e o planejamento mais meticuloso podem ser desfeitos por um único erro. Nas semanas decorridas desde que Burton conheceu os homens que agora estavam sentados em seu quarto examinando suas malas, ele cultivou com cuidado a amizade deles, oferecendo-lhes empréstimos para suas peregrinações, envolvendo-os em longas e desconexas conversas e impressionando-os com seu vasto conhecimento de teologia e literatura islâmicas.[37] No momento em que olharam suspeitando do seu sextante, eles já o haviam aceitado como companheiro de peregrinação não apenas de boa vontade, mas com entusiasmo.

Não havia mais nada entre os pertences de Burton que chamasse a atenção daqueles homens. Ele não tinha muito mais do que algumas peças de roupa, uma pistola e uma adaga, seu Alcorão, três odres de água, uma caixa de remédios verde-ervilha aparentemente indestrutível coberta de flores vermelhas e amarelas e uma "dona de casa", um presente do seu primo, que consistia em "um rolo de tela, cuidadosamente sujo, e guarnecido com agulhas e linhas, cera de sapateiro, botões".[38] Qualquer coisa que pudesse levantar suspeitas, e da qual pudesse prescindir, ele havia deixado para trás.[39] Precisava muito do sextante para medir distâncias quando chegasse a Meca, então fez o possível para disfarçá-lo, substituindo sua caixa de ouro por um revestimento que ele havia manchado e coberto com algarismos arábicos. Mas, no momento em que os homens puseram os olhos nele, Burton viu a expressão em seus rostos mudar de repente, a camaradagem fácil se transformou em suspeita latente.

Nada foi dito até que ele saiu do quarto, mas assim que Burton desapareceu de vista, seu único criado, um adolescente egípcio baixo, robusto e imberbe chamado Mohammed al-Basyúni, virou-se contra ele com uma vingança. Embora não tivesse mais de dezoito anos, Mohammed era extremamente inteligente — viajado, um negociador hábil e capaz de se adaptar rápido a qualquer circunstância. "Eloquente no abuso e profundo na oração", escreveu Burton sobre ele.[40] Tudo o que Burton queria em um servo era "boa saúde e disposição para viajar a qualquer lugar, um pouco de habilidade para cozinhar, costurar e lavar, disposição para lutar e o hábito de orações regulares". O que conseguiu foi um jovem perspicaz que mantinha um olho cauteloso nele o tempo todo.[41] Ademais, houve mil oportunidades para Mohammed pegá-lo num passo em falso. A maneira como ele segurava suas contas de oração, sentava-se numa cadeira e até como levantava o copo para tomar um gole de água, tudo estava cheio de complicações e armadilhas em potencial. Para ser capaz de fazer o que pretendia — não apenas ver Meca, mas também estudar, medir, esboçar e descrevê-la em detalhes minuciosos —, Burton foi forçado a recorrer a qualquer subterfúgio que pudesse imaginar, até mesmo conectar um fio guia à caneta à noite para que pudesse tomar notas no escuro, depois que Mohammed adormecia.

Burton admitiria mais tarde que o rapaz "suspeitara de mim desde o início".[42] Agora, vendo sua oportunidade de enfim denunciar o aparentemente devoto Shaykh Abdullah, Mohammed a aproveitou. Voltando-se para os homens que olhavam para o sextante, não hesitou em manifestar sua suspeita mais contundente. "O aspirante ao Haji", declarou ele, é "um dos infiéis."[43] Para surpresa de Mohammed, em vez de concordar com ele, os homens saíram em defesa do amigo. Burton soube mais tarde que um deles jurou que "a luz do Al-Islam estava em meu semblante". Outro, que naquela manhã tinha visto uma carta que Burton escrevera a um amigo muçulmano sobre assuntos de alta teologia, "sentiu-se justificado em declarar, ex cathedra, a posição do garoto Mohammed perfeitamente insustentável". Depois disso, os golpes verbais caíram sobre o jovem atordoado. Ele foi chamado de "mendigo, um 'faquir', uma coruja, um desconectado, um estranho [...] por ousar impugnar a fé de um irmão crente".

Burton se salvou. O conhecimento que ele passara anos adquirindo tornara possível fazer com que seus amigos acreditassem que ele era apenas o que professava ser: um devoto muçulmano indiano. Ele sabia, no entanto, que seu alívio não seria completo sem sacrifício. Não poderia manter seu sextante, a única ferramenta que lhe teria sido muito útil nos dias futuros. "Decidi com um suspiro deixá-lo para trás", escreveu ele, "e orei cinco vezes por dia durante quase uma semana."[44]

Mohammed deve ter continuado a suspeitar da verdade sobre Burton, mas não o abandonou no Hajj. Em vez disso, levou-o não só a Meca, mas ao coração do Islã: a Caaba, um santuário no centro da al-Masjid al-Haram, a mesquita mais visitada do mundo. Embora ao longo de sua vida tenha sido acusado de blasfêmia por bretões ultrajados e puritanos, Burton sempre foi fascinado pela religião como objeto de estudo. Aplicava a mesma curiosidade profunda e abordagem constante e sistemática para entender as religiões do mundo que tinha por línguas e culturas e rejeitava com desdém a ideia ocidental de que o cristianismo era a única religião a ser levada a sério. "Que nação, no Ocidente ou no Oriente, foi capaz de expulsar de suas cerimônias toda suspeita de sua antiga idolatria? O que são o ramo de visco, o velório irlandês, o perdão da Bretanha, o Carnaval?", perguntou ele.[45] "É muito melhor considerar os ritos da peregrinação a Meca à luz da adoração do Mal transformada em lições do Bem do que filosofar sobre sua estranheza e errar ao afirmar que são insignificantes." Embora tivesse dedicado a maior parte de seus estudos ao islamismo, Burton era fascinado por tudo isso, do catolicismo ao judaísmo, hinduísmo, sufismo, sikhismo, espiritismo e até satanismo. Com efeito, pensou brevemente em escrever uma biografia de Satanás, que, em sua opinião, era "o verdadeiro herói do Paraíso Perdido e, ao seu lado, Deus e o homem são muito comuns".[46] Nada para Burton estava fora dos limites ou era impuro, e ele nunca temeu a condenação celestial e, com certeza, tampouco a terrena. O único aspecto da religião que ele desprezava era a ideia de que existiam crentes verdadeiros. "Quanto mais estudo religião", escreveu, "mais estou convencido de que o homem nunca adorou ninguém além de si mesmo."[47] Embora espião, infiel e agnóstico, Burton não resistiu ao poder de uma das experiências religiosas mais profundas do mundo. Juntando-se aos milhares de homens que enchiam o pátio da mesquita, circulou a Caaba sete vezes no sentido anti-horário, tocando o Kiswah, um enorme tecido de seda preta pendurado no topo do santuário. Depois de anos de estudo, ele sabia exatamente o que dizer e fazer agora que estava na presença da Caaba, no entanto as emoções avassaladoras que sentiu inundar seu coração não nasceram da devoção religiosa, mas do triunfo pessoal. "Posso realmente dizer que, de todos os adoradores que se agarraram chorando à cortina, ou que pressionaram o coração pulsante contra a pedra, nenhum sentiu no momento uma emoção mais profunda do que o Haji do extremo norte", escreveu ele. "Mas, para confessar a verdade humilhante, o sentimento deles era de alto entusiasmo religioso, o meu era o êxtase do orgulho gratificado."[48]

Mesmo enquanto se deixava levar pelo fervor que o cercava, Burton não esqueceu em nenhum momento o motivo de estar ali. Observou os arredores com um olhar perscrutador, tentando de maneira desesperada se lembrar de cada detalhe para anotar assim que estivesse sozinho. Seus poderes de concentração, no entanto, foram postos à prova enquanto estava no pátio, com o sol de setembro batendo na cabeça e nos braços nus, e de repente lhe disseram que havia sido chamado. "Pensei: 'Agora algo vai acontecer comigo, agora sou suspeito.'"[49] Depois, ao ouvir homens que gritavam "abram caminho para o Haji que vai entrar na Casa", ele foi erguido até a entrada da Caaba por três homens, quatro braços o empurrando por baixo e dois puxando-o para cima, pela parede leste da Caaba. Embora esse privilégio tivesse sido planejado por Mohammed e fosse a culminação de todo o estudo e subterfúgio de Burton, ele sabia que "nada poderia preservá-lo das facas prontas de fanáticos enfurecidos se detectado na Casa".[50]

Uma vez dentro da Caaba, o medo frio que Burton havia evitado com sucesso até aquele momento enfim se instalou. "Não negarei que, ao olhar para as paredes sem janelas, os funcionários na porta, meus sentimentos eram de um rato preso", escreveu.[51] Depois de ser entrevistado por um guarda e responder com sucesso às perguntas em árabe, ele concentrou seus pensamentos e estudou as colunas pesadas, o piso de mármore, as paredes gravadas com inscrições e o teto coberto de damasco vermelho, "florido de ouro". Por fim, enquanto fingia rezar, ele se abaixou, puxou devagar um lápis e, no lençol branco de seu *ihram*, esboçou um plano rudimentar do interior do santuário mais sagrado do islamismo.[52]

Logo depois de ser baixado da Caaba, aliviado por ter saído com seu disfarce e sua vida intactos, Burton "começou a desejar deixar Meca".[53] Ele estava "exausto pela fadiga e pelo calor flamejante fatal"[54] e sentiu que era hora de começar sua longa jornada de volta. Enquanto os homens com quem viajara acreditavam estar livres dos pecados que os haviam levado à cidade, Burton sentia que seus fardos não estavam mais leves, mas se haviam multiplicado. Embora orgulhoso de ter participado do Hajj, era cético em relação a renascimentos religiosos, acreditando que era raro durarem muito. Isso era verdade não só para os muçulmanos, mas para os seguidores de qualquer religião, argumentou ele, "igualmente observado no calvinista, depois de um domingo de oração, pecando na segunda-feira com entusiasmo, e o católico romano voltando com novo fervor às causas de sua confissão e penitência".[55] Aqueles que adoraram ao lado dele no sopé da Caaba foram "'caiados' — o livro de seus pecados era uma tábula rasa", escreveu, mas "muitos não perderam tempo para […] abrir uma nova conta".

Burton sabia que, embora tivesse entrado na Caaba, não era um verdadeiro crente e seus demônios não haviam sido banidos, nem mesmo temporariamente. Além disso, não tinha um lar verdadeiro para o qual pudesse retornar. Seu sucesso em Meca lhe traria fama na Inglaterra, admiração da Real Sociedade Geográfica e oportunidades em sua terra natal que ele não tivera antes, mas nada disso mudaria o fato de que seria sempre um forasteiro. Ele não esperava as boas-vindas de um herói, mas tampouco estava disposto a deixar seus compatriotas olharem para ele com curiosidade e, depois, virarem as costas. "É uma grande coisa ser recebido em casa por algum cantinho do Grande Mundo, que se orgulha de suas façanhas, porque refletem honra sobre si mesmo", escreveu ele. "Na condição contrária, você é um abandonado, um desgarrado; é um clarão de luz, sem foco. Ninguém fora de sua própria lareira se importa."[56]

Quando Burton finalmente partiu, ainda disfarçado de Shaykh Abdullah, não foi para elogios que o esperavam na Inglaterra, mas para os braços antigos do Egito. Depois de atravessar o estreito mar Vermelho, viajou para o oeste e depois para o norte até o Cairo, onde o rio Nilo se arrastava em sua jornada sinuosa de sua fonte ainda misteriosa a milhares de quilômetros de distância. Burton ansiava por descanso e solidão enquanto escrevia a história de sua própria jornada e planejava sua próxima expedição, onde quer e o que quer que fosse.

2. Sombras

Richard Burton ainda estava no Cairo quando soube que o missionário e explorador alemão Johann Krapf havia chegado ao Egito com histórias sobre as Montanhas da Lua e a nascente do Nilo. Burton estava escondido no Shepheard Hotel, um edifício robusto de paredes de pedra que "apresentava mais o aspecto de um velho quartel sombrio do que o de uma hospedaria", escreveu um cônsul-geral norte-americano. Sua grandiosidade cresceu ao longo dos anos[1] e um dia o hotel receberia todo mundo, de T. E. Lawrence a Theodore Roosevelt, Winston Churchill, Aga Khan e o marajá de Jodhpur. Cem anos depois, teria de ser reconstruído após ser incendiado durante distúrbios pré-revolucionários, mas em 1853 o Shepheard ainda ficava em meio à beleza serena e arborizada do mesmo parque onde Napoleão havia estacionado seu exército durante a invasão do Egito. De suas janelas com sacadas, Burton podia ver uma longa curva do Nilo que serpenteava pela cidade.[2]

Ele não precisava mais das roupas que usara no Hajj, mas continuou a vesti-las. Meses depois de entrar em Meca, recusava-se a abandonar seu disfarce, continuava falando em árabe e assinava cartas para seus amigos, e até para a Real Sociedade Geográfica, como Shaykh Abdullah. Uma noite, passou várias vezes por um grupo de oficiais britânicos que descansavam do lado de fora do hotel. A cada passagem ele se aproximava cada vez mais dos homens, vários dos quais conhecia, e por fim fez um movimento com suas vestes para que roçassem em um deles. Amaldiçoando o que considerava ter sido descuido de um árabe, o homem gritou: "Se ele fizer isso de novo, vou chutá-lo". Ao ouvir isso, Burton parou no meio do caminho, virou-se para encarar o grupo e, para a surpresa deles, disse: "Que droga, Hawkins, essa é uma boa maneira de dar as boas-vindas a um sujeito depois de dois anos de ausência".[3]

Ele passou a maior parte do tempo no Egito não com velhos amigos, mas sozinho com os próprios pensamentos, a maioria deles arrependimentos, e sua exultação se transformou rapidamente em desânimo. Apesar do sucesso em Meca, ele só conseguia pensar que não havia cruzado a Península Arábica como tinha planejado originalmente. Ao confidenciar numa carta a Norton Shaw, o secretário da Real Sociedade Geográfica, que sofria de disenteria desde seu retorno ao Cairo, escreveu: "Não direi que ela foi agravada pelo desgosto por meu fracasso na travessia das penínsulas, mas — brincadeira à parte — a 'física' de um homem bem-sucedido difere muito da do pobre-diabo que fracassou".[4]

No entanto, foi o triunfo de Burton, muito mais do que seu fracasso, que o deixou deprimido. Ele esperava e não se importava que suas realizações fossem questionadas e criticadas pelos compatriotas desconfiados e rivais invejosos. O que o assombrava era saber que agora não tinha mais nada para ocupar sua mente e seus talentos. "Como é melancólico o sucesso", escreveria mais tarde.[5] "Enquanto o fracasso inspira um homem, a realização traz a triste lição prosaica de que todas as nossas glórias 'são sombras, não coisas substanciais.'" Ele precisava de outro desafio, uma fuga dessa melancolia persistente e assombrosa, e Johann Krapf acabara de supri-lo.

O alemão passara os últimos dezessete anos na África Oriental. Tal como Burton, era fascinado por idiomas e estudara os antigos ge'ez, amárico e suaíli. Após as mortes, uma em seguida da outra, das duas filhas pequenas e da esposa, cujos corpos atingidos pela doença ele queimou numa pira perto de Mombaça, Krapf estabeleceu uma estação em Nova Rabai, cerca de 24 quilômetros acima da costa. Dois anos depois, outro missionário, Johannes Rebmann, chegou da Alemanha, e juntos eles exploraram a região, tornando-se os primeiros europeus a ver as duas montanhas mais altas da África, Quênia e Kilimanjaro.[6]

Embora não quisesse perder tempo com missionários europeus, cujo trabalho considerava na melhor das hipóteses inútil e na pior, cruel,[7] Burton estava muito interessado no trabalho exploratório que Krapf havia feito, em especial suas viagens com Rebmann e outro jovem missionário alemão chamado Jakob Erhardt, que se juntara a Krapf e Rebmann em Nova Rabai quatro anos antes; os três alemães haviam feito a exploração mais detalhada já empreendida por europeus na costa leste africana. Eles também trouxeram histórias de negociantes de marfim e escravos, que lhes falaram sobre montanhas cobertas de neve e imensos lagos interiores. O próprio Burton ouvira histórias semelhantes de comerciantes árabes[8] durante o Hajj e rabiscara tudo o que lhe contaram em pequenas tiras de papel antes de escondê-las na bainha de suas vestes. Agora, ao escrever do Shepheard Hotel para a Real Sociedade Geográfica, ele admitia que, embora as histórias de Krapf "lembrem a de um Lunático", ele estava determinado a localizar o missionário para descobrir exatamente o que ele, Rebmann, e Erhardt haviam realizado. "Eu não o vi, mas não pretendo perder o espetáculo", escreveu ele, "sobretudo para descobrir o que de fato foi feito e o que ainda precisa ser feito."[9]

No século XIX, os exploradores estavam espalhados por todo o mundo, com suas bússolas e sextantes, enquanto procuravam preencher mapas e resolver mistérios geográficos da África à Austrália, da Ásia à Antártida. Mas embora houvesse muito a ser aprendido sobre quase todos os cantos do mundo, havia pouco debate sobre aquilo que constituía o Santo Graal da exploração. Era uma pergunta que havia frustrado astrônomos, filósofos, historiadores e exploradores nos últimos 2 mil anos: onde começava o Nilo?

O fascínio pelo rio crescera não só porque é o mais longo do mundo, com uma bacia que se estende por mais de 2,5 milhões de quilômetros quadrados, um décimo do continente africano, mas porque tornara possível uma das mais antigas e ricas civilizações da Terra. A faixa verde fértil da planície aluvial do Nilo cobre menos de 5% do Egito, mas abriga mais de 96% de sua população. O resto do país é deserto. As inundações anuais do rio são tão vitais que os antigos egípcios baseavam seus calendários nelas, começando cada novo ano com o primeiro dia das inundações.

Embora o momento das inundações seja previsível, o volume das águas não o é. Se o rio estivesse muito baixo, haveria escassez tanto de água como dos nutrientes que ele carregava e tornavam possível o solo rico e a produção abundante do vale. Se estivesse alto demais, romperia suas margens e inundaria vastas faixas de terras agrícolas e aldeias inteiras enquanto seguia caminho para o mar. Era uma questão fundamentalmente importante que havia ocupado as melhores mentes durante séculos. "Uma elevação média [do Nilo] é de dezesseis côvados [oito metros]", escrevera o erudito romano Plínio, o Velho, no século I. Se o rio subisse apenas doze côvados, advertia ele, o resultado seria a fome. Por outro lado, mais dois côvados significavam "alegria, quinze significavam confiança completa e dezesseis, deleite". Dezessete, advertiu Plínio, poderia resultar em um desastre.[10]

O medo das inundações do Nilo e os esforços para entendê-las levaram a perguntas sobre sua fonte.[11] As primeiras teorias variavam muito, desde o antigo historiador grego Heródoto, a quem os sacerdotes egípcios disseram que o rio brotava de uma caverna sem fundo, até Virgílio e Alexandre, o Grande, os quais, com trezentos anos de diferença, especularam brevemente que o rio tinha suas origens na Índia. O mais famoso conjecturador sobre a fonte do Nilo foi o lendário matemático, astrônomo e geógrafo egípcio Ptolomeu. Baseando-se em grande parte nos relatos de um comerciante grego chamado Diógenes, que viajara 25 dias para o interior da costa leste da África, Ptolomeu situou a nascente do Nilo em dois grandes lagos que fluíam de uma cadeia de montanhas cobertas de neve que Diógenes havia chamado de as montanhas da Lua. Embora os mapas e escritos de Ptolomeu do século II tenham sido em ampla medida ignorados pelos europeus entre os séculos V e XIV, houve um ressurgimento do interesse por ele durante o Renascimento. No século XVIII, sua obra estava entre as principais fontes para os exploradores modernos.

Já se sabia havia muito tempo que o Nilo era formado por dois ramos principais: o Azul e o Branco. O ramo mais longo, o Nilo Branco, nome que se devia ao lodo cinza-claro que dá às suas águas um tom leitoso, junta-se ao Nilo Azul mais escuro perto de Cartum, no Sudão, antes de continuar seu curso combinado para o mar Mediterrâneo. Em 1770, o escocês James Bruce alegou ser o primeiro europeu a descobrir a nascente do Nilo Azul ao chegar ao lago Tana, no norte da Etiópia. Quando lhe disseram que o jesuíta espanhol Pedro Páez havia seguido o rio até suas cabeceiras 150 anos antes, ele se recusou a abrir mão da honra. No entanto, mais de duzentos anos depois de Páez e quase cem anos depois de Bruce, a fonte do Nilo Branco permanecia um mistério.

Como qualquer um que procurava entendê-lo logo aprendia, o Nilo Branco protegia seus segredos.[12] Os romanos tinham um ditado para quando alguém se defrontava com uma impossibilidade: *Facilius sit Nili caput invenire*, Seria mais fácil encontrar a fonte do Nilo. As tentativas de explorar a extensão do rio de norte a sul foram frustradas por um vasto pântano interior conhecido como Sudd. O nome derivava de "sadd", a palavra árabe para "barreira", a extensão plana de pântanos e lamaçais que se estende por centenas de quilômetros através do atual Sudão do Sul, sufocado por gramíneas altas, papiros, ervas daninhas e aguapés que tornam impossível a navegação por barco. Uma força expedicionária enviada pelo imperador romano César Augusto desistiu antes de chegar ao Equador. Mais de cinquenta anos depois, os centuriões romanos de Nero foram detidos pelo mesmo pântano, que relataram ser tão grande que nem mesmo as pessoas que viviam na região tinham ideia de seu tamanho. Foi apenas no século XIX, quando o oficial turco Selim Bimbashi enviou três expedições Nilo acima, entre 1839 e 1842, que os exploradores conseguiram penetrar no Sudd.[13] Duas das tripulações de Bimbashi avançaram centenas de quilômetros em direção ao sul do pântano, mas ainda muitíssimo distante da nascente do rio.

Em meados do século XIX, os exploradores começaram a perceber que, se quisessem ter alguma esperança de alcançar as cabeceiras do Nilo, a melhor rota não era subir o rio a partir do norte, mas uma jornada por terra saindo do sul. De sua base em Nova Rabai, na costa leste, os missionários alemães Krapf, Rebmann e Erhardt estavam fazendo exatamente isso. Krapf, que havia muito tempo lutava contra uma doença, estava de passagem pelo Egito em seu caminho de volta para a Europa, depois de ser informado de que morreria se ficasse na África. Erhardt e Rebmann ainda estavam na África Oriental, ao menos por enquanto. Erhardt, cuja saúde não estava muito melhor que a de Krapf, também partiria para a Alemanha no ano seguinte, mas levaria consigo um mapa que ele e Rebmann haviam desenhado juntos. Após uma conversa sobre as antigas questões em torno da nascente do Nilo, eles tiveram o que Erhardt acreditou ser uma centelha de inspiração repentina e compartilhada. "O problema surgiu para nós dois no mesmo instante", escreveria ele mais tarde, "e foi resolvido pela simples suposição de que, onde a hipótese geográfica até então acreditava haver uma enorme terra montanhosa, deveríamos procurar agora por um enorme vale e um mar interior."[14]

Um ano antes, Roderick Murchison, presidente da Real Sociedade Geográfica, havia declarado que quem encontrasse "as verdadeiras fontes do Nilo Branco" seria "com justiça considerado um dos maiores benfeitores desta era para a ciência geográfica".[15] Na famosa publicação da Sociedade, *The Journal of the Real Geographical Society of London*, o naturalista britânico coronel William Sykes previra que seria necessário "um coração valente para tentar solucionar problemas geográficos que confundiram as investigações por tantas eras passadas".[16] Burton, enfim despertado do pesado feitiço que seu sucesso em Meca e os dias solitários no Cairo lançaram sobre ele, não conseguia pensar em nenhum coração mais valente do que o seu. "Ouvi dizer que a Real Sociedade Geográfica está falando sobre uma expedição a Zanzibar", escreveu ele a Norton Shaw. "Vou fazer de tudo para comandá-la."[17]

Burton estivera no Nilo pela primeira vez quando estava a caminho de Meca e, apesar de sua famosa história, não ficara impressionado. A paisagem ao redor o lembrou de seus anos na Índia, na província quente e empoeirada de Sindh. "Para mim, havia um duplo embotamento na paisagem", ele escreveu.[18] "Névoa da manhã e brilho da maré do meio-dia; o mesmo vento quente e nuvens de calor, poentes flamejantes e brilho da noite; os mesmos pilares de poeira e 'demônios' de areia varrendo como gigantes sobre a planície; a mesma água turva." Mas a ideia de encontrar a nascente do rio e desvendar o maior mistério geográfico de sua época lhe inspirava justamente as emoções opostas, enchendo-o de uma sensação quase avassaladora de aventura e da possibilidade de grandes conquistas.

Embora ainda tivesse de se recuperar da disenteria que o atormentava desde o retorno de Meca, e em breve precisasse navegar para Bombaim, pois sua licença da Companhia das Índias Orientais estava terminando, Burton não estava disposto a deixar que nenhum obstáculo, físico ou profissional, o impedisse de sair em busca da nascente do Nilo Branco. Não era apenas uma oportunidade única na vida. Era uma chance que poucos homens na história da exploração já haviam tido. Era, escreveu ele, "a possibilidade de trazer minha bússola para [...] aquelas 'montanhas da Lua', cuja existência não fora, até recentemente, provada pelos geógrafos de 2 mil anos atrás — uma cordilheira branca com neves eternas no próprio esplendor do verão africano, supostamente o pai do misterioso Nilo; em suma, um trecho investido com todo o romance da fábula selvagem e do gelo da antiguidade, e até hoje o assunto [mais] valioso ao qual a energia e o empreendimento humanos poderiam se dedicar".[19]

Burton já tinha um plano. Tudo o que precisava era de "alguns bons homens para me acompanhar (um para topografia, outro para física e botânica)", escreveu a Shaw. "Não duvido do nosso sucesso grandioso."[20] Ele ainda queria encontrar Krapf, admitindo que "deveria estar a par de suas descobertas", mas, embora respeitasse o missionário e quisesse seu conselho, não o temia como concorrente. Krapf podia ser o primeiro a trazer notícias dos lagos interiores para a Europa, mas Burton estava confiante de que seria o primeiro europeu a de fato encontrar os lagos e, portanto, a nascente. Johann Krapf, disse ele a Shaw, era "apenas meu João Batista".[21]

3. Garantia por nosso sangue

Em meados de 1854, quando a direção da Companhia das Índias Orientais finalmente concordou em deixar Burton procurar a nascente do Nilo, foi sob duas condições, uma relativa à promessa de comércio e a outra à ameaça de morte. Primeiro, ele iniciaria sua jornada em Áden, porto controlado pelos britânicos no extremo sul da península Arábica, antes de cruzar o golfo de Áden até o que era então conhecido como Somalilândia, onde ele entraria no interior africano. Empoleirada no Chifre da África, a Somalilândia era de interesse da Grã-Bretanha não só porque estava estrategicamente posicionada ao longo da rota comercial Bombaim-Suez, como porque era muito pouco explorada. Também se acreditava que era extremamente perigosa, o que levava à segunda condição: a Companhia não era responsável por manter Burton vivo enquanto ele estivesse lá. Ele receberia "todos os instrumentos necessários, ganharia uma passagem de ida e volta e teria pagas as despesas reais da viagem", mas para além da ajuda financeira e da licença profissional, ele estava sozinho. Apesar de ainda ser um oficial da Companhia das Índias Orientais, ele ia "como viajante particular", advertia o acordo, e "o governo não lhe [dava] mais proteção do que daria a um indivíduo totalmente desvinculado do serviço".[1]

Burton não só estava despreocupado em partir numa expedição perigosa sem uma rede de segurança, como preferia assim. Até mesmo a presença de

James Outram, o recém-nomeado representante político e comandante em Áden, significava mais interferência governamental do que ele desejava. Além disso, Outram deixara claro que não estava ali para ajudar Burton, mas para atrapalhá-lo.[2] Depois de ser enviado a vários lugares da Índia e de lutar nas guerras afegã e anglo-persa, Outram estava doente e cansado, e em breve pediria licença médica. Enquanto isso, estava decidido a evitar que Burton cruzasse o golfo para a Somalilândia, pois, segundo ele, "os países do lado oposto a Áden eram tão perigosos para qualquer estrangeiro" que seria seu "dever como cristão impedir, na medida do possível, que alguém arriscasse a vida por lá".[3]

Os somalis, um povo em grande parte pastoril que vivia disperso pelas terras baixas do leste do Chifre da África, haviam estabelecido uma vigorosa rede de comércio com as cidades ao longo da costa do oceano Índico e do mar Vermelho. Com o crescimento da Revolução Industrial, essas redes se estenderam ainda mais para o interior e foram se tornando cada vez mais complexas conforme os comerciantes somalis trabalhavam para atender à demanda europeia e norte-americana por tudo, desde couro de cabra e vaca até corantes vegetais para têxteis, óleos vegetais para cozinhar e sabão, ao mesmo tempo que ofereciam uma grande variedade de bens comerciais mais tradicionais, como marfim, gado, incenso, penas de avestruz e peles de leopardo. Depois que os britânicos tomaram Áden em 1839, o enclave de lá rapidamente passou a depender dos somalis, que lhes forneciam carne fresca, e na década de 1850 eles já representavam cerca de 15% da população total da cidade.

Homens como Outram, no entanto, continuavam a temer os somalis, lembrando-se em particular de dois incidentes que abalaram sua confiança na região. Em 1825, um grupo de somalis apreendeu o brigue inglês *Mary Ann*, saqueou o navio e matou a maior parte da tripulação. Vinte anos depois, ao sul da Somalilândia, cerca de cem quilômetros para o interior da África Oriental, um explorador francês de 28 anos chamado Eugène Maizan foi torturado, castrado e assassinado depois de se tornar o que talvez tenha sido o primeiro europeu a chegar tão longe além da costa. A Real Sociedade Geográfica tentou de novo cinco anos depois, em 1850, quando decidiu enviar à região o dr. Henry Carter, cirurgião assistente da Companhia das Índias Orientais. À medida que o planejamento progredia, no entanto, ficava cada vez mais claro que a ideia de Carter sobre o que a expedição implicaria era muito diferente do que a Sociedade queria. Burton suspeitava que Carter, ao saber do destino de Maizan, "não gostou da possibilidade de perder suas bolas".[4] Ele queria apenas navegar ao longo da costa num navio de propriedade do governo que levasse suas provisões e, com segurança e conforto, "o transportasse de um lugar para outro". Por fim, a Sociedade desistiu do projeto, abandonou a expedição e dispensou Carter, cujos tímidos planos não "cumpriam o principal e grande objetivo da Sociedade Geográfica de Londres, que era, e ainda é, explorar o interior".[5]

Apesar dos perigos potenciais, Burton duvidava que Outram estivesse tentando impedi-lo de navegar para a Somalilândia por se preocupar com a sua segurança. Ele acreditava que o representante britânico era motivado por nada mais elevado do que a inveja. "Em sua juventude, sedento de distinção, Outram tivera a ambição de explorar o país somali", queixou-se Burton, "mas quando me preparei para isso, ele se opôs abertamente a mim."[6] Em defesa de Outram, um amigo dele argumentaria mais tarde que ele estava "baseando suas opiniões nos moradores mais antigos e experientes do local [...] e a tragédia que, de uma forma ou de outra, certamente viria com a aventura selvagem de um grupo de jovens imprudentes".[7] Burton, então com 33 anos, não era particularmente jovem nem terrivelmente imprudente. Mas era muito determinado.

Ansioso por sair do controle de Outram, Burton enfim se ofereceu para adiar sua expedição até o final da feira de Berbera. Conhecido bazar comercial anual que começava em outubro e ia até abril, a feira de Berbera trazia milhares de pessoas a essa cidade costeira somali todos os anos. Se esperasse as enormes caravanas começarem a retornar ao interior, Burton poderia viajar sob a proteção delas. Enquanto isso, ajustaria seus planos, continuaria a aprender a língua somali, que, segundo ele, "abunda em poesia e eloquência",[8] e esperaria que o último membro de sua expedição chegasse.

Uma das primeiras decisões que Burton tomou ao planejar sua viagem à África Oriental foi convidar três colegas oficiais que conhecia bem, confiava e admirava, para participar da expedição. Um dos homens havia navegado com ele de Bombaim para Áden. O tenente G. E. Herne, que servia no 1º Regimento Europeu de Fuzileiros de Bombaim, estava, segundo Burton, "acostumado ao daguerreótipo", o recém-inventado processo de fotografia, "e a fazer observações astronômicas, além de ser bem conhecido por sua engenhosidade em matemática".[9] Herne ajudaria William Stroyan, um geólogo e agrimensor altamente qualificado e experiente. Membro da marinha indiana, Stroyan já havia feito o levantamento topográfico tanto da costa oeste da Índia como dos rios do Punjab.[10] Burton levou três meses para convencer o governo de Bombaim a deixar Stroyan participar da expedição. "Não foi sem dificuldade", escreveu ele, "que serviços tão valiosos foram poupados para o propósito mortal de penetrar na África Oriental."[11]

Em Áden, Burton ainda aguardava ansiosamente a chegada do terceiro membro de sua expedição: o cirurgião assistente John Ellerton Stocks, que se atrasara na Inglaterra. Stocks planejava participar da expedição como botânico e, quando necessário, médico residente. Burton o conhecera em Sindh, onde ele era membro da equipe médica encarregada das vacinações e da inspeção de medicamentos. Porém, Stocks era mais conhecido por seu conhecimento enciclopédico de plantas, sobretudo as nativas da Índia. Fora nomeado Conservador de Florestas pelo governo de Bombaim e passara o último inverno na Inglaterra, no Jardim Botânico Real, em Kew, onde catalogava a extensa coleção que trouxera de Sindh e trabalhava numa descrição detalhada da "geografia, história natural, artes e manufaturas" da região.[12]

Tal como Burton, Stocks também se dedicara ao estudo sério de outras culturas, mas encarava seu trabalho com humildade, o que Burton nunca teve. "Tão grande era seu conhecimento do caráter nativo e tal era a confiança que ele inspirava em quem estava ao seu redor, que foi capaz de penetrar mais no Baluchistão do que qualquer viajante anterior havia feito desde que nossos exércitos deixaram o Afeganistão", escreveria um colega britânico sobre Stocks.[13] "Sua singularidade de propósito e seu tato notável desarmam as suspeitas até mesmo dos mais ciumentos dos príncipes nativos." Apesar de tudo o que havia realizado, Stocks também permanecera surpreendentemente despretensioso, amado por sua "disposição agradável, alegre e envolvente".[14] Burton sabia que Stocks não seria apenas um membro valioso da expedição, mas alguém que poderia manter os outros homens felizes e unidos mesmo em tempos de perigo ou privação. "O sujeito escreve bem, mas é modesto — defeito vergonhoso!", ele escreveu de forma afetuosa sobre Stocks numa carta a Norton Shaw antes de deixar o Cairo. "Acima de tudo, ele é um excelente sujeito."[15]

Porém, quando o navio da Inglaterra chegou enfim a Áden, não trazia o amigo bem-humorado e talentoso de Burton, sorrindo enquanto caminhava em sua direção carregando o kit médico e o equipamento botânico, mas a chocante notícia de sua morte. O anúncio estava na edição de 19 de setembro do *Allen's Indian Mail*, um "registro de informação para a Índia Britânica e Estrangeira, a China e todas as partes do Oriente", que incluía tudo, desde relatórios de baixas a anúncios de casamento. Perto do fim de uma longa e sombria coluna de avisos de óbito havia uma única linha, facilmente perdida: "Stocks, J. Ellerton, serviço médico de Bombaim, em Dottingham, perto de Hull, 30 de agosto".[16]

Embora fosse médico, Stocks não compreendera os perigos representados pelas "dores neurálgicas de cabeça e pescoço" que sofrera enquanto trabalhava em Kew. Pensando que estavam relacionados a uma febre contra a qual vinha lutando havia algum tempo e esperando que uma mudança de cenário e uma pausa em seu trabalho ajudassem, havia trocado Londres pelo interior da Inglaterra. Enquanto estava com amigos em Cottingham, a cidade onde nascera, ele foi "acometido por um ataque apoplético" e, dez dias depois, na sequência de um segundo ataque, morrera aos 32 anos. Chocado com a notícia, Burton lamentou a perda de seu amigo, e precisou aceitar que, nessa data tardia, depois de meses planejando e juntando suprimentos, com a África Oriental a apenas uma travessia de barco, seria quase impossível substituir qualquer membro de sua expedição, sobretudo Stocks.

Poucas semanas antes da notícia da morte do amigo chegar a Burton, um navio da P&O com destino à Inglaterra atracara em Áden. Construído pela famosa Companhia de Navegação a Vapor Peninsular e Oriental, fundada apenas dezessete anos antes, o navio começara sua jornada em Bombaim. Entre os poucos passageiros que desembarcaram estava um jovem oficial britânico chamado John Hanning Speke. Tenente do 46º Regimento da Infantaria Nativa de Bengala, Speke era um viajante experiente, agrimensor habilidoso e excelente atirador. Com efeito, foi sua paixão pela caça que o levou a Áden, de onde esperava navegar para a Somalilândia, como Burton. Speke não estava lá para tentar desvendar os mistérios geográficos da África Oriental, mas para matar e levar para sua propriedade familiar o máximo de animais raros que conseguisse.

Aos 27 anos, Speke não era apenas seis anos mais moço que Burton, mas seu oposto em quase todos os aspectos. Magro e de ossos finos, loiro e de olhos azuis, era filho da aristocracia britânica e fora criado numa mansão georgiana em Somerset, construída em terras que sua família possuía havia séculos. Puritano e empertigado, orgulhava-se de sua disciplina e economizava seu dinheiro e sua licença para poder sair em viagens de caça, ao mesmo tempo que julgava duramente seus colegas oficiais por, em sua opinião, desperdiçar os deles. "Meus companheiros de refeitório se perguntavam como eu conseguia tirar tantas licenças, mas o motivo era só isso, e digo que outros podem lucrar com isso", gabava-se. "O comandante em chefe [...], observando como eu sempre tirava bom proveito de minhas licenças, em vez de ficar ocioso ou me endividar, tinha grande prazer em incentivar meu hobby; e ouviu-se sua equipe dizer que seria uma pena se eu não conseguisse uma licença, pois tanto bem resultava disso."[17]

Enquanto Burton se enterrava nos livros, Speke dedicava o máximo de seu tempo livre ao que era conhecido na Índia como *shikar*, a caça de animais grandes. Ele esperava um dia abrir um museu de história natural em sua casa ancestral, Jordans, e havia coletado avidamente espécimes enquanto viajava pela Índia, pelo Tibete e pelas montanhas do Himalaia.

"Todo ano [...] eu obtinha licença e todos os anos eu atravessava os Himalaias e penetrava em algumas porções desconhecidas do Tibete", escreveu ele, "caçando, coletando e mapeando o país onde quer que fosse."[18] Speke era tão apaixonado por caçar e colecionar que até se esforçava para matar animais prenhes para estudar e, às vezes, até comer os fetos. "Ele adquirira um gosto curioso por carne mais jovem", escreveria Burton mais tarde, "e a preferia mesmo quando o animal ainda não havia nascido."[19] Speke também considerava ridícula qualquer reclamação contra essa prática:

> Em relação à superstição, talvez valha a pena mencionar o que há muito me pareceu um exemplo singular do efeito da impressão sobrenatural na mente inculta. [...] Certa vez, ao atirar em uma corça kudu grávida, instruí meu caçador nativo, um homem casado, a dissecar seu útero e expor o embrião; mas ele recuou do trabalho com horror, temendo que a visão do filhote, ao atingir sua mente, pudesse ter influência sobre o parto futuro de sua esposa e metamorfoseasse sua progênie em cervo.[20]

No entanto, para Speke caçar era mais do que matar e coletar. Era uma maneira de aliviar o estresse, de se perder em algo que amava. Era também uma maneira de provar sua virilidade. "Uma vida sedentária o deixava doente", repetia ele.[21] Orgulhava-se de andar mais longe, subir mais alto, dormir menos e suportar mais do que outros homens e tinha pouca simpatia ou paciência com aqueles que adoeciam ou ficavam para trás. Para Speke, caçar e viajar eram testes de resistência, física e mental, e ele estava determinado a dominar ambas. "Ao atirar", explicou em carta a um amigo antes de deixar Bombaim, "você deve ter uma confiança completa em si mesmo e no instrumento ou nunca será excelente."[22]

Depois de completar seu décimo ano de serviço na infantaria e, assim, ganhar uma licença de três anos, Speke planejava viajar com seu amigo e companheiro de caça frequente Edmund Smyth. Alferes da 13ª Infantaria Nativa de Bengala[23] e alpinista talentoso, Smyth passara muitas de suas licenças viajando com Speke, até mesmo cruzando para o Tibete ocidental, onde ambos nadaram no lago Manasarovar, que é considerado por budistas e hindus um corpo de água sagrado. Porém, apesar da reputação de força e coragem de Smyth e do conhecimento pessoal que tinha de sua habilidade como explorador, Speke começou a duvidar de seu valor como companheiro de viagem. Por fim, decidiu que, em vez de seguir para a Inglaterra, onde deveria se encontrar com o amigo e começar o percurso, faria seu próprio caminho para a Somalilândia, onde viajaria sozinho.[24]

Sem perder tempo depois de chegar a Áden, Speke logo se apresentou no escritório de Outram, onde estava confiante de que receberia as cartas de apresentação e ajuda logística de que precisava para sua expedição solo. Por sempre ter tido seu caminho facilitado por oficiais militares mais velhos que admiravam sua disciplina e aprovavam sua formação aristocrática, ele esperava que dessa vez não fosse diferente. Para sua surpresa, no entanto, o representante político se opôs de modo tão obstinado ao seu plano de entrar na Somalilândia quanto ao de Burton. "Para minha total surpresa e perplexidade", escreveu Speke, "ele disse imediatamente que não só não usaria sua influência, como também proibiria minha ida para lá."[25]

Sem querer desistir, Speke pediu repetidas vezes a Outram que reconsiderasse ou, na falta disso, que encontrasse outra maneira de entrar na África Oriental. Os colegas oficiais de Speke haviam aprendido que a perseverança era um dos seus traços mais característicos. "Ele possuía eminentemente o poder de pedir", Burton logo descobriria, "nenhuma perspectiva de uma recusa, por mais dura que fosse, o detinha."[26] Por fim, com pena do jovem ou cansado de suas súplicas, Outram lhe disse que, embora acreditasse que "o plano era bastante inviável", havia uma possibilidade.[27] Um tenente britânico que havia "feito a peregrinação a Meca" com sucesso conseguira persuadir o governo a deixá-lo explorar o que Outram, numa descrição ao mesmo tempo temerosa e aviltante da África típica da época, chamou de "esta terra ainda mais negra". Se Speke pudesse convencer Burton a deixá-lo tomar o lugar de Stocks em sua expedição à Somalilândia, Outram, embora ainda convencido do perigo, permitiria que ele fosse.

Ainda que não fosse a viagem que ele havia imaginado, Speke percebeu que essa era sua única esperança de chegar à África Oriental. Ele abordou Burton e lhe ofereceu seus serviços de agrimensor. Burton, que tinha adquirido bastante experiência ao longo dos anos em avaliar pessoas, examinou rapidamente o jovem diante de si. Tratava-se, sob muitos aspectos, de um inglês típico, mas suas expedições de caça o haviam tornado apto e bem acostumado a longas marchas e noites curtas e desconfortáveis. "Um homem de forma ágil e magra", assim Burton descreveria mais tarde Speke, "cerca de um metro e oitenta de altura, olhos azuis, juba fulva; o antigo tipo escandinavo [...] com membros longos e fortes, mas não musculosos, que podiam cobrir o terreno num ritmo oscilante."[28] Burton notou com alguma preocupação que ele tinha "um temperamento altamente nervoso", mas também "nervos fortes e cabeça clara". Logo ficou evidente que Speke não trazia para a expedição habilidades que, juntos, Burton, Herne e Stroyan ainda não possuíssem, e em grau muito maior. No entanto, mais do que isso, Burton ficou espantado com o que lhe parecia ser a ignorância geral de Speke sobre a região e o aparente desinteresse pelas pessoas que ali moravam. "Ele não tinha nenhuma qualificação para a excursão a que se propunha, exceto a de ser um bom caçador", escreveria mais tarde. "Ele ignorava as raças nativas da África. [...] Não conhecia nenhum dos costumes e modos do Oriente; não conhecia nenhuma língua, exceto um pouco de anglo-hindustani; ele nem sabia os nomes das cidades costeiras."[29]

Apesar de avaliar pouco promissoras as habilidades de Speke como explorador e de se preocupar com a ingenuidade dele, Burton concordou em deixá-lo participar da expedição. Speke seria bem-vindo para compartilhar com ele "as dificuldades da exploração africana".[30] Speke ficou emocionado, não só porque agora podia viajar para a Somalilândia, mas porque podia fazê-lo sem ter que usar sua licença. Ele escreveu a um amigo: "Desde que consegui me acertar com o grupo que está indo por conta do governo, em vez de estar de licença, fui nomeado Agrimensor e Coletor de Espécimes Zoológicos e recebo meu pagamento completo".[31] Outram, no entanto, depois de ouvir a notícia, fez de tudo para se certificar de que Burton entendia exatamente a posição em que estava se colocando. Ao incluir Speke na expedição, escreveu Burton, ele estava "assumindo a mais plena responsabilidade e dando uma garantia escrita por nosso sangue".[32]

Anos mais tarde, cheio de amargo arrependimento, Burton se perguntaria o que o havia levado a tomar uma decisão tão precipitada naquele dia. Ele havia trazido para sua expedição havia muito planejada e duramente conquistada um homem que parecia não ter muito a contribuir e sobre quem ele muito pouco sabia. Speke era inteligente e habilidoso, mas sem dúvida não era um Stocks, fosse em habilidade ou temperamento. Burton sabia que jogar a personalidade errada na mistura poderia não só destruir o frágil equilíbrio de uma expedição, mas também pôr em perigo a vida de todos que nela estivessem. Ele só podia imaginar que fora movido pela piedade, incapaz de rejeitar um companheiro de viagem que pedia ajuda, um jovem que talvez o lembrasse de seu irmão Edward, que durante toda a infância tumultuada seguiu sempre tão de perto seus passos. "Vi que ele ia perder o dinheiro, a 'licença' e a vida", Burton escreveria mais tarde sobre Speke, surpreso pela própria decisão desastrosa. "Por que me importei? Não sei."[33]

4. O *abban*

Embora tivesse prometido a Outram que não iria para a Somalilândia até o final da feira de Berbera, Burton nunca pretendeu passar esse tempo esperando em Áden. Ele acreditava que o porto não só era uma "estufa de escória e úlcera", como havia pouco a explorar por lá.[1] Inquieto e entediado, decidiu usar os seis meses que tinha pela frente para tentar ser o primeiro europeu a entrar na cidade etíope de Harar. Aninhada na cordilheira Ahmar, Harar não era apenas "a antiga metrópole de uma raça outrora poderosa, o único assentamento permanente na África Oriental, a sede do conhecimento muçulmano",[2] mas, como Meca, era uma cidade sagrada.

Enquanto Burton estivesse na Etiópia, disfarçado de mercador árabe, Herne e Stroyan esperariam por ele em Berbera, onde reuniriam informações sobre a região e comprariam animais de carga para a viagem ao interior. Esquecido na pressa de deixar Áden, Speke percebeu que era o único membro da expedição que não tinha nada para fazer, situação que achava intolerável. "Assim, todos tinham um dever a cumprir durante este interregno, menos eu", queixou-se. "Temendo a monotonia de estar parado no mesmo lugar, me ofereci para viajar para onde meu comandante achasse apropriado e pelo período que ele achasse bom eu me afastar."[3]

Burton concordou em dar uma missão a Speke, mas, tendo em mente o aviso de Outram de que era agora responsável pela vida do jovem, escolheu um destino que, segundo ele, representava pouquíssimo perigo. Burton definiu que Speke viajaria ao Wady Nogal, conhecido na Real Sociedade Geográfica como o "Vale Feliz". Rota comercial no nordeste da Somalilândia, o Wady Nogal era popular entre os comerciantes porque a paisagem era propícia para viagens e a população era conhecida por ser pacífica. Enquanto estivesse lá, Speke deveria estudar a bacia hidrográfica da região, mapear sua rota, anotar padrões climáticos, coletar amostras da terra vermelha, que diziam conter pó de ouro, e comprar camelos e pôneis para a próxima expedição. Burton sabia que Speke estaria ansioso por coletar "espécimes de história natural de todos os tipos",[4] mas enfatizou a importância de manter "anotações *copiosas*". Herne até o ajudou a construir uma câmera escura com a qual ele poderia tirar fotos grosseiras.[5]

Para surpresa de Speke, Burton sugeriu então que ele viajasse disfarçado. Burton, que se sentia mais confortável em trajes árabes do que europeus,[6] ansiava por voltar a usar as vestes de seu alter ego El Haj Abdullah e argumentou que fazia sentido que Speke e Herne parecessem seus discípulos. Herne já havia comprado as roupas de que precisaria, mas Speke, preocupado em se vestir como um árabe, procurou o conselho de Outram. O representante britânico lhe disse que viajar disfarçado não ajudaria e, considerando que Speke era pálido e loiro, o que tornava difícil enganar alguém, argumentou que isso minaria sua autoridade. Para ele, Speke teria muito mais chances de impressionar quem cruzasse seu caminho se estivesse vestido com o uniforme britânico em vez de um manto de árabe. "Rebaixar-nos dessa maneira", disse ele a Speke, "me atrapalharia ao tentar conquistar o respeito dos nativos."[7] No fim das contas, Speke vestiu com relutância o disfarce, mas reclamou amargamente disso. "Foi tudo menos agradável", escreveu ele.[8]

Depois de supervisionar o equipamento da expedição de Speke, Burton contratou dois homens para viajar com ele: um intérprete e um *abban* (protetor). "O *abban* atua ao mesmo tempo como negociante, escolta, agente e intérprete", explicou ele, "e a instituição pode ser considerada a forma mais antiga de taxa de trânsito."[9] Além de comida e hospedagem, os *abbans* recebiam ao longo do caminho uma porcentagem de todas as vendas realizadas durante a expedição e pequenos presentes de contas, roupas e outros luxos. Em troca, deveriam negociar com os locais em nome da expedição, encontrar acomodações, guias e camelos e, se necessário, lutar caso uma batalha surgisse, mesmo contra seus próprios compatriotas. Embora a instituição do *abban*, com sua história longa, útil e respeitada na África Oriental, fosse boa para a economia local e para as expedições comerciais e exploratórias a que servia, o sistema estava aberto à exploração de ambos os lados.

Os dois homens que Burton escolheu para a expedição de Speke não eram apenas somalis, mas membros do mesmo subclã, o warsangali. Os warsangali criaram um reino poderoso no início do século XIII que incluía vastas extensões do noroeste do Chifre da África e duraria cerca de seiscentos anos. Bem conhecido e respeitado como um povo pacífico e politicamente independente, o termo warsangali em somali significa "portador de boas notícias". Ahmed, o homem que seria o intérprete de Speke, falava hindustâni, uma língua de que Speke tinha algum conhecimento depois de seus anos na Índia. Seu *abban* era um homem chamado Sumunter, o qual, Speke notou com certa satisfação, "ocupava uma posição alta em seu país",[10] assim como todos os *abbans*.

Embora fosse sua primeira vez na África Oriental, Speke compreendeu a importância de escolher o *abban* certo. "Depende inteiramente da honestidade do *abban* se seu cliente vai ser bem-sucedido ao fazer qualquer coisa na região para onde ele o leva", escreveu ele. "Os árabes, quando viajam sob sua proteção, devem pedir sua permissão para tudo que desejam fazer e não podem marchar ou comprar nada sem que antes sua sanção tenha sido obtida."[11] Com pouco conhecimento dos povos, línguas ou geografia da terra pela qual iria viajar, e com um rosto e um físico que de imediato traíam sua juventude e ingenuidade, Speke sabia que estava completamente à mercê de seu *abban*. Sumunter também sabia disso.

Assim que Speke e sua pequena comitiva deixaram Áden, em 18 de outubro, ele começou a suspeitar que estavam "zombando dele"[12] e que o perigo real para a expedição era o homem que havia sido contratado para protegê-la. Sumunter não só assumiu de imediato o controle dos carregadores e ganhou o respeito deles quando Speke não conseguia, como logo foi embora, informando que voltaria a Bunder Gori, o porto onde haviam chegado. Pegou vinte rúpias do fundo de reserva da expedição, que disse que seriam usadas para comprar burros para a viagem, e assegurou a Speke que não demoraria muito e logo alcançaria a expedição.[13] Assim que Sumunter partiu, os carregadores, percebendo que agora estavam apenas sob o comando do jovem inglês, recusaram-se a prosseguir. "Usei todos os esforços ao meu alcance para induzir os homens a avançar um pouco mais", escreveu Speke, "mas sem o menor efeito."[14]

Enquanto esperava com impaciência o retorno de seu *abban*, Speke começou a ouvir rumores de que Sumunter não havia retornado a Bunder Gori para comprar animais de carga, mas para pagar suas próprias dívidas. "O *abban* foi detido [...] por um credor com quem contraíra dívidas em Áden", apurou Speke. "Agora, para liquidá-las em parte, ele havia dado todo o meu sal, as vinte rúpias que pegou para alugar burros, várias peças de tecido, e trocara meu arroz bom por um ruim."[15] Quando enfim voltou, Sumunter não admitiu qualquer culpa. Speke ficou mais irritado quando o sultão warsangali, depois de encenar um julgamento do *abban* na tenda do oficial inglês, informou-o de que "não via nenhum mal no que havia sido feito". Na verdade, ele disse que, como *abban* da expedição, Sumunter tinha "liberdade para fazer o que quisesse com ou para a minha propriedade".[16]

Embora estivesse desgostoso por não ter conseguido chegar ao Wady Nogal, Speke percebeu que agora não tinha muita opção além de abandonar a expedição. Em determinado momento, ele e Sumunter se confrontaram na frente dos homens. Embora estivesse enfurecido, Speke também estava exausto após meses de luta infrutífera e desesperado para concluir o embate e poder ir embora da Somalilândia. Seus nervos estavam tão desgastados e seu orgulho tão ferido que ele faria quase qualquer coisa para recuperar sua dignidade. "Um sentimento perverso estava quase tomando conta de mim, o que me fez estremecer de novo quando refleti com mais calma sobre o que minha mente agora elucubrava", admitiu ele mais tarde.[17] Sumunter "parecia-me apenas um animal disfarçado de satanás; ter atirado nele teria me dado um grande alívio, pois eu estava bastante desesperado para produzir algum efeito positivo em sua mente".

Quando a expedição voltou a Áden, em 15 de fevereiro, Speke estava tão aliviado que sua "perseguição de três meses e meio"[18] houvesse terminado que, assim que ouviu as palavras abençoadas, "solte a âncora", mergulhou no mar e nadou até a praia. Burton, que havia voltado uma semana antes de sua viagem a Harar, o esperava. Sua expedição havia sido tão bem-sucedida quanto a de Speke fora desastrosa. Ele já havia escrito para Norton Shaw, da Real Sociedade Geográfica, para descrever brevemente sua jornada à cidade proibida e esclarecer seus planos de agora procurar a fonte do Nilo Branco. "Meu sucesso em Harar me encorajou e solicitei uma licença de dois anos", escreveu ele. "Acho que a diretoria não vai recusar, sobretudo se for apoiada pela Real Sociedade Geográfica. Meus planos (públicos) são agora marchar para o sul, para Webbe Shebayli e Ganana. Entre nós, quero resolver a questão das 'neves eternas' de Krapf. Há poucas dúvidas de que o Nilo Branco esteja por ali."[19]

Mas, apesar de seu sucesso na Etiópia, notícias trágicas aguardavam Burton em Áden. Enquanto estava fora, sua mãe morrera de repente. Ele sentiu que sua família, que sempre fora pouco unida, agora desmoronava. Cinco anos antes, após a morte da tia, ele escreveu para a prima Sarah: "Tudo o que podemos fazer é nos resignar às calamidades, e confesso a você que, a julgar pelo número de perdas que nossa família sofreu nos últimos seis anos, temo que, quando puder voltar para casa, não encontre lugar capaz de levar esse nome".[20] Uma doença cardíaca acabou com a vida de sua mãe em 10 de dezembro, logo após ela se mudar para Bath. Depois de entrar pela primeira vez na nova casa, ela teria proclamado: "Sinto cheiro de morte aqui", um pressentimento que não surpreendeu seu filho supersticioso. Sozinho em Áden, Burton ficou com o presente que comprara para ela em Meca: uma almofada redonda vermelha enfeitada com anéis de turquesa, símbolo da maternidade.[21]

Agora, ao ouvir Speke descrever repetidas humilhações e ameaças nas mãos de Sumunter, um homem que ele havia escolhido pessoalmente para proteger a expedição, Burton ficou indignado em nome do jovem e determinado a buscar justiça. "Speke foi saqueado, ameaçado, detido e impedido de entrar no país que foi instruído a explorar", escreveu ele numa queixa oficial. "Se tal conduta passar despercebida, ou melhor, devo dizer, se não for punida com castigos severos, temo que será muito prejudicial para os procedimentos futuros da expedição."[22] Speke, mortificado e zangado, queria esquecer o episódio, mas Burton insistiu em processar o *abban*. "Contra a minha vontade", lamentou Speke, "fui designado promotor de Sumunter, tendo meus servos como testemunhas."[23] Foi realizado um julgamento rápido, e Sumunter logo foi considerado culpado. Além disso, sua punição foi surpreendentemente dura. Além de ser multado em duzentas rúpias e condenado a dois meses de prisão, com trabalhos forçados, e seis meses adicionais se não pudesse pagar a multa, ele e sua família foram banidos de Áden — "para sempre", escreveu Speke.[24]

Mas Burton ainda não estava satisfeito. Declarou que corrupto não era apenas Sumunter, mas também, fundamentalmente, a instituição do *abban*, e argumentou que, como os somalis tinham acesso livre a Áden, os ingleses deveriam poder viajar pela Somalilândia sem pagar um *abban*. Já irritado com a insistência de Burton em um julgamento ter exposto publicamente que ele havia sido incapaz de controlar seus próprios homens, Speke agora temia que a sede de vingança de seu comandante colocasse em risco toda a expedição. "Talvez não fosse o momento certo", apontou ele, "para ditar uma política que seria desagradável e prejudicial (no sentido monetário) para as pessoas entre as quais estávamos prestes a viajar e com quem era altamente essencial para o nosso interesse estar nos termos mais amigáveis."[25]

Como Speke temia, de imediato os somalis deixaram clara a sua indignação. Chocados com o banimento de Sumunter e enfurecidos com a ameaça aberta de Burton a um sistema no qual confiavam e do qual se orgulhavam, juraram vingança. Ignorando suas ameaças, Burton insistiu que não via "nenhum motivo de apreensão". Além disso, não pretendia atrasar ainda mais uma expedição que havia meses esperava começar. "Durante trinta anos, nenhum inglês dos muitos que a visitaram foi molestado em Berbera", argumentou. "Havia tão pouco a temer nela quanto nas fortificações de Áden."[26]

Sem mais nada a fazer em Áden além de revisar as anotações que fizera sobre a gramática e o vocabulário da língua harari, Burton se voltou para o tema central de sua viagem à África: a busca pela nascente do Nilo Branco. Apesar da raiva e da suspeita que ele já havia despertado nos somalis, Berbera ainda parecia o melhor lugar para começar. Era, argumentou ele, "a verdadeira chave do mar Vermelho, o centro do tráfego da África Oriental e o único lugar seguro para navegar na costa ocidental da Eritreia".[27] De lá, seguindo o caminho de uma caravana, a expedição viajaria para o sul pela Somalilândia, até chegar à costa diretamente em frente a Zanzibar.

Apesar de sua confiança de que tudo havia sido resolvido com os somalis após o julgamento de Sumunter, Burton achou melhor contratar alguns guardas da força policial de Áden para viajar com eles. Speke, ainda abalado pela própria experiência desastrosa, argumentou que "só assim teríamos homens em quem poderíamos confiar".[28] A força policial, no entanto, informou à expedição que não tinha homens de sobra, obrigando-os a contratar quem por acaso estivesse disponível. No final, eles reuniram um grupo diversificado de uma dúzia de guardas egípcios, árabes, núbios e sidis, armados com sabres e mosquetes de pederneira. "Eram todos recrutas inexperientes e desacostumados à guerra", admitiu Speke. "Contudo, não conseguimos outros."[29]

Quando enfim deixou Áden, a expedição partiu em turnos, estendendo-se do final de março ao início de abril. O primeiro a sair foi um grupo composto de sete de seus guardas recém-contratados e oito camelos, que Speke de alguma forma conseguiu comprar em Bunder Gori. Speke partiu para Berbera alguns dias depois com um pequeno contingente e, em 5 de abril, Burton saiu na retaguarda.

Embora ansioso para seguir seu caminho, Burton sentiu uma inquietação crescente com o mais novo acréscimo à sua expedição. Speke não só fracassara no que Burton achava que seria uma jornada fácil para o Vale Feliz, como, para sua surpresa, antes de partir para Berbera, havia compartilhado pensamentos perturbadores com seu comandante. Burton escreveu mais tarde que ele havia "declarado abertamente que, cansado da vida, viera para ser morto na África". Não era o que o líder de uma expedição queria ouvir de um de seus oficiais quando estavam prestes a viajar por uma parte do mundo considerada perigosa para europeus. Embora o próprio Burton tivesse muitas vezes lutado contra a insegurança e a depressão, com frequência após seus maiores triunfos, ele "aspirava a algo melhor do que a coroa do martírio".[30]

5. O inimigo está sobre nós

Em 7 de abril de 1855, Burton desceu da escuna que o levara a Berbera — seus "canhões rugiram uma saudação de despedida"[1] — e encontrou uma cidade caótica. Três mil mercadores de toda a África Oriental estavam lá para participar da famosa feira, junto com milhares de cabeças de gado e quinhentas pessoas acorrentadas, destinadas aos mercados de escravos. As ruas de terra estavam cheias de cabanas temporárias cobertas de esteiras. Mercadores gritavam de suas barracas, vendendo de tudo, de café a incenso e mirra, *ghee*, ouro, açafrão, penas e gado. O porto estava repleto de navios, e até 6 mil camelos podiam chegar em um único dia, trazendo mercadorias do interior. "No auge da feira, Berbera é uma Babel perfeita, tanto na confusão como nas línguas", escreveu um tenente britânico depois de testemunhar o espetáculo sete anos antes. "Nenhum chefe é reconhecido, e os costumes de outrora são as leis do lugar. Disputas entre tribos do interior afloram diariamente e são resolvidas pela lança e pelo punhal."[2]

A expedição, que agora incluía 42 homens, montou seu acampamento numa elevação rochosa de terra, a pouco mais de um quilômetro da cidade. Do cume, Burton podia ver o porto onde havia desembarcado além da feira em seus últimos dias. Os quatro oficiais ficaram em três tendas, montadas em linha reta: a de Speke à esquerda, mais próxima do mar; a de Stroyan à direita;

e entre eles uma pequena tenda, sustentada por uma vara transversal e duas verticais, que Burton e Herne compartilhariam. Cerca de dez metros separavam cada barraca, com bagagens, grãos e selas empilhadas entre elas, e as coisas mais cobiçadas — caixas de tâmaras e tecidos valiosos — escondidas embaixo da barraca de Speke.

Enquanto esperava a chegada de Burton e Speke, Herne conseguiu comprar os animais adicionais de que precisariam para a viagem. Cerca de cinquenta camelos foram mantidos numa encosta arenosa logo abaixo do cume, e meia dúzia de pôneis e mulas foram amarrados atrás das tendas. Uma sentinela vigiava os animais à noite, e um grupo de soldados, que incluía arqueiros somalis, os acompanhava enquanto pastavam durante o dia.[3] Eles acreditavam que todos estavam seguros desde que ficassem perto do mar. "Os somalis nunca seriam tão imprudentes a ponto de nos atacar em um lugar tão vital para eles como Berbera", escreveu Speke, "onde todos os seus interesses de vida estavam centrados e onde, com um simples bloqueio, poderíamos com facilidade revidar como quiséssemos."[4]

Os próprios homens teriam apenas duas sentinelas, uma postada na frente e outra na retaguarda, vigiando-os enquanto dormiam. Burton pensou que era mais importante que as sentinelas guardassem os animais durante o dia e conservassem suas energias para a longa marcha à frente, do que vigiar a expedição à noite. Na maioria das noites, Burton, Herne, Stroyan e Speke se revezavam para patrulhar o acampamento.[5] Se sofressem alguma ameaça, combinaram de se encontrar na tenda central, onde Burton e Herne dormiam. Speke também guardava ali suas armas e a espada, enquanto mantinha o revólver e o punhal, uma longa adaga militar destinada ao combate corpo a corpo, no cinto durante o dia e sob o travesseiro à noite.[6]

Às oito horas da noite de 9 de abril, dois dias depois de Burton chegar a Berbera, uma tempestade caiu sobre a costa, anunciando o início da monção anual da Somalilândia. A temporada de comércio, que durava de novembro a abril, quando os ventos sopravam em uma única direção constante, havia chegado ao fim. Enquanto Burton e seus homens observavam os relâmpagos atingirem as colinas ao redor e a chuva cobrir a cidade, os mercadores corriam para empacotar tudo e se preparar para voltar para o mar ou para o interior.

Entre os que deixaram a feira naquela noite estava a caravana de Ogaden — Burton havia prometido a Outram que sua expedição viajaria sob proteção deles. Porém, ele queria ficar em Berbera para observar os últimos dias da feira e esperava por um navio de Áden que trazia a correspondência e os instrumentos de agrimensura ingleses que esperava havia semanas. Os homens observavam do cume enquanto milhares de pessoas começaram a sair da cidade costeira em caravanas enormes e barulhentas. Sabiam que o grupo de Ogaden logo se juntaria ao êxodo em massa. Speke escreveria mais tarde que, no início, "estavam indecisos sobre o que fazer — se iriam com eles sem nossas coisas da Inglaterra, ou esperariam e confiariam em nossa força para viajar sozinhos". Por fim, decidiram ficar e "vimos nosso protetor de costume partir em sua jornada".[7]

No dia 15, Berbera já estava tão vazia e silenciosa quanto fervilhava de vida na chegada de Burton, apenas oito dias antes. Além de montes de ossos de camelo e ovelha e a estrutura estilhaçada de cabanas que haviam sido desmontadas e deixadas em pilhas na praia para a feira do ano seguinte, pouco restava para testemunhar que cerca de 20 mil pessoas haviam enchido as ruas há tão pouco tempo. Avestruzes e leões saíram das sombras para mais uma vez caminhar silenciosamente pela praia, deixando pegadas na areia.[8] "Agora estávamos sozinhos e ninguém se aproximava de nós", escreveu Speke. "Naquela posição isolada, não sentimos nenhum alarme por nossa segurança."[9] Com efeito, Burton e seus oficiais estavam tão confiantes de que não havia perigo de ataque que não acharam mais necessário patrulhar o acampamento à noite.

Na noite de 18 de abril, três dias depois que a caravana de Ogaden deixou Berbera, um pequeno navio aportou no porto vazio. A bordo estavam um capitão árabe chamado Yusuf, sua tripulação e cerca de uma dúzia de somalis, que tentavam voltar para casa. Ao descobrir que haviam perdido as caravanas e sabendo que era muito perigoso viajar da costa em um grupo tão pequeno, os somalis se aproximaram do acampamento de Burton e pediram para acompanhar a expedição. "Era difícil dizer não a essas pobres criaturas", admitiu Speke, "mas temendo que nosso suprimento de tâmaras e arroz não aguentasse tantas bocas a mais, recusamos de forma relutante a companhia dos homens."[10] Havia, no entanto, quatro mulheres entre os somalis e, como estavam em maior perigo, Burton concordou em deixá-las participar da expedição, contratando-

-as para fazer pequenos serviços, desde trazer água até cuidar dos camelos. Ele também convidou o capitão e a tripulação para jantar com eles naquela noite.

Mais tarde, logo depois que o sol se pôs, enquanto Burton e os outros ingleses descansavam num sofá improvisado na frente de suas barracas, tomando café e entretendo uns aos outros com histórias, ouviu-se de repente o som de tiros de mosquetes vindos de trás deles. Levantando-se de um salto, Speke correu para saber o que havia acontecido. Contornando as barracas, viu três homens caminhando em direção ao acampamento, conduzindo seus cavalos pelas rédeas enquanto os guardas da expedição continuavam atirando acima de suas cabeças. "Minha raiva não teve limites", escreveu Speke, que havia avisado várias vezes que, "caso sofressem qualquer oposição num conflito, deveriam atirar no objeto, não por cima ele."[11]

Suspeitando que os homens fossem espiões, Speke levou os dois e os próprios guardas da expedição para a frente das tendas, onde Burton esperava. Depois de repreender os guardas, Burton começou a interrogar os desconhecidos, supondo que tivessem sido enviados para explorar o acampamento antes de um ataque. Eles, no entanto, insistiram que não representavam perigo para a expedição. "Nossos visitantes garantiram pelo juramento de divórcio* — o mais solene que os religiosos conhecem — que para um navio entrar no riacho numa época tão incomum, eles seriam enviados para verificar se estava carregado com materiais de construção", escreveu Burton, "e concluíram perguntando com uma risada se temíamos o perigo da tribo de nossos próprios protetores."[12] Burton, aceitando a explicação, convidou os somalis para partilhar uma refeição de tâmaras com os seus homens e partir por conta própria ao terminar.

Logo depois, todos os membros da expedição se deitaram para dormir, deixando apenas dois homens de vigia.[13] Burton já dormia havia algumas horas quando, por volta das duas da manhã, foi de repente acordado pela voz de seu comandante de caravana, que gritava: "O inimigo [está] sobre nós". Burton escreveu mais tarde: "Ouvindo uma correria de homens como um vento de

---

* No original, "*divorce-oath*". É um tipo de juramento na fé islâmica para a dissolução do casamento; pode ser condicional, envolvendo a mudança de comportamento de uma das partes, ou ter como causa a negação da paternidade e/ou repúdio sexual. (N. E.)

tempestade, me levantei e pedi meu sabre". Herne, que dormia na mesma barraca, levantou-se, pegou o revólver e correu primeiro para os fundos da tenda, onde o ataque parecia ter começado, e depois para a frente, onde chegou bem na hora em que os homens da expedição lutavam para afastar o inimigo. Ele atirou duas vezes e caiu de costas, enroscado nas cordas, quando se viu encarando o rosto de um homem que o atacava com um porrete. Herne conseguiu atirar em seu agressor, que fugiu ferido, mas vivo.

Em sua barraca, Speke acordou com a voz de Burton gritando para Stroyan: "Levante-se, meu velho!". Confuso, ficou deitado ouvindo o som de armas sendo disparadas atrás de sua tenda. Pensando que eram os guardas tentando assustar alguém, permaneceu onde estava. Momentos depois, no entanto, ficou claro que estavam sob ataque. "De repente, surgiu um barulho furioso, como se o mundo estivesse chegando ao fim", escreveu ele. "Houve uma correria terrível, então vieram paus e pedras, voando espessos como granizo, seguidos por uma rápida descarga de tiros, e minha barraca tremeu como se fosse cair."[14] Ele se levantou, correu para a barraca de Burton e perguntou aos gritos se havia "algum tiroteio". Burton, amaldiçoando ter apenas o sabre para lutar, respondeu ironicamente: "*Prefiro* pensar que sim".[15]

Burton descobriria depois que eles estavam sob ataque de cerca de 350 somalis.[16] "O inimigo fervilhava como vespas", escreveu ele, "com gritos e berros com a intenção de aterrorizar e provar que as probabilidades esmagadoras estavam contra nós."[17] Herne, Speke e Burton estavam lado a lado na tenda central, com Speke guardando a entrada e Herne ajoelhado ao lado de Burton, segurando seu revólver. Ninguém sabia onde Stroyan estava, mas não havia tempo para procurá-lo. Os golpes vinham de todos os lados, rápidos e sem trégua, com porretes batendo nas paredes de lona, enquanto dardos e punhais eram inseridos na tenda, tendo por alvo pernas, cabeça e coração deles.

Os agressores esmurravam a barraca com tanta ferocidade que, temendo que ela desabasse sobre eles, deixando-os presos e indefesos, Burton decidiu que a única opção era sair no escuro e no meio de seus atacantes. Ele se virou para Speke e disse: "Seja esperto e se arme para defender o acampamento". Speke saiu imediatamente da tenda e se viu cercado pelo caos. Enquanto tentava se orientar, foi de súbito atingido por uma pedra no joelho que quase o derrubou. Ele voltou à tenda, como explicou mais tarde, para ter uma visão melhor da batalha e ficou atordoado ao ouvir Burton gritar com ele: "Não recue, ou eles pensarão que estamos nos retirando". Irritado com o que considerou uma repreensão e, pior, uma acusação de covardia, Speke voltou ao corpo a corpo e atirou "de perto no primeiro homem que vi diante de mim".

Enquanto Speke saía pela frente da barraca, Herne, sem munição, correu para a parte de trás, procurando pólvora ou, se não encontrasse, as lanças que haviam amarrado no mastro da barraca. Burton deixou a tenda antes que desabasse, espiou na escuridão e viu cerca de vinte homens agachados na entrada. Ao longe, pôde ver outros, entre eles os homens da expedição, que atiravam pedras, disparavam armas e golpeavam seus atacantes com espadas e lanças. Ao olhar para baixo, Burton viu o que pensou ser um corpo deitado na areia e, preocupado que fosse um de seus próprios homens, começou a abrir caminho em direção a ele, esquivando-se de punhais e clavas. Mas antes que pudesse chegar perto o suficiente para descobrir quem era, o comandante da caravana, que lutava bravamente ao seu lado, fazendo o possível para proteger Burton, apareceu de repente na frente dele. Pensando que era um inimigo, Burton se virou, ergueu o sabre e estava prestes a baixá-lo quando o ouviu gritar. "A voz conhecida causou um instante de hesitação", escreveu Burton, "e naquele momento um lanceiro apareceu e deixou seu dardo na minha boca."[18]

Embora o homem tenha desaparecido rapidamente, o dardo permaneceu alojado no rosto de Burton, atravessando-o de bochecha a bochecha. Suas mandíbulas estavam travadas ao redor da arma; seu palato, despedaçado; e quatro de seus dentes de trás, quebrados. Pelo resto da vida, Burton viveria com uma lembrança indelével dessa noite aterrorizante: uma cicatriz vertical e irregular que percorria o comprimento de sua bochecha. Seria a primeira coisa que alguém notaria ao encontrá-lo, deixando a pessoa assustada e paralisada e aumentando sua reputação de perigoso. Agora, no entanto, o dardo ainda se projetava de ambos os lados de seu rosto, e Burton, incapaz de empurrá-lo ou retirá-lo, cambaleou com dor e uma inebriante perda de sangue.

Reaparecendo ao lado de Burton, o comandante da caravana começou a levá-lo para onde achava que poderia encontrar Speke, Herne e Stroyan. Antes de segui-lo, Burton ordenou que um de seus homens corresse até o porto para encontrar o navio árabe cuja tripulação havia jantado com eles algumas horas antes, para avisá-los do ataque e pedir ajuda. Logo depois que o homem partiu em direção ao porto, Burton perdeu o comandante da caravana na escuridão e foi forçado a lutar sozinho, com o dardo ainda enfiado na mandíbula. "Passei o intervalo antes do amanhecer vagando em busca de meus companheiros e me deitando quando dominado pela fraqueza e pela dor", escreveu. "Ao raiar do dia, com o que restava das minhas forças, cheguei à margem do riacho e fui carregado para dentro do navio."[19]

Os homens a bordo da embarcação conseguiram enfim remover o dardo do rosto de Burton, e logo depois ele ficou aliviado ao ver Herne subir a bordo, machucado e maltratado, mas praticamente ileso. Conhecido por suas habilidades fotográficas e pela mente matemática, naquela noite Herne havia lutado tanto quanto qualquer outro homem. Incapaz de encontrar seu chifre de pólvora na barraca, usou a coronha do revólver para atacar os homens em seu caminho. Encontrara então refúgio numa cabana vazia na cidade e enviara um mensageiro ao navio, detendo a tripulação quando estavam prestes a zarpar. Ao ouvir a história de Herne, Burton percebeu que suas vidas estavam "penduradas por um fio. Se o navio tivesse partido, como pretendia [...], nada poderia ter nos salvado da destruição".[20]

Entrementes, Speke ainda lutava por sua vida. Depois de saltar para fora da tenda, atormentado pelo pensamento de que Burton havia questionado sua coragem, ele de imediato disparou seu revólver contra três homens.[21] Embora não tivesse certeza se havia atingido algum deles, pelo menos os havia assustado. Tateando no escuro, viu-se de repente na beira do cume em que estavam acampados cercado por todos os lados. Pressionou o revólver contra o peito do homem à sua frente e puxou o gatilho, mas nada aconteceu. O guarda-mato, ele pensou mais tarde, deve ter travado uma das tampas do cilindro, impedindo-o de girar. Sem tempo para pensar, levantou o revólver para atingir o homem no rosto, quando um poderoso golpe de porrete em seu peito fez com que suas pernas cedessem de repente, e ele caiu.

Vários homens o imobilizaram rapidamente no chão, puxando seus braços para trás. Para seu horror, depois de arrancar o revólver de sua mão, o homem em quem estava prestes a atirar enfiou as mãos entre suas pernas. "A maneira como o canalha me tratou me causou um arrepio. Senti como se meu cabelo estivesse em pé", escreveu mais tarde. "Sem saber quem eram meus oponentes, temia que pertencessem a uma tribo chamada Eesa, famosa não só por sua ferocidade na luta, mas pelas mutilações da virilidade com as quais se deleita."[22] Por fim, Speke percebeu com alívio que o homem estava apenas procurando por armas escondidas, enquanto ele jazia indefeso, com as roupas rasgadas, olhando para os homens que o cercavam, gritavam com ele em árabe e amarravam suas mãos atrás das costas com uma corda.

O homem que Speke tentara matar, que parecia estar no comando, pegou a ponta da corda e o puxou para os fundos do acampamento. Para onde quer que olhasse, homens lhe davam estocadas com lanças, mas não pareciam dispostos a machucá-lo na frente de seu captor. "Eu estava ficando muito fraco e quase incapaz de respirar", escreveu. "Eu estava com um inchaço que, com as mãos amarradas para trás e a pele pressionando o peito, quase impedia a respiração."[23] Usando gestos e algumas palavras em árabe e somali que havia captado, Speke pediu que suas mãos fossem amarradas à sua frente para que fosse mais fácil respirar, além de água e um lugar para se deitar. Seu captor lhe deu tudo o que pedira, mas continuou segurando a corda.

Do meio do grupo que zombava dele, um homem deu um passo à frente e começou a falar com Speke em hindustâni. Queria saber por que estava em seu país, para onde estava indo e, o mais importante, se era muçulmano. "Se eu fosse um bom muçulmano como eles", relembrou Speke mais tarde, "eles não me tocariam, mas sendo cristão, eu deveria ser morto."[24] Ele explicou que queria conhecer o país e seguia para Zanzibar, e logo acrescentou que "era cristão e os convidou, se assim fosse necessário, a executar seu trabalho logo". Seu inquiridor se virou para os outros homens próximos e traduziu para eles o que Speke havia dito. Eles explodiram em gargalhadas, deram as costas e foram embora, com a intenção de pegar o que pudessem do acampamento.

Speke, deitado no chão com as mãos amarradas à frente, podia ouvir os sons dos homens em volta. Alguns carregaram companheiros feridos, que jaziam por perto, revirando-se, gemendo de dor e pedindo água. Eles receberam cuidados atentos, seus amigos massagearam braços e pernas, limparam feridas com água e punham tâmaras em suas mãos, uma tradição somali para descobrir a gravidade de um ferimento.[25] Se estivessem doentes demais para comer até mesmo aquela iguaria, presumia-se que não teriam muito tempo de vida. Outros se debruçaram sobre os suprimentos da expedição, quebraram caixas e rasgaram fardos de pano. Quando o sol começou a nascer, Speke pôde ver o estrago que havia sido feito. Ele também observou o homem que o capturara e o protegera durante toda a noite entregar a corda que amarrava suas mãos para outro, dizendo-lhe que iria supervisionar a distribuição da propriedade. Esse novo homem, que aos olhos de Speke tinha "um aspecto muito maldoso", deveria guardar, mas também proteger o prisioneiro.

Não muito tempo depois que seu guarda original se afastou e se juntou ao canto da vitória somali, três homens se aproximaram e ficaram em cima de Speke, segurando as lanças que a expedição havia deixado para trás.[26] Um deles a ergueu e baixou a alguns centímetros do corpo de Speke, que olhou para ele sem se mover ou emitir nenhum som, enquanto ele repetia o gesto ameaçador várias vezes. Por fim, eles foram embora; Speke presumiu que se tivesse gritado ou demonstrado medo, eles o teriam matado.

O homem que ficou segurando a corda, no entanto, estava agora em cima de Speke.[27] Ele ergueu sua lança, se inclinou e, sem hesitar, furou o prisioneiro. Chocado e arqueando o corpo, a única defesa que tinha, Speke viu o homem esfaqueá-lo de novo, dessa vez no ombro, perigosamente perto da jugular. "Eu me levantei de novo quando ele ergueu a lança e impedi o próximo aguilhão, que era destinado ao meu coração, com as costas de uma das minhas mãos algemadas", escreveu Speke. "Isso furou a carne até o osso. O vilão cruel recuou um passo ou dois, para me tirar da guarda, e arremessou sua lança até o osso da minha coxa esquerda." Agarrando a lança com as duas mãos, Speke a segurou o mais forte que pôde até que o homem enfim pegou um porrete e bateu em seu braço, que desmoronou enquanto a lança caía no chão. O homem soltou a corda presa às mãos de Speke, recuou uma dezena de metros e, "correndo em minha direção com uma fúria selvagem", escreveu Speke, "enfiou a lança na parte grossa da minha coxa direita, passando-a entre o osso da coxa e o grande tendão abaixo".

Speke se deu conta de que aquele homem não queria apenas torturá-lo, mas matá-lo. "Com a rapidez de um relâmpago", escreveu ele, "vendo que a morte era inevitável se eu permanecesse ali deitado por mais um momento, saltei de pé e dei ao malfeitor um tapa na cara tão forte com meus punhos amarrados que ele perdeu a presença de espírito."[28] Surpreso, o homem deu a Speke a única oportunidade de que precisava e, descalço, quase nu, sangrando e quebrado, ele correu o mais rápido que pôde com as pernas fracas e cortadas. O homem arremessou seu dardo, e o mesmo fizeram dezenas de outros que, tirando os olhos da busca pelo acampamento, tentaram impedir a fuga do prisioneiro. De algum modo, Speke conseguiu se desviar de homens e lanças enquanto corria em direção ao mar. Por fim, ao ver que o último homem desistia da perseguição, se atreveu a descansar sobre um monte de areia e, "desfalecendo rapidamente pela perda de sangue", usou os dentes para rasgar os nós que prendiam suas mãos.

Por algum milagre, Speke conseguiu escapar com vida, mas não tinha ideia do que fazer a seguir, não sabia onde pedir ajuda e estava ferido demais para voltar a correr ou até mesmo se esconder e descansar. "Que perspectiva sombria estava agora diante de mim", escreveu ele. "Eu ficava mais fraco a cada minuto; meus membros começavam a enrijecer e os músculos, a se contrair. [...] Devo perecer miseravelmente aos poucos, de fome e exaustão, no deserto monótono; seria muito melhor, pensei, se a lança tivesse feito o seu pior, e nenhuma demora tivesse acontecido."[29] Naquele momento, ele olhou para cima e viu quatro mulheres paradas não muito longe, acenando para ele. Embora mal pudesse andar, com a perna direita "quase dobrada", ele conseguiu mancar até onde elas o observavam. Para seu espanto e profundo alívio, eram as quatro mulheres somalis que a expedição se oferecera para contratar para que não tivessem de viajar sozinhas para o interior. No momento seguinte, vários carregadores da expedição chegaram, pegaram Speke e o levaram para o navio, onde Burton e Herne esperavam ansiosamente.

Para quem estava a bordo do único navio no porto de Berbera, antes lotado, o novo dia trouxe imenso alívio e desgosto chocante. Logo depois que Speke foi levado para o navio, tão dilacerado e traumatizado que estava quase inconsciente, o capitão Yusuf e seus homens voltaram do acampamento, para onde haviam ido a pedido de Burton, armados e prontos para lutar. No entanto, em vez de uma batalha, eles encontraram o local deserto, com tendas rasgadas no chão; animais roubados, mortos ou moribundos; suprimentos devastados; e qualquer coisa de valor tomada, desde tecidos e contas até suprimentos de viagem e cozinha. As únicas coisas deixadas para trás eram livros e instrumentos científicos, pelo que Burton ficou profundamente grato. Mas, no chão perto da tenda de Burton, onde ele havia visto uma forma escura e imóvel no meio da luta, foi encontrado William Stroyan.

Eles levaram o cadáver para o navio, onde seus amigos esperaram num silêncio angustiado. "Nosso lastimável camarada já estava duro e frio", Burton escreveria mais tarde. "Uma lança atravessara seu coração, outra perfurara seu abdômen e um corte assustador, aparentemente de espada, abrira a parte superior de sua testa: o corpo fora ferido com porretes de guerra e as coxas apresentavam marcas de violência após a morte." Burton achou difícil juntar a imagem de Stroyan como o havia visto da última vez, rindo e cheio de vida enquanto contavam histórias na frente da barraca depois do jantar, com o cadáver pálido e rígido que jazia diante deles. "Ficamos devastados pela tristeza", escreveu ele. "Vivíamos como irmãos."

Burton se deu conta de que sua expedição havia terminado antes mesmo de começar. Ele ficou doente com a magnitude da perda — suprimentos caros, quase um ano de sua vida e uma oportunidade extremamente rara de encontrar um dos prêmios mais cobiçados da história geográfica. A morte de Stroyan, no entanto, eclipsou tudo. "Essa foi a aflição mais severa que nos sobreveio", escreveu ele.[30] Embora tenham deixado Berbera naquela noite na esperança de cavar uma sepultura em Áden adequada ao bravo amigo, seu corpo começou a se decompor tão rápido que não tiveram escolha a não ser sepultá-lo no mar. Com a costa da Somália desaparecendo à distância, o corpo mutilado de Stroyan afundou enquanto Herne dirigia uma cerimônia fúnebre simples, a segunda vez em meses que ele e Burton perdiam um amigo. No entanto, na opinião de Burton, a diferença fundamental entre a morte de Stocks e a de Stroyan não era a maneira como tinham partido, mas o fato de que, dessa vez, ele era o culpado.

PARTE II
O QUE PODERIA TER SIDO, O QUE TERIA SIDO

6. Na boca do inferno

Após o ataque à sua expedição na Somalilândia, Burton retornou para um país em guerra. Iniciada quase dois anos antes, em 1853, a Guerra da Crimeia colocou os russos contra uma aliança de britânicos, franceses e turcos otomanos, junto com o exército da Sardenha-Piemonte, todos lutando pelo acesso a locais sagrados no Império Otomano e pelo controle sobre o Oriente Médio. No final, o conflito ceifaria a vida de cerca de 750 mil pessoas, a maioria não em consequência de ferimentos de batalha, mas de uma impressionante incompetência logística que abandonou centenas de milhares de homens à doença, à fome e ao frio inclemente. Burton chamou a guerra de "um mal absoluto",[1] mas sabia que, assim que estivesse bem o suficiente, encontraria uma maneira de participar da luta. Ela lhe parecia a única "oportunidade de recuperar o ânimo".[2]

Ainda sob o impacto da perda de sua expedição e do assassinato brutal de Stroyan, Burton não foi recebido na Inglaterra com parabéns por seu sucesso em Harar ou mesmo simpatia pelo ataque em Berbera, mas com uma onda de condenação. O dr. George Buist, famoso jornalista e editor de *The Bombay Times*, escreveu um editorial contundente atacando não só o fracasso da expedição, mas o próprio fato de sua existência, que, segundo ele, "não prometia nenhuma chance de sucesso". Em seguida, o editorialista voltou sua atenção diretamente para Burton. Depois de chamá-lo de "um homem inteligente, um bom escritor e um companheiro agradável", argumentava que ele "não era um filósofo [...]. Deixe-o abjurar a ciência — não está em sua linha", e afirmava que seu fracasso em evitar o ataque havia colocado em risco a vida de seus próprios homens e o futuro de todos os empreendimentos britânicos na região. Segundo Buist, "nos envolvemos agora com uma rixa de sangue de pelo menos meio século de duração com o conjunto de assassinos mais sanguinários que existe no mundo".[3]

Embora William Coghlan, substituto de Outram na representação política em Áden, tivesse chorado à beira do leito de Speke, ele tratou de atacar todos os oficiais da expedição em seu relatório oficial: "Pode parecer duro criticar a conduta desses oficiais que, à dor de seus ferimentos e à perda de seus bens, devem acrescentar o fracasso total de seu plano há muito acalentado, mas não posso deixar de observar que todo o procedimento deles está marcado por uma falta daquela cautela e vigilância que o caráter das pessoas entre as quais eles habitam deveria ter sugerido".[4] Além disso, recusou-se a aceitar a explicação de Burton para o ataque: "Embora o tenente Burton esteja convencido de que o único objetivo desse ataque era a perspectiva de pilhagem e que o sangue só foi derramado por causa da resistência, não estou de forma alguma convencido de que esse tenha sido o caso". A tragédia poderia ter sido evitada, "com prudência e premeditação comuns", concluiu ele.

Mas quem estava no acampamento em Berbera naquela noite, os três oficiais sobreviventes da expedição, concordou que pouco poderia ter sido feito para evitar o ataque ou para salvar a vida do homem que havia sido morto. "O ataque que ocorreu foi um acidente, que não poderia ser evitado por nenhum dos métodos comuns de prudência", escreveu Herne. "Diante do número de atacantes tão avassalador, não tivemos chance."[5] Eles eram aproximadamente oito para cada membro da expedição. Mesmo que todos estivessem de guarda durante a noite inteira, argumentavam eles, teriam sido esmagados. "Se todos os guardas estivessem de sentinela naquela noite e, se todos estivéssemos acordados", escreveu Speke, "tenho certeza de que não poderíamos resistir ao ataque."[6]

O que Burton não sabia era que, enquanto defendia publicamente a expedição, em particular os pensamentos de Speke começaram a se voltar contra seu comandante. Ele afirmaria mais tarde que não fora a falta de guardas que levara ao ataque naquela noite, mas "o próprio despreparo confesso de Burton".[7] Ademais, o orgulho de Speke tornava difícil para ele suportar não apenas a fama de Burton, mas a total confiança dele na própria capacidade e a fácil presunção do papel de líder, uma posição que o próprio Speke desejava. "O fato de Burton desafiar o perigo e se gabar", queixou-se Speke a Robert Playfair, assistente de Outram em Áden, "considero apenas um disparate que não merece nenhuma atenção."[8]

Speke também começara a reescrever a expedição na própria cabeça, e nessa narrativa ele não era apenas um acréscimo tardio ao grupo, mas seu verdadeiro comandante. Em seu relato do ataque, ele se referia repetidamente a ordens que alegava ter dado, decisões que havia tomado em nome de toda a expedição e façanhas de coragem que ele havia realizado sozinho. "Ele disse que *ele* era o chefe da expedição", escreveria mais tarde um amigo indignado de Burton. "*Ele* havia dado a ordem para a noite, foi perante *ele* que os espiões foram trazidos, *ele* foi o primeiro a sair, e ninguém além *dele* teve coragem de se defender. Não vale a pena contradizer isso."[9] Ainda rancoroso contra Burton por insinuar que ele havia voltado para a tenda por medo, Speke afirmou que, ao contrário, dos quatro oficiais, apenas ele havia enfrentado seus agressores. "Burton e Herne fugiram com [Stroyan]", alegou, "imediatamente depois que saí da tenda central para lutar."[10]

Além disso, Burton tinha uma tendência enlouquecedora de desprezar o que Speke considerava não apenas suas contribuições para a expedição, mas sua propriedade. Acreditando que, como líder, era seu dever colocar em uso público qualquer coisa que ele e seus homens reunissem durante uma expedição financiada pelo governo, Burton assumiu o controle tanto do diário de Speke como dos espécimes de história natural que ele havia coletado durante sua viagem abortada ao Wady Nogal. Burton enviara toda a coleção a um zoólogo britânico que trabalhava em Calcutá chamado Edward Blyth, que identificara todas as espécies, inclusive 36 aves, vinte mamíferos, três répteis, um peixe e um escorpião. Ao publicar suas descobertas no *Journal of the Royal Asiatic Society of Bengal*, Blyth pôs lenha na fogueira ao usar apenas um punhado das observações de Speke em seu artigo de dezesseis páginas. Para Burton, essa abordagem pública e científica era o melhor uso do acervo. Para Speke, que planejava acrescentar os espécimes ao museu particular de história natural que sonhava construir em Jordans, era um ultraje.[11]

O que Speke ainda não sabia, e só ficaria sabendo quando o livro de Burton sobre a expedição, *First Footsteps in East Africa* [Primeiros passos na África Oriental], fosse lançado dois anos depois, era o que Burton havia feito com seu diário. Como outros líderes de expedição que publicaram os diários de seus subordinados em seus próprios livros, Burton havia acrescentado o de Speke aos seus apêndices. Mas o que chocou e feriu Speke não foi o fato de Burton ter publicado o diário, mas a mão pesada que usara ao editá-lo. Ele o cortou quase pela metade, de 24 mil para 13 mil palavras, o mudou da primeira pessoa para a terceira e lhe deu um título que parecia calculado para humilhá-lo ainda mais: *Diário e observações feitas pelo tenente Speke, ao tentar alcançar o Wady Nogal*. Mais irritante ainda do que Burton apontar que ele não conseguira completar sua expedição era o comentário acrescentado no final. "Arrisco-me a apresentar algumas observações sobre o tema do diário anterior", escreveu Burton. "Fica evidente pela leitura dessas páginas que, embora o viajante [...] tenha sido atrasado, perseguido por seu 'protetor' e ameaçado de guerra, perigo e destruição, sua vida nunca esteve em perigo de verdade."[12] O fracasso de Speke, acreditava Burton, não fora causado pela situação em que se encontrava, mas por suas próprias deficiências como explorador. Speke era "ignorante da fé muçulmana", apontou Burton, e não sabia falar "nem a língua árabe nem a língua somali". Quando recebeu um exemplar do livro de Burton, essas palavras encheram Speke de fúria impotente e sede de vingança. "Nada irrita tanto a mente quanto se sentir ferido de uma maneira que não pode ser prevenida ou vingada", escreveu ele.[13]

Speke podia ter deficiências em idiomas e conhecimento geográfico, mas compensava em juventude e saúde abundantes, duas coisas que Burton estava perdendo. Embora admitisse que, nos dias seguintes ao ataque, havia sido "um aleijado de aparência miserável, terrivelmente emagrecido pela perda de sangue, de braços e pernas contraídos em posições indescritíveis",[14] Speke já havia voltado a andar antes de deixar Áden, apenas três semanas depois. "Uma lição tocante sobre como é difícil matar um homem com boa saúde", escreveu Burton, admirado.[15] As onze estocadas que Speke havia sofrido nas mãos de seus agressores haviam curado surpreendentemente rápido, o que ele atribuía ao seu corpo jovem e forte e à sua alardeada disciplina. "Elas literalmente fecharam como se fossem machucados numa bola de borracha indiana depois de ter sido espetada com um canivete", gabou-se ele. "Seria difícil explicar a rapidez com que minhas feridas se fecharam, sabendo, como todo mundo que viveu em Áden deve saber, que aquele é o pior lugar do mundo para ser curado, se eu não tivesse, além de uma constituição forte, que felizmente possuo, me alimentado durante meses de uma maneira muito abstêmia [...] de tâmaras, arroz e coalhada azeda."[16]

Apenas algumas semanas depois de retornar à Inglaterra, Speke, para surpresa de todos, menos dele próprio, estava bem o suficiente para participar do conflito na Crimeia. Ele achou a "convocação para a guerra [...] irresistível"[17] e viajou para Marselha, onde embarcou num navio a vapor com destino a Constantinopla. Apesar de seu entusiasmo inicial e do fato de ter sido promovido ao posto de capitão, Speke veria pouco do conflito em seu posto num regimento turco. "Eu fui mais esportista e viajante do que soldado", escreveu mais tarde, "e só gostava da minha profissão quando praticava o esporte da luta."[18]

No caminho para a guerra, Speke fez amizade com um jovem que viajava no mesmo navio chamado Laurence Oliphant, que era, em muitos aspectos, sua alma gêmea. Embora tivesse 26 anos, apenas dois anos a menos que Speke, Oliphant também permanecia intimamente ligado à sua família aristocrata. Seu pai, Sir Anthony Oliphant, era membro da pequena nobreza escocesa e havia sido presidente de tribunal no Ceilão (hoje Sri Lanka), e o filho era seu secretário particular. Laurence morava agora com os pais em Londres, numa casa da famosa Half Moon Street, e seu pai estava com ele a bordo do navio.[19] Mas, como o novo amigo, Oliphant tinha ambições que iam além de sua família aristocrática. Publicara um panfleto intitulado *A próxima campanha*, no qual apresentava um plano para ajudar a cidade de Kars, controlada pelos turcos, no oeste da Armênia, então sitiada. Estava também tentando ser enviado sozinho para as montanhas do Cáucaso a fim de se encontrar com um líder muçulmano chamado Schamyl, que travava uma luta de guerrilha contra os russos.

Na verdade, era em relação à guerra que os interesses dos dois divergiam. Enquanto Oliphant mergulhava na estratégia do campo de batalha, os pensamentos de Speke estavam longe do conflito na Crimeia. Apesar de sua experiência de quase morte na África, que já era amplamente conhecida, ele disse a Oliphant que planejava retornar àquele continente na primeira oportunidade. "É claro que ele está morrendo de vontade de voltar e tentar de novo", escreveu Oliphant para a família logo após conhecer Speke, "mas primeiro vai dar uma volta em Sebastopol."[20] O que Speke queria "tentar de novo", no entanto, não era mais apenas caçar na África Oriental. Ele agora cobiçava para si o mesmo prêmio que sabia que Burton ambicionava.

Burton, seis anos mais velho e com muito mais quilometragem no corpo maltratado, não se recuperou do ataque na Somalilândia tão rápido quanto Speke. Depois de voltar para a Inglaterra, precisou da ajuda de médicos e dentistas para que sua mandíbula começasse a cicatrizar. Quando foi capaz de voltar a falar sem dor excruciante, deu uma palestra para a Real Sociedade Geográfica sobre sua expedição a Harar e depois tomou um tempo para ver sua família dispersa, quando visitou o irmão e a irmã em Boulogne, o pai em Bath e o túmulo da mãe no cemitério de Walcot. Aos olhos de sua sobrinha Georgiana Stisted, que o adorava, Burton permanecia "robusto, ereto, sadio de fôlego e membros, de forma alguma tinha o físico de alguém que havia batido às portas da morte mais de uma vez nos últimos doze meses".[21] Mas as provações que enfrentara ainda estavam escritas em "seu belo rosto", escreveu ela com tristeza, "marcado pela lança que havia trespassado sua mandíbula e seu palato".[22]

Embora houvesse pouco que pudesse fazer para consertar seu rosto cheio de cicatrizes, Burton havia feito o possível para vingar seu amigo perdido. Antes de deixar Áden, escreveu ao governo para pedir que retaliassem não apenas as perdas da expedição, mas também o assassinato de Stroyan. "O tenente Burton", escreveu Speke mais tarde, sustentou "que um navio deveria ser enviado para bloquear a costa deles [dos somalis], com uma exigência de que deveriam apresentar para julgamento em Áden os corpos vivos dos dois homens que mataram de maneira tão cruel nosso lamentado amigo e que de modo tão desenfreado se esforçaram para me despachar."[23] Coghlan, o novo representante político em Áden, havia consequentemente estabelecido os termos de paz, que exigiam que "o tráfico de escravos pelos territórios [somalis], inclusive o porto de Berbera, cessasse para sempre" e que os somalis "usassem seus melhores esforços para entregar Ou Ali, o assassino do tenente Stroyan".[24]

Por fim pronto para tentar deixar a tragédia para trás, Burton voltou sua atenção para a guerra, embora tivesse mais desprezo pelos próprios comandantes britânicos e seus aliados do que pelo inimigo. Seu país, disse ele, estava lutando em grande parte porque "um longo sono de paz" havia feito "a Inglaterra, ao mesmo tempo o menos militar e o mais combativo dos povos, 'ansiar por uma briga'".[25] Burton acreditava que, em dois anos de conflito, eles não só tinham sido forçados a ficar em segundo plano em relação à França, sua velha inimiga nas Guerras Napoleônicas, mas, pior, haviam perdido "para sempre a afeição da Rússia, nossa mais antiga e muitas vezes única amiga entre os países continentais da Europa".[26]

Ele passaria apenas quatro meses na Guerra da Crimeia, onde chegou após o cruel inverno de 1854 e de onde partiu pouco antes do fim do conflito, mas Burton testemunharia incompetência e corrupção suficientes, desde a compra de promoções ao favoritismo flagrante da elite britânica, para confirmar seu desdém de longa data pelo comando militar. Depois de uma breve parada no porto de onde Florence Nightingale havia partido para o Hospital da Caserna apenas sete meses antes, Burton foi para Balaclava. A Comissão Sanitária estivera lá um mês antes, tentando limpar o porto dos membros amputados infectados e em decomposição que haviam sido abandonados após a infame batalha de Balaclava, na qual mais de 1200 homens morreram em um único dia.

Foi durante essa batalha que uma unidade da cavalaria ligeira britânica foi tão devastada pelos canhões do inimigo que inspirou o doloroso poema de Tennyson, "A carga da Brigada Ligeira". Sob o comando de James Brudenell, sétimo conde de Cardigan, essa brigada foi enviada numa missão suicida que deixou quase metade de seus seiscentos homens mortos, capturados ou feridos. Cardigan, que pagara dezenas de milhares de libras esterlinas pelo cargo, hoje equivalente a milhões de libras, além de sobreviver ao ataque sem ferimentos, também voltou para casa e foi recebido como herói. Vangloriando-se de feitos de bravura que mais tarde foram considerados em grande parte falsos, ele se retirou para sua enorme propriedade familiar do século XIV. Mas os homens que estiveram sob seu comando sempre souberam da verdade. Quando Burton chegou à Crimeia, os oficiais de cavalaria que encontrou estavam "violentamente eufóricos pelos relatos de que lorde Cardigan estava prestes a retornar ao comando", escreveu ele, "e ouvi mais de um dizer: 'Não serviremos sob sua liderança'".[27]

Para as pessoas na Grã-Bretanha, Cardigan e homens como ele eram retratados como heróis de guerra, e sua fama era usada não só para elevar a moral e incentivar o apoio ao conflito, mas também para vender produtos. A Revolução Industrial que alimentara o poder econômico britânico no século anterior dera lugar ao que ficou conhecido como Segunda Revolução Industrial, que agora fabricava de tudo, desde armas de fogo produzidas em massa até talheres e fogões portáteis. Estes últimos podiam ser usados em casa, garantiam os fabricantes ao público britânico, assim como os novos estilos de roupas criados para os homens que lutavam no front. Apesar do desdém de seus soldados por ele, um colete de lã aberto e abotoado foi batizado de "cardigan" em homenagem ao conde, enquanto um estilo diferente de manga projetado pelo fabricante de casacos Aquascutum para o comandante em chefe britânico FitzRoy Somerset, primeiro barão de Raglan, ficou conhecido como "manga raglan". Estendendo-se numa peça contínua e diagonal do punho ao colarinho, em vez de terminar no ombro, a manga raglan permitia que Raglan, que havia perdido o braço direito quarenta anos antes na Batalha de Waterloo, movesse com mais facilidade sua espada. Anos depois, ela seria adotada nos Estados Unidos no uniforme de beisebol.

Raglan morreu em sua barraca no mesmo dia em que Burton chegou à Balaclava.[28] "O desafortunado lorde Raglan, com sua *courage antique*, seu ultrapassado excesso de cortesia e seu pavor nervoso", era, conforme Burton, "exatamente o homem *não* desejado."[29] Ele nunca se recuperou da infâmia de ter deixado milhares de homens congelarem e morrerem de fome no inverno anterior. "Não ocorreu ao governo do país que tem a melhor engenharia do mundo", escreveria Winston Churchill com desgosto cem anos depois, "facilitar o transporte de suprimentos do porto de Balaclava para o campo de batalha instalando oito quilômetros de ferrovia leve."[30] Depois de dar a ordem, tragicamente mal interpretada, que precipitou a carga da brigada ligeira, Raglan enviou milhares de jovens, recém-treinados, para a morte em Sebastopol. "Eu nunca poderia voltar para a Inglaterra agora", dissera ele a um ajudante. "Eles me apedrejariam até a morte."[31]

Depois de ser recusado pelo sucessor de Raglan, o general Sir James Simpson, Burton encontrou um lugar como chefe de gabinete do general W. F. Beatson, que havia criado uma unidade de cavalaria de soldados irregulares turcos que ficou conhecida como Cavalo de Beatson. Embora gostasse do general, Burton não via nada além de desânimo e uma impressionante falta de disciplina entre os homens que encontrou. "Você não pode imaginar a apatia terrível, a cultura do ócio da Crimeia", escreveu ele em confidência a Norton Shaw, secretário da Real Sociedade Geográfica. "Nossos pobres companheiros estão sensatamente desanimados."[32] Mais tarde, Beatson seria acusado de motim.

Depois de fazer o que podia para melhorar a unidade, estabelecendo tudo, desde treinamento com sabre até exercícios diários, Burton começou a procurar maneiras de ser útil para o esforço de guerra em geral.[33] Embora não tivesse como saber, duas das possibilidades que lhe ocorreram foram as mesmas ideias que Laurence Oliphant, o jovem aristocrático que Speke conhecera no navio a vapor, reivindicava como suas. Burton procurou o lorde Stratford de Redcliffe, embaixador britânico no Império Otomano, e expôs um plano para socorrer Kars, tema do panfleto que Oliphant publicara antes de partir para a guerra. Stratford sugeriu a Burton que solicitasse a ajuda do líder muçulmano Schamyl, a quem Oliphant vinha tentando visitar havia meses em nome das forças militares britânicas. De início, Burton se interessou pela expedição, mas ao saber que não poderia dar a Schamyl nenhum apoio financeiro ou militar, recusou a oferta, escrevendo que Schamyl "infalivelmente me tomaria por espião, e minha chance de retornar a Constantinopla seria pequena de um modo incomum".[34]

Por sua vez, Oliphant, embora nunca tivesse recebido permissão para seguir nenhum de seus planos, não desistira. Ainda se sentindo dono das ideias, ficou surpreso quando Burton publicou uma carta no *Times* sobre Schamyl, que, conforme escreveu mais tarde o biógrafo de Oliphant, fazia parecer "que ele fora a única pessoa a ter pensado em um desvio no Cáucaso".[35] Para Oliphant, era mais uma de uma série de interseções com Richard Burton, que já estava levando a vida que Oliphant, ainda iniciante como linguista, escritor, explorador e até estudante do Islã, imaginava para si mesmo.

Burton nunca havia prestado muita atenção à admiração que os outros sentiam por ele nem notado como se transformava facilmente em inveja. Assim como desconhecia o ressentimento que Speke vinha nutrindo desde a Somalilândia, não lhe ocorreu que Oliphant, ou qualquer pessoa, pudesse pensar que ele havia de algum modo roubado suas ideias. Foi essa incapacidade de ver o ciúme dirigido a ele, ou, se o visse, de não pensar nisso mais do que por um instante, que acabaria sendo mais perigosa para ele do que qualquer expedição que fizesse e levaria a perdas incalculáveis. "A tragédia repetida diversas vezes de uma grande vida mutilada e desfigurada por mediocridades invejosas e cegas", lamentaria um de seus primeiros biógrafos. "O que poderia ter sido, o que teria sido."[36]

7. Que maldição é um coração

Em agosto de 1856, quatro meses depois da assinatura do Tratado de Paris que pôs fim à Guerra da Crimeia, a vida de Burton deu outra virada drástica. Mas, em vez de mergulhar em estudos febris, explorações distantes ou uma guerra continental, ele ficou surpreso ao se apaixonar por uma jovem que conhecera seis anos antes. Seu nome era Isabel Arundell, e ela era tudo o que ele não era: religiosa e aristocrática, de cabelos claros e olhos azuis, jovem e ingênua. Ele, por outro lado, era tudo o que ela queria ser.

Nascida quase dez anos depois de Burton — ele em 19 de março de 1821, ela em 20 de março de 1831 —, Isabel era de uma família que tinha raízes profundas na história britânica e mantinha um controle de ferro sobre sua jovem vida. Ela sabia muito bem que era uma Arundell de Wardour, uma família católica devota que poderia traçar sua linhagem até os normandos e "uma das casas mais antigas e orgulhosas da Inglaterra", como seu biógrafo diria mais tarde,[1] citando a velha canção: "*Ere William fought and Harold fell/ There were Earls of Arundell*", "Antes de Guilherme lutar e Haroldo tombar/ Havia condes de Arundell". Sua ascendência incluía uma longa lista de nomes famosos, de Sir Thomas Arundell — que era primo distante de Henrique VIII e parente por casamento das duas esposas que ele havia decapitado, Ana Bolena e Catarina Howard — a Henry, terceiro barão Arundell, que ficou preso na Torre de Londres por cinco anos depois de ser acusado de envolvimento nas "conspirações papistas" contra o rei Carlos II.

Isabel recebeu o nome da primeira esposa de seu pai, que havia sido amiga íntima de sua mãe e morrera pouco depois de dar à luz um menino. Após sua morte, o pai de Isabel, Henry Arundell, "um cavalheiro do campo puro e simples", como sua filha o descreveria mais tarde,[2] casou-se com Elizabeth Gerard, com quem teve onze filhos. Eles eram "grandes e pequenos", explicou Isabel. "Quero dizer que alguns viveram apenas para serem batizados e morreram, uns viveram alguns anos e outros cresceram." Embora seu pai a adorasse, chamando-a de "um pedaço de 'natureza perfeita'", o amor de sua mãe era mais exigente e severo. "Nós tremíamos diante dela", escreveu Isabel, "mas a adorávamos."

Enquanto Burton havia sido em grande medida deixado por conta própria durante as andanças da família pela Europa, Isabel fora criada com disciplina e estrutura rígidas britânicas. "Dava-se grande atenção à nossa saúde, às nossas caminhadas, ao nosso vestuário, aos nossos banhos e às nossas relações sociais", escreveu ela.[3] "Nossa comida era boa, mas simples; tínhamos uma enfermeira-chefe e três babás. [...] Só podíamos descer para o andar de baixo no almoço das duas horas (nosso jantar) e por cerca de quinze minutos para a sobremesa se nossos pais estivessem jantando sozinhos ou com amigos muito íntimos. [...] Não podíamos falar a menos que falassem conosco; não podíamos pedir nada, a menos que nos fosse dado. Beijávamos as mãos de nosso pai e de nossa mãe e pedíamos a bênção deles antes de subir, e ficávamos de pé ao lado deles o tempo todo em que estivéssemos na sala." Dos dez aos dezesseis anos, ela frequentou uma escola num convento em Chelmsford, a cerca de sessenta quilômetros de Londres, e depois disso voltou para casa, em Essex.

Furze Hall, a casa da família Arundell, encarnava a vida britânica calma e tranquila que Burton nunca teve. "Era uma casa branca, afastada, antiquada, em parte um chalé, em parte casa de fazenda, construída aos pedaços [...], enterrada em arbustos, heras e flores", recordaria Isabel com carinho.[4] "Trepadeiras cobriam paredes e varandas e rastejavam pelas janelas, fazendo a casa parecer um ninho." Logo abaixo da janela de seu quarto havia um "lindo alpendre de madressilvas e jasmins", escreveu ela, "no qual carriças e tordos construíam seus ninhos, e pássaros e abelhas costumavam me visitar nas noites de verão".[5] Na maioria dos dias, ela descia a rua em direção ao bosque com um livro na mão. "No que diz respeito aos livros, eu me eduquei", disse ela.[6] Seu preferido era *Tancredo*, um romance religioso de Benjamin Disraeli, "com seu glamour do Oriente". "De certa forma, eu costumava pensar sobre a minha vida futura e tentar resolver grandes problemas", escreveu ela. "Eu estava formando meu caráter."[7]

Isabel estava dividida entre suas convicções religiosas e obediência filial e um desejo crescente por uma vida maior, menos convencional e mais aventureira do que esperavam que ela tivesse. No início, achou um modo de escapar de seu mundo previsível e do domínio de sua mãe ao fazer amizade com um grupo de ciganos que montara acampamento perto de sua casa. Ela sabia que a mãe ficaria furiosa se descobrisse, mas a atração pelos ciganos era irresistível. "Eu estava entusiasmada com eles", ela escreveu mais tarde, "e com tudo o que era oriental e místico, e em especial com uma vida selvagem e sem lei."[8] Ela os visitava sempre que se atrevia, ajudando quando podia se estivessem doentes "ou se arrumassem encrenca com os proprietários por causa de aves, ovos ou outras coisas". Ela acabou desenvolvendo uma relação próxima com uma mulher alta e de aparência refinada chamada Hagar. "Quando viajavam apenas consertando coisas ou fazendo cestas, eu era muito obediente", escreveu ela, "mas cavalos selvagens não teriam conseguido me manter afastada de acampamentos dessas tribos orientais de nomes ingleses." A própria Hagar, que apelidara Isabel de "Daisy", tinha um sobrenome inglês que mais tarde teria um significado profundo para sua jovem amiga: Burton.

Um dia, Isabel visitou o acampamento e Hagar lhe disse que eles estavam prestes a partir. No entanto, ela havia feito o horóscopo de Isabel e queria compartilhá-lo com ela. Traduzindo-o do romani, ela disse: "Você cruzará o mar e estará na mesma cidade que seu Destino, sem saber disso. Todos os obstáculos se levantarão contra você, e uma combinação de situações exigirá toda a sua coragem, energia e inteligência para enfrentá-los. Sua vida será como nadar contra grandes ondas; mas Deus estará ao seu lado, então você sempre vencerá. Você fixará o olhar em sua estrela polar e fará isso sem encarar a direita ou a esquerda".[9] O horóscopo continha tudo o que Isabel sempre quisera para sua vida: emoção, aventura, o desconhecido. Em vez da tradição e da disciplina que a restringiam desde a infância, prometia-lhe uma vida de desafios e perigos, uma chance de viver por sua própria força e inteligência.

Anos depois, Isabel insistiria que Hagar havia acrescentado à previsão, com uma especificidade que a surpreenderia: "Você levará o nome de nossa tribo".¹⁰ "Você terá muitas opções e esperará por anos, mas está destinada a ele desde o início. O nome de nossa tribo lhe causará muitas horas dolorosas e humilhantes; mas quando o que ele procurava no auge da juventude e sua força desaparecerem, ele ainda verá você brilhante e purificada, como a estrela da manhã." Embora os ciganos Burton estivessem deixando Furze Hall, o nome deles um dia pertenceria a Isabel, prometeu Hagar. "O nome que lhe demos será seu, e chegará o dia em que você orará por ele, ansiará por ele e se orgulhará dele."

Isabel só saiu da Inglaterra aos dezenove anos, quando viajou com a família para Boulogne. Tendo vivido toda a vida no que, para ela, tinham sido os braços gentis e protetores da Inglaterra, ela teve a sensação oposta a que Richard e Edward Burton tinham tido anos antes, quando enfim se libertaram de seu odiado internato para retornar ao continente europeu. Enquanto observava os penhascos brancos desaparecerem, escreveu Isabel mais tarde: "Nunca me senti tão patriótica".¹¹ Ao mesmo tempo, ela estava emocionada por experimentar pela primeira vez uma aventura. Sentada no convés do navio, ela recordou as palavras de Hagar Burton: "Lembrei-me de que Hagar havia me dito que eu deveria cruzar o mar, e então me perguntei por que tínhamos escolhido Boulogne".

Pelo resto da vida, Isabel acreditaria que a resposta para essa pergunta tinha vindo em sua direção no dia em que visitou as famosas muralhas da cidade. Enquanto estudava as antigas fortificações de pedra, ficou surpresa ao ver que um homem a encarava. "Ele tinha cabelos muito escuros [...] uma tez marrom, castigada pelo tempo; traços árabes retos; uma boca e um queixo de aparência determinada, quase cobertos por um enorme bigode preto", escreveu ela.¹² "Mas a parte mais notável de sua aparência eram dois olhos grandes, pretos e brilhantes com cílios longos, que perfuravam alguém da cabeça aos pés. Tinha uma expressão feroz, orgulhosa e melancólica; e quando sorria, o fazia como se isso o machucasse." Ela percebeu que ele era "a visão do meu cérebro desperto".

Depois de sua primeira temporada como debutante, quando fora apresentada ao mundo sufocante de damas de companhia, lacaios altivos com perucas empoadas e vestidos enormes com muitas camadas, Isabel aprendera uma coisa sobre si mesma: ela preferiria levar uma vida de solteirona a se casar com um dos "manequins" sorridentes e de mãos macias que conhecera em Londres. "Às vezes me pergunto se são homens de verdade ou meras criaturas assexuadas — manequins de alfaiate animados", escreveu desgostosa.

Quaisquer que fossem as expectativas de sua mãe, Isabel sabia que não cederia num ponto. Ela mesma escolheria um marido. "Assim como Deus tirou uma costela de Adão e fez dela uma mulher, eu também, de um caos selvagem de pensamento, formo um homem para mim mesma", escreveu,[13] e então passou a descrever esse homem ideal em detalhes minuciosos: "Cabelos pretos, pele morena, [...] grandes olhos negros maravilhosos. [...] Ele é um soldado e um homem; está acostumado a comandar e ser obedecido. [...] É um homem que possui mais do que um corpo; tem cabeça e coração, mente e alma. É um daqueles homens fortes que lideram, o cérebro que governa".

Tão claro quanto podia ver esse homem em sua mente, Isabel sempre acreditou que ele fosse apenas um "mito da minha infância".[14] Isso mudou no dia em que encontrou Richard Burton nas muralhas. Ele parecia ter saído de seu diário, criado a partir das palavras que ela usara para descrever o único homem com quem se casaria. Quando o viu, ficou "completamente magnetizada", escreveu mais tarde. "Ele olhou para mim como se me lesse por completo em um instante." Virando-se para a irmã, ela sussurrou: "Esse homem vai se casar comigo".

Isabel voltou às muralhas no dia seguinte, e Burton também. Quando ela e a irmã pararam no calçadão de pedra, ele foi até elas segurando um pedaço de giz e escreveu na parede: "Posso falar com você?". Pegando o giz que ele havia deixado para ela, escreveu em resposta: "Não, mamãe vai ficar brava". Ela estava certa. Sua mãe descobriu a conversa breve e rabiscada de Isabel com Richard Burton e não ficou apenas zangada, mas decidida a manter a filha o mais longe possível daquele homem perigoso.

Burton era o último homem que Elizabeth Arundell queria como genro. Além de ser dez anos mais velho, com uma gama escandalosamente ampla de experiências, enquanto sua filha era jovem, protegida e ingênua, era também pobre e sem conexões. Embora, como católica, Elizabeth soubesse o que significava ser evitada pela sociedade britânica, ela havia criado Isabel para se casar naquele mundo e ser a esposa de "um par rico".[15] Recusava-se a admitir que a filha estava apaixonada por um explorador sem dinheiro. Isabel ficava "vermelha e pálida, quente e fria, tonta e fraca, doente e trêmula" cada vez que via Burton, e a mãe trazia um médico, insistindo que a "digestão da filha estava fora de ordem".[16] O médico prescreveria de maneira obediente um comprimido para Isabel, que ela descartava no fogo na primeira oportunidade.

Depois de dois anos de estadia em Boulogne, antes de a família de Isabel voltar para Londres, seus primos deram uma festa e convidaram todos que conheciam, entre eles Richard Burton. "Ele dançou uma valsa comigo", escreveu ela anos depois, ainda agarrada à memória, "e conversamos várias vezes."[17] Depois, ela guardou com cuidado a faixa e as luvas que usava naquela noite porque ele as tocara enquanto dançavam. "Nunca mais as usei." Na viagem de volta a Londres, ela se enrolou numa capa, subiu em um dos botes salva-vidas que estavam amarrados na lateral do navio e pensou em como ela era diferente da garota que havia deixado a Inglaterra dois anos antes, e "quanto do meu destino fora cumprido".

Quatro anos se passariam até Isabel ver Burton de novo. Mas em vez de perder o interesse, sua obsessão só cresceu. Ela rezava por ele todas as noites, guardava com cuidado as luvas em que ele havia tocado e enchia seu diário com pensamentos sobre ele. Ela também o observava de longe, lia tudo o que ele escrevia e todos os artigos escritos sobre ele, absorvia com avidez as histórias de suas aventuras, as grandes coisas que realizava sem ela. "Richard acaba de voltar com sucesso de Meca; mas em vez de voltar para casa, foi para Bombaim a fim de se juntar ao seu regimento", escreveu ela em seu diário dois anos depois de deixar Boulogne.[18] "Eu me glorifico em sua glória." Um ano depois, ela ficou preocupada ao vê-lo partir mais uma vez, dessa vez para a África Oriental. "E agora Richard foi para Harar, uma expedição mortal ou muito perigosa, e estou cheia de pressentimentos tristes", escreveu ela. "Ele nunca vai voltar para casa?"[19]

Isabel queria que Richard voltasse não para que ela pudesse se estabelecer com ele, mas para que, quando fosse embora de novo, ele a levasse consigo. Casar-se com Richard Burton era sua única esperança de escapar da vida pequena e sufocante que a mãe havia planejado para ela. "Eu deveria amar a vida selvagem, errante e vagabunda de Richard. [...] Anseio por correr ao redor do mundo em um trem expresso; sinto que vou enlouquecer se ficar em casa. [...]

O que os outros ousam, eu posso ousar. E por que não deveria? Quem sente nossa falta? Por que não deveríamos ter uma vida útil e ativa? Por que, com espírito, cérebro e energia, as mulheres devem se contentar com fazer crochê e as contas domésticas? Isso me deixa doente, não vou fazer isso."[20]

Ao crescer, Isabel não queria apenas se casar com um homem aventureiro, mas ser um deles. Seu pai, disse ela, "me criou como um menino, me ensinando a montar e atirar, tudo, na verdade, que serviria para minha vida posterior de aventura e perigo".[21] Ela "adorava a ambição", escreveu, e sonhava em ser sua própria força motriz, em ter "a vontade e o poder de mudar as coisas". Isabel temia que tanto as lições de seu pai como os próprios sonhos fossem desperdiçados numa vida de trabalho feminino e tranquilo. Burton, ela percebera assim que o conhecera, poderia mudar isso. "Eu gostaria de ser um homem; se fosse, seria Richard Burton", escreveu em seu diário. "Mas, como sou mulher, seria a esposa de Richard Burton."[22]

O único problema era que Burton parecia ser completamente inconsciente da fervorosa devoção que ela direcionava a ele, além de não parecer se interessar por uma garota como ela. Isabel sabia que ele já tivera muitos romances com mulheres exóticas e experientes, que, como sua sobrinha escreveria mais tarde, eram "bonitas ou belas [...], para as feias ele não olhava".[23] Em Boulogne, ele teve um "flerte sério" com uma prima de Isabel incrivelmente bonita chamada Louisa, o que foi para ela uma agonia. Isabel se considerava "na fase mais feia da minha vida", escreveu ela. "Eu era alta, gorda e pretendia ser clara, mas estava sempre bronzeada e queimada de sol. [...] Eu era gorda demais para entrar no que chamamos de 'nosso tamanho normal', e minha pele não era pálida e interessante o suficiente para me agradar. [...] Eu costumava invejar as garotas da festa do mastro e do cabo de vassoura, que podiam se vestir de um jeito muito mais bonito do que eu. Ou eu estava bem-disposta e agitada com bom humor, ou então melancólica e cheia de páthos."[24] Não podia imaginar que Burton se apaixonaria por ela, mas também não conseguia ver sua vida sem ele. "Que maldição é um coração!", rabiscou em seu diário.[25]

Isabel ainda se agarrava ao sonho de que Burton um dia poderia notá-la, mas enquanto isso se recusava a simplesmente ficar no quarto, esperando que ele voltasse para casa. Durante a Guerra da Crimeia, ela implorou diversas vezes para ser uma enfermeira no campo de batalha e trabalhar sob orientação de Florence Nightingale, mas foi recusada todas as vezes. "Como eu invejo as mulheres que podem sair de casa como enfermeiras! [...] Escrevi várias vezes para Florence Nightingale; mas o superintendente respondeu que sou muito jovem e inexperiente, e por isso não sirvo."[26] Por fim, ela decidiu que, se não pudesse ajudar os próprios soldados, ajudaria suas esposas, muitas das quais ficaram quase na miséria na Inglaterra enquanto os maridos estavam lutando. "Meu plano era ser um pouco útil em casa", escreveu ela. "Começamos um caldeirão de sopa por assinatura e a coletar roupas. [...] Nenhuma mulher destituída deveria ser deixada de fora nem ser tratada de forma diferente por conta da religião. [...] Demos como foi possível hospedagem, comida e roupas, além de palavras de conforto para todos."[27] As cerca de 150 mulheres que entraram para o Stella Club fundado por Isabel faziam suas rondas duas vezes por semana, não só levando provisões, mas visitando os doentes e moribundos, lendo para eles e escrevendo cartas para seus entes queridos. Isabel nunca esqueceria a miséria que testemunhou durante esse período. "Não posso tentar descrever as cenas de miséria que vimos", escreveu mais tarde, "nem os lares que salvamos, nem a gratidão dos soldados quando voltaram da guerra e descobriram o que havíamos feito."

Quando Burton já estava também de volta, Isabel estava no famoso Hipódromo de Ascot, em Berkshire, quando se surpreendeu ao encontrar uma velha amiga: Hagar Burton. Depois de apertar a mão de Isabel, Hagar lhe perguntou: "Você já é Daisy Burton?". Balançando a cabeça, Isabel respondeu: "Deus quisera que eu fosse!".[28] O rosto de Hagar se iluminou. "Paciência", disse ela. "Está chegando." Naquele momento, Hagar, que, como cigana, era com frequência tratada com desrespeito arrogante e até violência, foi forçada a se despedir às pressas da amiga, pois foi empurrada para dar espaço a uma carruagem. "Nunca mais a vi", escreveu Isabel.

Dois meses depois, quando caminhava pelo Jardim Botânico de Londres com sua irmã Blanche e uma amiga, Isabel viu o homem em quem pensava e com quem sonhava desde o dia em que haviam se conhecido, seis anos antes.[29] Dessa vez, Burton não estava sozinho. Com ele estava a "bela criatura de Boulogne", escreveu Isabel, Louisa, a bela prima de quem ela tinha tanto ciúme, mas que agora estava casada com outra pessoa. "Nós logo paramos, apertamos as mãos e fizemos mil perguntas um ao outro sobre o que havia ocorrido naqueles quatro anos, e todas as memórias e os velhos sentimentos de Boulogne, que estavam adormecidos, mas não extintos, voltaram", escreveu ela. Burton então perguntou a Isabel se ela vinha ao jardim com frequência. "Ah, sim", respondeu ela, "estamos sempre aqui das onze da manhã à uma da tarde para ler e estudar, porque nesta época do ano é muito melhor do que ficar nos quartos quentes." "Isso é verdade", disse Burton, e depois perguntou o que ela estava estudando. Isabel mostrou a ele o livro que trazia— o *Tancredo* de Disraeli, que logo Burton passou a lhe explicar. Isabel ouviu com atenção, embora lesse "o livro do meu coração e preferência" desde a infância. Ao se afastar, Isabel ouviu Burton dizer a Louisa: "Sabe que sua prima ficou charmosa? Eu não teria acreditado que a colegial de Boulogne se tornaria uma menina tão doce". A única resposta da prima, Isabel escreveu mais tarde, foi "'Argh!', com um tom de desgosto".

Quando Isabel voltou ao jardim no dia seguinte, Burton estava lá, dessa vez sozinho, trabalhando num poema.[30] Ele ergueu os olhos e disse em tom provocador: "Você não vai escrever 'mamãe vai ficar brava' agora, vai?". Com o passar dos dias, eles continuaram a se encontrar. Caminhando juntos pelos jardins, Isabel "estava nas nuvens". Depois de duas semanas, Burton pôs o braço em volta da cintura dela, aproximou o rosto e a pediu em casamento. "Você poderia fazer algo tão doentio quanto desistir da civilização?", perguntou ele. "E se eu conseguir o Consulado de Damasco, você quer se casar comigo e ir morar lá?" Sem saber que Isabel só pensara em se casar com ele nos últimos seis anos, ele disse: "Não me dê uma resposta *agora*, porque isso significará um passo muito importante para você — nada menos do que desistir de sua gente e de tudo a que está acostumada".

Isabel ficou tão emocionada que, por um momento, não conseguiu falar.[31] "Foi como se a Lua tivesse caído e dito: 'Pensei que você tinha chorado por mim, então eu vim'", escreveu mais tarde. Sem entender o silêncio dela, Burton falou: "Perdoe-me! Eu não deveria ter pedido tanto". Mas Isabel, numa torrente de palavras, enfim respondeu: "Não quero 'pensar sobre isso' — estou 'pensando nisso' há seis anos, desde que o vi pela primeira vez em Boulogne, nas muralhas. Tenho orado por você todos os dias, de manhã e de noite. Acompanhei em detalhes toda a sua carreira. Li cada palavra que você escreveu e prefiro ter uma casca de pão e uma barraca com você do que ser a rainha de todo o mundo". Quando Burton, que não se iludia quanto ao que a mãe de Isabel pensava dele, disse "sua gente não vai me entregar você", Isabel, então com 25 anos e com uma compreensão muito maior de seu lugar no mundo, respondeu com rapidez e confiança: "Eu sei disso, mas eu pertenço a mim mesma — eu me darei".

* * *

Isabel sempre soube que Burton partiria outra vez. Ele não escondeu o fato de ter retornado da guerra com planos de "voltar sua atenção para a 'Revelação de Ísis'", como ela disse, "descobrir as fontes do Nilo".[32] Uma tarde de outubro, alguns meses depois do noivado que eles mantinham em segredo, ele desenhou para ela um esboço simples de como achava que seriam as regiões dos lagos da África Oriental.[33] Em troca, ela estendeu a mão e prendeu uma corrente de aço no pescoço dele, na qual estava uma medalha da Santíssima Virgem, "que nós católicos costumamos chamar de 'medalha milagrosa'", escreveu ela.

Naquela noite, Isabel não conseguiu dormir.[34] Por volta das duas da manhã, ela viu o que mais tarde afirmou ser uma aparição. Era Burton, que abria a porta do quarto e entrava. "Uma corrente de ar quente veio em direção à minha cama. Ele disse: 'Adeus, minha pobre criança. Meu tempo acabou e eu já fui embora, mas não fique triste. Voltarei em menos de três anos e sou seu destino. Adeus'. Ele ergueu uma carta, olhou para mim com aqueles olhos ciganos e saiu devagar, fechando a porta." Isabel pulou da cama, se apressou em direção ao corredor e o encontrou vazio. Seguiu para o quarto de seu irmão, sentou-se e começou a chorar, insistindo que Richard tinha ido embora. "Bobagem", disse o irmão, "você só teve um pesadelo."

Na manhã seguinte, Isabel, que passara a maior parte da noite enrodilhada numa cadeira no quarto do irmão, ergueu os olhos quando sua irmã Blanche entrou segurando uma carta.[35] No correio daquela manhã havia chegado um envelope endereçado a ela e ficou surpresa ao encontrar dentro duas cartas de Burton. A primeira era para a própria Blanche, pedindo-lhe que desse delicadamente à irmã a notícia de sua partida para a África e lhe entregasse a segunda carta. Aquela missiva "me assegurava", escreveu Isabel, que "deveríamos voltar a nos reunir em 1859". Ela a guardou num saquinho e o amarrou numa corrente, usando com orgulho a mensagem de Burton no pescoço, enquanto ele fazia o mesmo com a medalha milagrosa.

8. *Horror Vacui*

Em fevereiro de 1856, quando John Hanning Speke voltou para casa da Guerra da Crimeia, a primeira coisa que fez depois de se encontrar com Richard Burton foi visitar a sala de mapas da Real Sociedade Geográfica. A Sociedade ainda precisava encontrar um lar permanente; seu início havia sido mais de 25 anos antes em algumas salas da Sociedade de Horticultura, na Regent Street; dez anos depois se mudou para um espaço um pouco maior e, em 1854, estava no endereço atual, alugado no número 15 da Whitehall Place.[1] O prédio de pedra branca de cinco andares foi escolhido principalmente por uma razão: poderia conter a rara e extensa coleção de mapas da Sociedade, que se estendia "desde o período mais antigo de delineações geográficas grosseiras até o mais aprimorado do tempo presente".

A coleção fazia parte dos objetivos fundadores da Sociedade e continha milhares de mapas, atlas, globos e gráficos, esboçados em pedaços de papel, impressos à mão em diários encadernados e gravados em tecido amarelado. Foi em grande parte graças a essa coleção fascinante, aberta ao público e "visitada todos os dias por estrangeiros inteligentes",[2] que a Real Sociedade Geográfica recebeu financiamento do governo. Embora a imensa maioria de seus membros fosse abastada, ou pelo menos bem relacionada, não eram muitos que pagavam de fato as mensalidades, o que fazia com que a Sociedade dependesse da ajuda do governo não só para financiar expedições, mas também para pagar o aluguel. A dotação anual de quinhentas libras esterlinas oferecida pelo Tesouro de Sua Majestade era usada para cobrir as novas acomodações e contratar Trelawney Saunders, o primeiro curador da coleção de mapas.

A coleção que Saunders supervisionava foi útil para futuras expedições, mas também mapeou um dos avanços mais importantes da história da cartografia: não mais preencher espaços em branco nos mapas, mas criá-los. Antes do século XVIII, muitos cartógrafos europeus tinham o que os historiadores da arte chamam de *horror vacui*, um medo de deixar espaços vazios.[3] Ao desenhar partes do mundo sobre as quais não tinham informações em primeira mão, faziam uso de rumores, conjecturas ou da própria imaginação e acrescentavam aos mapas monstros marinhos e ilhas míticas, criaturas decorativas e montanhas imaginárias. Mas ao entrar na era do Iluminismo, a cartografia passou do reino da arte para o da ciência. Limitados a usar apenas informações para as quais tinham provas confiáveis de testemunhas oculares, os cartógrafos europeus modernos não tinham escolha senão deixar em branco grandes partes do globo, sobretudo ao desenhar o continente africano.

Entre os séculos XV e XIX, as representações europeias da África mudaram imensamente. Um dos mapas mais antigos conhecidos do continente, criado em meados do século XVI por um cartógrafo alemão que depois morreu de peste, apresenta o desenho de um gigante nu com um único olho onde deveriam estar a Nigéria e Camarões. Cerca de cem anos depois, o cartógrafo holandês Willem Janszoon Blaeu tentou camuflar sua ignorância do continente preenchendo o interior do mapa com ilustrações de alguns dos animais mais famosos da África, de leões e elefantes a avestruzes, e os oceanos ao redor com navios holandeses que navegavam entre criaturas míticas, como uma que era metade cavalo, metade serpente marinha. Em 1805, no entanto, o cartógrafo britânico John Cary admitiu abertamente em seu mapa da África o que ele não sabia, deixando em branco quase tudo abaixo do Equador, além de algumas pequenas características ao longo da costa. Quase cinquenta anos depois, apenas cinco anos antes de Speke entrar pela primeira vez na Real Sociedade Geográfica, o editor R. Montgomery Martin escreveu uma nota para acompanhar um mapa que foi exibido na Grande Exposição de Londres de 1851 e que apresentava grandes extensões de espaço em branco na África equatorial e austral. "Mais de cinco sextos da região ainda são desconhecidos pelos geógrafos europeus", explicou. "Das supostas montanhas da Lua não sabemos nada."[4] Essa é uma das construções centrais da cartografia ocidental: até que uma região fosse mapeada pelos europeus, mesmo que tivesse sido ocupada por milhões de pessoas ao longo de milênios, a terra e tudo que havia nela era considerado um mistério.

É evidente que a terra africana não era um mistério para quem vivia lá, mas as informações obtidas de africanos viajados, de comerciantes a mensageiros, eram em grande parte descartadas, assim como suas próprias formas de cartografia. Pouco foi escrito sobre o início da cartografia africana, mas ela variava amplamente de arte rupestre a mapas esquemáticos e escarificação. Mapas efêmeros, muitas vezes desenhados no chão, eram ocasionalmente descritos em revistas ou esboçados em papel por viajantes estrangeiros, mas raras vezes faziam a transferência para mapas europeus ou norte-americanos com atribuição e sem alterações.

Um mapa em particular se destacava entre os muitos que adornavam as paredes da Real Sociedade Geográfica. Emprestado pela Sociedade Missionária da Igreja, fora desenhado dois anos antes pelos missionários alemães Jakob Erhardt e Johannes Rebmann, após seu lampejo de intuição sobre a fonte do Nilo Branco. Esse mapa despertou de imediato o interesse de comunidades científicas em toda a Europa e já havia sido impresso em várias publicações, desde a revista missionária *Das Calwer Missions-Blatt* até a acadêmica *The Athenaeum*, antes de chegar à Real Sociedade Geográfica, no final de 1855.

Um esboço simples da África Oriental sem enfeites, o mapa era notável apenas por uma única característica: um grande "mar interior" azul que Erhardt e Rebmann haviam desenhado onde a maioria dos cartógrafos acreditava haver um deserto.[5] A massa de água não só era enorme, com quase 1300 quilômetros de comprimento por quase quinhentos quilômetros de largura, começando na linha do Equador e se estendendo até o 14º grau de latitude sul, como tinha uma forma tão estranha que até os geógrafos mais experientes lutavam para descrevê-la. Burton se referiu a ele como uma "horrível sanguessuga inflada",[6] mas para a maioria dos que viram o mapa a palavra "lesma" vinha à mente. Escreveu Speke mais tarde:

Nesse mapa de seção, que engolia cerca de metade de toda a área do terreno nele incluído, figurava um lago de tamanho tão portentoso e de forma tão desconcertante, representando uma lesma gigantesca ou, talvez, ainda mais perto, a feia salamandra, que todos que a olhavam riam incrédulos e balançavam a cabeça. Com efeito, era um fenômeno suficiente nos dias de hoje para animar o interesse de qualquer um.[7]

O aparecimento do "mapa da lesma" de Erhardt e Rebmann causara um rebuliço imediato na Real Sociedade Geográfica. Ele trouxera uma profunda sensação de satisfação ao reverenciado e pouco viajado geógrafo William Cooley, que, Burton escreveu mais tarde, "ainda estava em seu 'Mar Único' e considerava inimigo pessoal qualquer um que ousasse transformá-lo em dois ou três".[8] Além disso, deu um senso de urgência ao antigo interesse, em grande medida latente, da Sociedade em encontrar a fonte do Nilo Branco.

A formação da Expedição da África Oriental, como ficou conhecida, contou com o apoio de um dos membros mais estimados da Sociedade, o almirante Sir George Back. Explorador lendário, Back participara da primeira expedição de John Franklin ao Ártico quando ainda era muito jovem, quase quarenta anos antes, e mais tarde da mal-afamada viagem do HMS *Terror*, que ficou preso em um gelo tão espesso que havia rumores de que teria esprimido a terebintina das pranchas do navio. Agora, com sessenta anos, Back queria alguém para resolver o maior mistério geográfico de sua época. E acreditava que Richard Burton era o homem certo para isso.

O próprio Burton já havia sugerido uma expedição semelhante à Sociedade. Embora a sua proposta tivesse delineado uma viagem às regiões lacustres da África Oriental, ser o primeiro europeu a estudar "os limites do 'Mar de Ujiji' [também conhecido como lago Tanganica] e, de forma secundária, a determinar os produtos exportáveis do interior e a etnografia de suas tribos", ele sabia tão bem quanto Back qual era sua verdadeira missão. "Nestes dias, supõe-se que todo explorador da África Central parte em busca das fontes recatadas do Nilo Branco", escreveu ele, "e quando retorna sem elas, sua exploração, qualquer que tenha sido seu valor, está condenada a ser um fracasso."[9] Portanto, quando recebeu suas instruções oficiais da Real Sociedade Geográfica, Burton não ficou surpreso ao encontrar entre elas a ordem de marchar para o norte até "a cadeia de montanhas marcada em nossos mapas como contendo as prováveis fontes do Bahr-el-Abyad [Nilo Branco], que será seu próximo grande objeto a descobrir".[10]

O que Burton precisava agora era de um alguém para servir de seu braço direito e, apesar do passado doloroso que ambos compartilhavam, voltou-se para Speke. Mais tarde Burton explicaria que o escolheu porque "sofreu comigo de corpo e alma em Berbera e porque ele, como o resto do grupo, não conseguiu obter reparação".[11] Speke, sabendo que não tinha capacidade para montar uma expedição tão complexa por conta própria, decidira retornar às montanhas do Cáucaso. Embora tivesse deixado na mão o amigo Edmund Smyth dois anos antes ao seguir para a Somalilândia com Burton em vez de viajar com ele como planejado, escreveu para o amigo novamente, sugerindo que ressuscitassem a viagem de caça abandonada. Smyth logo concordou e os dois começaram a fazer planos e até compraram armas e outros equipamentos. Speke escreveu então para Norton Shaw, da Real Sociedade Geográfica, pedindo ajuda para adquirir passaportes que lhes permitissem entrar na Rússia. Em resposta, Shaw não apenas advertiu Speke de que ele teria poucas chances de entrar no país logo depois da guerra, mas também o informou que Richard Burton estava voltando para a África. No mesmo dia em que a carta de Shaw chegou, Speke também recebeu uma do próprio Burton, convidando-o para participar de sua expedição. "Isso resolveu o assunto. Sem pensar duas vezes, descartei meus equipamentos caucasianos", escreveu Speke, pelo visto sem se preocupar com o fato de que estava, mais uma vez, descartando Smyth.[12]

Para Speke, o estranho mapa de Erhardt e Rebmann que ele vira na Real Sociedade Geográfica representava não só uma estranheza ou um mistério, mas uma percepção potencialmente valiosa da missão que ele estava prestes a empreender com Burton. "Aqui me foram revelados, pela primeira vez", escreveu ele, "os grandes objetos projetados para a expedição em questão."[13] Embora preferisse liderar sua própria missão e tivesse sérias dúvidas sobre o homem que comandaria a que ele iria participar, estava disposto a correr qualquer risco se isso significasse ser enviado para procurar a nascente do Nilo Branco.

No entanto, ainda que tenha escolhido Burton para liderar a expedição e concordado em deixá-lo usar seu nome e suas conexões, a Sociedade ofereceu pouco do que ele mais precisava: financiamento. Graças, em grande parte, às relações pessoais substanciais do presidente da Sociedade, Sir Roderick Murchison, o Ministério das Relações Exteriores concordou, com grande relutância, em dar à viagem uma dotação de mil libras esterlinas. De início, a Companhia das Índias Orientais havia prometido doar outro tanto, mas no final desistiu, oferecendo a Burton apenas dois anos de licença e uma carona até Zanzibar.[14] Burton sabia que o financiamento não era suficiente para o tipo de expedição que deveria realizar, mas também sabia que, por mais persuasivos que fossem seus argumentos, não receberia um xelim a mais.

No ano anterior, Jakob Erhardt havia pedido pouco mais de duzentas libras com o objetivo de contratar vinte carregadores para uma marcha de 640 quilômetros até o interior da África Oriental. A estimativa lamentavelmente inadequada de Erhardt, escreveu Burton, "foi altamente prejudicial para os futuros viajantes; ou ele sabia a verdade e deveria ter feito uma estimativa razoável, ou ignorava o assunto e deveria tê-lo evitado".[15] De qualquer modo, o resultado foi que Burton recebeu apenas mil libras para financiar uma expedição que custaria facilmente cinco vezes mais.

Quando soube que a viagem seria bastante subfinanciada, Speke quase abandonou o projeto. Como a expedição à Somalilândia lhe causara sofrimento significativo, mesmo além das onze facadas que recebera, ele escreveu com raiva para Robert Playfair, representante-assistente em Áden, dizendo que havia "perdido muito da reputação bem como do bolso em consequência do fracasso".[16] Ele afirmou mais tarde que a única razão pela qual concordava em continuar com a Expedição da África Oriental não era porque precisava de Burton, mas porque Burton precisava dele.

"O capitão Burton [...] não sabia nada de observação astronômica, de geografia física ou de coleta de espécimes", escreveu Speke, "então ele me pressionou de novo para ir com ele, e até mesmo induziu o presidente da Real Sociedade Geográfica a dizer que não havia necessidade de temer o dinheiro caso tivéssemos sucesso."[17]

Burton aguardava a expedição com um prazer singular. "Um dos momentos mais felizes da vida humana, penso eu, é a partida para uma jornada distante em terras desconhecidas", escreveu ele. "Sacudindo com grande esforço os grilhões do Hábito, o peso de chumbo da Rotina."[18] No entanto, antes que pudesse navegar para a África, ele precisou fazer uma viagem por terra até Bombaim para obter a licença de Speke. Os dois permaneceram apenas uma semana na Índia, mas enquanto estavam lá conseguiram estocar instrumentos científicos e contratar dois jovens de Goa, Valentine Rodríguez e Gaetano Andrade, para serem os cozinheiros da expedição. Como prometido, a Companhia das Índias Orientais deu a eles uma carona até Zanzibar no *Elphinstone*, uma chalupa de guerra de 387 toneladas cujo nome era uma homenagem ao governador de Bombaim.

No caminho para a África, eles pararam em Áden, onde Burton esperava convencer o dr. John Steinhaüser, que estava lá como cirurgião civil, a se juntar à expedição. Burton conhecera Steinhaüser na Índia anos antes, quando ambos faziam exames de idiomas, e o visitara depois de sua viagem a Meca, quando discutiram colaborar numa tradução "plena, completa, sem verniz, sem castração" de *As mil e uma noites*. Steinhaüser era um "bom erudito, um bom naturalista, um hábil praticante", escreveu Burton, mas também era "dotado […] de qualidades pessoais ainda mais inestimáveis".[19] Steinhaüser concordou na mesma hora em participar da expedição, mas teria que esperar a aprovação da Companhia Britânica das Índias Orientais antes de partir para Zanzibar.

De volta a bordo do *Elphinstone*, Burton passou a maior parte da viagem de mais de duas semanas lendo tudo o que podia sobre a ilha onde sua expedição enfim começaria. Ele e Speke também examinaram os equipamentos — sextantes, barômetros e termômetros — que haviam adquirido em Bombaim e nos quais confiariam para fazer medições científicas. Sua experiência no navio, comparada a quase todas as viagens marítimas que Burton fizera no passado, foi um prazer. "A ordem, a frieza e a limpeza de um navio de guerra", escreveu ele, "sem pulsações estridentes […], nenhuma cabine com hidrogênio sulfurado, nenhum convés onde passageiros pálidos e ictéricos sacodem os ombros convulsivos enquanto correm entre a amurada e o balaústre da popa."[20] Quando ergueu os olhos de seus livros e suas anotações, Zanzibar estava diante deles.

Parte de um arquipélago constituído por uma série de pequenas ilhas, além das duas principais — a própria Zanzibar, mais conhecida formalmente como Unguja, e Pemba —, Zanzibar já era habitada havia pelo menos 17 mil anos antes do primeiro europeu, o explorador português Vasco da Gama, desembarcar lá, em 1498. Em busca de uma rota marítima entre a Europa e a Índia, Gama percebeu o que os africanos e árabes sabiam havia muito tempo: com um porto que era protegido e facilmente defendido, Zanzibar era a plataforma de lançamento perfeita para o comércio e a exploração. Duzentos anos depois, o sultanato de Omã derrotou os portugueses, assumiu o controle da ilha e de grandes faixas da costa suaíli, desenvolveu plantações de cravo e criou um dos mais infames mercados de escravizados da história. Os exploradores europeus logo perceberam que ali podiam encontrar tudo o que precisavam — desde comida e moeda local, em geral contas e tecidos, até carregadores e guias — para suas longas jornadas pelo interior.

Do mar, a primeira impressão que Burton teve de Zanzibar foi de uma beleza pacífica e lânguida. Cercado por águas azul-safira e praias de um branco ofuscante, o interior da ilha de calcário de quase 1600 quilômetros quadrados era verde e sombrio graças a uma profusão de coqueiros e mangueiras, trazidos inicialmente da Índia. "De fato agradável foi nossa primeira visão da então misteriosa ilha de Zanzibar, destacada pela cúpula de colinas distantes, como ar solidificado, que formam a linha ondulante da costa", escreveu ele. "Terra, mar e céu, tudo parecia envolto num repouso suave e sensual, na vida tranquila dos Comedores de Lótus."[21] À medida que escurecia, a praia brilhava com uma profusão de pequenas luzes que aos homens no navio pareciam vaga-lumes. Os gritos dos macacos colobus vermelhos, endêmicos da ilha, chegavam até eles, assim como o cheiro rico e picante das famosas plantações de cravo.[22]

Burton sabia que as pessoas que colhiam os cravos haviam chegado em um barco de escravizados malcheiroso, barulhento e perigosamente superlotado, que não parecia em nada com o conforto e a segurança do *Elphinstone*. Como era comum na época, Burton e Speke não sentiam remorsos por seu racismo, com toda a arrogância e ignorância que o acompanhava, mas estavam enojados com o tráfico de escravizados, que, escreveu Burton, "tornara a terra um deserto uivante", e se orgulhavam dos esforços de seu país para acabar com isso.[23] A Grã-Bretanha aprovara a Lei de Abolição do Comércio de Escravos cinquenta anos antes e começara a patrulhar o oceano Índico perto de Zanzibar, à procura de navios negreiros, mas pouco havia mudado na África Oriental, onde a escravização e a venda de seres humanos ainda eram comuns e cotidianas. "Zanzibar é um lugar peculiar", escreveu Burton a um amigo. "Um campo de treinamento admirável para a danação."[24]

* * *

Quando o pequeno barco que os levava para a costa aportou na ilha, os homens se dirigiram ao consulado britânico, atravessando uma ampla faixa de praia até o que parecia a Burton uma "arca cor de vinho, que jazia de lado, confortavelmente salpicada pelo mar".[25] Lá, quem os recebeu com um sorriso caloroso, mas pálido, foi o tenente-coronel Atkins Hamerton, um irlandês alto e de olhos negros que era cônsul britânico na ilha havia quinze anos. Hamerton parecia ter mais do que seus 52 anos, com cabelos e barba totalmente brancos e uma tez que Burton já sabia ser "clara e corada", mas agora estava "horrivelmente descolorida e pálida".[26] Embora estivesse "cheio de anedotas divertidas" e ansioso para ajudar, ficou óbvio para Burton que Hamerton estava morrendo. "O pior sintoma no caso dele — um que raras vezes não é fatal", escreveu Burton, "era sua relutância em deixar o lugar que o matava devagar."[27]

Nos últimos tempos, Hamerton vinha fazendo o possível para enfrentar uma transição particularmente difícil em Zanzibar, após a morte dois meses antes de seu sultão mais recente, Saʿīd ibn Sulṭān, que governava a ilha e Omã e foi sucedido por Sayyid Majid, um dos mais velhos dos 25 filhos e várias filhas de seu pai, todos nascidos de concubinas. Mas o irmão mais velho de Majid, Thuwaini bin Said, achava que a herança deveria ser dele por direito. Para compensá-lo, o sultanato foi dividido. Thuwaini ficou com Mascate, e Omã, um reino muito mais fraco e pobre do que o de seu irmão mais moço, e Majid prometeu lhe pagar um tributo anual.

Hamerton contou então a Burton e Speke, em tom solidário, que não só havia uma reviravolta política, mas que eles haviam escolhido a pior época do ano para chegar a Zanzibar e fazer uma expedição como a deles. Burton já sabia disso ao deixar a Inglaterra, mas acreditava que precisava partir de imediato ou arriscaria não ter nenhuma expedição. Agora, em Zanzibar, eles estavam no meio da estação seca, quando era quase impossível encontrar água em grandes trechos do terreno por onde passariam, e prestes a entrar na monção primaveril, "quando tudo", escreveu Speke, "seria inundado".[28]

Burton se deu conta de que eles só poderiam partir para o interior em seis meses, em junho. Seria preciso ao menos um mês para organizar a expedição, contratar guias e carregadores, comprar mantimentos e carregar os animais. Burton decidiu usar o tempo restante para explorar o máximo possível da costa leste africana, tomando notas exaustivas sobre a região ao longo do caminho — milhares de páginas sobre tudo, desde as línguas locais até a vida animal e vegetal, política, clima, geografia e etnografia. Ele também aproveitaria a oportunidade para se encontrar com Johannes Rebmann.

Antes de deixar Londres, Burton visitou a sede da Sociedade Missionária da Igreja na Salisbury Square, oferecendo-se para levar uma mensagem deles a Rebmann. O missionário estava fora da Europa havia anos e, nos últimos tempos, tinha parado de responder às cartas. A sociedade queria saber, escreveu Burton, por que Rebmann não havia acusado "de forma alguma, por carta ou mensagem, ter recebido a comunicação de seus empregadores".[29] A Real Sociedade Geográfica também encorajou Burton a se encontrar com Rebmann, que não só ajudara a desenhar o famoso "mapa da lesma", mas também estava familiarizado com o terreno e conhecia vários idiomas locais.[30] A Sociedade ansiava que ele estivesse disposto a acompanhar a expedição para o interior, mas Burton esperava que ele recusasse. "Estou decidido a não levar o sr. Rebmann", escreveu ele a George Back, o explorador que o havia escolhido para liderar a expedição. "Ele nunca suportaria o clima, sofre do baço e parece ter uma espécie de desejo de martírio que você sabe que não combina com a Real Sociedade Geográfica."[31]

Poucas semanas depois de chegar a Zanzibar, no início do novo ano, Burton, Speke e uma pequena tripulação partiram para a costa em um *dhow*, um pequeno barco a vela, alugado, puxando atrás de si um bote salva-vidas de ferro corrugado. O *dhow* estava apodrecendo e cheio de ratos e baratas, mas a tripulação o preferia muito mais ao bote salva-vidas, que Burton encomendara de uma companhia nos Estados Unidos e montara, com alguma dificuldade, em Zanzibar. Ele o chamara de *Louisa*, provavelmente por causa de sua amiga, a linda prima que Isabel invejara, mas seus homens o chamavam de *Sharrádeh*, ou égua fugitiva. Burton admitiu que, "de fato, era tristemente dado a quebrar seu cabresto e a fugir", mas argumentou que também era "gracioso, à prova de fogo, à prova de vermes e à prova d'água, incapaz de enferrujar ou alagar".[32]

Eles seguiram para o norte, junto à costa da África Oriental, entrando e saindo de enseadas e parando em ilhas. Burton aproveitou todas as oportunidades para inspecionar ruínas portuguesas e persas, que não interessavam a Speke, o qual estava cada vez mais frustrado porque Burton, "não sendo esportista, não parava para caçar".[33] Como eles tinham muito tempo, escreveu Speke com irritação, "achei que seria muito mais agradável gastá-lo caçando hipopótamos".[34] Burton, no entanto, foi em frente. Por fim, em 17 de janeiro, alcançaram Mombaça e, depois de viajar sete horas em um barco a remo, subir um morro e caminhar oito quilômetros, tudo isso sob chuva torrencial, chegaram à casa da missão de Kisuludini, onde Johannes Rebmann vivia com, nas palavras de Speke, sua "amável esposa inglesa".[35]

Rebmann foi acolhedor quando eles chegaram à missão e estava preocupado com a segurança deles, mas, para alívio de Burton, rejeitou qualquer sugestão de participar da expedição. Era evidente que Burton, embora respeitoso, não estava ansioso para tê-lo e, além disso, nunca o deixaria fazer proselitismo em sua jornada pelo interior. Burton acreditava que todo homem tinha direito à sua própria religião ou a nenhuma e se recusava a permitir que sua expedição fosse usada em nome da conversão cristã. "A presença de Rebmann daria uma aparência missionária à expedição", escreveu ele à Real Sociedade Geográfica, "e isso seria uma verdadeira calamidade."[36]

Burton, no entanto, permitiu que Rebmann lhe desse alguns conselhos. A estação sem chuva daquele ano havia sido particularmente devastadora, disse-lhe o missionário, resultando numa seca que levou à fome generalizada. Ela também havia matado várias centenas de cabeças de gado que pertenciam aos massais, uma tribo nômade que vivia em grande parte da carne, do leite e do sangue de suas vacas. Agora, na luta para sobreviver, eles haviam partido para a guerra, roubando gado, saqueando aldeias e atacando até grandes caravanas.

Sabendo que Burton planejava viajar pelas planícies dos massais em sua marcha para o interior, Rebmann o aconselhou a seguir a rota menos direta, mas muito mais segura, das caravanas, que o levaria pela cidade árabe de Kazeh. Concordando que seria tolice provocar os massais, Burton alterou não apenas seu caminho para o interior, mas seus planos de visitar o monte Kilimanjaro antes de retornar a Zanzibar de sua excursão costeira. Em vez disso, viajariam para o sul da missão e explorariam o rio Pangani. Speke, aborrecido com o fato de eles terem "desperdiçado tanto tempo em Mombas e inspecionando ruínas", pensou que agora não havia razão para mudar seus planos apenas por causa dos massais, alegando que estava pessoalmente despreocupado com o perigo potencial. "Eu, por outro lado, não vi nenhum motivo de alarme", escreveu ele mais tarde, "pois pensei que poderíamos ter contornado com facilidade o grupo massai."[37]

* * *

Desde que chegaram a Zanzibar, o relacionamento de Burton com Speke ficara cada vez mais tenso. "Eu não pude deixar de perceber que sua antiga vivacidade havia desaparecido", escreveu Burton. "Ele estava habitualmente descontente com o que era feito; deixava para mim todo o trabalho de administração e depois reclamava de não ser consultado."[38] Sem saber por que Speke estava desapontado, Burton havia se acostumado a simplesmente ignorar a óbvia infelicidade dele. A situação não o preocupava muito, mas era uma decepção, sobretudo porque John Steinhaüser, o único amigo que ele contava ter na viagem por terra, foi forçado a desistir no último minuto. "Sua presença", escreveu Burton, teria sido "um grande conforto".[39] Embora Elphinstone tivesse concordado que Steinhaüser seria um acréscimo valioso à expedição e o tivesse recomendado para o trabalho, a permissão foi adiada.[40] Nesse meio tempo, o cirurgião adoeceu e, para arrependimento imediato e duradouro de Burton, estava fraco demais para viajar de Áden a Zanzibar, ainda mais para o interior. Com apenas Speke, tinha agora "comigo um companheiro e não um amigo, com quem eu ainda 'era estranho'", escreveu Burton.[41]

Embora Speke ainda não tivesse contado a Burton como ficara ofendido com sua advertência durante o ataque na Somalilândia, ele começou a expressar abertamente para outras pessoas seu desdém pelo comandante. Fervendo de ressentimento, pintou Burton como tudo o que ele mesmo temia ser: um covarde e uma fraude. "Agora tenho uma ampla prova análoga de que B nunca foi a Meca e Harar, da forma como se costuma interpretar essa palavra, mas conseguiu nativos astutos para levá-lo a esses lugares, e eu poderia jurar que ele fez muitos truques instigado por eles", escreveu para sua mãe Georgina Speke, de Zanzibar. "Eu gostaria de encontrar algo mais divertido para comunicar do que essa podridão sobre uma pessoa podre."[42]

Por fim, enquanto avançavam pela costa, Speke, entediado e frustrado, permitiu que sua raiva transbordasse e admitiu a Burton um dos motivos de sua infelicidade: não tinha sido correto usar seu diário e sua coleção de história natural da expedição somali. Tratava-se de uma "apropriação injusta de *meus* comentários, que apareceram impressos como *seus* comentários", insistiu ele.[43] Burton, surpreso, respondeu que havia sido um uso legítimo e comum do material, explicando que os comandantes muitas vezes publicavam o trabalho de seus subordinados após uma expedição. Tudo o que ele disse, no entanto, só conseguiu enfurecer Speke ainda mais. A defesa de Burton de suas ações, Speke escreveu mais tarde, "acrescentou atrevimento a isso".

Burton ainda não entendera a profundidade da raiva que Speke sentia por ele, mas estava claro que seu subordinado achava que ele próprio, e não Burton, deveria estar no comando da expedição. "Ele me explicou grande parte da mudança", Burton escreveu mais tarde, "confessando que não podia se interessar por uma exploração que não liderava."[44] Burton estava começando a perceber que havia convidado para sua expedição um homem que tinha o "hábito de esconder pensamentos e reminiscências até serem trazidos à luz por um súbito impulso. Ele ruminaria, talvez por anos, uma palavra casual, algo que uma única frase franca poderia ter resolvido de forma satisfatória".[45] O comportamento calmo e gentil de Speke, sua "simplicidade quase infantil nos modos", Burton acreditava agora, contradizia um "fundo imenso e anormal de autoestima, escondido de maneira tão cuidadosa que ninguém, exceto seus íntimos, suspeitava de sua existência". Embora externamente ele parecesse muito mais modesto e discreto do que Burton, que era com frequência criticado por sua arrogância, na verdade Speke tinha muito orgulho de suas próprias habilidades e se ofendia com a sugestão de que alguém, ainda mais seu comandante, era mais talentoso, capaz ou corajoso. "Ele sempre sustentou não apenas que havia feito o melhor possível em todas as ocasiões", escreveu Burton, "mas também que nenhum homem vivo poderia fazer melhor."[46]

Quando chegaram ao rio Pangani, Burton conseguiu acalmar um pouco Speke, dando-lhe enfim a oportunidade de fazer o que mais amava: caçar. "O rio era extremamente tortuoso e cheio de hipopótamos", escreveu Speke. "Eles não resistiam a levantar a cabeça de maneira contínua e a, aparentemente, nos convidar a dar um tiro, o que, como pode ser imaginado com facilidade, não perdi a oportunidade de obedecer."[47] Os hipopótamos, irritados, mas sem medo, bufaram para os homens em seu pequeno e frágil barco. Os enormes animais ribeirinhos, que podiam atacar a qualquer momento ou apenas emergir e derrubar sem dificuldade o barco, eram um perigo genuíno, mais ainda do que os crocodilos, que, de acordo com Burton, "aterrorizados com o barulho dos remos, bamboleavam com suas garras horríveis, tingindo a margem viscosa, e jaziam como troncos amarelos, medindo-nos com olhos verdes pequenos, malignos e profundos sob sobrancelhas verrugosas".[48]

Ao escurecer, Burton sentou-se para fazer suas anotações, mas achou difícil resistir à beleza que o cercava, aos vaga-lumes que desapareciam rapidamente, ao murmúrio do rio negro a seus pés. "Em toda a volta reinava o eterno silêncio africano, profundo e entristecedor, quebrado apenas pelo grito do maçarico ou pela brisa que farfalhava as copas das árvores, sussurrando entre a folhagem emaranhada", escreveu. "Ficamos sentados debaixo de uma árvore até a meia-noite, insaciados com o charme da hora. A lua fez chover prata derretida sobre a folhagem escura das palmeiras selvagens, as estrelas eram como lâmpadas douradas suspensas no ar límpido, e Vênus brilhava como um diamante na frente do firmamento."[49]

9. Bombay

Alguns dias depois, a expedição parou em Chogué, uma pequena estação militar instalada pelo sultão de Zanzibar junto ao rio Pangani.[1] Na esperança de acrescentar alguns homens às suas fileiras, Burton e Speke anunciaram que estavam contratando. "Os voluntários foram chamados para nos acompanhar, levando cada um armas, um pouco de comida e toda a bagagem necessária", escreveu Speke. "Cinco homens foram prontamente alistados; além deles, forneceram quatro servos e dois homens para servir de guias."[2] A maioria dos homens na estação era balúchi, chamados por Burton e Speke de "beloch", de regiões do Irã e seus arredores. Falavam várias línguas diferentes e suas famílias haviam se estabelecido na região de Zanzibar na década de 1820, a maioria como soldados. Eram viajantes fortes e experientes, e Burton acreditava que conseguiriam manter a expedição segura.

Em Chogué, um homem se destacou entre todos os outros. Ele não era um balúchi, mas um yao (ou ajaua). Escravizado durante grande parte de sua infância e juventude, era agora um homem livre, capaz de fazer suas próprias escolhas e cumprir seu próprio destino. Pequeno e magro, com dentes afiados e olhos grandes e inteligentes, ele estava prestes a se tornar, como Burton mais tarde admitiu, "a joia do grupo".[3] Seu nome era Sidi Mubarak Bombay.

Bombay tinha pouco que pudesse chamar de seu. Até seu nome fora atribuído a ele de maneira descuidada pelo homem que o comprou e o escravizou na Índia quando ainda era criança. Seu nome africano fora esquecido, tirado dele décadas antes junto com sua família e sua infância numa única noite aterrorizante. Ele nunca esqueceria o dia em que fora sequestrado de sua aldeia no território dos ajauas, na fronteira dos atuais Tanzânia e Moçambique, embora na época tivesse sido um borrão desconcertante de gritos repugnantes, pés batendo e golpes de espadas. "Um grande grupo de mercadores wasuaíli e seus escravos, todos equipados com espadas e revólveres, chegaram de repente", recordaria mais tarde. "Cercando nossa aldeia, exigiram dos habitantes a liquidação imediata de suas dívidas [...] adquiridas em tempos antigos de escassez ou então suportar as consequências da recusa."[4] Os homens que haviam atacado a aldeia de Bombay já haviam sido escravizados, uma experiência que lhes ensinara não apenas os horrores da escravidão, mas o que se poderia ganhar enganando, capturando e vendendo outro ser humano.

Os ajauas, parte dos povos de língua banto da África Oriental e Central, não eram ingênuos. Seu nome é a forma plural de "cao", que significa "lugar sem árvores", e acredita-se que tenham se originado na área montanhosa a leste do lago Maláui, de onde se dispersaram e se dividiram em subtribos que migraram tanto para o norte como para o sul. Agricultores sofisticados, os ajauas cultivavam sorgo, milho e mandioca em abundância, que complementavam com a caça com arco e flecha, além de armadilhas, redes e cães. Como viviam numa terra rica em minério de ferro e, ao mesmo tempo, elefantes, eles também eram ferreiros altamente qualificados e comerciantes ativos de marfim. Desde 1800, os ajauas trabalhavam com comerciantes árabes, trazendo-lhes marfim, mas também, com o crescimento do tráfico de escravos, pessoas escravizadas do interior para vender no litoral.

A vila de Bombay, que ele chamava de Uhiyow, era composta de um subgrupo pobre e isolado cuja pouca interação com o mundo exterior vinha de homens que os tentavam com panos e contas, levando-os lentamente a dívidas cada vez maiores e, em última análise, àquele momento trágico. "Como todos os moradores contraíram dívidas em momentos diferentes", disse Bombay, "não havia como apelar contra [...] essa demanda repentina, mas ninguém tinha os meios para pagar."[5] Sem armas de fogo próprias e sem ter como lutar, eles não tinham muita escolha. "Toda a aldeia", disse ele, "precipitou-se em fuga."

No caos resultante do ataque à sua aldeia, Bombay se viu de repente sozinho. Embora não tivesse conhecido a mãe, que morrera quando ele era bebê, até aquela noite ele tivera um pai, uma família e amigos. Pelo resto da vida de Bombay, o destino de seu pai permaneceria um mistério. Ele supunha que havia morrido tentando se defender ou tivesse escapado, fugindo para a paisagem ao redor, talvez até construindo uma nova vida. "Nunca mais tive nenhuma informação", disse ele. Tampouco chamaria essa aldeia de lar. Junto com todos os outros que não escaparam ou morreram no ataque, Bombay foi amarrado com cordas e correntes e forçado a iniciar uma jornada brutal por centenas de quilômetros de terra até Kilwa, uma pequena ilha ao sul de Zanzibar e ponto de tráfico de escravizados.

Das centenas de milhares de pessoas capturadas e arrastadas de suas casas no interior da África, Bombay estava pelo menos entre as que chegaram vivas a Kilwa. Muitas sucumbiam aos ferimentos que haviam sofrido durante a captura ou morriam de doença, fome ou pura exaustão, após serem forçadas não só a andar descalças acorrentadas, mas muitas vezes a carregar presas de elefante, cambaleando em pequenos grupos sob o peso esmagador de 45 quilos ou mais de marfim. Aqueles que sobreviviam à jornada para Kilwa eram colocados em *dhows* tão lotados que muitos mais morriam e eram jogados ao mar durante a viagem de mais de trezentos quilômetros até Zanzibar. Bombay, sozinho e assustado, suportou esse sofrimento adicional no oceano Índico e foi levado para uma prisão subterrânea feita de blocos de coral e cimento de cal após o desembarque na ilha. De paredes grossas e teto baixo, com pouco ar ou luz e cheirando a sangue, suor, esgoto e morte, a prisão ficava a poucos passos do mercado aberto, onde traficantes de escravos árabes esperavam impacientemente sob o forte sol equatorial.

O comércio de escravizados na África Oriental, de forma limitada, acontecia provavelmente havia vários séculos, mas atingiu seu auge no século XIX, quando Zanzibar se tornou um mercado central de pessoas escravizadas. Naquela época, entre 8 mil e 10 mil pessoas acorrentadas eram trazidas para a ilha todos os anos, a maioria de Kilwa. Sua miséria abjeta ficava ainda mais horrível quando comparada à beleza suave das praias brancas e palmeiras ondulantes de Zanzibar. Era uma cena de tanta crueldade e desgosto que enojava até o viajante mais calejado. Vinte anos antes da chegada de Bombay, um britânico chamado Thomas Smee, que comandava um navio de pesquisa que havia ancorado no porto de Zanzibar, descreveu uma fila de homens, mulheres e crianças, enfeitados com joias de ouro e pedras preciosas para chamar a atenção do comprador, com a pele brilhando com óleo de coco e desfilando pela cidade um atrás do outro, confusos e aterrorizados.[6] "À frente dessa fila, que é composta de todos os sexos e idades de seis a sessenta anos, está a pessoa que os possui", escreveu Smee. "Quando qualquer um deles chama a atenção de um espectador, a fila para de imediato, e segue-se um processo de exame que, pela minúcia, não se vê em nenhum mercado de gado na Europa. [...] De tais cenas, desvia-se o olhar, com pena e indignação."

Em Zanzibar, em meados da década de 1800, os comerciantes de escravos pagavam em média de quatro a cinco libras esterlinas por um homem e um pouco mais por uma mulher.[7] Bombay, ainda criança, foi trocado por alguns pedaços de tecido. O cobiçado algodão de Gujarat, um grande estado no oeste da Índia conhecido por seus tecidos coloridos e intrincados, era com frequência trocado nos mercados da África por prata, marfim e pessoas. Quando a transação foi concluída, Bombay, sem entender quase nada do que estava acontecendo com ele e impotente para evitá-lo, mesmo que o quisesse, viu-se a bordo de um navio que o levaria a milhares de quilômetros de sua casa e família. Ao final da viagem, ele completaria o círculo do comércio, com o tecido agora na África e ele em Gujarat, onde viveria como escravo pelos próximos vinte anos.

Embora aos doze anos Bombay já tivesse experimentado mais tragédia e terror do que a maioria das pessoas durante toda a vida, ele recebera pelo menos um pequeno alívio do infortúnio: seu navio havia partido da África para o leste, e não para o oeste. No continente americano, onde a escravidão se tornara parte da economia, as pessoas escravizadas eram muitas vezes condenadas a trabalhar nos campos de grandes fazendas. Na Índia, pessoas de castas inferiores já eram forçadas a fazer a maior parte do trabalho doméstico e agrícola, de modo que possuir uma pessoa da África era considerado um símbolo de status para a elite ou um meio de proteção para os poderosos. Os marajás, que muitas vezes estavam em guerra uns com os outros, preferiam ter africanos em vez de indianos em posições militares — de soldados a guarda-costas e guardas do palácio —, pois acreditavam que eles, além de ter maior força física, eram mais propensos a permanecer fiéis.

Essas posições militares e, em alguns casos, administrativas deram aos escravizados na Índia um caminho não apenas para a liberdade, mas também para a riqueza e o poder. Alguns até governaram reinos. Em 1490, um guarda africano chamado Sidi Badr assumiu o controle de Bengala, onde governou por três anos antes de ser assassinado. No final do século XVI, Malik Ambar, que nascera em Harar, na Etiópia, e, como Bombay, fora vendido como escravo quando criança, tornou-se um dos governantes mais famosos do Decão, no sul da Índia. Ambar começou sua escalada ao poder assim que foi libertado após a morte do homem que era seu dono.[8] Depois de tomar uma posição em Bijapur, no noroeste do Decão, que o colocou no comando de um pequeno contingente de tropas, seus seguidores rapidamente cresceram em número até ele ter 7 mil soldados e entrar na batalha em curso pelo controle do reino vizinho de Ahmadnagar. Quando conheceu um jovem em Bijapur que era parente da família real de Ahmadnagar, usou-o como arma secreta: casou-o com sua própria filha, o instalou no posto de sultão e depois se tornou regente do sultão, cargo que lhe permitiu dirigir o reino.

Escravizados ou livres, poderosos ou pobres, a maioria dos africanos na Índia recebia um de dois títulos: Habshi, termo persa para Abissínia, uma região que hoje abrange a Etiópia; ou Sidi, possivelmente derivado da palavra árabe "Saiyid", que significa "senhor" ou "mestre". O título de Sidi costumava ser usado na costa ocidental, anexado como prefixo a uma pessoa de ascendência africana; foi assim que o jovem da África Oriental que chegou a Gujarat na década de 1830, despojado não só de liberdade, família e religião, mas até de seu próprio nome, ficou conhecido como Sidi Mubarak Bombay.

Mais tarde, Bombay explicaria que, por ser tão jovem quando foi escravizado, não se lembrava de muitas das datas importantes de sua vida — seu nascimento, sua captura ou sua libertação. No entanto, tinha certeza de uma coisa: tal como o famoso Malik Ambar, ele ganhou sua liberdade quando o homem que o possuía morreu. "Servi a esse senhor por vários anos, até que por sua morte obtive minha libertação", disse ele.[9] Mas, ao contrário de Ambar e Sidi Badr, Bombay não viu sua liberdade como um caminho para o poder no país que o escravizara, mas como uma chance de voltar enfim para casa. Ele escolheu voltar para a África, se não para a vida que poderia ter tido, ao menos para um mundo que conhecera outrora. "Meu próximo destino", contou ele, "foi Zanzibar."

Bombay logo encontrou emprego na África Oriental, mas era um trabalho chato no exército do sultão, que morreu logo depois que Bombay voltou de Gujarat. O emprego exigia pouco trabalho e oferecia um salário ainda menor, forçando-o a passar seus dias, como ele lembrou mais tarde, "em inatividade meio faminta".[10] Mas afora trabalhar numa plantação de cravo, ou se tornar o monstro que ele temera ao capturar aldeões para vender no mercado de escravos, havia pouco trabalho a ser encontrado. Uma possibilidade, embora remota e pouco frequente, era ser contratado para uma expedição europeia, o que, embora perigoso, pagava um pouco melhor do que o exército do sultão e prometia conquistas, se não reconhecimento.

Embora raramente admitissem, os exploradores europeus chegavam a Zanzibar procurando homens que pudessem transportar seus suprimentos, embora fossem de vital importância para qualquer expedição, além daqueles que pudessem ajudá-los a traçar seu curso, levá-los e trazê-los de volta vivos. O "testemunho nativo", como era conhecido ironicamente na Inglaterra, era imediatamente descartado como muito suspeito, se não completamente inútil, por geógrafos que não tinham costume de viajar e cavalheiros cientistas, pois supunham que qualquer pessoa que realmente vivesse na região explorada não poderia ter qualquer conhecimento útil dela. Mas os próprios exploradores sabiam que suas fontes de informação mais confiáveis eram os habitantes locais que contratavam para levá-los ao interior. A primeira missão deles, portanto, depois de desembarcar em Zanzibar era encontrar homens para liderar suas caravanas. Eles precisavam de pessoas que possuíssem múltiplos talentos, capazes de encontrar carregadores confiáveis e animais de carga saudáveis; reunir suprimentos, de alimentos a armas e remédios; e ajudar a planejar o caminho. Assim que as expedições começassem, esses homens teriam de supervisionar os carregadores, servir como negociadores e intérpretes, administrar cuidados médicos e atravessar com segurança centenas de quilômetros de terreno não mapeado. Era um emprego difícil, e aqueles que o aceitavam nem sempre voltavam vivos para casa.

Bombay não era dissuadido pelos perigos que essas expedições representavam. Ele enfrentara coisas piores e sozinho. Ademais, tinha uma chance tão boa quanto qualquer homem e melhor do que a maioria não só de sobreviver à jornada, mas de se distinguir nela. Embora fosse de baixa estatura, sem a força física que os indianos atribuíam aos africanos orientais, e ainda não estivesse qualificado para servir de guia depois de ter vivido tanto tempo na Índia, ele tinha outras qualidades que eram especialmente valiosas numa expedição: falava várias línguas, era leal e trabalhador, inteligente e corajoso. Mesmo depois do que havia sofrido quando criança, não era amargo, mas surpreendentemente brando. E o mais importante, era confiável. "Sua boa conduta e honestidade inabalável", Speke logo descobriria, "não têm paralelo."[11]

Burton ficou tão impressionado com Bombay, que, logo depois de chegar a Chogué, pediu-lhe que deixasse sua posição de soldado do príncipe Majid e se juntasse à expedição como seu principal porta-armas. "Nós tínhamos [...] em tão alta conta suas qualificações", escreveu Burton, "que a persuasão e o pagamento de suas dívidas o induziram, depois de cortejá-lo um pouco, a deixar o serviço militar e seguir nossa sorte."[12] Junto com rações diárias e "uma ocasional tanga sempre que seu *shukka* se desgastasse",[13] Burton ofereceu a Bombay cinco dólares por mês, a serem pagos de forma integral ao voltar a Zanzibar, supondo que ele sobrevivesse à viagem. Os dólares que Burton levava na expedição eram táleres de Maria Tereza, moedas de prata comumente chamadas de "dólares" e que foram usadas no comércio internacional por mais de cem anos.[14]

Para Burton, a atitude alegre, a honestidade e a admirável ética de trabalho de Bombay eram suas qualidades mais valiosas. "Ele trabalha por princípio", escreveu Burton, "e trabalha como um cavalo."[15] Para Speke, era mais pessoal. Antes de conhecerem Bombay, Burton era a única pessoa da expedição com quem Speke podia conversar, e ele tinha pouco interesse em falar com Burton. Embora Speke insistisse que não se incomodava por não falar árabe ou qualquer outra língua africana, o fato de Bombay, que falava hindi, poder entender o anglo-hindi que Speke aprendera na Índia foi um grande alívio para a solidão que sentia desde que chegara a Zanzibar. "Eu não [...] sinto muito prazer na solidão", ele diria mais tarde a um amigo. "Minha única [motivação] para viajar tanto sozinho foi para executar melhor meu objetivo — caso contrário, gosto de compartilhar o prazer, não sendo constituído de modo tão egoísta."[16]

Depois de apenas um dia em Chogué, Burton e Speke partiram com seus novos recrutas. Naquela noite, quando a escuridão caiu, Speke se deu conta de que havia deixado a bússola no último acampamento e queria voltar para recuperá-la. Recusando-se a fazer isso para pegar um único instrumento, Burton insistiu em continuar em direção ao norte. Quando enfim chegaram a uma aldeia na margem do rio, onde decidiram passar a noite, para "deleitar-se com um banquete de leite e carne",[17] Speke anunciou que voltaria para pegar a bússola, embora estivesse agora a quase 25 quilômetros de distância. "Convoquei voluntários para abandonar essas festividades e ir comigo buscá-la", escreveu ele. "De todo o grupo, Bombay era o único que poderia ser induzido a ir."[18]

Bombay não só concordou em fazer a viagem de ida e volta de quase cinquenta quilômetros com Speke, como o fez de boa vontade e animado. Ele estava "sempre pronto para fazer qualquer coisa por qualquer pessoa", escreveu Speke com afeição. Enquanto caminhavam, Speke falou sobre seu interesse pela flora e fauna da região, discutindo tudo o que viam, de conchas de rios a pássaros, e Bombay compartilhou suas próprias histórias e memórias da vida selvagem que seu pai lhe havia mostrado. No acampamento anterior, eles logo encontraram a bússola e voltaram, sem dar um tempo para descanso. "Viajamos de maneira alegre, pois Bombay [...] pareceu-me um caminhante surpreendentemente infatigável", escreveu Speke, "pois brincava, falava e caminhava tão rápido ao fim dos cinquenta quilômetros quanto no início."[19]

Quando chegaram à aldeia onde Burton e os outros homens os esperavam, Speke havia "ficado muito apegado a Bombay", escreveria mais tarde.[20] Ele queria que o mais novo membro da expedição se juntasse a eles em sua jornada terrestre, além de servir de seu tradutor e servo pessoal — "um braço direito permanente". Embora continuasse a endurecer seu coração em relação a Burton, procurando falhas no comandante e remoendo sem parar em sua mente qualquer desprezo percebido, ele via em Bombay alguém com quem podia conversar e em quem confiar. O que Burton havia perdido em Steinhaüser, Speke havia encontrado em Bombay.

10. A morte estava escrita

Quando voltaram para Zanzibar, em 6 de março, Burton teve de ser carregado para a ilha, pois estava doente demais para andar, com Speke mancando atrás. Pouco depois de deixarem Chogué, os dois exploradores e Valentine, um dos jovens cozinheiros goenses, tiveram uma febre tão debilitante que não só interrompeu a expedição costeira, como quase os matou. Speke se referiu a ela como uma "febre biliosa violenta", que dera a todos um tom de amarelo tão espantosamente brilhante que o lembrou de uma moeda de guinéu. "Se pudéssemos transpirar", escreveu ele, "não tenho dúvidas de que teríamos suado um tom de ocre amarelo que um pintor teria cobiçado."[1] É provável que tivessem contraído febre tifoide, que é comum na África Oriental e afeta o fígado, causando muitas vezes icterícia. "Jack Speke e eu parecemos fantasmas ictéricos", escreveu Burton a um amigo quando ficou bem o suficiente para segurar uma caneta, "se o inglês tem tal palavra e fantasmas, tal doença."[2]

O início da doença fora marcado por fraqueza e uma fadiga pesada e debilitante, mas ela progredira de forma rápida. Eles tiveram dores de cabeça fortes e vômitos tão intensos que mal conseguiam ficar de pé, e seus olhos ficaram "quentes, pesados e doloridos", escreveu Burton, "a pele [...], seca e ardente; o pulso, cheio e frequente; e a língua, saburrosa".[3] Não comia havia uma semana e raramente dormira, num estado miserável de ansiedade, depressão e delírio.

Ele tinha um suprimento de quinina, um medicamento contra a malária que fora derivado da casca da árvore cinchona apenas algumas décadas antes, mas tinha que ser administrado com cuidado. "Essa droga [...] matou muitos", advertiu Burton, "sobretudo franceses, que, por overdose na hora errada, morreram de apoplexia."

Após receber a notícia de que Burton e Speke estavam gravemente doentes e haviam recorrido a "nos automedicar",[4] como disse Speke, Hamerton fretou um barco para buscá-los e trazê-los de volta a Zanzibar. O cônsul, embora ele mesmo tão doente que "vivia apenas à noite", fez tudo o que podia para ajudá-los, tratando-os "como filhos, em vez de visitantes de passagem", escreveu Burton com gratidão.[5] Hamerton também fez o possível para inculcar neles a ideia de quanto era perigosa a expedição que se propunham fazer. Além da ameaça de doenças, eles corriam o sério risco de irritar, alienar, atrair de maneira tola ou ameaçar sem saber as pessoas que encontrariam ao longo do caminho. "O cônsul também me advertiu", escreveu Burton, "que minhas investigações sobre o comércio no campo e a prática de escrever as respostas — sem as quais, no entanto, nenhum relatório poderia ser compilado — estavam provocando má vontade."[6]

Burton levou a sério as advertências de Hamerton, em especial porque sabia que o cônsul também havia tentado alertar o explorador francês Eugène Maizan. Em 1845, antes que ele deixasse Zanzibar, Hamerton o "avisara inutilmente", escreveu Burton, "que seus instrumentos brilhantes e suas inúmeras caixas, que supostamente continham dólares, eram perigosos".[7] Maizan se recusou a ouvir, e seu assassino, depois de desmembrá-lo e decapitá-lo, transformou seu cronômetro de ouro em bolsa de tabaco e a maçaneta dourada de sua vara de barraca em enfeite de pescoço.

Como uma dura lembrança do destino de Maizan, Hamerton levou Burton ao forte de Zanzibar para que ele pudesse ver por si mesmo o homem que havia tocado o tambor de guerra durante o assassinato. Embora se acreditasse que o verdadeiro assassino ainda estava foragido, aquele homem foi condenado por matar Maizan e ficou acorrentado em frente ao consulado francês por dois anos antes de ser arrastado para o forte, onde nos últimos oito anos havia sido "fortemente agrilhoado a um canhão sob o teto de esteiras de um galpão", escreveu Burton, mal capaz de "ficar de pé ou deitar".[8] Burton teve pena tanto de Maizan como daquele homem inocente, que havia sido submetido a anos de tortura, mas se recusou a ser dissuadido. Ele não levaria instrumentos dourados para o interior, mas também não abandonaria a expedição antes mesmo de começar. "Em vez de retornar a Bombaim", escreveu ele, "eu teria preferido ir a Hades."[9]

Burton não estava disposto a se intimidar, mas enquanto esperava o fim da *masika*, a longa estação chuvosa, encontrava-se constantemente nervoso. Sua febre durou mais tempo do que a de Speke, deixando-o, escreveu ele com tristeza, "na condição de uma velha acamada".[10] A chuva caiu por dias a fio, inundando grande parte da ilha e transformando sua beleza ensolarada e tropical numa paisagem sombria que, misturada com o estrondo de relâmpagos e trovões, parecia sinistra. Speke notou que Burton parecia nervoso, reclamando "do choque que seus nervos haviam recebido desde o encontro com os somalis",[11] mas Speke também sentia isso. "O ar atmosférico tão sobrecarregado de eletricidade era sentido de maneira palpável pelo sistema nervoso", escreveu ele. "Eu experimentei uma sensibilidade nervosa como nunca antes ao ficar assustado com qualquer acidente repentino. Até a queda de uma caneta da mesa me fazia pular."[12]

A *masika* começara cedo naquele ano e deveria durar vários meses. "Para que isso passasse", escreveu Speke, "precisávamos esperar aqui com a maior paciência possível, ocupando o tempo livre que nos era imposto com a compra de roupas e os preparativos para a viagem."[13] Eles haviam trazido para Zanzibar um pouco do que precisavam, após escolher instrumentos científicos em Bombaim e trazer da Inglaterra suas próprias roupas e objetos pessoais. Embora ambos tivessem apenas um conjunto extra de roupas, Burton havia escolhido o seu com cuidado, sabendo por experiência que isso poderia afetar muito não só seu conforto, mas suas chances de sobrevivência. Após avisar que a cor vermelha "deveria [...] ser evitada, a tintura logo escurece, e a aparência chama atenção demais", escreveu ele, "além de camisa e calça, o único necessário é um grande colete 'que aquece a barriga', com mangas e costas de material similar, sem gola — o que o tornaria desconfortável para dormir — e com quatro bolsos com abas".[14] Burton enchia os bolsos com tudo, desde anotações e cadernos até relógio, bússola, termômetro e canivete, uma ferramenta extremamente útil e multifuncional, que "deveria conter tesoura, pinça, palito de dente e limpador de ouvido, agulha, lima, furador, pederneira, chave de parafuso, serrinha, navalha e estilete".

Mas a expedição ainda precisava de suprimentos, não só de rações, mas, quase tão importante, *kuhonga* (presentes). Burton chamava *kuhonga* de "chantagem, tão temida pelos viajantes",[15] mas serviam havia muito tempo de importante taxa de entrada na África Oriental, obrigando os exploradores a pelo menos reconhecer que invadiam terras estrangeiras. Os *kuhonga* mais comuns na época eram tecidos, contas e arames de latão. Chamados de *masango*, os arames estavam disponíveis em Zanzibar, "quando baratos, por doze dólares", descobriu Burton, "e, quando caros, por dezesseis dólares".[16]

Como Burton sabia havia muito tempo, e Speke aprendera com a experiência dolorosa na Somalilândia, algumas formas de *kuhonga*, como qualquer bem comercial, eram preferidas, enquanto outras eram completamente inaceitáveis. A incapacidade de entender a diferença ou de acompanhar os mercados em constante mudança podia significar o fim até mesmo da expedição mais bem planejada e financiada. Em sua primeira viagem a Áden, Speke levara consigo "todo tipo de comida barata e inútil, armas e revólveres, espadas e talheres, e contas e tecidos", lembrou Burton com exasperação, observando que "teria [sido] rejeitado com desdém".[17]

O tecido era mais útil que o arame, mas era difícil de transportar e fácil de escolher o tipo errado. Burton estava com o orçamento apertado por conta do baixo financiamento, mas sabia que, embora pudesse comprar tecidos baratos para dar a seus carregadores, seria tolice tentar passá-los por *kuhonga*. "Em algumas regiões", escreveu ele, "as pessoas não trocam suas cabras e provisões mais valiosas por peças comuns. [...] Muitas vezes, também, um pedaço de tecido fino escarlate jogado no final de uma longa barganha abre um caminho e torna as impossibilidades possíveis."[18] Os *kuhonga* mais variados e complicados eram as contas, quase equivalentes às moedas de cobre e prata da Europa, embora mais bonitas em sua variedade cintilante.[19] Havia cerca de quatrocentos tipos diferentes de contas, ou *ushanga*, na África Oriental, e a importância de comprar as certas, advertiu Burton, não podia ser exagerada. "Qualquer negligência na escolha das contas, além de causar transtornos diários, pode deter uma expedição no limiar do sucesso", alertou. "No final dessas longas jornadas africanas, quando o verdadeiro trabalho de exploração começa, a falta de artigos de troca é fatal."[20]

Burton sabia que, depois de comprar mantimentos e *kuhonga*, sobraria pouco para pagar seus homens. Felizmente, vários deles eram servos do sultão, "sob o pagamento e comando dele".[21] O funcionário-chefe da alfândega de Zanzibar, Ramji, concordou em acompanhá-los e permitiu que Burton contratasse como guardas e carregadores dez homens que ele escravizava, mas chamava de seus filhos.[22] Burton concordou em pagar a cada um dos "filhos" de Ramji cinco dólares por mês.[23] Prometeu a mesma quantia aos oito soldados balúchis que havia contratado em Chogué, junto com o *jamadar* (comandante militar) deles, e lhes pagaria seis meses de salário adiantado, antes de deixarem Zanzibar.[24]

Burton achou o arranjo justo, e era tudo o que podia pagar com seu orçamento limitado, mas, para sua surpresa, Hamerton interveio. O cônsul britânico "ofereceu-se para custear, com fundos públicos, que entendia estarem à sua disposição, certas despesas da expedição", escreveu Burton, "e prometeu, como recompensa ao guia e escolta, quantias em dinheiro, às quais, se eu pudesse, teria objetado por serem exorbitantes".[25] Para Said bin Salim, o *ras kafilah*, guia da caravana da expedição, Hamerton deu quinhentos dólares para cobrir as despesas de sua família enquanto ele estava fora. Said, a quem Burton descreveu como um "homenzinho tímido, cujos nervos estavam à beira do choro", concordara com grande relutância em participar, então Hamerton também lhe prometeu mil dólares e um relógio de ouro se fosse bem-sucedido. As promessas do cônsul, no entanto, eram "puramente condicionais", insistiu Burton, "dependendo inteiramente da conduta satisfatória dos empregados".[26]

Em 16 de junho, depois que as chuvas diminuíram e Burton reuniu a maior parte dos suprimentos de que precisavam, ele enfim estava pronto para deixar Zanzibar e navegar para o continente. A expedição tinha então dezesseis homens: Burton, Speke e Bombay, os cozinheiros Valentine e Gaetano, os oito soldados balúchis e alguns carregadores. O sultão de Zanzibar lhes emprestara uma pequena corveta de três mastros e dezoito canhões, chamada *Artémise*, que os levaria ao continente. Hamerton, apesar de parecer estar cada vez mais perto da morte, insistiu em acompanhá-los. "Embora quase letárgico pelos efeitos de uma doença prolongada", escreveu Burton, Hamerton "considerara seu dever nos desembarcar na costa e supervisionar nossa partida da perigosa costa marítima."[27] O sr. Frost, boticário que supervisionava os cuidados com a saúde do cônsul, viajou com ele.

O *Artémise* desembarcou na costa da África Oriental em Wale Point, em frente a Zanzibar e a poucos quilômetros de um pequeno povoado chamado Kaole, de onde a expedição planejava partir para o interior. Mas antes que pudessem deixar o navio, tiveram de esperar o líder da caravana Said bin Salim e o funcionário da alfândega Ramji, que haviam partido para o continente duas semanas antes a fim de tentar contratar mais homens. As caravanas africanas, que faziam a longa viagem do interior para a costa todos os anos após a estação das chuvas, ainda não haviam chegado, tornando muito mais difícil encontrar carregadores disponíveis. Burton, que esperava ficar fora por até dois anos, achava que precisariam de pelo menos 170 homens.[28] Além de barracas, mosquiteiros, travesseiros de ar e cobertores, mesa e cadeiras, utensílios para comer e cozinhar, camas de acampamento e tapetes, a expedição tinha setenta carregamentos de *kuhonga* e munição suficiente para dois anos, que somavam quarenta caixas de vinte quilos cada.[29]

Enquanto esperavam em Wale Point, Speke aproveitou a oportunidade para caçar mais hipopótamos. "O marfim desses animais é mais valorizado do que o do elefante", escreveu ele, "e, por causa da dureza superior de seu esmalte, é muito requisitado pelo dentista."[30] Mas o interesse de Speke estava menos nos animais do que na emoção da caça. "A melhor época para pegar o hipopótamo é quando a maré está baixa e as margens estão vazias, pois então você o encontra chafurdando na lama ou se aquecendo na areia", escreveu ele. "Eu menciono isso, pois é um trabalho em vão atirar nesses animais em lugares onde a água é profunda, a menos que você possa matá-los da maneira correta, já que eles mergulham como um rato d'água e nunca mais são vistos se estiverem apenas feridos."

Essas viagens de caça, embora um deleite para Speke, constituíam às vezes um perigo para a expedição. Quando os hipopótamos estavam parcialmente submersos, Speke gostava de atirar em seus ouvidos, tentando atraí-los para atacar as canoas, uma tática que às vezes funcionava bem demais.[31] Durante uma caçada, um hipopótamo macho "atravessou uma presa no barco com tanta força que içou parte dele para fora da água", lembrou Speke mais tarde. Em outra ocasião, uma fêmea apareceu sob eles tão rápido que Speke foi arremessado para trás e um dos homens de fato caiu da canoa nas costas do hipopótamo, mas logo subiu de volta.[32] Quando uma das armas de matar elefante de Burton caiu no mar e não pôde ser recuperada, Speke lamentou profundamente a perda, embora afirmasse que as armas de fogo de seu comandante eram apenas "usadas para exibição a fim de divertir os árabes".[33]

Burton achava o entusiasmo de Speke pela caça uma distração e um aborrecimento, para não mencionar uma crueldade, se não fosse necessária para a alimentação. Ele desaprovava sobretudo a caça de elefantes e escreveu com raiva sobre homens que "faziam disso seu esporte, matar elefantes".[34] Ele notou, no entanto, que seu companheiro era particularmente cuidadoso ao segurar uma arma carregada.[35] "Ele sempre foi notável pela cautela com que manuseava sua arma", observou Burton. Como alguém que via as armas apenas como meio de proteção ou para evitar a fome, ele apreciava que Speke pelo menos entendia e levava a sério o perigo que representavam. "Sempre fiz questão de verificar os hábitos de um companheiro de viagem nessa questão", explicou Burton, "e observei que, mesmo quando nossa canoa foi sacudida e virada pelo hipopótamo, ele nunca permitiu que sua arma apontasse para si mesmo ou para os outros."

Dez dias após a expedição partir de Zanzibar, Said e Ramji finalmente chegaram a Wale Point. Tinham com eles, porém, muito menos homens do que a expedição precisava. Burton esperava contratar 170 carregadores; eles trouxeram 36.[36] Ramji havia de início contratado mais homens, disse ele a Burton, mas "ao ouvir que seu empregador era um *muzungu*, um 'homem branco'", eles "se dispersaram de imediato".[37]

Ladha Damha, coletor da alfândega de Zanzibar que entrou para a expedição na costa poucos dias depois da chegada deles, sugeriu, como não havia homens suficientes para transportar os suprimentos, que alugassem burros. Mas eles logo descobriram que encontrar bons burros era quase tão difícil quanto encontrar homens. "Trinta animais, bons, maus e indiferentes", escreveu Burton, "foram equipados para as estradas com grandes bolsas de lona e albardas árabes imundas, compostas de sacos de juta danificados e cheios de palha."[38] Sabendo que estariam sobrecarregados, Burton deixou para trás, relutante, coisas no valor de 359 dólares, bem como seu amado bote salva-vidas de ferro, o *Louisa*, mesmo sabendo que se arrependeria bastante quando por fim chegassem a Tanganica — o lago que eles seriam os primeiros europeus a ver e que Burton esperava que fosse a fonte do Nilo Branco. Ele contratou 22 homens para segui-los em dez dias com o resto da bagagem. A expedição não veria esses homens, ou seus suprimentos terrivelmente necessários, por quase um ano.

Burton também descobriu que, por mais que tivesse objeções pessoais à escravidão, havia pouco que pudesse fazer para evitar ter homens escravizados em sua expedição. "Para o mal do serviço escravo não havia remédio", escreveu ele, "então eu lhes pagava salários e os tratava como se fossem homens livres." Ele também recusou os escravizados que lhe eram oferecidos de presente e pediu aos homens que havia contratado que não usassem seus salários para comprar pessoas escravizadas para si mesmos. Mas eles fizeram objeções ao pedido de seu comandante, apontando que estavam "autorizados por nossa lei a fazê-lo". "Tudo o que eu podia fazer era cuidar para que seus escravos estivessem bem alimentados e sem ferimentos", escreveu Burton.[39]

Até Bombay comprou um escravizado para viajar com ele durante a expedição, embora o tratasse melhor do que a si mesmo. Seu nome era Mabruki e, como Bombay, era um ajaua. Bombay mostrava não apenas bondade, mas profunda afeição por Mabruki, referindo-se a ele como seu irmão. Mabruki "fora selecionado por seu companheiro de tribo Bombaim em Zanzibar", escreveu Burton. "Ele era escravo de um sheik árabe, que o deixou de bom grado pela soma de cinco dólares por mês."[40] Mabruki pareceu a Burton e Speke ser tão frio quanto Bombay era caloroso. "Seu temperamento é execrável, mesmo em extremos", escreveu Burton, "ora selvagem com entusiasmo, ora teimoso, deprimido e mal-humorado, depois feroz e violento." Bombay, no entanto, que entendia o que significava ser escravizado, a raiva e a humilhação que acompanhavam essa condição, "estava muito apegado" a ele, escreveu Speke, embora, em sua opinião, "Mabruki não tivesse qualificações dignas de atrair as afeições de ninguém".[41]

Pouco mais de uma semana depois de chegarem a Wale Point, Frost, o boticário que acompanhara Hamerton ao continente, disse a Burton que era hora de retornarem a Zanzibar. "Com uma expressão severa e oficial", escreveu Burton, "ele me informou que o estado do tenente-coronel Hamerton proibia uma estadia mais longa perto da costa."[42] Burton concordou que o cônsul deveria ir para casa, havia achado que ele estava muito doente para fazer a viagem, mas discordou fortemente do uso por Frost de "doses diminutas de morfina e uma dieta liberal de açúcar" para tratar o que parecia a Burton uma "queixa fatal do fígado".[43] O boticário argumentou que as doses de morfina eram "pequenas" e, como tal, inofensivas para Hamerton, mas ficou claro que também não eram úteis.[44]

Antes de Burton sair do *Artémise*, Hamerton lhe deu um último conselho: confie em seus instintos e não dê ouvidos aos geógrafos que não têm experiência na África. "Vá em frente", disse ele, e ignore "'homens de chinelo de veludo' que dão opiniões." Burton então "se despediu de maneira melancólica do amigo de bom coração, em cuja forma e feições a morte estava escrita em caracteres legíveis". Ele sabia que aquela poderia ser a última vez que veria Hamerton e, embora o cônsul também soubesse disso, assegurou a Burton que não estava preocupado. "Ele ansiava pela morte com um sentimento de prazer, resultado de suas convicções religiosas", lembrou Burton mais tarde. "Com efeito, essa coragem era sublime. Exemplos como esse não são encontrados com frequência entre os homens."[45]

Sabendo que precisaria da ajuda de Hamerton enquanto estivesse no interior, Burton se preocupava com a saúde do cônsul quase tanto para seu próprio bem-estar como para o de seu amigo. Tão temida era a terra pela qual estavam prestes a viajar que seus homens já estavam ficando nervosos. Um balúchi chamado Zahri, que já havia estado no interior antes, insistiu que não poderiam viajar com menos de 150 armas de fogo e vários canhões. Outro avisou que eles passariam por uma terra em que homens ficavam sentados em árvores e atiravam flechas envenenadas em desconhecidos, e raras vezes erravam o alvo. "Ele os aconselhou fortemente, portanto, sob risco de morte, a evitar árvores", escreveu Burton, frustrado. "Não é coisa fácil numa terra que é toda floresta."[46] Os homens contavam histórias de manadas de elefantes que atacavam pessoas enquanto dormiam, rinocerontes que podiam matar duzentos homens de uma só vez e hienas que eram mais perigosas que tigres-de-bengala. Havia pouco que Burton pudesse fazer para acalmar esses temores. "Em vão objetei que armas com homens atrás delas são melhores do que canhões apoiados por patifes, que os mortais podem morrer apenas uma vez, que rações podem ser levadas para onde não podem ser compradas, e que pólvora e balas são conhecidas por vencer rinocerontes, elefantes e hienas", escreveu. "Uma grande força estava contra mim."

Uma noite, depois que Hamerton partira, Burton levou Ladha, o cobrador da alfândega, e seu funcionário Ramji a uma igreja local para discutir seus planos para a expedição. Insistiu para que eles incluíssem em sua lista de itens necessários um barco, explicando que, como haviam sido forçados a deixar o *Louisa* para trás, ele não queria procurar por um quando chegassem ao lago Tanganica ou, como era conhecido localmente, o mar de Ujiji. Ladha então se virou para Ramji, falando com ele em kutchi, um dialeto da área ao redor do golfo de Kutch, do qual, escreveu Burton, "ele supôs que eu fosse profundamente ignorante".[47] "Será que ele vai chegar lá?", perguntou Lada. "Claro que não", respondeu Ramji com desdém. "Quem é ele?" Burton não disse nada na ocasião, mas depois causou um choque em Ladha ao lhe dizer que pretendia explorar o mar de Ujiji — e que sabia kutchi.

Enquanto conversavam, os três homens foram de súbito silenciados por um grito terrível. "O lamento da morte ecoou loucamente pela quietude sepulcral da noite", escreveu Burton.[48] Eles correram para a porta da igreja, onde souberam que o único filho de um chefe local altamente respeitado havia sido morto junto com dois de seus homens depois que um hipopótamo virou o barco. Voltando-se de maneira furiosa para Burton, Ladha lhe culpou pela tragédia. "*Insaf karo!* Seja honesto!" gritou ele. "Reconheça que esta é a primeira calamidade que trouxe ao país com sua presença."

Burton discordou, mas quando Ladha saiu, escreveu: "Meu entusiasmo foi com ele". Enquanto estava sozinho na igreja, lembrou-se da longa série de decepções, contratempos e tragédias que já tinham assolado a expedição. Eles haviam sido atrasados por meses tanto por uma estação seca devastadora como por uma monção feroz. Não tinham suprimentos nem homens suficientes. Steinhäuser adoecera, Speke estava descontente e Hamerton estava à beira da morte. Nenhum de seus homens acreditava que a expedição seria bem-sucedida, nem que sobreviveriam. "Na solidão e no silêncio da escuridão", escreveu Burton, "eu me senti um joguete do infortúnio."[49]

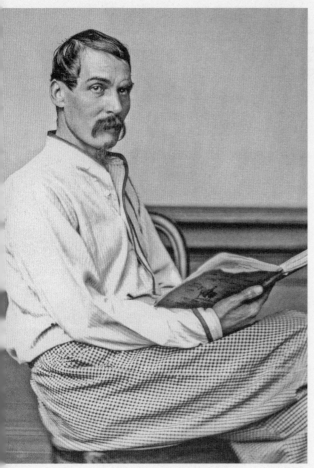

Nascido em Devon, mas criado na Europa, Richard Burton nutria pela Inglaterra a mesma aversão e o mesmo ceticismo que muitos de seus compatriotas sentiam por ele. Arquitetou a própria expulsão de Oxford, onde era ridicularizado e se entediava, e ingressou na Companhia Britânica das Índias Orientais antes de se tornar um famoso explorador, escritor, poeta e antropólogo, bem como um dos linguistas mais talentosos do mundo. Falava mais de 25 idiomas e pelo menos uma dúzia de dialetos.

Em 1855, Burton, que estudou todas as religiões não respeitava nenhuma, tornou-se o primeiro inglês a entrar em Meca disfarçado de árabe. Embora falasse a língua com uma fluência quase perfeita e fosse capaz de recitar um quarto do Alcorão, ele sabia que seria fácil cometer um erro que poderia custar sua vida: "Um erro, uma ação precipitada, uma palavra mal interpretada", escreveu ele, "e meus ossos teriam embranquecido a areia do deserto".

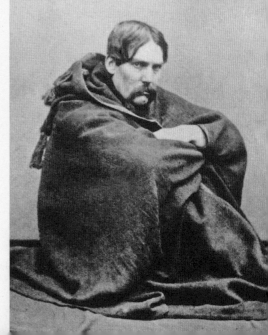

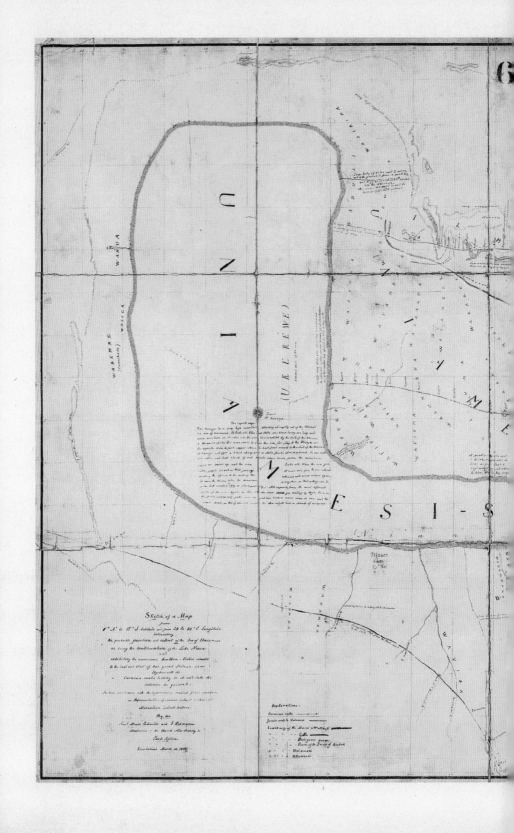

A Real Sociedade Geográfica, há muito determinada a resolver o mistério geográfico que fascinara filósofos e geógrafos por milênios — encontrar a nascente do Nilo Branco —, ficou intrigada em 1855 com um mapa incomum desenhado por missionários alemães da África Oriental. Embora ridicularizado devido a sua enorme forma de lesma, o único lago interior do mapa motivou a Sociedade a patrocinar uma expedição à região liderada por Richard Burton e seu segundo em comando, John Hanning Speke. [*Contorno do lago realçado para melhor visualização.*]

Membro da aristocracia britânica, John Hanning Speke nasceu e foi criado em Jordans, a propriedade ancestral da família em Somerset, onde se tornou um entusiasta da caça altamente qualificado. Depois de ingressar na Infantaria Nativa de Bengala e se mudar para a Índia, aproveitou para explorar, mapear e aumentar sua crescente coleção de história natural. Sua vida como explorador começou de fato durante uma licença em Aden, onde conheceu Richard Burton e se juntou à sua expedição.

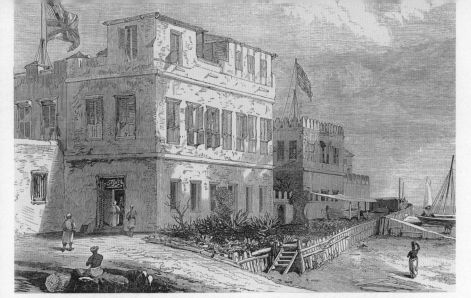

Situada a pouco mais de trinta quilômetros da costa da África Oriental, a ilha de Zanzibar fora ocupada por milhares de anos antes que os primeiros europeus desembarcassem nela em 1498, seguidos logo depois por comerciantes e exploradores britânicos. Quando Burton e Speke chegaram em 1856, foram diretamente ao consulado britânico, onde encontraram o coronel Atkins Hamerton, que estava ansioso para ajudar, mas claramente doente. O rosto outrora "claro e corado" do cônsul, escreveu Burton com preocupação, estava agora "horrivelmente descolorido e pálido".

Em forte contraste com a beleza natural de Zanzibar estavam os horrores do mercado de escravizados da ilha, onde homens, mulheres e crianças eram vendidos para uma vida de cativeiro. A maioria era capturada no interior da África Oriental, acorrentada e arrastada por centenas de quilômetros até a costa, e então forçada a entrar em pequenos barcos superlotados que seguiam para Zanzibar, de onde os escravizados eram enviados para a Arábia ou a Índia. O infame mercado foi finalmente fechado em 1876 e um museu em homenagem às vítimas foi construído no local, 137 anos depois.

Sequestrado em sua aldeia na África Oriental e trocado por tecidos em Zanzibar quando era apenas uma criança, Sidi Mubarak Bombay viveu escravizado no oeste da Índia por vinte anos. Enfim libertado após a morte do homem que o possuía, Bombay voltou ao continente natal, onde conheceu Burton e Speke quando estavam prestes a partir em busca da nascente do Nilo Branco. Burton logo admirou a "boa conduta e honestidade inabalável" de Bombay, e o reconheceu como "a joia do grupo".

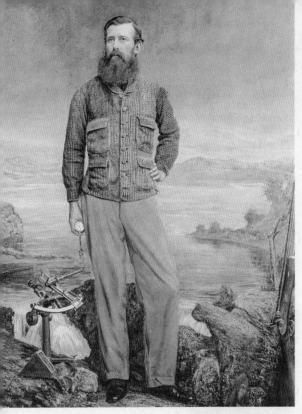

Depois de uma longa e difícil jornada até o Tanganica, que esperava ser a nascente do Nilo Branco, Burton ficou paralisado pela malária enquanto Speke e Bombay viajavam para o norte, em busca de outro lago: o Nyanza. Embora tenha visto apenas uma pequena porção de água, Speke ficou impressionado com sua beleza e encantado com as histórias de suas margens aparentemente intermináveis, que "provavelmente se estendiam até o fim do mundo". Certo de que havia "descoberto" a nascente do Nilo, Speke batizou o maior lago da África com o nome de sua rainha: Vitória.

Atkins Hamerton morreu logo depois que a expedição de Burton partiu para o interior, e Christopher Palmer Rigby foi nomeado novo cônsul britânico em Zanzibar. Linguista eminente por mérito próprio, Rigby competia havia muito tempo com Burton por reconhecimento dentro das forças armadas britânicas. Alarmado quando soube que seu antigo inimigo estava agora numa posição exclusiva para ajudar ou atrapalhar sua expedição, Burton se inquietou, pois não podia confiar nele, e escreveu que o nome de Rigby "não era agradável às narinas dos homens".

Speke voltou para a Inglaterra antes de Burton, que ainda não estava em condições de viajar, e logo reivindicou uma das maiores descobertas da história da exploração. No dia seguinte ao seu retorno, encontrou-se com Sir Roderick Murchison, presidente da Real Sociedade Geográfica, para descrever o Nyanza e defender sua volta à África Oriental como líder de uma nova expedição. Depois de ouvir entusiasmado a história de Speke, Murchison logo disse: "Speke, temos de mandá-lo para lá de novo".

Nascido nas Terras Altas escocesas, James Augustus Grant conheceu Speke no exército indiano. Doze anos depois, quando soube que Speke estava voltando para a África Oriental para tentar provar suas afirmações sobre o Nyanza, Grant se ofereceu para acompanhá-lo como seu subordinado. Embora tenha sido muitas vezes deixado de lado durante a expedição e Speke tenha até mesmo lhe negado a chance de ver o Nilo emergindo do Nyanza, Grant permaneceu extremamente leal a Speke pelo resto da vida, insistindo que "nenhuma sombra de ciúme ou desconfiança, ou mesmo mau humor, jamais se interpôs entre nós".

Embora sua expedição fosse severamente subfinanciada, John Petherick, um comerciante galês e cônsul em Cartum, concordou em encontrar Speke e Grant com barcos e suprimentos no final da jornada deles. Como ele se atrasou devido a dificuldades, doenças e a morte de dois de seus homens, o colérico Speke recusou sua ajuda e mais tarde o acusou de participar do tráfico de escravizados, uma alegação infundada que prejudicou seriamente a reputação do cônsul e o levou a perder o cargo. "O golpe foi o mais forte que pude suportar", admitiu Petherick.

Depois que Speke enviou à Real Sociedade Geográfica um telegrama histórico do Egito, anunciando que "o Nilo está resolvido", Murchison o convidou, junto de Grant, para dar uma palestra em seu retorno a Londres. Tanta comoção cercou o evento, realizado na Burlington House em Piccadilly, que uma multidão crescente quebrou as janelas do edifício palaciano. Dos ouvintes no interior, em pé na plateia, incluíam o conde de Paris ao príncipe de Gales.

Isabel Arundell foi criada por uma mãe controladora, numa família católica rigorosa e aristocrática entre cujos ancestrais estava Sir Thomas Arundell (abaixo), primo distante de Henrique VIII. Isabel era profundamente religiosa, mas sonhava com uma vida de aventuras, livre das restrições sufocantes impostas às mulheres vitorianas. "Eu gostaria de ser um homem", escreveu ela; "se fosse, seria Richard Burton. Mas, como sou mulher, seria a esposa de Richard Burton."

Apesar do telegrama de Speke, o assunto sobre a nascente do Nilo estava longe da resolução, e a batalha entre Burton, Speke e seus apoiadores continuou incessante, abrindo um abismo cada vez maior entre os dois. Por fim, um muito esperado "grande debate sobre o Nilo" foi marcado para 16 de setembro de 1864, no Royal Mineral Water Hospital, em Bath. Ao entrar na sala de conferências um dia antes do debate, Burton viu Speke pela primeira vez em anos. "Jamais esquecerei do rosto dele", escreveu Isabel mais tarde sobre o homem que ela acreditava ter traído seu marido. "Estava cheio de tristeza, anseio e perplexidade."

Speke fugiu rapidamente da sala de conferências e foi para Neston Park, a vasta propriedade do tio, a apenas alguns quilômetros de Bath. Lá, ele sabia que encontraria conforto caçando com o primo George Fuller. Percebendo que Speke estava extraordinariamente agitado naquele dia, Fuller manteve distância no enorme campo aberto até ouvir o disparo de uma arma. Ao se voltar, ficou perplexo ao ver o primo caindo do muro baixo de pedra que estava escalando. Fuller correu para ajudá-lo, mas Speke morreu logo depois de um tiro no peito autoinfligido.

Ninguém ficou mais horrorizado ou assombrado pela morte repentina de Speke do que Burton, que viveu mais 26 anos, seu corpo outrora forte o traindo aos poucos enquanto a mente continuava afiada. Ele passou seus últimos anos em Trieste, na maioria dos dias à escrivaninha, traduzindo textos árabes antigos, do *Kama Sutra* ao *Jardim perfumado*. Embora Isabel se preocupasse com os livros polêmicos, Burton sentia grande satisfação em saber que o público britânico os acharia igualmente chocantes e irresistíveis.

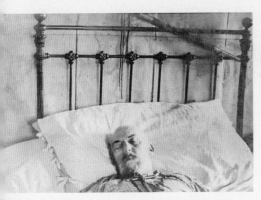

No início da manhã de 20 de outubro de 1890, Isabel encontrou Burton morto, aos 69 anos, com sua última tradução inacabada. Para indignação da família e dos amigos dele, ela fez questão de um funeral católico para o marido irreverente e abertamente agnóstico. O corpo foi então enviado de Trieste para a Inglaterra, onde foi enterrado num túmulo de granito e mármore, projetado por Isabel para parecer uma tenda árabe.

Depois de perder Burton, o homem a quem ela chamava de "meu deus e rei terreno" e a quem ela havia dedicado a maior parte da vida, Isabel decidiu então fazer o que pudesse para salvar a alma dele. Sentada diante de uma lareira, ela jogou nas chamas a última grande obra literária dele, a meticulosa tradução de O jardim perfumado: "Com tristeza, reverência, temor e tremor, queimei uma folha após a outra".

Embora tenha colocado a nascente do Nilo Branco no mapa do mundo, resolvendo o mistério que cativou o ser humano por milênios, Speke foi em grande medida esquecido após sua morte. Os amigos e apoiadores fizeram o possível para manter sua memória viva, instalando um pequeno memorial no muro de pedra onde sua vida terminou e erguendo um obelisco maior em Kensington Gardens. Porém, poucos visitantes param para ler as palavras gravadas na base de granito.

Tendo sido objeto de intensa curiosidade, inveja, suspeita e temor durante a maior parte de sua vida, Burton se viu nos últimos anos pobre e impotente. Após sua morte, contudo, seus muitos livros, poemas e traduções, talvez até mais do que as viagens lendárias, renderam-lhe certa imortalidade. O obituário de Burton no *Times* de Londres o saudou como "um dos homens mais notáveis de seu tempo", e seu retrato, pintado em 1872 pelo famoso artista Sir Frederic Leighton, está agora exposto na National Portrait Gallery de Londres, entre os mais venerados cidadãos do país.

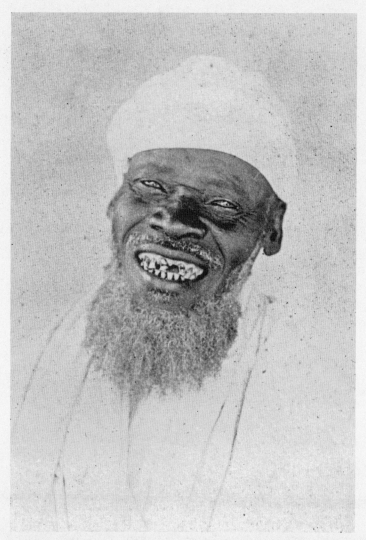

Bombay viveu até os 65 anos e se tornou um dos homens mais viajados da África. Não só acompanhou Burton e Speke ao Tanganica, Speke e Grant ao Nyanza e Henry Morton Stanley em busca de David Livingstone, como ele e Verney Lovett Cameron foram os primeiros a cruzar todo o continente, de leste a oeste. No final da vida, tendo percorrido cerca de 10 mil quilômetros, principalmente a pé, Bombay garantira seu lugar entre os guias mais bem-sucedidos da história da exploração africana.

11. Um velho inimigo

Seguindo uma bandeira rubra, a Expedição da África Oriental partiu enfim para o lago Tanganica na manhã de 27 de junho de 1857. Os homens "em bravura de escudo, espada e punhal", escreveu Burton com orgulho, "saíram em fila indiana dos acantonamentos de Kaole".[1] Uma hora antes, a quietude da manhã havia sido rasgada por uma cacofonia estridente e estrondosa que aumentou rapidamente, incitando até o homem mais resistente a entrar em ação. Batidas de tambores, ritmo de gaitas de foles e zurros de cornetas eram pontuados por gritos de "*Kwecha! Kwecha! Pakia! Pakia! Hopa! Hopa!*", que Burton traduziu como: "Recolher! Empacotar! Partir!".

Em suaíli, Burton escreveria mais tarde, a palavra para "caravana" é "safari", do árabe *"safar"*, que significa jornada.[2] Para um homem sem pátria, que se sentia em casa em qualquer lugar, menos na Inglaterra, que estudava qualquer língua e cultura, exceto a sua, era uma palavra que havia muito tempo agitava sua mente e suas emoções, trazendo consigo visões de aventura, oportunidade e até mesmo esperança. Mais tarde, pensando em tudo o que uma expedição significava para ele, Burton citaria o velho provérbio: "O mundo é um grande livro, do qual quem nunca sai de casa lê apenas uma página".[3] Agora, porém, a viagem à frente lhe oferecia um presente mais imediato: alívio dos pensamentos sombrios da noite anterior e seus temores quanto ao futuro de sua expedição:

"A excitação de me encontrar em um novo terreno e as peculiaridades do cenário desviaram um pouco os pressentimentos melancólicos".[4]

O *kirangozi*, guia, que liderava a caravana carregava a bandeira da expedição. Embora ela logo fosse despedaçada pelo vento chicoteante e por espinhos, sua cor vermelha vívida anunciava com orgulho que eles eram de Zanzibar. Atrás do *kirangozi* seguia um *pagazi*, carregador de alto escalão, que tocava um tímpano e parecia majestoso com uma longa e estreita faixa de tecido escarlate e uma touca feita de couro de macaco preto e branco, encimada por uma imponente crista dourada de um grou-coroado. Em seguida vinham os animais de carga, cada um com dois homens, um para liderar e outro para conduzir; depois os carregadores, "na maioria rapazes, esguios e leves", escreveu Burton, "com as pernas delgadas e limpas de leopardos",[5] que carregavam longas mochilas cilíndricas de cerca de 1,80 metro de comprimento e sessenta centímetros de diâmetro sobre a cabeça deles ou seus ombros estreitos. Na retaguarda seguiam os porta-armas, que recebiam cargas mais leves, mas se esperava que estivessem sempre prontos para defender a expedição.

Se Burton pudesse ver de cima a terra pela qual estava prestes a viajar, disposta diante dele como uma imagem moderna de satélite, até ele teria ficado abismado com sua beleza extraordinária. Assim que deixava as águas verde-azuladas do oceano Índico, o terreno começava a mudar, de marcha em marcha, quilômetro a quilômetro. Grande parte do solo abaixo de seus pés era de barro vermelho e denso, mas em outros momentos era da cor branca brilhante do granito ou mesmo da prata cintilante da mica. Havia amplos platôs que desciam de repente para vastas bacias que pareciam caldeirões cheios de névoa e neblina, rios estreitos e sinuosos, florestas densas, campos dourados e amplas savanas. As árvores, algumas solitárias, outras amontoadas como se estivessem em assembleia solene, variavam de folhas esmeralda e cor-de-rosa a galhos tão pesados e largos que lançavam uma sombra circular cujo perímetro, jurava Burton, não era inferior a 150 metros ao sol do meio-dia. Deslumbrado pela mera lembrança, ele escreveria mais tarde que o céu da África Oriental era "mais puro e mais azul do que eu já vira na Grécia ou na Itália".[6]

Enquanto a longa fila de homens e burros serpenteava "como uma monstruosa cobra terrestre sobre colinas, vales e planícies",[7] Burton sabia que sempre havia a possibilidade de encontrar uma caravana de escravos ou de marfim pelo caminho. Na maioria dos casos, haveria pouca interação além de uma saudação cautelosa inicial. O *kirangozi* de cada caravana se aproximava devagar e avaliava rapidamente o outro, antes de lançar de repente o que parecia ser um ataque violento. "Seu exemplo é seguido por todos com uma corrida e um amontoamento, que pode ser confundido com o início de uma dissensão", escreveu Burton, "mas termina, se não houver animosidade, em gritos e risos."[8] Problemas — alguém morto de forma acidental no corpo a corpo ou um empurrão bem-humorado que fica mais sério, acalorado e perigoso — eram raros. Mas, se isso acontecesse, a expedição tinha um plano: o sinal combinado para qualquer tipo de perigo eram três tiros, que trariam na mesma hora o pessoal armado para a frente da caravana, preparado para lutar.[9]

A suposição era de que não haveria violência entre as caravanas, e que elas se ajudariam se surgisse a oportunidade. Enquanto Burton e seus homens se dirigiam para a primeira parada de sua rota, uma pequena aldeia chamada Kuingani, os carregadores deixavam sinais nas trilhas para viajantes futuros. Embora o caminho de areia que levava a Kuingani exigisse atenção constante, pois estava cheio de plantas e espinhos grossos e irregulares que feriam os pés descalços dos carregadores e rasgavam as pernas de seus burros, os homens procuravam maneiras de deixar mensagens para quem quer que passasse por ali. Usando de tudo, de potes quebrados a uma pilha de conchas de caracol ou um crânio de animal, eles indicavam que havia água por perto ou, com um galho quebrado ou uma linha traçada na areia, deixavam para trás um aviso para não usar um caminho perigoso.[10] Se houvesse tempo, até tentariam acrescentar um pouco de humor às suas mensagens. "Aqui e ali, um pouco de jocosidade aparece nessas construções", escreveu Burton, "uma boca é cortada no tronco da árvore para permitir a entrada de um pedaço de madeira que simula um cachimbo."[11]

A maioria dos caminhos que a expedição seguiria nos nove meses seguintes havia sido aberta por comerciantes africanos, seguidos depois por traficantes árabes de escravizados. Enquanto forçavam sua carga humana em direção à costa, muitos desses homens comiam as mangas que haviam trazido da Arábia e cuspiam os caroços no chão enquanto caminhavam. Em breve, mangueiras perfumadas e de galhos largos, com seus frutos pendurados como enfeites, ladeavam esse caminho de sofrimento humano. O contraste era um lembrete gritante da dolorosa combinação de beleza e tristeza que definia grande parte da região. "O demônio da escravidão reina sobre uma solidão de sua própria criação", escreveu Burton mais tarde.[12] "Será que, por alguma lei inexplicável, onde a natureza fez o melhor para a felicidade da humanidade, o homem, condenado ao sofrimento, deve exercitar sua própria infelicidade?" Embora se sentisse impotente para se contrapor ao desespero que via, algumas semanas depois Burton teria a oportunidade de ajudar a libertar cinco pessoas que, como Bombay, haviam sido sequestradas quando sua aldeia foi atacada. Ele não fez mais do que qualquer um com um coração e armas poderia fazer, mas conseguiu devolver ao menos esse pequeno grupo "para seus lares e casas", escreveu ele.[13]

Os grandes reinos da África Oriental através ou perto dos quais a expedição estava prestes a viajar eram grandes, poderosos e politicamente complexos. Uma das primeiras dinastias mais conhecida era a do povo chwezi. Acredita-se que tenha governado a Uganda Ocidental moderna e, mais tarde, partes do Quênia e da Tanzânia e está associada a algumas das obras de terraplanagem mais impressionantes do continente, inclusive um sistema de valas que circundava uma área de pastagem ribeirinha. Possivelmente por volta da virada do século xv, os chwezi foram substituídos no sul pelo povo hima e no norte pelo povo luo, que governaram vastas extensões da região até se tornarem parte das populações de língua banto.

No século xix, havia muitos reinos autônomos na região. Entre os mais importantes do oeste estavam o reino de Loango, fundado pelo povo vili, provavelmente no século xv, e Karagwe, um reino agrícola governado pelo rei Rumanika. No norte, o maior reino era Buganda, fundado quase quinhentos anos antes, quando o governante do povo ganda estendeu seu controle sobre a região. Quando Burton e Speke chegaram a Zanzibar, o então rei de Buganda, Mutesa I, acabara de assumir o poder. Durante seu reinado de 28 anos, Mutesa I reformaria e expandiria as forças armadas de Buganda e manteria um controle rígido sobre comerciantes árabes, missionários estrangeiros e exploradores europeus.

Embora negociassem na região havia séculos, os árabes aproveitavam um sistema que já havia sido bem estabelecido pelos africanos orientais, em particular os nyamwezi. Parte de um forte império agrícola que cultivava de tudo, de milho e painço a arroz, os nyamwezi também desenvolveram uma ampla rede comercial que se estendia da região ao redor do lago Tanganica até a costa, o mesmo caminho que a expedição de Burton percorreria. Eles tinham uma relação de trabalho colaborativa e mutuamente benéfica com os comerciantes árabes que às vezes era fortalecida pelo casamento. Na verdade, Fundikira, o chefe de Unyanyembe, o mais importante dos cacicados nyamwezi, havia permitido que sua filha se casasse com Muhammad bin Juma, um árabe de Omã. Burton tivera a grande sorte de contratar vários nyamwezi para sua expedição, pois eram os guias e carregadores mais procurados da região.

Depois de passar por um pântano lamacento cheio de relva longa e emaranhada, Burton e seus homens viram enfim a aldeia de Kuingani à distância.[14] Composta de uma série de "cabanas semelhantes a colmeias", Kuingani era cercada por campos de arroz e pontilhada de cacaueiros e mangueiras, arbustos de manjericão e hibiscos selvagens e imponentes. Havia pouco a fazer ali além de descansar e se preparar para a próxima etapa da expedição. Burton, no entanto, ainda assombrado por dúvidas e vendo sua própria preocupação refletida nos olhos de seus homens, aproveitou a oportunidade para convidar um *mganga*, curandeiro, para sua tenda a fim de lhe fazer uma profecia.

Embora fosse um homem de ciência, Burton, como muitos britânicos nascidos na era vitoriana, tinha também um profundo interesse pelo sobrenatural. Ele havia experimentado de tudo, desde hipnose, na qual, com seus olhos negros instigantes, diziam ser assustadoramente bom, até a cristalomancia. Antes de viajar para Meca, havia feito amizade com um homem chamado Frederick Hockley, um ocultista britânico conhecido que praticava o que se chamava de "vidência", a contemplação de alguma coisa — no caso de Hockley, cristais — para descobrir pistas sobre o futuro. Hockley escreveu que Burton estava "desejoso de levar consigo um cristal e um espelho" para Meca, e Hockley lhe dera um "cristal pequeno, oval, montado" e um espelho preto, que mais tarde ele usou para tentar acompanhar o progresso de Burton. "Emma, minha vidente (que tinha então catorze anos)", escreveu Hockley com entusiasmo, "inspecionou e disse: 'Agora está claro; vejo um pouco de areia. Agora vejo alguns camelos.'"[15] Burton, muito mais cético que Hockley, era mais difícil de impressionar. Mais tarde, ao escrever a um amigo, reclamou que lhe disseram que seus cristais "contêm um 'espírito bom', o que não é interessante", resmungou.[16]

Burton também estava mais do que disposto a experimentar drogas alucinógenas, pensando que, na melhor das hipóteses, elas poderiam abrir uma janela para as culturas que estava estudando ou, no mínimo, proporcionar uma experiência interessante. Na Índia, havia fumado ópio e bebido *bhang*, uma forma de cannabis que, segundo ele, o fazia "suspeitar de traição em todos os lugares e, na ação mais simples, detectar objetos que eram malvados das formas mais complexas. Seus pensamentos se tornam agitados e incoerentes, sua fantasia corre frenética".[17] Na África Oriental, experimentou *pombe*, uma espécie de cerveja feita de milheto maltado, que pode ser muitíssimo potente. Ele também havia mascado *khat*, um estimulante retirado das folhas da *Catha edulis*. Burton ficou desapontado porque, para ele, o *khat* parecia ter pouco efeito. "Uma vez tentei em vão uma infusão forte", escreveu ele. "Os árabes, porém, desacostumados a estimulantes e narcóticos, declaram que, como os comedores de ópio, não podem viver sem excitação."[18]

O curandeiro de Kuingani não ofereceu a Burton e seus homens excitação, mas algo mais valioso: segurança. Depois de aceitar como pagamento um dólar e um solidéu que Burton comprara em Surat, o homem sacudiu uma grande cabaça cheia de seixos e pedaços de metal e acenou diante de si dois chifres de bode amarrados por uma pele de cobra e decorados com sinos. "Quando totalmente preparado pelo espírito de profecia e conectado por êxtase com os fantasmas dos mortos, ele falou quase do mesmo modo que sua irmandade em todo o mundo", escreveu Burton. "A jornada era para ser próspera. Haveria muita conversa, mas pouca matança. [...] Feliz retorno à esposa e à família."[19]

Embora Burton depositasse tão pouca fé na profecia do feiticeiro quanto em qualquer cerimônia religiosa, ele a aceitou como uma pequena fonte de conforto diante de uma expedição que, a cada dia que passava, parecia cada vez mais provável de fracassar. Na primeira semana depois de deixar Kaole, Burton escutou o som tranquilizador do canhão do *Artémise*, que tocava todas as noites, viajando por quilômetros pela paisagem tranquila. Hamerton havia insistido em ficar perto da costa até que a expedição passasse pela região onde Maizan havia sido assassinado, e o canhão era um lembrete noturno de que seu amigo ainda estava por perto e que, se necessário, "o refúgio estava próximo". Mas depois de algumas noites, os estrondos cessaram de repente, deixando Burton intrigado. Finalmente, um de seus homens "endureceu seu coração" e o abordou com notícias perturbadoras. Um mercador vindo da costa espalhara o boato entre os carregadores de que Hamerton estava morto. Sem saber em que acreditar, Burton consultou Said bin Salim, que lhe disse que "confiava plenamente na veracidade do relato".[20] Pior ainda, todos os homens da expedição concordaram, convencendo a si mesmos, escreveu Burton, "que a morte do tenente coronel Hamerton me deixara sem o apoio do governo de Zanzibar".[21]

Logo depois, a expedição, que já contava com poucos homens, começou a sofrer uma série de deserções devastadoras. Os carregadores da parte de trás da caravana largavam silenciosamente suas mochilas e se esgueiravam para a floresta. Outros saíam durante a noite ou quando os outros estavam distraídos, como aconteceu durante um ataque de um enxame de abelhas. "Durante nossos dezoito meses de viagem", Burton escreveu mais tarde, "não houve um empregado, de Said bin Salim ao escravo mais abjeto, que não planejasse, tentasse ou levasse a cabo a deserção."[22] No final de julho, já haviam perdido nove carregadores, um dos quais carregava uma maleta que continha a maior parte das canetas, da tinta e do papel da expedição, livros de levantamento topográfico e o *Almanaque náutico* de 1858. Foi uma "perda irreparável", escreveu Burton.[23]

Além disso, os homens restantes, doentes, exaustos, assustados e com saudades de casa, já haviam começado a brigar. Burton acreditava que "costumava ser melhor deixar essas brigas se resolverem sozinhas; se abreviada de maneira prematura, a serpente da ira é arranhada, não morta".[24] Speke, no entanto, alegou que ele sempre era deixado sozinho para lidar com qualquer discussão que surgisse entre os homens e tinha de separar os beligerantes e distribuir punições. Um dia, escreveu ele, depois que um grupo de homens se recusou a trabalhar, "ocorreu uma altercação que tive de resolver, como invariavelmente acontecia quando surgiam dificuldades no acampamento".[25]

Na verdade, era Bombay quem mais aliviava as tensões, repreendendo mas também tranquilizando os homens e fazendo com que todos voltassem ao trabalho. Ele se tornara rapidamente querido entre todos da expedição, que lhe deram apelidos carinhosos que iam de Pombe, que significa cerveja pequena, a Mamba ou crocodilo, em referência aos dentes afiados que tantas vezes mostrava para eles em seu largo sorriso.[26] Embora nunca hesitasse em dar ordens, mandando os carregadores acelerarem o passo e os guardas levarem sua parte justa das cargas, ele trabalhava mais do que qualquer outro. Isso era verdadeiro sobretudo em relação a seu próprio servo escravizado Mabruki. "Ele trabalhava como uma faxineira para erguer nossas barracas e prepará-las para habitação", escreveu Burton, "enquanto seu escravo [...] ficava sentado ou cochilando sob a sombra fresca."[27] Para Speke, Bombay era um dos homens mais generosos que já conhecera. "Ele não faria nada de errado para se beneficiar", escreveu. "Para agradar a qualquer outro, não há nada a que ele se apegue."[28]

Burton gostava de reclamar que Bombay era esquecido e desajeitado, mas, tal como Speke, passou a confiar em seu comportamento gentil e calmo, em sua lealdade fervorosa e em sua disposição de ajudar. Ele se lembraria por muito tempo da bondade de Bombay para com ele durante uma marcha cansativa, quando nem ele nem Speke estavam fortes o suficiente para andar. Speke conseguiu montar num dos burros, conduzido por Bombay, mas os outros animais de carga eram necessários para transportar carga; Burton seguia mancando o melhor que podia por conta própria, com as pernas trêmulas. Forçado a se deitar para descansar a cada meia hora, ele olhou para cima e viu Bombay sorrindo para ele. "Vi com prazer o rosto gentil de Sidi Bombay", escreveu ele, "que estava voltando para mim com pressa, conduzindo um jumento e carregando alguns bolinhos e ovos cozidos."[29]

A generosidade de Bombay também servia de inspiração ou, em alguns casos, de lição contundente para os outros homens. Uma noite, enquanto se preparavam para descansar depois de uma longa marcha, Burton e Speke perceberam que sua barraca ainda não havia chegado com o resto do grupo.[30] Voltaram-se então para Said bin Salim, o líder da caravana, pediram-lhe que lhes emprestasse metade da lona que servia de tenda para que pudessem se abrigar das intempéries. Quando Said recusou, Bombay, indignado, o atacou e o envergonhou na frente dos outros. Said finalmente cedeu e entregou a lona de má vontade. Quando Burton tentou devolvê-la no dia seguinte, ele "recusou com irritação a metade devolvida a ele".

Nos primeiros dezoito dias da expedição, a caravana percorreu apenas 190 quilômetros, num ritmo perigosamente lento. Não foi por falta de tentativa. A maioria dos dias começava às quatro da manhã, com o grito lancinante de um dos vários galos bem cuidados da expedição. "O galo apoplético de rosto vermelho [...] bate as asas e canta uma saudação alta ao amanhecer", escreveu Burton. "Ele é respondido por todos os galos e frangos ao alcance da voz."[31] Gaetano e Valentine acendiam então uma fogueira, tremendo no que parecia aos jovens de Goa um frio intolerável, e preparavam o café da manhã para Burton e Speke. Enquanto os líderes da expedição começavam o dia com chá ou café, se o tivessem, junto com leite de arroz e bolos de soro de leite ou mingau, seus homens se preparavam para a longa marcha à frente comendo a carne que cozinhavam num caldeirão em fogo aberto.

Em um bom dia, a expedição partiria uma hora depois, com os homens em seus respectivos lugares na longa e ondulante fila da caravana.[32] Em um dia ruim, marcado por uma doença dolorosa ou apenas pelo cansaço paralisante, não conseguiam sequer pensar numa marcha longa e ficavam deitados em suas barracas, delirando de febre ou lúcidos o suficiente para temer pela própria sobrevivência. "Estávamos em um estado deplorável", admitiu Burton. "Cada manhã trazia uma nova carga de cuidados e problemas, e todas as noites sabíamos que outro dia péssimo estava para amanhecer, mas nunca abandonei a determinação de arriscar tudo, inclusive eu mesmo, em vez de voltar sem sucesso."[33]

Àquela altura, Burton já conseguira acrescentar mais alguns homens à expedição, e o total chegava a 132. Além de Bombay e Said bin Salim, entre os membros mais importantes do grupo estavam o intérprete Muinyi Wazira, que falava cinco dialetos africanos diferentes, os cozinheiros Valentine e Gaetano, e Mallock, que era o *jemadar*, líder dos soldados. Mohammed era o soldado mais velho da expedição e Shahda, o mais jovem. Khudabakhsh era alto e forte, mas temperamental, escreveu Burton, "formado pela natureza para ser o melhor homem do grupo, transformou-se no pior".[34] Sobre os outros guardas, Burton se referiu a Ismail como um "inválido confirmado" e Belok como um esnobe, mas admitiu que Darwash agia com decoro. Parecia admirar Gul Mohammed, mas não conseguia decidir se confiava nele. Ele é "corajoso e traiçoeiro, de fala razoável e depreciativa, honrado e desonesto, bem-humorado e mal-humorado", afirmou. Burton sabia que vigiar todos os homens e mantê-los vivos seria seu maior desafio.

Só os asnos já representavam uma dificuldade aparentemente intransponível. "Eles escoiceavam e disparavam, empinavam e pateavam",[35] e resistiam a qualquer tentativa de serem domados com uma ferocidade que derrotava até mesmo os homens que haviam sido contratados para lidar com eles. Era quase impossível segurar suas cargas, cada uma pesando cerca de duzentos quilos e amarradas com cordas que já começavam a apodrecer. Durante uma marcha, eles eram, como se isso fosse possível, ainda mais difíceis de lidar. "Os jumentos se assustam, tropeçam, empinam, fogem, lutam, disparam e fazem piruetas quando montados", escreveu Burton com exasperação. "Eles se arqueiam e pinoteiam até estourarem suas cilhas; adoram entrar em buracos e cavidades; correm como porcos quando o vento sopra."[36]

Com o passar dos dias, o grupo heterogêneo de asnos encolheu rapidamente de trinta para metade. Um foi deixado para trás por acidente após uma saída apressada do acampamento. Dois se afastaram quando ninguém estava olhando, e outro esticou tanto as costas que mal conseguia mancar, muito menos carregar as mochilas desajeitadas e terrivelmente pesadas. Um jumento, conhecido pela ferocidade e chamado de o "demônio de um olho só"[37] porque havia perdido um olho em algum momento, simplesmente se deitava no chão e se recusava a andar. Por fim, ele foi "lançado à deriva no deserto", escreveu Burton, "porque nenhum homem ousava carregá-lo e puxá-lo".[38] Uma noite, os homens foram acordados pelos zurros de três animais que estavam sendo atacados por uma hiena, que arrancou pedaços de carne esfarrapados de seus flancos. "Mas eram os animais trazidos de Zanzibar", observou Burton. O asno do continente "se defende com sucesso de seu assaltante covarde com dentes e cascos".[39]

O clima era tão imprevisível e temperamental quanto os jumentos, alternando entre um calor escaldante que queimava seus rostos e minava suas forças e tempestades brutais que deixavam as nuvens inchadas com um tom roxo escuro e as arrastavam pelo céu. "Explosões furiosas disparavam gotas de chuva como balas de mosquete", escreveu Burton. "As árvores altas e rígidas gemiam e se curvavam diante das rajadas de vento; os pássaros gritavam ao serem expulsos de seus poleiros; os jumentos ficavam de cabeça baixa, com as orelhas caídas e as caudas encolhidas, e até os animais selvagens pareciam ter se refugiado nas tocas."[40] O solo, já saturado dos dias de chuva de monção, sugava seus pés, retardando a expedição e lançando uma mortalha sobre tudo e todos. "A terra [...] emite o odor de hidrogênio sulfurado e em algumas partes o viajante pode imaginar um cadáver escondido atrás de cada arbusto", escreveu Burton.[41]

Mesmo quando não chovia, tudo que a expedição possuía estava úmido, podre ou enferrujado. Do equipamento científico ao equipamento pessoal, tudo começou a se desintegrar de forma rápida. "A umidade da atmosfera corrói tudo com que entra em contato", queixou-se Burton. "As molas dos frascos de pólvora expostas à umidade quebram como penas tostadas; as roupas ficam flácidas e ensopadas; o papel, mole e encharcado pela perda do esmalte, age como um mata-borrão; botas, livros e coleções botânicas ficam enegrecidos; os metais estão sempre enferrujados; as melhores espoletas de percussão, embora rotuladas à prova d'água, não detonam a menos que sejam guardadas com cuidado em panos encerados e latas."[42] A madeira mofava, cabeças de fósforo encolhiam e se desintegravam, caixas de papelão se dissolviam numa pasta e a pólvora encharcada se recusava a acender.[43]

Como sempre fizera, Speke se orgulhava de trabalhar em praticamente qualquer clima. Sentado sob uma tenda que pingava ou numa elevação de terra queimada, ele aprendeu sozinho a usar o sextante. Lutando para aproveitar ao máximo o equipamento quebrado e danificado, parava para fazer medições enquanto a expedição cambaleava montanha acima ou abria caminho pelas selvas. "Noite após noite, no final da marcha ardente, ele se sentava por horas no orvalho gelado", Burton lembraria mais tarde, "praticando lunares e acertando cronômetros."[44] Embora suspeitasse que Speke procurava com ansiedade por alguma falha nele, Burton admirava a disciplina e a coragem de seu jovem companheiro, e mais tarde até escreveu sobre suas viagens pelo Himalaia. Speke havia "levado [ali] a mais difícil das vidas", escreveria Burton. "Ele se levantava ao amanhecer gelado, caminhava sob sol escaldante o dia todo [...], passava as noites cortantes nas menores barracas e muitas vezes adormecia antes de terminar de comer."[45]

Apesar de suas próprias febres recorrentes, Burton também havia encontrado uma maneira de continuar trabalhando. Na maioria das noites, depois que a caravana parava para descansar, escrevia relatórios para a Real Sociedade Geográfica e dava sequência às volumosas notas que havia começado em Zanzibar. Ele já havia preenchido vários cadernos, repletos de descrições detalhadas de tudo o que tinha visto e experimentado, movido por sua natureza obsessiva e o profundo fascínio pela África que impulsionava sua caneta página após página. "Nenhuma desculpa é oferecida pela extensão das descrições etnográficas", escreveria mais tarde. "A etnologia da África é de fato sua característica mais interessante, senão a única. Tudo o que se relaciona com os hábitos e os costumes, a moral e a religião, o estado social e comercial dessas novas raças é digno de observação diligente, descrição cuidadosa e ilustração minuciosa."[46]

Tanto Burton como Speke lutavam diariamente com o equipamento científico da expedição, que, mesmo quando intocado pela umidade ou pelos jumentos, raras vezes funcionava. Entre os suprimentos que trouxeram de Bombaim estavam um sextante de quinze centímetros, duas bússolas prismáticas, cinco termômetros, dois cronômetros de bolso, transferidores e um *patent log* — um dispositivo mecânico geralmente usado em navios para medir a velocidade e a distância viajada por água, mas que Burton e Speke esperavam usar em terra. "Minha primeira ocupação era mapear o terreno", escreveu Speke. "Isso é feito cronometrando-se o ritmo da marcha com um relógio, tomando as orientações da bússola ao longo da estrada ou em quaisquer marcas visíveis — por exemplo, colinas próximas — e observando a bacia hidrográfica — em suma, todos os objetos topográficos."[47]

Embora fossem escassamente povoadas, as centenas de quilômetros que a caravana percorria a pé eram muitíssimo variadas. Ao longo da expedição, os homens cruzariam pastagens altas e abertas, arbustos emaranhados e espinhosos, pântanos profundos e um deserto arenoso e sem água. Por sua vez, a flora e a fauna eram igualmente, até mesmo de maneira espetacular, diversificadas em tamanho, beleza e complexidade, bem como nos benefícios que ofereciam e nos perigos que representavam.

Para os homens famintos, as planícies relvadas forneciam os melhores campos de caça, além de distração do sofrimento extenuante da expedição. Lá, eles encontravam uma infinidade de aves, de perdizes e pombos verdes a galinhas-d'angola, que pareciam a Burton "grandes campainhas nas árvores".[48] Passavam por rebanhos de zebras que pastavam em silêncio, "o mais gracioso dos animais", escreveu Burton com admiração,[49] e leopardos solitários sentados no alto de árvores retorcidas, com seus corpos lustrosos e manchados caídos sobre grandes galhos. Girafas galopavam aos solavancos, abanando o rabo e balançando a cabeça, com pernas impossivelmente longas e que pareciam estar deslocadas em suas articulações nodosas. Havia várias espécies de antílopes, entre eles o kudu de pescoço comprido e o grande gnu de juba grossa, que "os carregadores olham com reverência salutar", escreveu Burton, "declarando que são capazes de atacar uma caravana".[50]

As selvas, com sua vegetação densa, constituíam o terreno mais complicado para a caravana passar. Também era muito mais difícil caçar ali, pois os animais eram capazes de usar camuflagem ou simplesmente usar da imobilidade mortal para se esconder à vista de todos. Os únicos animais que eles viam com alguma frequência eram pequenos macacos de cara preta, que olhavam para eles com aberta curiosidade antes de fugir. Até os elefantes pareciam preferir as selvas, onde podiam "chafurdar nas poças e se alimentar delicadamente de raízes e frutas suculentas, cascas e folhas", escreveu Burton,[51] e onde era mais difícil para os caçadores de marfim alcançá-los.

A única coisa que os elefantes tinham a temer nas selvas eram as criaturas minúsculas que fervilhavam a seus pés. Entre as trepadeiras retorcidas e as folhas apodrecidas, a terra salpicava de vida, lar de dezenas de espécies diferentes de formigas, um perigo até para o maior dos animais se estivesse doente ou ferido. A formiga louca-de-chifre-longo andava de forma errática, de um modo que não se assemelhava a outras da espécie, e espalhava ácido fórmico de seu abdômen curvo. Uma formiga que Burton chamou apenas de ".pismire", uma palavra arcaica para formiga, tinha uma "cabeça de buldogue e mandíbulas poderosas", escreveu ele, e sua mordida "queima como a picada de uma agulha em brasa. Quando ela começa a trabalhar, torcendo-se, pode ser puxada em duas sem que relaxe seu aperto".[52] A mais infame era a formiga safári marrom-acobreada, um gênero de formiga-correição que se movia aos milhões e atacava em massa qualquer possível presa ou ameaça percebida. Colunas apertadas cruzavam o caminho da expedição e atacavam "homens e animais com ferocidade", relembrou Burton, "fazendo com que a caravana começasse a andar num trote vacilante, ridículo de se ver".[53]

Muitas noites, durante sua longa jornada, quando os homens estavam deitados em suas frágeis barracas, eles ouviam o único som que nunca deixava de fazer o coração deles bater temeroso: o rugido baixo e gutural de um leão. Os próprios leões nem sempre estavam por perto — seu rugido podia viajar por quilômetros — e, mesmo que estivessem, insistia Burton, raras vezes eram comedores de gente. "Essa peculiaridade", argumentou ele, "está confinada a animais velhos cujos dentes desgastados são impróprios para a luta."[54] Mas é provável que a maioria dos homens da expedição conhecesse alguém que havia sido atacado ou mesmo comido por um leão. O próprio Burton conhecia um homem que havia sobrevivido a um ataque de leão: o explorador mais famoso e reverenciado da Grã-Bretanha, David Livingstone, que vinha explorando a África Meridional e Central havia mais de uma década, mas cujo objetivo principal era a erradicação do tráfico de escravos.

Quando jovem, Livingstone trabalhara como missionário em Bechuanalândia, hoje Botsuana.[55] Um leão havia comido vários gados de uma aldeia próxima, e ele — de maneira tola, como admitiria mais tarde — partiu sozinho com apenas uma arma para matá-lo. Livingstone errou o tiro duas vezes e estava recarregando a arma quando ouviu vários homens da aldeia gritando de forma frenética. Ele olhou para cima bem a tempo de ver o leão pulando em suas costas. O animal "pegou meu ombro quando saltou, e nós dois caímos no chão juntos", relembrou. "Rugindo terrivelmente perto do meu ouvido, ele me sacudiu como um cachorro terrier faz com um rato." Embora os aldeões logo tenham atirado no leão, assustando-o e deixando Livingstone com pouco mais do que um ombro rasgado, ele nunca esqueceria a experiência de quase morte ou como, para sua surpresa, havia sentido pouco medo. "O choque produziu um estupor semelhante ao que parece ser sentido por um rato após a primeira sacudida do gato. Ele causou uma espécie de devaneio, em que não havia sensação de dor nem sentimento de terror, embora bastante consciente de tudo o que estava acontecendo", escreveu Livingstone mais tarde. "Era como descrevem os pacientes parcialmente sob influência do clorofórmio, que veem toda a operação, mas não sentem a faca. [...] A sacudida aniquilou o medo e não permitiu nenhum sentimento de horror ao olhar para a fera. Esse estado peculiar é provavelmente produzido em todos os animais mortos pelo carnívoro; e, se assim for, é uma provisão misericordiosa de nosso benevolente Criador para diminuir a dor da morte."

Durante uma expedição, era sempre possível ocorrer um ataque de animais, mas muito mais mortíferas eram as inúmeras doenças que espreitavam na água e na comida e os insetos que fervilhavam no ar ao redor deles. Embora mais tarde Speke reclamasse com Norton Shaw que "Burton sempre esteve doente",[56] ele foi o primeiro e mais atingido pela doença. Ele passou a temer mais as febres dolorosas e potencialmente fatais, que, segundo ele, "atacam o cérebro e muitas vezes nos privam dos sentidos. Então não há recuperação da fraqueza que produzem". Além disso, os sintomas eram tão variados quanto assustadoramente estranhos. "Quando me deitava na cama, meus dedos dos pés às vezes se curvavam e me olhavam no rosto", relembrou. "Outras vezes, quando colocava a mão atrás das costas, ela ficava presa até que, com a outra mão, eu pegasse os músculos contraídos e aquecesse a parte afetada com o calor natural, ocorrendo assim o relaxamento, e eu podia recuperá-la."[57]

As contorções dolorosas e a ociosidade forçada já eram bastante ruins, mas, para Speke, o fato de Burton estar bem enquanto ele estava doente era quase tão insuportável quanto a enfermidade em si. "Desacostumado à doença", observou Burton, "ele não podia suportá-la nem a sentir nos outros."[58] Speke, no entanto, não foi o único membro da expedição que passou muito tempo doente. O líder da caravana, Said bin Salim, os cozinheiros Valentine e Gaetano e vários dos carregadores logo foram vítimas de febres, assim como Burton. Enquanto a febre de Speke fazia seu corpo contorcer, a de Burton causava estragos na mente. "Eu tinha durante o ataque de febre e muitas vezes por horas depois uma estranha convicção de identidade dividida, nunca deixando de ser duas pessoas que em geral se contrariavam e se opunham", descreveu ele mais tarde. "As noites sem dormir traziam consigo visões horríveis, animais de formas medonhas, mulheres e homens que pareciam bruxas em que cabeças se projetavam de seus seios."[59]

A expedição também foi ameaçada por um contágio de varíola que ceifara a vida de muitos dos homens das caravanas pelas quais passaram. Uma das doenças mais letais do século XVIII, a varíola fora em grande medida erradicada na Grã-Bretanha em meados do século XIX, mas continuava sendo um perigo significativo na África, onde poucos foram vacinados. "Um único grupo grande, que havia perdido cinquenta de seus membros para a varíola, passou por nós ontem na estrada, e a visão de seus camaradas falecidos trouxe à nossa mente espetáculos terríveis", escreveria Burton mais tarde.[60] "Os miseráveis não saíam do caminho, cada passo dado era precioso; aquele que caía uma vez nunca mais se levantaria; nenhuma aldeia admitiria a morte em seus arredores, nenhum parente ou amigo retornaria para buscá-los, e eles ficariam deitados até que sua agonia terminasse com o corvo e o abutre, a hiena e a raposa." Os homens de Burton viravam a cara com tristeza e medo ao passarem pelos cadáveres caídos no caminho ou perto dele. Alguns contraíam a doença e, incapazes de acompanhar a caravana, logo ficaram para trás antes de desaparecer por completo. A expedição voltava para procurá-los, mas não encontrava sinais que pudessem levar aos moribundos.

* * *

Em 10 de setembro, quase três meses após a expedição ter deixado a costa, os homens chegaram ao que Burton chamou de "Passo Terrível". Depois de entrar na floresta das montanhas Rubeho, que se elevam a mais de 2 mil metros, eles se prepararam para o que estava por vir. "Tremendo de febre, com as cabeças zonzas, os ouvidos ensurdecidos pela fraqueza e membros que mal nos sustentariam, contemplávamos com um desespero obstinado o caminho aparentemente perpendicular [...] que nós e nossos jumentos famintos estávamos prestes a enfrentar", escreveu Burton. "Endurecemos nossos corações e começamos a peitar o Passo Terrível."[61]

Eles levaram seis horas para chegar ao cume. Burton estava fraco, mas lúcido. Speke mal conseguia andar, muito menos escalar uma montanha, e precisou da ajuda de três homens apenas para se manter de pé. "Ele [...] avançou de forma mecânica", escreveu Burton, "quase em estado de coma."[62] Quando enfim chegaram ao outro lado, foram forçados a parar. A febre de Speke se transformou num delírio tão violento que tiveram que remover suas armas por medo de que ele machucasse a si mesmo ou outra pessoa. Burton temia que o ataque de Speke pudesse ter um "efeito cerebral permanente" ou que ele não sobrevivesse: "A morte apareceu estampada em suas feições".[63]

Dois dias depois, Speke estava bem o suficiente para ser carregado numa rede. Burton, no entanto, ao sair de seu próprio estupor induzido pela febre, percebeu que sua expedição estava em perigo imediato. Ele presumira que as centenas de quilos de suprimentos que trouxera de Zanzibar iriam durar pelo menos até chegarem ao lago Tanganica. Em vez disso, já estavam quase acabando. "Pela primeira vez em muitos dias tive força o bastante para reunir os carregadores e inspecionar suas cargas", escreveu ele. "A roupa, que deveria durar um ano, estava meio esgotada em três meses."[64]

Com essa descoberta chocante, Burton percebeu que haviam acrescentado a ameaça da fome à da doença. Enquanto marchavam para o oeste em direção ao lago Tanganica, lutando com seus burros amotinados, descaídos sob o peso de suas mochilas e fracos de febre e fadiga, viram os corpos de homens que, supunham, haviam morrido não só porque contraíram varíola, mas por não encontrar o que comer. "Ficamos tristes com a visão dos esqueletos limpos", escreveu Burton, "e, aqui e ali, dos cadáveres inchados de carregadores que haviam morrido naquele lugar de fome."[65]

A região relutava em prover para quem estava apenas de passagem. "A terra é pedregosa e áspera, com alguns campos espalhados numa selva densa", escreveu Burton. "O chão é vermelho, e o cultivo se alterna com arbustos e florestas cheias de frutas silvestres — algumas comestíveis, outras venenosas."[66] Mesmo que pudessem encontrar pessoas com quem negociar, tinham pouca coisa de valor a oferecer em troca de carne ou leite. Burton conseguira pouco do *kuhonga* de alta qualidade vendido em Zanzibar, e grande parte do que havia comprado já fora doado ou levado por seus homens durante a marcha. "Said bin Salim, a quem fora confiado o *kuhonga*, havia sido generoso, por medo", reclamou com amargura Burton. "Além disso, embora doente demais para supervisionar os desembolsos, ele permitira que seus 'filhos', ajudados pelos balúchis e pelos 'filhos de Ramji', 'saqueassem' tudo o que pudessem apreender e ocultar."[67]

Conscientes do perigo iminente e sabendo que tanto Burton como Speke estavam gravemente enfermos, os homens da expedição, longe de casa, tinham pouca escolha a não ser pegar o que pudessem quando possível e encontrar maneiras de se alimentar. Sempre que um animal facilmente comestível, fosse uma lebre ou um antílope, cruzava o caminho, eles logo largavam suas mochilas e o perseguiam com suas lanças.[68] Em poucos minutos, o animal estaria morto, despedaçado e comido cru. Até as formigas eram fonte satisfatória de proteína, e comê-las era um pequeno ato de vingança pela irritação e pela dor que haviam causado. "O homem se vinga da formiga branca e satisfaz seu desejo de comida animal", escreveu Burton, "fervendo a espécie maior e mais gorda e comendo-a como um pitéu com seu [...] mingau."[69]

Sem saber se conseguiriam reabastecer seus suprimentos na próxima vila que chegassem, nem mesmo se chegariam ali, Burton sabia que sua maior esperança estava no consulado em Zanzibar. Speke, que já estava bem o suficiente para pensar com clareza de novo, concordou, igualmente preocupado, que a expedição estava em grave perigo e que deveriam enviar uma carta com a próxima caravana comercial que passasse retornando à costa. "Calculei nossa taxa de gastos, descobri que não tínhamos o suficiente para as necessidades da viagem e convenci o capitão Burton a escrever de volta pedindo mais, apesar de nosso subsídio do governo ter acabado", escreveu ele. "Eu não podia tolerar a ideia de fracasso."[70] A questão era: quem os ajudaria?

Quase um mês antes, Burton havia escrito confiante para Hamerton, solicitando ajuda de maneira educada, mas urgente. "Ainda estamos sofrendo as consequências da febre", informou-o, "e vemos com horror nossos remédios diminuírem."[71] Sem receber resposta nem suprimentos adicionais, Burton chegou à conclusão de que os rumores eram verdadeiros e que seu amigo estava morto. Então, "com a cabeça zonza e as mãos trêmulas",[72] pegou um pedaço do precioso papel restante da expedição e começou a escrever para o cônsul desconhecido que havia substituído Hamerton em Zanzibar. "Tomei a liberdade de me dirigir ao senhor mesmo sem saber seu nome. Nossas necessidades podem desculpar esse procedimento", escreveu ele, editando à medida que avançava. "Desde a morte de nosso pranteado amigo cel. Ham., fomos totalmente negligenciados por aqueles que prometeram mais. Nenhuma carta ou papel chegou até nós, embora árabes e outros tenham recebido diversas vezes os seus da costa. [...] Estamos sempre sofrendo de febre, e nosso ~~suprimento de~~ quinino é tão baixo que devemos reservá-lo para emergências. Em conclusão, senhor, tenho a honra de expressar ~~minha esperança,~~ minha convicção de que o senhor não permitirá que dois oficiais especiais empregados sob o patrocínio do Ministério das Relações Exteriores de Sua Majestade sofram por mais tempo com tal negligência imerecida e vergonhosa."[73]

A carta, levada por Yaruk, o *jemadar* da expedição, numa jornada perigosa e solitária, acabaria chegando a Zanzibar, enquanto a Expedição da África Oriental continuava a se arrastar em direção ao lago Tanganica. No entanto, demoraria quase oito meses até ter alguém para recebê-la. Além disso, quando o homem designado para substituir Hamerton finalmente chegasse à ilha, seria de pouca ajuda para Burton. O mais novo cônsul britânico em Zanzibar era ninguém menos que o coronel Christopher Palmer Rigby, o linguista ambicioso que foi superado por Burton no exame de guzerate mais de uma década antes e que depois foi presidente do comitê que o reprovou em árabe. Enquanto Burton lutava para chegar ao que esperava ser a nascente do Nilo Branco, ele sabia apenas que seu amigo, o homem que o tratara com tanta bondade e preocupação e com cuja ajuda podia contar, havia partido. O que não sabia era que um velho inimigo havia tomado seu lugar.

12. Tanganica

A expedição levou 134 dias para viajar cerca de mil quilômetros. Quando chegaram a Kazeh (hoje Tabora, na Tanzânia), um dos entrepostos comerciais mais importantes da região e um momento crítico para a expedição, já haviam vencido quase três quartos do caminho até o lago Tanganica. Porém, com mais de quatrocentos quilômetros ainda a percorrer, a necessidade de provisões se tornou ainda mais urgente. Eles planejaram descansar por alguns dias em Kazeh, na esperança de que suprimentos de Zanzibar os encontrassem lá. Cinco semanas se passariam antes que pudessem partir de novo.

Uma das primeiras coisas que Burton fez depois de chegar a Kazeh foi contratar o sheik Snay bin Amir. Tratava-se de um homem que, além de cuidar dos suprimentos da expedição, ajudar a contratar carregadores e encontrar um lugar para ficarem, e de ser bem relacionado e trabalhador, tinha também um conhecimento excepcional da região. "Snay viajou tanto quanto qualquer um nesta terra — ou mais", escreveu Speke com admiração. "E por ser um indagador astuto e inteligente, conhecia tudo e todos."[1]

As viagens de Snay pela África Oriental eram tão abrangentes que Burton e Speke perceberam que ele poderia esclarecer uma de suas questões mais prementes. Os europeus abriram diante dele a cópia do estranho mapa desenhado por Rebmann e Erhardt e lhe perguntaram sobre o enorme lago semelhante a uma lesma que dominava a página. A resposta confiante de Snay os surpreendeu. Rebmann e Erhardt haviam entendido errado. "Os missionários transformaram três lagos em um", escreveu Speke.[2]

Na verdade, não havia um único lago extenso no interior, mas três separados, cada um maior que o anterior: Nyasa ao sul, Tanganica a oeste e Nyanza, também conhecido como Ukerewe, ao norte. Depois de examinar o mapa, Snay expressou surpresa por eles seguirem para o oeste em direção à cidade de Ujiji, que fica às margens do lago Tanganica, em vez de para o norte, rumo ao Nyanza. "Ele nos aconselhou fortemente", escreveu Speke mais tarde, "que, se nosso único motivo para vir aqui fosse para ver um grande pedaço de água, deveríamos ir até lá em vez de ir a Ujiji."

Sentindo "muita satisfação diante disso", Speke sugeriu na mesma hora a Burton que mudassem de rota. Em vez de "viajar para o oeste e as águas menores de Ujiji", argumentou, deveriam voltar seus olhos para esse lago maior ao norte.[3] Afinal, o Nyanza, ele insistiria mais tarde, era maior não apenas em tamanho, mas "em todos os aspectos do que o Tanganica". Embora tenha escrito que "viu de imediato que a existência dessa bacia até então desconhecida explicaria muitas discrepâncias disseminadas por geógrafos especulativos",[4] Burton não estava disposto a desistir do Tanganica. Ele havia investido muito tempo, esforço, saúde e esperança para mudar de rumo agora.

Mas por um bom tempo a expedição não iria a lugar nenhum. Uma semana depois de chegarem a Kazeh, quase todos os homens, dos *kirangozi* aos cozinheiros, adoeceram de novo.[5] Valentine e Gaetano foram os primeiros. Em seguida, Mabruki e Bombay, que foi "derrubado por uma febre intermitente", escreveu Burton.[6] Os "filhos" de Ramji estavam fracos de febre, e Ismail, um dos soldados balúchis, estava morrendo de disenteria. Speke havia por fim se recuperado e agora estava mais forte do que durante grande parte da viagem, mas era um dos poucos membros da expedição que ainda estava de pé.

Burton também adoeceu e, um mês depois, estava tão fraco que Speke o convenceu a deixá-lo assumir temporariamente a liderança da expedição. "Achei que o capitão Burton morreria se não fizéssemos alguma coisa", escreveu Speke mais tarde, "então implorei a ele que me permitisse assumir o comando temporário e ver o que poderia fazer para tomar alguma medida."[7] Em

5 de dezembro, Speke levou os homens que estavam bem o suficiente para andar e metade da bagagem para a próxima cidade, Zimbili. Embora permanecesse em Kazeh, Snay prometeu encaminhar cartas e papéis com a próxima caravana que fosse para Zanzibar e, o que era mais importante, apressar a "turma atrasada" que carregava as provisões que eles haviam sido forçados a deixar para trás na costa e de que precisavam agora desesperadamente.[8]

Três dias depois, Burton, "na verdade, mais morto do que vivo", o seguiu.[9] Essa ordem de marcha continuou até dezembro. Speke partia para a próxima parada antes de Burton, preparava o alojamento para a expedição, e então, alguns dias depois, os dois homens se reencontravam. A única maneira de mover Burton era carregado por uma rede. Como a expedição já tinha poucos homens, eles só puderam dispensar dois quando pelo menos quatro eram necessários para sustentar o corpo pesado do comandante, mesmo depois de ter emagrecido por consequência de semanas de doença. Na última marcha antes do Natal, Said, o líder da caravana, passou por Burton em silêncio, sem olhar para o comandante prostrado. "Sem dúvida, impressionado com a crença de que meus dias estavam contados", escreveu Burton, ele "passou por mim na última marcha sem dizer uma palavra."[10]

Em meados de janeiro, seis meses depois de terem deixado a costa, Burton estava quase completamente paralisado, incapaz até mesmo de usar as mãos. Seus braços e suas pernas de repente começaram a "pesar e queimar como se estivessem expostos a um fogo vivo", escreveu ele. Quando o sol se pôs naquele fim de tarde, concordou com Said: ele devia estar morrendo. "O ataque atingira seu ápice. Eu vi se abrindo para me receber 'aqueles portões escuros do outro lado da natureza/ que nenhum homem conhece'",* lembrou mais tarde.[11] "Todo o corpo estava paralisado, impotente, imóvel, e os membros pareciam murchar e morrer; os pés haviam perdido toda sensação, exceto um latejar e formigamento, como se fossem picados por várias pontas de agulha; os braços se recusavam a ser dirigidos pela vontade e, para as mãos, o toque de pano e pedra era o mesmo. Aos poucos, o ataque pareceu se espalhar para cima até comprimir as costelas; ali, no entanto, ele parou." Ele permaneceria nesse estado de paralisia quase total por praticamente um ano.

---

* Versos de Alfred Tennyson no longo poema *A princesa*. (N. T.)

Burton sabia que a expedição estava a pelo menos dois meses de qualquer assistência médica. Eles ainda tinham centenas de quilômetros para percorrer antes mesmo de chegar ao lago, onde, escreveu ele, "o principal trabalho da expedição ainda precisava ser feito!".[12] Parecia improvável que os homens fossem capazes de levá-lo a essa distância, em especial porque todos estavam fracos devido a suas próprias e repetidas doenças, do trabalho penoso e das rações escassas. Burton empreendera a expedição "com a resolução de fazer ou morrer", escreveu ele. "Eu tinha feito o meu melhor, e agora nada parecia restar para mim, a não ser morrer também."[13]

Speke, embora tivesse sido muitas vezes intratável e distante, mostrava agora uma preocupação genuína com a saúde de Burton. No decorrer da longa viagem, os dois tiveram momentos de proximidade, passando noites tranquilas e agradáveis juntos. Sentados em sua tenda após uma longa marcha, Burton escrevia relatórios, cartas e notas para seu próximo livro, enquanto Speke trabalhava nos próprios esboços e escritos, e às vezes mostrava seus relatos de viagem a Burton, pedindo conselhos que ele prontamente dava. Eles também compartilhavam a pequena coleção de livros que Burton se permitira levar na expedição. "Os poucos livros — Shakespeare, Euclides e assim por diante — que compunham minha escassa biblioteca", escreveu Burton, "lemos juntos várias vezes."[14]

Agora, Burton se confortava ao saber que, independentemente do que acontecesse com ele, Speke continuaria: "Se um de nós se perdesse, o outro poderia sobreviver para levar de volta os resultados da exploração".[15] Embora Speke quisesse que o companheiro vivesse e fizesse o possível para salvá-lo, Burton sabia que seu subordinado ansiava por ter a expedição sob seu próprio comando. Burton queria que fosse ele a encontrar a fonte do Nilo Branco, mas estava grato porque, pelo menos, o jovem que ele havia colocado sob sua asa faria o possível para levar a expedição até o fim.

Mas o próprio Speke não estava de todo bem. Havia recuperado suas forças, mas perdera algo igualmente valioso: sua visão. A febre que quase o matara deixara um legado cruel e assustador. "Meu companheiro, cujo sangue havia sido empobrecido e cujo sistema havia sido reduzido por muitas febres", escreveu Burton, "começou então a sofrer de 'uma inflamação de um tipo baixo que afetava toda a túnica interior dos olhos, em particular a íris, o corpo coroide e a retina'; ele a descreve como 'uma cegueira quase total, como se cada objeto fosse envolto por um véu enevoado."[16] Valentine fora acometido pelo mesmo mal e o descreveu como "uma mancha de tinta" sobre os olhos "que excluía por completo a luz do dia".[17] O renomado oftalmologista britânico Sir William Bowman explicaria mais tarde em carta a Speke que a mancha era causada por uma "inflamação da íris, conhecida como irite, havendo um depósito de parte do pigmento preto da íris na frente da lente. [...] Elas podem desaparecer com o tempo, mas não sei se a arte médica pode fornecer algum remédio para isso".[18]

A doença, conhecida em geral como oftalmia, não era incomum no século XIX. Burton e Speke sofreram com isso em vários momentos da vida, Burton na Índia e Speke em casa, na Inglaterra. Dois ataques de oftalmia durante a infância de Speke "haviam tornado a leitura uma tarefa dolorosa", o que, suspeitava Burton, explicava sua "devoção ao ninho de pássaros e seu ódio ao 'aprendizado dos livros'".[19] Os homens que haviam lutado contra Napoleão no Egito também sofreram desse mal, que causava não apenas dor e inconveniência, mas uma terrível perda do que eles mais amavam. "No caso da oftalmia, a angústia da parte afetada é aguda quase ao delírio", escreveu o tenente-coronel Robert Wilson, historiador do início do século XIX, em sua seminal *History of the British Expedition to Egypt* [História da expedição britânica ao Egito]. "Quando as belezas da natureza, as maravilhas do universo, os objetos de afetos mais queridos não podem mais ser contemplados, essa escuridão é sem dúvida mais dolorosa para um soldado do que a escuridão tranquila da sepultura."[20]

Em 10 de fevereiro, enquanto uma tempestade se formava, os homens atravessaram um rio e depois abriram caminho por uma sucessão de colinas altas e íngremes densamente atapetadas por capins longos, juncos e samambaias. Haviam acrescentado dois homens ao destacamento que carregavam a rede de Burton, mas todos suavam, mancavam e tropeçavam enquanto subiam as colinas, afastando a grama e olhando nervosos para o céu turvo acima, "negro-púrpura com nimbos". Mas, ao olhar para longe, podiam ver a esperança brilhando através das nuvens. "Paredes de penhascos azul-celeste com cumes dourados", escreveu Burton, "eram como um farol para o marinheiro angustiado."[21]

Três dias depois, chegaram ao topo de mais uma colina, com uma inclinação tão íngreme que o asno em que Speke montava morreu na metade do caminho. Quando pararam para descansar no cume, algo ao longe chamou a atenção de Burton. Embora tivesse evitado um caso avançado de oftalmia inflamatória graças, segundo ele, ao tratamento dos olhos com "remédio de camelo", ele sofria do que chamou de "teias de moscas esvoaçantes [que] obscureciam objetos menores e tornavam impossível ver objetos distantes".[22] Agora, enquanto se contraía para se proteger do brilho do sol e piscava os olhos infectados, Burton se virou para Bombay e perguntou: "O que é aquele raio de luz ali embaixo?". Bombay respondeu apenas: "Sou de opinião que aquilo é água". O que ele via, Burton percebeu de repente, era o lago Tanganica.

A primeira reação dele não foi de euforia, mas de amarga decepção. "Olhei com consternação", escreveu mais tarde. "Comecei a lamentar minha tolice de ter arriscado a vida e perdido a saúde por um prêmio tão pobre, amaldiçoando o exagero árabe e propondo um retorno imediato, com vistas a explorar o Nyanza, ou lago do Norte."[23] No entanto, quando os carregadores atravessaram um véu de árvores e o levaram para mais perto, seus olhos clarearam de modo misericordioso e "toda a cena", escreveu ele, "explodiu de repente em minha visão, enchendo-me de admiração, assombro e prazer". Diante dele estava o lago de água doce mais longo e o segundo mais profundo do mundo, que corta por mais de 640 quilômetros o vale do Rift Ocidental. Como uma rachadura azul irregular na face da terra, o imenso corpo de água era flanqueado por terras pedregosas e florestais que se elevavam de forma abrupta de suas margens.

Mais tarde, ao relembrar esse momento e a beleza estonteante do lago e da terra que o cercava, Burton faria uma descrição arrebatada, quase febril, do Tanganica. "Uma estreita faixa verde esmeralda, nunca seca e maravilhosamente fértil, inclina-se em direção a uma faixa de areia amarela brilhante, aqui cercada por juncos, ali claramente cortada por ondulações que quebram", escreveu ele.[24] "Mais adiante se estendem as águas, uma extensão do azul mais claro e suave [...] salpicado pelo vento leste cortante com minúsculas meias-luas de espuma nevada. O pano de fundo à frente é uma parede alta e quebrada de montanha cor de aço, aqui coberta com névoa perolada, ali desenhada com nitidez contra o ar azul." Era tudo o que ele havia sonhado e muito mais, valendo até o corpo frágil e paralisado que agora habitava. "Esquecendo as labutas, os perigos e a dúvida do retorno", escreveu ele, "senti-me disposto a suportar o dobro do que havia passado."[25]

* * *

Ao lado de Burton, Speke apertou os olhos para ver ao longe; seu aborrecimento óbvio contrastava de maneira espantosa com o êxtase de Burton. Àquela altura quase completamente cego, Speke se sentiu privado da beleza verdejante e azul — "um dos mais belos mares interiores do mundo",[26] escreveria mais tarde — que se estendia diante de quase todos os homens da expedição, menos ele. "Pode-se imaginar minha amarga decepção", escreveu, "quando, depois de enfrentar tantos quilômetros de vida selvagem, o tempo todo emaciado por diversas doenças e enfraquecido por grandes privações de comida e descanso, achei, ao me aproximar do zênite da minha ambição, o Grande Lago em questão era nada mais que névoa e brilho diante de meus olhos."[27]

Descendo com cuidado pelo outro lado da colina íngreme, os homens logo chegaram à beira da massa de água.[28] Depois de alugar uma canoa, cruzaram para a província de Ujiji, onde ficariam enquanto explorassem o Tanganica, na esperança de encontrar um rio fluindo de suas profundezas azuis. Após uma viagem de quase oito meses, Burton e Speke eram os primeiros europeus a alcançar o lago, mas os árabes estavam lá havia quase duas décadas e usavam Ujiji como entreposto de onde compravam marfim e escravizavam pessoas da região circundante. Em Zanzibar, os traficantes vendiam aqueles que haviam sequestrado com um lucro de quase 500%, razão pela qual, notou Burton com tristeza, era tão difícil abolir o tráfico.

Em Ujiji, Burton logo encontrou alojamento numa *tembe*, cabana árabe circular com beirais sustentados por grandes estacas.[29] O telhado era coberto por barro e por uma grama alta que impedia a entrada da chuva, e no interior havia bancos de barro alinhados às paredes curvas. Em termos de móveis, Burton também tinha um estrado de ferro que podia ser usado como cama, cadeira ou mesa e era feito sem juntas, porcas ou parafusos que poderiam se perder pelo caminho. Como a maioria de suas velas e lanternas já haviam sido consumidas, quebradas ou perdidas, eles usavam "*dips*" para iluminar o interior escuro, pondo cera quente e sebo de um caldeirão sobre pavios caseiros, para depois colocá-los em potes lascados cheios de óleo de palma.[30]

Vários povos diferentes viviam ao longo desse trecho do Tanganica, entre eles os wakaranga, os wavinza e os wajiji. A expedição teve uma interação maior com estes últimos, que Burton descreveu com admiração como "quase anfíbios".³¹ Eram "excelentes mergulhadores", escreveu ele, "fortes nadadores e pescadores e todos vigorosos ictiófagos". Ele encheu seus cadernos com descrições detalhadas da vivência no lago, observando fascinado enquanto deslizavam pelas águas agitadas com a mesma facilidade com que caminhavam em terra e, com o uso de uma variedade de ferramentas, de ganchos a cestas e redes de corda, pegavam sem esforço peixes o bastante para encher seus barcos.

Como Burton previra, o primeiro e maior desafio que a expedição enfrentava agora que havia chegado ao Tanganica era encontrar uma maneira de navegar no lago. As opções eram poucas, pois a maioria dos povos que viviam às suas margens estava em guerra uns com os outros e, portanto, incapazes ou relutantes em alugar barcos maiores e mais robustos. Tudo o que estava disponível em Ujiji eram "pequenas canoas de casca de berbigão, feitas de troncos ocos de árvores", escreveu Speke, "não só suscetíveis de serem empurradas para terra pela menor tempestade, como tão pequenas que há muito pouco espaço de carga para transportar suprimentos".³² Burton não tivera escolha e fora obrigado a deixar seu bote salva-vidas americano *Louisa* para trás, e agora lamentava a decisão mais do que nunca. "O primeiro aspecto dessas canoas me fez lamentar a perda", escreveu ele. "Os arrependimentos, no entanto, foram inúteis. *Quocumque modo*."³³ Ele encontraria uma maneira de explorar o lago — *de qualquer maneira*.

Em Ujiji, Burton foi informado por vários moradores de que um grande rio fluía do extremo norte do lago. A possibilidade de que o rio pudesse desaguar no Nilo Branco e que Burton só precisasse encontrá-lo para confirmar que o Tanganica era sua fonte atormentava-o enquanto estava deitado em sua *tembe*, doente demais para se sentar muito menos para viajar por semanas numa canoa rústica e apertada. "Fiquei deitado por quinze dias na terra", escreveu ele, "cego demais para ler ou escrever, exceto com longos intervalos, fraco demais para cavalgar e doente demais para conversar."³⁴ Ele percebeu que a única saída era esperar em Ujiji enquanto um de seus homens visitava um árabe que morava nas margens ocidentais do lago e que, segundo lhes haviam dito, tinha um *dhow* grande e seguro o suficiente para levá-los na missão de fazer um levantamento completo do enorme lago.

A princípio, o plano era enviar Said para negociar, mas, como tudo o que a expedição tentava fazer, os preparativos por si só demoraram muito mais do que eles esperavam ou podiam pagar. "Primeiro, foi preciso reunir uma tripulação e, depois de reunida, pagá-la e, depois disso, o barco foi considerado inutilizável e precisava ser consertado", escreveu Speke frustrado, "e assim se passou muito tempo e os planos foram alterados."[35] Nas semanas seguintes, enquanto Burton jazia quase sem vida em sua *tembe*, Speke começou a se curar lentamente. Depois de chegar a Ujiji, além de quase cego, ele passara a sofrer de uma febre estranha e desfigurante que resultara numa "curiosa distorção do rosto", escreveu Burton, "que o fazia mastigar de lado, como um ruminante".[36] Mas, ao contrário de Burton, o corpo do jovem estava ficando mais forte. Com a ajuda de Bombay, Speke aproveitou enquanto esperavam as canoas para nadar no lago e caminhar até o mercado, protegendo os olhos do sol com um guarda-chuva e usando "óculos de vitrais".[37]

No início de março, ele estava pronto para partir para Kasengé, a aldeia na margem oeste do lago onde esperava obter o *dhow*.[38] Havia reunido 25 homens para a viagem, entre eles Bombay, Gaetano, dois soldados, alguém para pilotar o barco e vinte marinheiros. A canoa deles, embora insuficiente para um amplo levantamento topográfico do lago, teria de servir para essa viagem mais curta. Ela era excepcionalmente longa e estreita, escavada num único e enorme tronco de árvore tirado de um bosque de árvores altas no lado oeste do lago. Tábuas de madeira foram amarradas na abertura e cobertas com mantas para que pudessem sentar. Dentro, junto com comida, combustível e utensílios de cozinha, eles empacotaram 27 quilos de tecido, um carregador de pólvora, uma grande carga de contas azuis e outra de *kitindis*, pulseiras em espiral, que esperavam usar para pagar pelo *dhow*. Quando terminaram de empacotar as coisas, a canoa estava tão cheia que Speke duvidou que todos pudessem caber dentro sem afundar. "Eu me acomodei no meio do barco, com minha cama espalhada sobre juncos, num espaço tão curto que minhas pernas escorregavam e balançavam na água parada", escreveu ele. "O cozinheiro e o encarregado de tirar água do barco estavam sentados no primeiro banco, de frente para mim; e atrás deles, à popa, metade dos marinheiros se sentava aos pares; enquanto no primeiro banco atrás de mim estavam Bombay e um balúchi, e além deles até a proa, também aos pares, o restante da tripulação. O capitão assumiu o posto na proa, e cada mão de ambos os lados remava junta."[39]

Apesar do entusiasmo inicial de Speke e da melhora de sua saúde, a viagem, que avançou em etapas ao longo da costa longa e irregular, foi um desastre desde o início. Uma tempestade atingiu de imediato a pequena expedição, aterrorizando os homens enquanto trabalhavam em sua canoa lotada e pesada para navegar por águas agitadas. Ademais, o Tanganica era tão largo e profundo — apenas mais um lago de água doce era mais profundo do que ele no mundo — que parecia que eles estavam navegando não em um lago, mas no mar. A tempestade, escreveu Speke, foi "uma tempestade oceânica em miniatura".[40]

Se a canoa afundasse ou os homens simplesmente fossem jogados no lago, temiam não apenas se afogar, mas também serem comidos vivos.[41] Após passar a vida inteira nas margens do lago, onde não era incomum ser pego nas mandíbulas de um crocodilo, a tripulação estava constantemente atenta a predadores furtivos. Eles se recusavam até mesmo a mergulhar uma panela para obter água, temendo que as ondulações chamassem a atenção de um par de olhos verdes com pupilas em fenda. Quando Speke jogou de forma descuidada os restos de sua refeição na água, seus homens reclamaram imediatamente e com raiva, insistindo que os jogasse no fundo do barco. "As tradições de Tanganica sustentam [...] que as hostes famintas de crocodilos raras vezes poupam alguém ousado o suficiente para excitar seus apetites com os detritos que costumam cair desses utensílios; além disso, eles seguirão e até embarcarão nos barcos, depois de uma única provada", escreveu Speke. "Os marinheiros daqui têm uma aversão tão grande a serem seguidos pelo crocodilo quanto nossos marinheiros por um tubarão."[42]

Mesmo quando paravam para descansar ao longo da costa, Speke não estava a salvo de um ataque. Uma noite, outra tempestade violenta atingiu sua barraca com tanta fúria que o vento uivante a arrancou das estacas. Depois que o vento acalmou, Speke acendeu uma vela para poder colocar a barraca em ordem. "Em um instante, como por mágica", escreveu ele, "todo o interior ficou coberto por uma multidão de pequenos besouros pretos, evidentemente atraídos pelo brilho da vela." Ele tentou de maneira desesperada expulsá-los, arrancá-los de suas roupas e do lençol, esmagá-los com seus pés e tirá-los das laterais da barraca. Os besouros, no entanto, se recusavam a sair e pareciam aumentar em número e intensidade enquanto Speke agitava os braços, sentindo-os rastejar por seus cabelos, suas pernas e suas mangas. Por fim, exausto, ele desistiu, apagou a vela e se deitou, enquanto asas frágeis zumbiam ao redor de sua cabeça e patas minúsculas e pegajosas subiam em seu rosto e ele caía em um sono inquieto.

Mais tarde, acordado por uma sensação estranha não sobre sua cabeça, mas dentro dela, Speke percebeu horrorizado que um dos besouros havia entrado profundamente em seu canal auditivo. "Ele seguiu seu curso e subiu pelo canal estreito, até ficar preso por falta de passagem", escreveu. "Está claro que esse impedimento o enfureceu, pois começou com grande vigor, como um coelho num buraco, a cavar em meu tímpano de forma violenta."[43] De início, Speke ficou tentado a reagir da mesma forma que os asnos da expedição haviam feito ao serem atacados por um enxame de abelhas, correndo em círculos e às cegas sob os arbustos, tentando de modo frenético qualquer coisa para se livrar da ameaça. Em vez disso, ele se esforçou para manter a calma e tentou todos os remédios em que pôde pensar, procurando desesperadamente por alguma coisa — sal, óleo, tabaco — que pudesse derramar em seu ouvido para expulsar o besouro e suas mandíbulas afiadas e negras. Por fim, recorreu à manteiga derretida e introduziu o líquido pegajoso no canal auditivo. Quando isso não funcionou, ele pegou seu canivete. "Apliquei a ponta de um canivete nas costas dele, o que fez mais mal do que bem", escreveu ele. "Embora algumas estocadas o tenham mantido quieto, a ponta também machucou tanto meu ouvido que inflamou, ocorrendo uma supuração severa, e assim todas as glândulas faciais que se estendiam dali até a ponta do ombro ficaram contorcidas e contraídas, enquanto uma série de furúnculos decorou toda a extensão da região. Foi a coisa mais dolorosa que me lembro de ter suportado."

Nos dias seguintes, Speke não conseguiu abrir a boca nem consumir nada além de caldo. Além disso, estava agora não só quase cego, mas parcialmente surdo. A infecção deixada pelo besouro e seu canivete "fez um buraco entre aquele orifício [seu ouvido] e o nariz", escreveu Speke, "de modo que, quando eu assoava o nariz, minha orelha assobiava tanto que quem a ouvia ria".[44] Mas, para sua surpresa, com o passar dos dias descobriu que o ataque o ajudara a melhorar a visão. "Não foi uma situação que serviu apenas ao mal", escreveu ele, "pois a excitação ocasionada pelas operações do besouro agiu para a minha cegueira como um contra irritante, afastando a inflamação dos meus olhos."[45] O próprio besouro, morto mas ainda teimosamente alojado na orelha de Speke, permaneceu com ele até que, cerca de seis meses depois, uma perna, uma asa e algumas outras partes minúsculas do corpo foram retiradas da cera.[46]

* * *

Oito dias depois de deixar Ujiji, Speke e seus homens chegaram enfim a Kasengé. O sheik árabe Hamed bin Sulayyim, dono do *dhow* que eles esperavam alugar, foi caloroso e acolhedor, mas evasivo de maneira frustrante. "Ele disse que o *dhow* que eu viera buscar estava em Ukaranga, na costa leste", escreveu Speke, "mas era esperado em um ou dois dias, e então estaria a meu serviço."[47] Quando o barco chegou alguns dias depois, Speke o observou da margem com inveja. "Ele parecia muito gracioso, em contraste com as pequenas canoas deploráveis", escreveu ele, "e veio se movendo devagar pelas águas calmas do canal enfeitado com velas brancas, como um cisne 'num córrego num jardim.'"[48] Ele estava ansioso para velejar de volta para Ujiji, de onde enfim seriam capazes de examinar a extensão do lago.

Mas, com o passar dos dias, o sheik tinha uma razão atrás da outra para não deixar Speke levar o barco. Ele dizia que precisava de reparos ou não conseguia encontrar marinheiros para tripulá-lo. Speke tentou de tudo para convencê-lo: presenteou-o com o *kuhonga* que trouxera de Ujiji, convidou-o para uma reunião privada tendo Bombay como intérprete, ofereceu-lhe dinheiro, armas e seu carregador de pólvora, pelo qual notara a admiração do sheik. Depois de duas semanas recebendo comida, presentes, promessas e desculpas de seu anfitrião, aparentemente tudo menos o *dhow*, Speke por fim desistiu ao perceber que não tinha suprimentos nem paciência para esperar mais. "Sentindo-me agora satisfeito de que nada prevaleceria sobre o sheik para nos deixar ter o *dhow*", escreveu ele, "eu desejava […] voltar para Ujiji."[49]

Para Speke, a viagem de volta a Ujiji, onde Burton esperava ansioso, foi ainda pior do que a de ida. Mais uma vez, ele fora humilhado. Era como se estivesse repetindo sua degradante expedição ao Wady Nogal, quando Sumunter se aproveitou de sua ingenuidade e Speke não conseguiu cumprir a tarefa principal que Burton lhe havia confiado. Agora, teria de dizer ao seu comandante que não conseguira obter a única coisa que a expedição mais precisava e sem a qual todo o trabalho e sacrifício seriam desperdiçados.

Em 29 de março, quase um mês depois de Speke deixar Ujiji, Burton ouviu o barulho de mosquetes do lado de fora de seu *tembe*, sinalizando que os homens haviam chegado. Esperando um retorno triunfante, ficou espantado ao ver Speke diante dele abatido, exausto, sujo e encharcado. Eles haviam enfrentado outra tempestade no caminho de volta, mais forte do que aquela que os levara a Kasengé. Pior ainda, não tinham *dhow* para justificar as dificuldades. "Nunca vi um homem tão completamente úmido e mofado; ele fazia jus à expressão francesa 'molhado até os ossos'", escreveu Burton. "Sua parafernália estava em estado semelhante; as armas estavam cobertas de ferrugem e o carregador de pólvora à prova de fogo havia sido submetido à chuva de monção." Burton foi solidário, mas não fez nenhum esforço para esconder sua frustração. "Fiquei muito desapontado; ele não fez nada."[50]

Speke, no entanto, trouxe a Burton algo que ele queria quase mais do que o *dhow*. O sheik contara a Speke que, numa viagem à extremidade norte do lago, havia visto um grande rio que fluía para fora dele. "Embora não tenha me aventurado por ali", disse o sheik, "cheguei tão perto de sua saída que pude ver e sentir o fluxo que saía do lago."[51] Na ocasião, alegou ele, fora atacado por uma frota de cerca de quarenta canoas, mas sentira "a influência de um grande rio, que drena a água para o norte". Enquanto Burton esperava que Speke voltasse, outro homem em Ujiji lhe contara uma história semelhante. "Quando comparamos declarações", escreveu Burton, "vimos o que estava diante de nós — um prêmio pelo qual a riqueza, a saúde e a vida deveriam ser arriscadas."[52]

Decidido a ver o rio com os próprios olhos, Burton encontrou 55 homens e duas grandes canoas e insistiu que o ajudassem a entrar em uma delas. O comandante sabia que tanto ele como as canoas poderiam não ser fortes o suficiente para sobreviver à jornada, mas depois de esperar quase um mês em Ujiji, ele estava disposto a arriscar. "Não nos restava outro recurso senão prosseguir com a investigação do lago em canoas comuns; pois não podíamos esperar mais, e nossos suprimentos estavam diminuindo rapidamente", escreveu Speke. "Lamento por isso, pois meu companheiro ainda sofria tanto que qualquer um que o visse tentar seguir teria concluído que ele não retornaria. Contudo, ele não podia suportar ser deixado para trás."[53]

Duas semanas depois, após enfrentarem tempestades tão violentas que suas canoas foram inundadas várias vezes e quase mandadas para o fundo do lago, chegaram a Uvira, o entreposto comercial mais ao norte do Tanganica. As esperanças de Burton, no entanto, foram frustradas quase de imediato. O filho de um sultão local visitou os homens e, ao saber que procuravam um grande rio que saía do lago, disse-lhes que conhecia o rio, que se chamava Rusizi, e poderia levá-los até lá, mas que ele fluía para dentro, não para fora do Tanganica. A notícia o deixou "muito angustiado", escreveu Burton depois.[54]

Mais tarde, Burton perceberia que nenhuma das fontes das quais ele dependia para obter informações sobre o rio era confiável, inclusive o próprio Speke. Ao perguntar a Bombay sobre a conversa do companheiro com Hamed bin Sulayyim, ele contou que Speke, em sua excitação, havia entendido mal o sheik, que, na verdade, havia dito que o rio desaguava no lago. Ademais, Bombay não achava que Hamed bin Sulayyim já tivesse estado perto do rio. Ele acreditava que tudo não passava de um ardil para impressionar Speke. Mais tarde, Burton também questionaria o homem de Ujiji que lhe dissera que havia observado a direção do Rusizi por dois dias. Agora, ele "reconhecia que nunca tinha estado além de Uvira e que nunca tinha tido a intenção de fazê-lo", escreveu Burton. "Em resumo, fui enganado por uma estranha coincidência de enganos."[55]

Burton ainda estava determinado a explorar o lago, com ou sem *dhow*, com ou sem saúde. Durante a viagem para o Rusizi, apareceu-lhe uma úlcera na língua, tão grave que ele mal conseguia falar ou comer, o que aumentou sua fragilidade.[56] Mas depois de passar dezessete dias tomando apenas leite, sua língua estava curada e, embora suas pernas ainda estivessem inchadas e fracas, as mãos não estavam mais dormentes, possibilitando que voltasse a ler e escrever.[57] Speke ainda estava surdo de um ouvido — e assim ficaria pelo resto da vida —, mas sua visão havia clareado. Burton acreditava que eles estavam agora fortes o bastante para retornar a Ujiji, estocar provisões e inspecionar o lago em sua totalidade.

O que os esperava em Ujiji, no entanto, acabou com todas as esperanças de uma longa pesquisa. Seus suprimentos já escassos estavam reduzidos a quase nada. Antes de partir, Burton havia encarregado Said do tecido que era tão vital para tudo o que faziam, desde a compra de comida até o pagamento dos chefes locais. Agora, dos 120 *shukkah* de pano que tinham deixado, sobravam apenas dez. "Naturalmente, perguntei o que havia acontecido com os outros 110 que desapareceram de maneira prematura", escreveu Burton. "Said bin Salim respondeu mostrando uma pequena pilha de sacos de grãos e me informando que ele havia contratado vinte carregadores para a marcha descendente."[58] Burton tampouco teve notícias de Snay bin Amir em Kazeh, a quem havia escrito várias vezes, na expectativa de ouvir que o novo cônsul em Zanzibar havia enviado provisões salvadoras. "A Antiga Carência começou a nos encarar", escreveu Burton. "Em nenhum lugar uma caravana pode morrer de fome mais fácil do que na rica e fértil África Central."[59]

Sua última esperança estava nos rumores que ouviam havia dias sobre uma grande caravana vindo em sua direção. Burton estava cético — "não animado o suficiente para me expor a outra decepção", escreveu ele — mas, para sua surpresa, uma semana depois de retornarem a Ujiji, ele ouviu tiros de mosquete à distância, anunciando a chegada de estranhos. Ao meio-dia, sua *tembe* estava cercada por caixas, pacotes e homens, parte de uma caravana liderada por um comerciante árabe chamado Mohinna, que eles haviam conhecido em Kazeh e que concordara em trazer consigo os suprimentos que haviam deixado aos cuidados de Snay bin Amir. "Se esse suprimento oportuno não tivesse chegado", escreveu Speke, "é difícil conceber qual teria sido nosso destino."[60]

Por mais bem-vinda que a caravana fosse, ela também trouxera notícias de um mundo que parecia incrivelmente distante e que de alguma forma continuara a girar sem eles ao longo do ano anterior. Entre os pacotes estavam cartas enviadas a Burton de Zanzibar, mas também da Europa e da Índia. "Foram as primeiras que recebi depois de quase onze meses", escreveu Burton, "e é claro que traziam más notícias."[61]

Pela primeira vez, os homens souberam que um motim na Índia havia começado quase um ano antes. Embora não tenha sido bem-sucedida, a Primeira Guerra de Independência da Índia foi o primeiro esforço conjunto para se livrar do domínio do Império Britânico que acabaria apenas noventa anos depois. Burton havia alertado sobre o ressentimento latente no país anos antes em seu livro sobre Meca; para ele, os indianos logo decidiriam que "os ingleses não são corajosos, nem inteligentes, nem generosos, nem civilizados, nem nada além de patifes insuperáveis [...], e ansiamos pela hora em que a jovem Índia iluminada surgirá e expulsará o 'invasor imundo' de sua terra".[62] Mas naquele momento seus pensamentos não estavam nos britânicos ou nos indianos, mas em Edward, seu irmão mais moço que fora o seu companheiro mais próximo na infância e que agora era médico-chefe no Ceilão. Um dos irmãos de Speke, também chamado Edward, estava na Índia. Eles descobririam mais tarde que Edward Speke havia sido morto durante o motim, enquanto Edward Burton sobrevivera, mas voltaria para casa um homem profunda e tragicamente mudado.

No pacote de Zanzibar havia também a notícia de uma perda que Burton esperava e até supunha, mas pela qual lamentava mesmo assim. Uma carta de Frost, o boticário que supervisionava os cuidados de Hamerton, confirmou seus temores. Seu amigo havia morrido pouco mais de uma semana depois de deixar a expedição, enquanto ainda estava a bordo do *Artémise*, ancorado no porto de Zanzibar. "Ele foi uma perda para seu país", escreveu Burton. "Sua honra e honestidade, sua bravura e determinação não conheciam limites; e no fundo [ele era] um 'triste bom cristão' — que os céus sejam o seu leito!"[63] Burton sabia que a morte de Hamerton era também uma perda para ele pessoalmente e para a expedição. Na verdade, eles tiveram sorte de ele ter sobrevivido por tanto tempo. "A morte do cônsul", escreveu ele, "poderia ter sido fatal para a expedição se a partida dela tivesse sido adiada uma semana."[64]

Já se sentindo isolado do mundo, Burton absorveu essa notícia como mais um de uma série de golpes dolorosos. "Tais novas são severamente sentidas pelo andarilho que, vivendo muito atrás do mundo e incapaz de marcar suas mudanças graduais, acalenta, remoendo o passado, a apreensão numa crença de que sua casa não conheceu perdas", explicou ele, "e que espera encontrar de novo cada velho rosto familiar pronto para sorrir em seu retorno tal como chorou em sua partida."[65] Além disso, ao inspecionar os suprimentos, percebeu que não eram a dádiva de Deus que ele e Speke de início acreditavam que fossem. Entre as caixas que os carregadores haviam levado para Ujiji estavam pacotes de munição que a expedição não precisava, garrafas quebradas de conhaque e curry em pó, latas quase vazias de café, chá e açúcar, e tecidos e contas da pior qualidade.

Eles agora tinham comida e *kuhonga* suficientes para levá-los a Kazeh, mas teriam que deixar Ujiji de imediato. A partida deles, escreveu Burton, "estava fadada a parecer mais uma fuga do que a marcha de uma expedição pacífica".[66] Não havia mais nenhuma possibilidade de explorar o resto do lago. Com a vida de seus homens na balança, ele não tinha outra opção além de voltar para a costa e, de lá, para Zanzibar. Burton ainda acreditava que, se tivessem tido mais tempo para explorar, poderiam ter encontrado o Nilo Branco fluindo do Tanganica, mas sabia que, sem provas, ele era apenas mais um explorador, debatendo-se em vão à beira de um antigo mistério.

13. Até o fim do mundo

Antes mesmo de saírem de Ujiji, Speke começou a defender que, em vez de ir direto para Zanzibar, deveriam fazer um desvio para o norte, até o Nyanza. "Eu estava o tempo todo louco para vê-lo", escreveu ele. Poderiam seguir primeiro para Kazeh, sugeriu ele, e se Burton ainda não estivesse bem o suficiente, Speke pegaria um contingente menor e iria sem ele. "Você pode aproveitar o tempo para tomar notas dos árabes viajantes de todos os países em volta", disse ele a Burton, sabendo que a ideia o agradaria.[1] Burton, ainda incapaz de andar e preocupado que nem em Kazeh encontrassem suprimentos suficientes para justificar uma viagem adicional não planejada, resistiu à ideia.

A cabeça de Burton ainda estava no Tanganica. Quando a caravana partiu para a costa, deixando Ujiji para trás, ele deu uma última olhada no longo e cintilante lago. Mais tarde, admitindo que "o encanto do cenário talvez fosse reforçado pelo reflexo de que meus olhos nunca mais o veriam",[2] descreveu a paisagem com ainda mais exuberância do que usara ao recordar seu primeiro vislumbre das colinas. "Massas de nuvens marrom-púrpura cobriam o quarto do céu onde o sol estava prestes a nascer", escreveu ele. "Nesse momento, as brumas, encrespadas como ondas oceânicas e franjadas de maneira luminosa com púrpura tíria, foram cortadas por raios tênues, enquanto, por trás de seu núcleo, o fogo vivo interno lançava seus amplos feixes, como os raios de uma enorme roda-gigante, jogando uma inundação de ouro sobre as águas azul-claras do lago."

Três semanas depois, em 20 de junho de 1858, a expedição estava de volta a Kazeh. No caminho, por um raro golpe de sorte, cruzaram com outra caravana que transportava alguns mantimentos deixados na costa um ano antes. Entre as caixas havia mais cartas, que, como sempre, traziam mais perdas. "Quase todos perderam algum parente ou amigo próximo e querido para ele", escreveu Burton. "Até o lar de Said bin Salim fora privado de sua principal atração, o filho único."[3] Para o próprio Burton, havia a notícia de uma morte ainda mais pessoal e dolorosa do que a de Hamerton. Enquanto ele seguia para o Tanganica, seu pai havia morrido na Inglaterra. A morte de Hamerton deixara Burton mais sozinho na África, enquanto a morte do pai o deixava mais sozinho no mundo. O pai de Burton nunca fora uma presença calorosa e reconfortante em sua vida, mas era um símbolo de força e do tipo de sede de aventura e conhecimento que definira o primogênito. Em qualquer momento teria sido um golpe, mas era particularmente pungente agora, pois ele ainda estava muito doente e longe de qualquer coisa parecida com um lar.

Em Kazeh, para sua surpresa, Burton sentiu que um peso começava a diminuir. Além de sua saúde estar melhorando aos poucos, a dúvida que o assombrava desde que desembarcara na costa enfim desaparecera. "No meu caso, mais forte do que qualquer alívio físico foi o efeito moral do sucesso e o fim das dúvidas e preocupações medonhas e do terrível desgaste da mente, que, da costa a Uvira, nunca esteve ausente", escreveu. "Senti a consciência orgulhosa de ter feito o meu melhor, sob as piores e menos promissoras condições do começo ao fim, e que quaisquer que sejam os males futuros que o Destino possa ter reservado para mim, não poderia me roubar a recompensa conquistada pelas dificuldades e pelos sofrimentos do passado".[4]

Speke, por outro lado, estava infeliz e inquieto. Enquanto Burton mergulhava no trabalho que mais amava, perdendo-se em notas volumosas e minuciosamente detalhadas sobre a língua e a vida das pessoas que haviam conhecido, Speke não conseguia ficar parado nem mais um instante. "Este é um país impressionante para o esporte, não parece haver literalmente nada além de elefantes", queixou-se numa breve carta a Shaw na Real Sociedade Geográfica, quase sem se preocupar com a pontuação. "Não há literalmente nada sobre o que escrever neste país desinteressante, nada poderia superar essas trilhas, selvas, planícies etc. em mesmice enfadonha, as pessoas são as mesmas em todos os lugares com efeito o país é uma vasta massa de mesmice sem sentido."[5] Até mesmo o trabalho que o interessava, fazer medições científicas, era impossível porque precisava de ajuda, e Burton, resmungou, era inútil. "Até o momento, não consegui fazê-las por simples falta de um assistente para tomar o tempo", disse ele a Shaw. "Pois Burton esteve sempre doente; ele não se senta sob o orvalho e tem uma objeção decidida ao sol, além disso, quando há uma boa oportunidade para tomar um lunar, seus olhos ficam ruins e então fico sempre desapontado."[6]

Burton notou, mais uma vez, que Speke estava "um pouco azedo",[7] mas achava que era porque ele não falava árabe e, assim, se sentia solitário e fora das conversas animadas que Burton tinha com os comerciantes em Kazeh. Era "em parte por isso que ele desejava ter sua própria expedição", imaginou Burton. Speke queria uma expedição própria e não queria esperar por ela. Ele relembrou Burton da conversa que tiveram antes de deixar Ujiji. "Eu deveria seguir sozinho [para o Nyanza]", argumentou ele, "e satisfazer os desejos da Real Sociedade Geográfica na medida do possível sobre todos os mares interiores, o objetivo para o qual nos enviaram."[8]

Speke estava ansioso para partir em sua própria expedição, e seu interesse pelo Nyanza havia aumentado desde o retorno a Kazeh. Com a ajuda de Burton e Bombay, ele interrogou mais uma vez Snay bin Amir, o árabe que primeiro lhes contou que não havia um, mas três grandes lagos no interior, e os aconselhou a viajar para o Nyanza em vez de para o Tanganica. Snay também mencionara que conhecia dois rios que saíam do lago do Norte, que ele chamava de Katonga e Kitangura. Agora, porém, depois de explicar sua própria jornada ao Nyanza, etapa por etapa, ele contou a Speke que havia outro rio mais ao norte. Ele mesmo não tinha visto, mas um homem escravizado que agora vivia em Kazeh era um wanyoro, o povo por cuja terra esse rio corria. "Esse homem chamava o rio de Kivira e o descreveu como sendo muito mais largo, profundo e de corrente mais forte do que os rios Katonga ou Kitangura", escreveu Speke com entusiasmo. "Ele vinha da direção que costumava ser reconhecida como do lago."[9]

Não demorou muito para que Burton fosse convencido a deixar Speke viajar para o Nyanza. "Meu companheiro, que havia recuperado a força com o repouso e o conforto comparativo de nosso quartel-general, parecia uma pessoa adequada para se destacar nesse dever", escreveu Burton. "Além disso, sua presença em Kazeh não era de forma alguma desejável."[10] Speke afirmaria mais tarde que Burton havia ficado em Kazeh porque estava, "infelizmente, bastante esgotado". Burton, acreditando que teria outra chance de retornar à África Oriental e explorar o Nyanza, escreveu que agora tinha "assuntos mais importantes a resolver" para garantir seu retorno à costa. Ele também admitiu mais tarde que foi um alívio quando Speke partiu, pois ele era uma desvantagem entre os árabes, de cuja ajuda a expedição dependia. "A dificuldade era exagerada pela completa ignorância que os anglo-indianos tinham dos modos e costumes orientais", escreveu ele, "e de qualquer língua oriental além de, ao menos, algumas palavras do jargão anglo-indiano degradado."[11]

Speke rejeitou de novo qualquer sugestão de que se vestisse como um árabe durante a jornada. "Os árabes de Unyanyembé [perto de Kazeh] aconselharam que eu vestisse o traje deles para a viagem, a fim de chamar menos atenção", escreveu ele, "uma precaução vã, que acredito que sugeriram mais para gratificar sua própria vaidade ao ver um inglês se rebaixar à sua posição do que por qualquer benefício que eu possa receber ao fazê-lo."[12] Mais tarde, quando viu o que Speke havia escrito, Burton declararia que era apenas mais um exemplo da profunda ignorância do jovem, zombando da ideia de que algum árabe invejaria um inglês. "Que conhecimento dos costumes asiáticos se pode esperar do escritor de tais linhas?", zombou. "Essas galimatias dos árabes! — o mais altivo e o mais territorial de todos os povos orientais."[13]

Speke, no entanto, queria a ajuda de Said, o líder árabe da caravana. "Eu implorei por licença para levar o sheik Said comigo", escreveu ele. "Argumentei que a estrada era perigosa e, sem ele, eu achava que não poderia ser bem-sucedido."[14] Burton queria manter Said com ele em Kazeh, mas por fim cedeu, com a estipulação de que Speke precisava primeiro convencer o próprio Said, que não tinha nenhuma obrigação de ir a nenhum lugar além da viagem de ida e volta combinada para o Tanganica. Quando Speke abordou Said, o líder da caravana tentou primeiro dissuadi-lo e depois, quando pressionado, simplesmente se recusou. Speke, disse ele, não era seu chefe. Frustrado, Speke discutiu com Said, insistindo "que era tanto dever dele como meu ir até lá", e ameaçou tirar a recompensa que Hamerton havia prometido se a expedição fosse um sucesso.[15] Quando Said não mudou de ideia, Speke culpou Burton, alegando mais tarde que ele havia "proibido positivamente sua partida".[16] Ao saber dessa acusação, Burton apenas deu de ombros e escreveu que havia feito o possível para não influenciar a decisão de Said.

Logo após a notícia de que o líder da caravana havia se recusado a participar da expedição de Speke, os outros homens começaram a resistir também.[17] O *kirangozi* disse que não poderia ir porque as guerras regionais tornaram as estradas intransitáveis e agora era perigoso demais. Os guardas se opuseram de início, mas depois começaram a barganhar, recusando-se a fazer uma marcha adicional de mais de seiscentos quilômetros sem uma compensação justa. Até Bombay insistiu que fosse compensado pelo risco, bem como pelo tempo e pela energia necessários para ir até o Nyanza e voltar. "O velho e fiel servo 'Bombay' [...] exigia demissão imediata, a menos que também recebesse tecidos antes da viagem", escreveu Burton. "Ele era útil demais para meu companheiro como intérprete e mordomo para ser deixado de lado de forma leviana." Speke teria cedido de todo modo, disposto a fazer quase qualquer coisa para manter Bombay, mas seu coração se abrandou quando descobriu que o tecido era para Mabruki, o homem que Bombay havia comprado como escravo, mas tratava como irmão. "Foi para esse jovem, e não para ele mesmo, que ele fez tanto barulho e usou tantos artifícios para obter os tecidos", escreveu Speke. "Com efeito, ele é um personagem muito singular que não se importa nem um pouco consigo mesmo, como se veste ou com o que come; sempre contente e preferindo fazer o trabalho de todos ao seu."[18]

Informado de que levaria cerca de dezesseis marchas para chegar ao Nyanza, Speke embalou suprimentos suficientes para seis semanas.[19] Além de Bombay, levou consigo Mabruki e Gaetano, um *kirangozi*, vinte *pagazis* e dez guardas. Cada guarda tinha uma arma, entre elas o rifle duplo de Burton. Speke também trouxe a arma de calibre cinco para elefantes de Burton, a única que não se perdera na viagem para o Tanganica, bem como seu próprio rifle calibre quatro. Para ajudar a carregar as provisões, usaram dois dos burros menos problemáticos da expedição: Ted e Jenny.[20]

Como Speke esperava depois da viagem para o Tanganica, cada dia trazia um quase desastre. Todos os homens deixaram claro um ressentimento por serem afastados da família e do que havia sobrado do que ganharam durante um ano de viagens difíceis e perigosas, caminhando desanimados e reclamando abertamente, exceto Bombay. Os *pagazis* logo fizeram greve, exigindo mais tecido antes de dar outro passo. Speke levara o tipo errado de contas, o que tornou infinitamente mais difícil comprar as coisas que eles não podiam carregar. "As contas brancas que eu trouxe não têm valor para os nativos", escreveu ele, frustrado. "Tanto furor por contas coloridas, que se tivesse trazido algumas, poderia comprar qualquer coisa."[21] Uma sultana por cujas terras passaram, a primeira mulher nessa posição que a expedição encontrou, forçou um longo atraso. Outro sultão, acreditando que Speke era um mágico, insistiu que ele predissesse o futuro. Ele "implorou para que eu fizesse seu horóscopo, adivinhasse a provável extensão da vida de seu pai, verificasse se haveria guerras e descrevesse o clima, as perspectivas de colheita e em que estado o país cairia no futuro", escreveu Speke. "O astuto Bombay respondeu, para me poupar problemas, que um assunto tão grande exigia mais dias de contemplação do que eu poderia conceder."[22]

Embora os olhos de Speke tivessem melhorado o bastante para pelo menos levantar o véu que os tinha nublado por tanto tempo, ainda estavam profundamente sensíveis à luz. Para protegê-los do sol escaldante, ele usava um *wideawake*,[23] um chapéu de feltro de abas largas que ganhara popularidade na Inglaterra vitoriana, mas era usado na Europa havia séculos, mais conhecido por cobrir a cabeça de Rembrandt em seus autorretratos do século XVII. Speke também usava óculos de sol — "óculos cinza franceses" —, mas causavam tanta agitação entre as pessoas que encontrava, decididas a olhar mais de perto seus "olhos duplos", que foi forçado a tirá-los durante a jornada.

Quando os homens chegaram ao Nyanza, em 30 de julho, um mês depois de deixar Kazeh, Speke teve que espiar o lago por baixo de seu chapéu. Mas ao contrário da primeira visão que ele e Burton tiveram do Tanganica, na mesma hora ficou claro para Speke que o Nyanza não só valia qualquer esforço para alcançá-lo, como era o lago mais extraordinário que ele já havia visto. "A vasta extensão das águas azul-claras do Nyanza explodiu de repente diante dos meus olhos", escreveu ele. "A vista era tal que, mesmo em um país conhecido e explorado, teria fascinado o viajante."[24]

Cobrindo uma área de quase 69 mil quilômetros quadrados, o Nyanza é o maior lago da África e o segundo maior lago de água doce do mundo. Olhando para suas águas aparentemente intermináveis e cintilantes, Speke ficou maravilhado, imaginando até onde se estendia, uma pergunta que, através de Bombay, ele fazia a quase todos que encontrava. Quando entrevistou uma mulher nascida no Nyanza muito mais ao norte, ela lhe disse que, até onde sabia, o lago não tinha fim. "Se existisse alguma maneira de contorná-lo, ela sem dúvida saberia", disse a mulher.[25] Outro homem, que havia viajado muito pelo lago como pescador, concordou com ela.[26] Em resposta à pergunta de Speke, ele se virou para o norte e começou a balançar a cabeça e estalar os dedos da mão direita enquanto a empurrava diversas vezes para a frente, tentando, pensou Speke, "indicar algo imensurável". Por fim, olhando para Speke, ele disse que ninguém sabia onde o lago terminava, mas "provavelmente se estendia até o fim do mundo".

Se o Tanganica era uma rachadura na face da terra, o Nyanza era um vasto buraco de bordas irregulares. Embora fosse mais que o dobro do tamanho do lago ocidental, tinha no máximo oitenta metros de profundidade, sendo muito mais raso, sobretudo em comparação com o Tanganica, que tinha cerca de 1500 metros de profundidade. Ao longo de sua vida relativamente curta de apenas 400 mil anos, o Nyanza já havia secado três vezes. Agora, porém, duzentas espécies diferentes de peixes nadavam em suas águas e quase mil ilhas pontilhavam sua superfície. As bordas irregulares eram cercadas de tudo, desde pântanos de papiro a florestas sempre verdes, penhascos de noventa metros de altura e uma luxuriante floresta tropical.

Speke afirmaria mais tarde que soube na mesma hora em que apertara os olhos sob a aba escura e caída de seu chapéu que estava olhando para a fonte do Nilo Branco. Ele não tinha provas, nem mesmo estivera nos trechos ao norte do lago, a centenas de quilômetros, mas tinha certeza de que estava certo. "Já não tenho dúvidas de que o lago aos meus pés deu origem a esse rio interessante", escreveu ele, "cuja fonte tem sido objeto de muita especulação e de tantos exploradores."[27] Ele, e não Burton, havia respondido à antiga pergunta. Ele, e não Burton, havia encontrado o lago com o qual todos sonhavam. "Trata-se de um lago muito mais extenso que o Tanganica", escreveu ele com orgulho. "Tão largo que não se pode ver o outro lado, e tão longo que ninguém sabe seu comprimento."[28]

Speke passou apenas três dias no Nyanza antes de retornar a Kazeh. No entanto, em sua mente, o enorme e antigo lago, que havia sido o lar de inúmeros povos ao longo de centenas de milhares de anos, agora pertencia a ele. Pelo resto da vida, ele se referiria ao Nyanza como o "meu lago". Seu único arrependimento era que precisava deixá-lo. "Eu me senti tão atormentado quanto o infeliz Tântalo", escreveu ele, "e tão triste quanto qualquer mãe estaria se perdesse seu primogênito."[29]

Enquanto Speke estava fora, a saúde de Burton continuou a melhorar. Ele havia usado o tempo sem seu companheiro amuado para trabalhar em anotações etnológicas e geográficas, mas também para preparar a expedição em seu avanço final para a costa. Usando fita de algodão indiana, havia remendado a rede que foi vital para sua sobrevivência durante sua longa paralisia.[30] Havia contratado um funileiro viajante para consertar uma chaleira danificada e pediu ao infinitamente talentoso e engenhoso Snay bin Amir que transformasse um velho par de enxadas de ferro em dois cobiçados pares de estribos. Suas barracas haviam sido incrementadas com tecido duplo, cortinas de algodão azul e pontos fortes e cuidadosos. Valentine fizera chinelos de baeta verde com sola de couro para Burton, um tabardo para Speke e várias peças costuradas de algodão tingido de índigo para ele e Gaetano. O próprio Burton reformou seu guarda-chuva, "sempre um amigo inestimável nestas latitudes", escreveu ele, "removendo os anéis e os arames do cabo carcomido e montando-os numa lança, combinando-o assim com um bastão e uma arma".

Em 25 de agosto, justo quando havia terminado seus projetos e estava começando a se cansar de Kazeh, ansioso para começar a etapa final da expedição, Burton ouviu gritos e tiros à distância. Speke havia retornado. Enquanto os parentes dos homens de sua caravana correram para saudá-los, profundamente aliviados por seus entes queridos terem retornado em segurança, Speke estava satisfeito ao ver os árabes acolhendo-o de forma calorosa. Burton também estava esperando, feliz por ver seu companheiro bem e inteiro e interessado em ouvir o que havia descoberto.

Mas quando Burton se sentou na manhã seguinte para tomar o café da manhã com Speke e discutir sua jornada, o companheiro o chocou com um anúncio espantoso. Eu "expressei meu pesar por ele não ter me acompanhado", escreveu Speke, "pois tinha certeza de que havia descoberto a fonte do Nilo."[31] Esperando que Burton ficasse emocionado com a notícia e impressionado com sua conquista, Speke ficou surpreso com o óbvio e pesado ceticismo de seu comandante. "Talvez tenha sido uma inspiração: o momento em que ele avistou o Nyanza", Burton escreveria mais tarde, perplexo. "A convicção do afortunado descobridor era forte; suas razões eram fracas."[32] O Nyanza sem dúvida poderia ser a nascente, pensou Burton, mas eles precisavam de muito mais do que um palpite. Speke passara apenas alguns dias no lago, vira apenas uma fração de suas imensas águas e não fizera nenhuma medição científica séria. Além disso, as poucas entrevistas que havia feito foram, necessariamente, filtradas por camadas de tradução. "Jack, sem saber nada de árabe, era obrigado a depender de 'Bombay', que pouco compreendia o mau hindustâni de Jack". Escreveu Burton mais tarde. "Minha experiência é que as palavras em viagens de ida e volta estão sujeitas aos acidentes mais graves e muitas vezes têm consequências ruins. [...] É fácil ver como o erro se originou."[33]

Speke, chocado e zangado porque Burton não aceitou de imediato sua palavra, ficou cada vez mais ressentido, insistindo que havia descoberto a nascente do Nilo Branco e que tinha todas as provas de que precisava. "Depois de alguns dias, tornou-se evidente para mim que nenhuma palavra poderia ser pronunciada sobre o assunto do lago, do Nilo e de sua trouvaille em geral sem ofendê-lo", escreveu Burton. "Por um acordo tácito, era, portanto, evitado."[34] Ademais, Speke não só ficou profundamente ofendido com a reação de Burton, mas cada vez mais desconfiado de que seu comandante estava minimizando a descoberta porque queria reivindicá-la como sua. Em uma tentativa de apaziguar Speke, Burton lhe assegurou que, embora ainda estivesse muito doente e a expedição, muito esgotada para retornar naquele momento ao Nyanza, eles explorariam o lago juntos depois. "Vamos para casa", disse ele, "recuperar nossa saúde, relatar o que fizemos, conseguir mais algum dinheiro, voltar juntos e terminar toda a nossa jornada."[35]

Speke tinha outros planos. Burton podia ser o comandante da expedição, mas não encontrara a fonte do Nilo. Essa honra, acreditava Speke, pertencia a ele, e mudaria de maneira drástica o equilíbrio de poder entre eles. Mais tarde, em um rascunho de um artigo para a Real Sociedade Geográfica, Speke escreveria que, embora tivesse sido obrigado a deixar o Nyanza antes de explorá-lo, ele havia se "resignado ao meu destino sentindo-me confiante, assim que retornei à Inglaterra e revelei todas as circunstâncias de minha descoberta, de que eu deveria retornar em breve". No final, ele riscou essa frase, mas não sem antes acrescentar um pensamento final: "Eu não estava errado".[36]

PARTE III
FÚRIA

14. As facas estão embainhadas

Logo depois que deixaram Kazeh, no segundo semestre de 1858, Speke adoeceu mais uma vez e quase morreu quando se aproximavam do fim da expedição. Ele começou a mostrar sinais de febre na segunda marcha, tremendo com o "cruel vento Leste".[1] No momento em que chegaram à aldeia seguinte, Hanga, ele reclamava de uma dor misteriosa e inconstante, como se um ferro em brasa fosse pressionado logo acima de seu peito direito. A sensação então se moveu para a esquerda, espalhando-se por seu coração em golpes agudos e pulsantes antes de agarrar seu pulmão direito e por fim se instalar como uma nuvem maligna sobre seu fígado.

Eles não tinham onde ficar em Hanga, a não ser um pequeno abrigo que parecia ter sido usado para alojar vacas. Estava "cheio de vermes", escreveu Burton, "e diretamente exposto à fúria dos vendavais frios".[2] Com o passar dos dias, Speke piorou progressivamente. Certa manhã, acordou de repente de um pesadelo no qual era arrastado por um bando de tigres e leopardos acorrentados a ganchos de ferro. Sentou-se na beira da cama, agarrou-se às laterais com as duas mãos, "meio estupefato pela dor",[3] e gritou por Bombay.

Assim que viu Speke, Bombay percebeu que ele sofria do que era conhecido no lugar como "pequenos ferros", uma doença extremamente dolorosa para a qual não havia cura nem conforto. Enquanto outra série de espasmos violentos atormentava o corpo magro de Speke, Bombay pegou seu braço direito e o ajudou a dobrá-lo para trás até que segurasse a orelha esquerda atrás da cabeça, "aliviando assim as pontadas excruciantes e torturantes ao erguer o pulmão do fígado", escreveu Burton.[4] Os espasmos, no entanto, continuaram vindo, cada um mais doloroso e horrível de se ver do que o anterior. "Ele foi mais uma vez assombrado por uma multidão de demônios hediondos, gigantes e diabos com cabeça de leão, que torciam, com força sobre-humana, e puxavam os tendões de suas pernas até os tornozelos", escreveu Burton. "Com os membros atormentados por cãibras, feições contraídas e medonhas, estrutura fixa e rígida, olhos vidrados e embaçados, ele começou a emitir um ruído de latido e fazer um movimento peculiar com a boca e a língua, deixando os lábios salientes — efeito da dificuldade de respirar —, o que alterava tanto sua aparência que ele ficava quase irreconhecível, o que completava o terror dos observadores."[5]

Chocado com o sofrimento de Speke, Burton ficou ao seu lado, fazendo o que podia para ajudar. Como sabia que os árabes tinham seu próprio tratamento para os "pequenos ferros", mandou chamar Snay bin Amir, que cobriu o lado de Speke com um emplastro de mirra em pó, feijão mungo e gema de ovo. Quando isso não surtiu efeito, Snay insistiu que trouxessem um curandeiro. Mas a ligadura que o homem enrolou na cintura de Speke não só falhou em aliviar sua dor, como pressionou tanto seus órgãos torturados que o paciente logo a arrancou.

Enquanto se contorcia e retorcia de dor, Speke caiu num estado quase constante de delírio. Para surpresa de Burton, seus balbucios se tornaram uma série de acusações furiosas contra o comandante. "Ele soltou todas as pequenas queixas de erros imaginários, das quais eu não tinha a menor ideia", escreveu Burton. Além de criticar Burton por roubar seu diário e sua coleção de história natural da Somalilândia, Speke expunha agora seus ressentimentos mais bem guardados. "Ele ficou muito abalado porque, no meio da luta em Berberah, três anos antes, eu dissera a ele: 'Não dê um passo para trás, ou eles vão pensar que estamos fugindo'", escreveu Burton,[6] pasmo que as simples palavras ditas em um momento de extremo perigo tenham ferido tanto seu companheiro que ele passou anos remoendo-as. "Não posso dizer quantas coisas mais fiz de forma inconsciente, e coroei isso ao não aceitar de imediato sua afirmação peremptória de que havia descoberto as fontes do Nilo", lembrou Burton mais tarde, atordoado pelo tamanho da amargura de Speke. "Eu nunca saberia que ele ponderava essas coisas em seu coração se não as tivesse revelado no delírio."

Na esteira de outro espasmo, Speke, acreditando que estava morrendo, pediu papel e caneta. "Temendo que o aumento da fraqueza da mente e do corpo pudesse impedir qualquer esforço", Burton relembrou mais tarde, "ele escreveu uma carta incoerente de despedida para a família."[7] Esse espasmo, no entanto, marcou de maneira misericordiosa o início do fim dos "pequenos ferros", após o que Speke começou aos poucos a se recuperar. Várias semanas se passariam antes que ele pudesse se deitar de lado de novo, mas enfim conseguiu dormir sentado, apoiado em travesseiros, enquanto a dor, embora ainda presente, logo desaparecia. Inconsciente da fúria havia muito oculta que tinha revelado em seu delírio, Speke olhou para Burton, aliviado e exausto. "As facas", disse ele, "estão embainhadas."[8]

Quando Speke estava forte o suficiente para continuar a marcha, a expedição já tinha um novo líder de caravana. Após perder a paciência com Said, Burton decidiu substituí-lo por Bombay. "Disse que Bin Salim havia perdido minha confiança há muito tempo por seu descuido e extravagância", escreveu ele, "e o desaparecimento do equipamento que lhe fora confiado em Ujiji."[9] Burton chamou Said e tentou dar a notícia do modo mais gentil possível, tendo em mente o provérbio persa que adverte: "Não derrube a árvore que você plantou". "Agora mais sábio em relação às viagens pelo leste da África do que antes", disse ele a Said, "pretendia liberá-lo de seus deveres trabalhosos." Said recebeu a notícia com a "mais irônica das caras", mas ficou ainda mais magoado quando soube que Bombay seria encarregado do cobiçado tecido. A partir desse momento, Said tentou de tudo para desacreditá-lo. "Se uma história maligna chegasse aos meus ouvidos, seu tema era o inocente Bombay", recordou Burton mais tarde. "Seu objetivo era arruinar minha avaliação dele." Bombay, no entanto, não tinha nada a temer, pois conquistara havia muito tempo a confiança de seu comandante, não só por sua "atividade incansável", escreveu Burton, mas por sua "honestidade inabalável e coração bondoso".

No início de dezembro, a expedição encontrou uma caravana que vinha da costa e trazia correspondência endereçada a Burton e Speke. Os homens da caravana, "depois de receberem e repassarem notícias com muita solenidade", escreveu Burton, "entregaram um pacote de cartas e papéis que, como sempre, prometiam problemas".[10] Ainda que, ao contrário das outras, essa caravana não trouxesse notícias de outra morte, de outro ente querido perdido, trazia para Burton uma sensação imediata e pesada de mau presságio. Ao receber uma carta, viu que fora escrita pelo recém-nomeado cônsul britânico em Zanzibar: Christopher Palmer Rigby. "Esse nome", escreveu Burton, "não era agradável às narinas dos homens."

Em 2 de fevereiro de 1859, os homens da Expedição da África Oriental viram a costa de novo depois de um ano e meio. "Jack e eu avistamos o mar", escreveu Burton. "Levantamos nosso chapéu e demos vivas entusiásticos."[11] Depois de solicitar e receber um pequeno barco de Zanzibar para explorar o rio Rufiji, cujo curso os europeus não conheciam na época, eles pararam em Kilwa, a ilha para onde Bombay fora arrastado quando criança, antes de chegar aos mercados de escravizados em Zanzibar. No entanto, não conseguiram explorar o Rufiji devido a um surto de cólera devastador e generalizado. "Perdemos quase toda a nossa tripulação para o cólera, que, depois de devastar a costa leste da Arábia e da África e as ilhas de Zanzibar e Pemba, quase despovoou os assentamentos do sul no continente", escreveu Burton. "Nenhum homem se atrevia a prestar serviço a bordo do navio infectado."[12]

Um mês depois, os homens desembarcaram mais uma vez em Zanzibar. Embora entusiasmados por estar de volta, logo ficou claro que a ilha estava, como escreveu Burton, "no auge da confusão". A epidemia de cólera devastara a população, matando cerca de 250 pessoas por dia. "Os mortos são enterrados entre os vivos", escrevera Rigby em seu diário em 1º de fevereiro, "à beira das estradas em longas filas ou covas rasas, com a terra mal cobrindo os dedos dos pés."[13] Zanzibar também passava por turbulência política. Thuwaini bin Said, o sultão de Omã e irmão de Majid, o sultão de Zanzibar, enviara uma frota de canhoneiras para invadir a ilha. Irritado pelo irmão ter parado de enviar o tributo financeiro que havia prometido havia pouco mais de dois anos, ele jurou tomar o que acreditava ser seu por direito. Para ajudar Majid, Rigby ordenou que um cruzador britânico repelisse o ataque antes que os barcos de Thuwaini chegassem a Zanzibar.

Muito fracos para pensar no que estava acontecendo ao redor, Burton e Speke foram diretamente ao consulado britânico. Para Burton, no entanto, o grande edifício branco de frente para o mar, onde Hamerton o havia recebido de modo tão caloroso dois anos antes, havia mudado por completo. "Doente e exausto, entrei na casa ligado pela memória a um velho amigo, não sem um sentimento de tristeza pela mudança", escreveu ele. "Eu estava fadado a me arrepender ainda mais."[14] De repente, ele foi tomado por uma sensação pesada de fadiga e tristeza que pouco tinha a ver com a longa jornada que acabara de completar ou com as doenças que sofrera. Como sempre lhe acontecia depois de uma expedição, quanto mais bem-sucedida a jornada, mais difícil era o final. "A excitação da viagem foi sucedida por uma profunda depressão da mente e do corpo", escreveu ele, "até falar era trabalhoso demais."

Querendo apenas lamber suas feridas e se esconder com romances franceses baratos, "*á vingt sous la pièce*", Burton fez o possível para evitar o novo cônsul. Rigby, por sua vez, não tinha muita vontade de estar com Burton e, além disso, tinha uma agenda lotada, pois estava em Zanzibar havia apenas sete meses. Em março do ano anterior, enquanto Burton e Speke tentavam alugar um barco para explorar o Tanganica, Rigby havia sido jogado de uma carruagem desgovernada em Bombaim.[15] Ele recebeu a notícia de sua nova designação enquanto passava dois meses confinado à cama, quando quase perdeu as pernas por amputação. Embora ainda magro e fraco, no final de junho estava bem o suficiente para partir para Zanzibar. Chegou ao consulado apenas em julho, quando a bandeira britânica foi hasteada pela primeira vez desde a morte de Hamerton.

Assim que Burton chegou, ficou claro que velhos ressentimentos não haviam sido esquecidos. "O consulado não era mais suportável para mim", escreveu Burton. "Eu estava familiarizado demais com a política local, ciente demais do que estava acontecendo, para ser uma companhia agradável para o seu novo inquilino."[16] Não ajudou o fato de Burton visitar e falar de maneira calorosa do cônsul francês, Ladislas Cochet, com quem Rigby já havia tido uma disputa diplomática.[17] "Contraste os escrúpulos de Rigby como anfitrião", a filha de Rigby escreveria com raiva anos depois, "com a ausência de sentimento adequado de Burton como convidado quando ele se reuniu em termos amigáveis com um homem que não estava em termos de visita com o referido anfitrião, a saber, Monsieur Cochet."[18]

Em nítido contraste com seu próprio relacionamento tenso com o cônsul, Burton notou com desgosto que Speke e Rigby logo se tornaram amigos. "Ao chegar a Zanzibar, ele caiu em más mãos", escreveu Burton mais tarde, "e sendo, como a maioria dos homens ambiciosos, muito propenso a se considerar negligenciado e maltratado até ser coroado pelo sucesso, ele ficou facilmente irritado com a questão de méritos não reconhecidos da maneira devida."[19] Ainda agarrado ao seu profundo ressentimento e seu orgulho ferido, Speke logo encontrou uma causa comum com Rigby, enumerando as maneiras pelas quais Burton o havia ferido. As ofensas e os insultos eram ainda mais ultrajantes, argumentou Speke, porque Burton estaria perdido sem ele: "Se eu não estivesse junto, ele jamais poderia ter feito a viagem".[20]

Speke afirmaria mais tarde que até Hamerton o havia avisado sobre Burton. Ele alegou que o falecido cônsul havia elogiado sua habilidade antes mesmo de deixarem Zanzibar, sugerindo que só ele poderia salvar a expedição. "Quando tive motivos para perguntar a ele de forma confidencial se poderia deixar Burton com propriedade [...], ele disse: Não, pelo amor de Deus, não faça isso, ou você porá em risco o sucesso da expedição", contou Speke a Rigby.[21] "Ele tinha certeza, pelo que já tinha visto, de que ele, Burton, fracassaria, mas ao mesmo tempo disse: 'Devo dizer que você tem sorte em ter Speke com você, e espero que se deem bem'. Na época em que disse isso a Burton, ele me disse: 'Speke, sinto muito me separar de você, pois temo que essa expedição fracassará. Você sabe que eu mesmo não iria com aquele tal de Burton de maneira nenhuma.'"

Para Speke, Rigby se mostrou um ouvinte compreensivo, recebendo com preocupação todas as críticas e afirmações que seu novo amigo tinha a oferecer contra seu antigo inimigo. "Speke é um sujeito bom, alegre e resoluto", escreveu Rigby a um amigo algumas semanas depois.[22] "Burton não está à altura dele e não fez nada em comparação com o que Speke fez." O cônsul, por sua vez, alimentou o maior medo de Speke: que Burton o roubasse de novo, dessa vez não apenas seu diário, mas sua maior descoberta. "Speke é um homem modesto e despretensioso, ainda não muito preparado para a caneta", escreveu Rigby. "Burton vai tocar muito alto sua trombeta e obter todo o crédito das descobertas. Speke trabalha. Burton fica deitado de costas o dia todo e pega o cérebro de outras pessoas."

* * *

Mesmo antes de saber que Rigby seria o substituto de Hamerton em Zanzibar, Burton temia que a morte do amigo trouxesse não apenas tristeza pessoal, mas risco profissional. Oito meses antes, ele havia escrito para Shaw, na Real Sociedade Geográfica, preocupado por não poder honrar as promessas que o cônsul fizera a seus homens. "O falecido tenente-coronel Hamerton [...] adiantou do dinheiro público nada menos que quinhentos dólares ao nosso guia e lhe prometeu uma ampla recompensa e um relógio de ouro caso ele nos trouxesse vivos de volta, um evento então considerado altamente improvável", escreveu Burton. "São quantias que não podíamos honrar, nem podemos agora em nosso retorno pagar os altos salários prometidos a esses homens em nossa presença. [...] Atrevo-me a insistir forçosamente nesse assunto junto ao Exp. C. da Real Sociedade Geográfica pois, a menos que as promessas do coronel Hamerton sejam cumpridas por seu sucessor, ficaremos numa posição muito desagradável em Zanzibar."[23] Burton e Speke já haviam gastado centenas de libras do próprio bolso só para chegar ao Tanganica. Speke também havia escrito a Shaw com as mesmas preocupações sete meses antes, quando havia "lhe endereçado uma carta pedindo a necessidade de providências para recompensar nosso guia e nossos empregados", Burton lembrou a Shaw. A Sociedade ainda não havia respondido a nenhum dos dois.

Forçado agora a pedir a Rigby que honrasse os compromissos de Hamerton, Burton não se surpreendeu quando o novo cônsul se negou a fazê-lo. "Como me pareceu que o coronel Hamerton não recebeu autoridade do governo para custear qualquer parte das despesas dessa expedição", Rigby explicaria mais tarde ao governo britânico em Bombaim, "e provavelmente fez essas promessas pensando que se a exploração do interior desconhecido fosse bem-sucedida, um grande objetivo nacional seria alcançado e que o chefe que conduziu a expedição seria recompensado de forma generosa, e como o capitão Burton havia recebido fundos para custear as despesas, eu lhe disse que não me sentia autorizado a efetuar nenhum pagamento sem a prévia sanção do governo."[24] Mas como Rigby devia saber, e o governo de Bombaim e a Real Sociedade Geográfica sem dúvida sabiam, Burton não havia recebido fundos suficientes nem para atender às necessidades mais básicas da expedição, muito menos para cobrir as promessas que Hamerton fizera em nome do governo.

Após usar até então 1400 libras esterlinas de seu próprio bolso para ajudar a financiar sua expedição lamentavelmente subfinanciada, Burton não tinha mais nada para dar como pagamento adicional aos homens que viajaram com ele. Além disso, mesmo se tivesse, não achava que mereciam. "Nossos seguidores deveriam receber *algum pagamento de todo modo*, o que eles *de fato* receberam, e uma recompensa caso se comportassem bem", argumentou. "Nossos jumentos, em número de 36, morreram ou se perderam todos; nossos carregadores fugiram; nossos bens foram deixados para trás e roubados."[25]

Bombay recebeu tudo o que lhe fora prometido, mas o resto dos homens, que apesar de às vezes terem ficado assustados ou frustrados durante a viagem ainda assim arriscaram a vida para que tivesse uma conclusão bem-sucedida, agora se viam sumariamente dispensados. Speke, que já havia ameaçado Said com a perda de sua recompensa quando ele se recusou a acompanhá-lo ao Nyanza, não fez nenhum esforço para garantir pagamento adicional a ninguém. "Jack concordou por completo comigo que seria um ato de fraqueza pagar a recompensa por má conduta", escreveu Burton. "Em vez de atribuir isso à generosidade, eles teriam atribuído ao medo e teriam feito o papel de diabo com todos os futuros viajantes."[26] Tampouco Rigby, depois de se recusar a usar os fundos do governo prometidos por seu antecessor, insistiu que Burton de alguma forma honrasse ele mesmo os compromissos de Hamerton. Em vez disso, Burton afirmou mais tarde, ele concordou "que os quinhentos dólares originalmente adiantados eram suficientes".

Burton planejara ficar na ilha, na esperança de que seu corpo se curasse e de convencer o governo a lhe dar mais licença e financiamento adicional para que pudesse continuar explorando. Mas o óbvio "desejo de me ver partir" de Rigby e a "pressa nervosa de voltar para casa" de Speke não lhe deixaram muita opção.[27] "Eu não estava disposto a abandonar o campo de meus trabalhos enquanto ainda havia muito a ser feito", escreveu ele. "Mas a evidente ansiedade de meu anfitrião para se desvencilhar de seu hóspede e a impaciência nervosa de meu companheiro — que não podia suportar a ideia de perder uma hora — me obrigaram, contra minha vontade, a abandonar minhas intenções."[28]

Com relutância, pouco mais de duas semanas depois de retornar a Zanzibar, Burton embarcou com Speke no veleiro britânico *Dragon of Salem* rumo a Áden. Rigby se recusou a acompanhar os homens a bordo para se despedir, embora isso fosse "uma marca de civilidade comum no Oriente", comentaria

Burton mais tarde, certo de que o insulto havia sido intencional e dirigido a ele. Bombay, no entanto, estava lá quando precisaram dele, como estivera desde o primeiro encontro, dois anos antes. "O lugar de Rigby [...] foi bem preenchido por Sidi Mubarak Bombay", escreveu Burton, "cujo rosto honesto parecia naquele momento, em contraste, peculiarmente atraente."[29]

Em Áden, tanto Burton como Speke ficaram com o dr. John Steinhaüser, amigo de longa data de Burton que não pudera participar da expedição. Como Burton ainda estava doente, reclamando que "a febre [...] agarrou-se a mim como a camisa do Nesso",[30] Steinhaüser o aconselhou que ficasse em Áden até que sua saúde melhorasse. Burton escreveu mais tarde que, enquanto estava lá, Steinhaüser, que era cirurgião, além de fazer o que podia para ajudá-lo a recuperar a saúde, preocupou-se também que seu amigo estivesse enfrentando problemas imprevistos. Steinhaüser "me avisou várias vezes que nem tudo estava certo", Burton escreveria mais tarde.[31]

Em 18 de abril, a fragata da Marinha Real HMS *Furious* aportou em Áden. A bordo estava o oitavo conde de Elgin, filho do sétimo conde, que dera nome aos Mármores de Elgin, hoje conhecidos como Esculturas do Partenon. Com ele vinha seu secretário particular, Laurence Oliphant, que estava num momento particularmente difícil e vulnerável. Ele havia passado meses viajando com Elgin, indo e voltando da China, e havia pouco tempo soubera da morte repentina e inesperada de seu amado pai. Depois de deixar a China, Oliphant acordou de um sonho vívido e, ao encontrar seus amigos, disse-lhes que "havia visto seu pai e que ele estava morto".[32] Logo depois, o navio parou em Galle, no Ceilão, onde ele soube que o pai havia morrido de ataque cardíaco na mesma noite do sonho.

Apesar de seu luto recente, Oliphant estava feliz por reencontrar Speke, com quem havia feito amizade quatro anos antes num navio que seguia para a Guerra da Crimeia. Ele também estava interessado em ouvir sobre suas viagens com Burton, pois, sem que Burton soubesse, havia competido com ele no passado por missões militares e aclamação pública. Lorde Elgin ofereceu aos dois homens uma carona para casa a bordo do *Furious*. Steinhaüser achava que Burton estava doente demais para viajar e insistiu para que ele ficasse em Áden mais algumas semanas. Speke, no entanto, aceitou rapidamente, tão ansioso para retornar à Inglaterra que "não se despediu de seu anfitrião", escreveu Burton mais tarde.[33]

Antes de Speke partir, Burton falou com ele pela última vez, desejando reservar um momento para marcar o fim da extraordinária expedição deles. Embora a relação entre os dois tenha sido tensa durante a maior parte da viagem, e os delírios amargos de Speke durante a doença mais recente tenham revelado a extensão de seu ressentimento, eles haviam passado dois anos juntos, cuidado um do outro quando doentes, acalmado temores, compartilhado livros e ideias, desapontamentos e euforias. Enquanto o *Furious* se preparava para partir, Burton disse a Speke que logo o seguiria para casa. "Vou me apressar, Jack", disse ele, "assim que puder."[34] Speke diria mais tarde que respondeu com calorosa segurança: "Adeus, meu velho; pode ter certeza de que não irei à Real Sociedade Geográfica até você chegar, quando iremos juntos. Deixe sua mente bem tranquila quanto a isso."

Deixado para trás em Áden, Burton escreveu de novo para a Real Sociedade Geográfica, dessa vez para falar sobre o Nyanza. Antes da viagem de Speke e Bombay, e mesmo depois de seu retorno, Burton havia considerado abertamente a possibilidade de que a nascente do Nilo Branco pudesse estar no lago do Norte, em vez do Tanganica. Agora, embora ainda tivesse esperança no Tanganica, ele escrevia à Sociedade sobre a viagem de Speke ao Nyanza, instando seus membros a prestarem muita atenção. "O capitão Speke [...] apresentará seus mapas e suas observações e dois artigos, um diário de sua passagem do Tanganica entre Ujiji e Kasengé e o outro sobre sua exploração do Nyanza", escreveu ele. "Para o qual dirijo de maneira respeitosa a atenção séria do Comitê, pois há graves razões para acreditar que seja a fonte do principal alimentador do Nilo Branco."[35]

No entanto, a bordo do *Furious*, os sentimentos abrandados de Speke em relação a Burton logo mudaram, assim como seus planos. "Ele foi persuadido a agir de uma maneira que seu próprio senso moral deve ter condenado bastante depois", escreveria Burton mais tarde, "se é que alguma vez se perdoou."[36] Assim como havia compartilhado sua raiva e seu medo com Rigby em Zanzibar, Speke confiou em Oliphant, que, como o cônsul, havia se sentido injustiçado por Burton no passado e aconselhou Speke a ser cauteloso com ele agora. Anos depois, Speke se lembraria da conversa que tivera com Oliphant enquanto navegavam para a Inglaterra a bordo do HMS *Furious* e do conselho que seu amigo lhe dera. "Burton era um homem ciumento e, como chefe da expedição, levaria toda a glória do Nyanza", advertiu Oliphant. "Se ele estivesse no lugar de Speke iria de imediato para a Real Sociedade Geográfica e assumiria o comando da segunda expedição."[37]

15. Foi em mim que ele atirou

Depois de três semanas a bordo do HMS *Furious*, Speke não perdeu tempo em reivindicar a descoberta da fonte do Nilo Branco. No dia seguinte à sua chegada a Plymouth, viajou para Londres e se hospedou no Hatchett's Hotel, em Piccadilly, onde recebeu uma carta do secretário da Real Sociedade Geográfica Norton Shaw lhe dando as boas-vindas. A resposta de Speke foi entregue no mesmo dia. "Talvez tenha lhe dito antes, acredito com firmeza que o Nyanza é uma fonte do Nilo, se não a principal", escreveu ele, na única vez em que admitiria alguma dúvida.[1] Naquela noite, explicando que Speke "queria conselhos", Shaw o levou para se encontrar com Clements Markham, que viria a ser um dos presidentes mais conhecidos e longevos da Sociedade. "Conversamos sobre o assunto por algum tempo", Markham escreveria mais tarde, "mas duvidei de sua falta de lealdade a Burton."[2]

Quaisquer que fossem seus sentimentos pessoais a respeito de Speke, no dia seguinte Markham foi com ele a Belgrave Square. O edifício mais grandioso de Belgravia, um dos bairros mais elitistas do centro de Londres, Belgrave Square hospedaria embaixadas e embaixadores, duques e princesas, e agora hospedava o atual presidente da Real Sociedade Geográfica, Sir Roderick Impey Murchison. Speke levou consigo um mapa que havia esboçado de suas viagens ao Nyanza, ansioso para sustentar diante de Murchison não só que esse lago, e não o Tanganica, era a fonte do Nilo Branco, mas também que ele, e não Burton, deveria comandar a próxima expedição à África Oriental. "Sir Roderick aceitou-o de imediato", observou Markham.[3]

Tal como Speke, Murchison pertencia à aristocracia britânica. Nascido de pais ricos na Tarradale House, construída no local do famoso castelo de Tarradale, na Escócia, frequentara o Real Colégio Militar antes de entrar no Exército. Depois, voltou a levar a vida de um cavalheiro do campo e dedicou grande parte de seu tempo ao passatempo favorito de Speke: caçar. Tornou-se também um geólogo extremamente habilidoso e experiente, criando os sistemas siluriano e devoniano com base em sua pesquisa detalhada da geologia do sul do País de Gales, do Sudoeste da Inglaterra e da Renânia. Em 1859, Murchison já havia sido eleito presidente da Real Sociedade Geográfica três vezes: em 1843, quando sucedeu a William Richard Hamilton, que trouxera a Pedra de Roseta do Egito; outra vez em 1851; e, mais recentemente, em 1856, quando Burton e Speke haviam partido para Zanzibar.

Murchison fora escolhido para presidente não só por suas realizações geológicas, mas também por suas conexões sociais. Logo após sua fundação, em 1830, a Real Sociedade Geográfica passou por tempos difíceis. No que ficou conhecido como os "famintos anos 1940", o número de membros era tão baixo que o Conselho da Sociedade chegou a pensar em convidar mulheres para participar. Eles evitaram essa medida extrema fazendo duas coisas que eram quase tão controversas quanto: insistir que os membros começassem a pagar suas dívidas e, graças em grande parte a Murchison, desviar a atenção da Sociedade do trabalho sério, senão formal, do cientista para o mundo glamoroso do explorador. A mudança havia alienado muitos dos cientistas mais célebres do país, de Alfred Russel Wallace a Charles Darwin, que publicaria *A origem das espécies* poucos meses depois do retorno de Speke da África Oriental. Ao mesmo tempo, porém, a ênfase na exploração atraíra a atenção da imprensa e de um número bem maior de membros pagantes.

Durante seu segundo mandato, Murchison chegou a criar uma seção dentro da Associação Britânica para o Progresso da Ciência, uma organização que muitas vezes trabalhava em colaboração com a Real Sociedade Geográfica.[4] Conhecida como Seção E, ela separava a geografia do que antes era um tema que a acompanhava, a geologia. No passado, a geologia fora considerada mais séria e, como tal, mais importante do que a geografia. Depois que Murchison começou a permitir que os exploradores falassem nas reuniões, a Seção E logo ofuscou todas as outras. Era "a primeira em popularidade e utilidade", escreveu Murchison.[5] Em 1856, no início de seu terceiro mandato como presidente, a Real Sociedade Geográfica tinha 2 mil membros, muito mais do que qualquer outra sociedade científica de Londres.

Para manter a instituição forte, Murchison percebeu que precisava de um explorador que agradasse a um público amplo. "Eram os dias em que a Sociedade em questão não podia se dar ao luxo de perder seu leão anual", zombaria Burton mais tarde, "cujo rugido era principalmente para agradar as senhoras e empurrar a instituição."[6] Por muitos anos, David Livingstone, amigo de Murchison, havia desempenhado esse papel, tão amado e admirado por sua luta para acabar com o tráfico de escravizados quanto por seus feitos de exploração. Livingstone, no entanto, já cumpria havia quase vinte anos essa função e estava chegando aos cinquenta, com os cabelos se tornando grisalhos e os anos de lesões e doenças começando a afetar seu corpo outrora forte. A Sociedade precisava de uma cara nova.

Murchison estava interessado em Speke antes mesmo de ele voltar para a Inglaterra. Quase um ano antes, havia convocado uma reunião para discutir um livro de campo que Burton enviara, junto com um mapa que Speke havia esboçado dos estágios iniciais de suas viagens. Depois de compartilhar o livro e o mapa, Murchison dirigiu a atenção da Sociedade para o jovem e relativamente inexperiente companheiro de Burton, John Hanning Speke. "Muitos de nós estão bem familiarizados com as notáveis façanhas anteriores em viagens ao exterior que o capitão Burton realizou", disse ele, "e ele agora está associado a um homem que parece ser seu igual." Foi a viagem proposta por Speke ao Nyanza, alinhada como estava com as próprias suposições de Murchison sobre a geografia da África Oriental, que mais captou seu interesse. "Deus permita que o capitão Speke retorne da perigosa expedição que está fazendo para tentar chegar ao grande lago mais ao norte", disse ele. "Até agora tem havido muito mistério a respeito do chamado mar interior."[7]

Quando Speke visitou a Belgrave Square, não teve problemas em convencer Murchison de que merecia sua própria expedição. "Sir Roderick, preciso apenas dizer, aceitou de imediato meus pontos de vista", Speke escreveria mais tarde, emocionado por ter encontrado um aliado nesse homem poderoso, "e, conhecendo meu desejo ardente de provar ao mundo, por inspeção real da saída, que o Vitória N'yanza era a fonte do Nilo, aproveitou a visão esclarecida de que tal descoberta não deveria ser perdida para a glória da Inglaterra e da sociedade da qual ele era presidente."[8] Murchison, com quase setenta anos e sem filhos, olhava com orgulho para o jovem bem-educado e de ossos finos sentado à sua frente, recém-saído de suas aventuras na África. "Speke", disse ele, "temos de mandá-lo para lá de novo."[9]

No final de maio de 1859, duas semanas após o encontro de Speke com Murchison, Burton chegou à Inglaterra. Isabel observou com amargura que, embora o subordinado dele tivesse sido tratado como "o herói do momento"[10] desde seu retorno, houve pouca fanfarra para o comandante da expedição. A caminho de Londres, ele ficou surpreso ao descobrir que Speke não só tinha ido diretamente à Real Sociedade Geográfica sem ele, como já havia dado uma palestra para aquela augusta entidade — "muito contra minha própria inclinação", Speke mais tarde insistiria.[11] Atônito, Burton escreveu que "encontrou o chão completamente arrancado sob meus pés". Enquanto tentava entender o que havia acontecido com sua expedição quando ainda estava em Áden, uma coisa ficou dolorosamente clara: Speke não era mais seu amigo e protegido, mas seu adversário. "Meu companheiro mostrava agora quem de fato era", escreveu Burton, "um rival furioso."[12]

Apesar do espanto com as ações de Speke em sua ausência, Burton o defendeu. Ele continuou a admirar abertamente seus melhores traços e escreveu mais tarde que "nenhum homem pode apreciar mais do que eu as nobres qualidades de energia, coragem e perseverança que ele possuía".[13] E insistiu que, se Speke não tivesse caído sob a influência maligna de homens como Rigby e Oliphant, sua amizade poderia ter sobrevivido à viagem. "Jack é um dos sujeitos mais corajosos do mundo", diria Burton mais tarde a Isabel, que estava indignada por ele. "Se ele tem um defeito, é a vaidade arrogante e ser tão facilmente lisonjeado; em boas mãos ele seria o melhor dos homens. Deixe-o em paz; um dia ele vai se arrepender muito."[14]

Dois dias após seu retorno para casa, a Real Sociedade Geográfica presenteou Burton com a Medalha do Fundador, um de seus prêmios mais prestigiados. Agradecido pelo reconhecimento e ainda sentindo uma obrigação para com Speke, ele usou parte de seu discurso de aceitação para elogiar o companheiro. "O senhor aludiu ao sucesso da última expedição. A justiça me obriga a declarar as circunstâncias em que alcançou esse sucesso", disse Burton, dirigindo-se a Murchison. "Ao capitão J. H. Speke devem-se aqueles resultados geográficos aos quais o senhor aludiu em termos tão lisonjeiros. Enquanto eu tratava da história e da etnografia, das línguas e das peculiaridades do povo, ao capitão Speke coube a árdua tarefa de delinear uma topografia exata e estabelecer nossas posições por meio de observações astronômicas — um trabalho que às vezes até mesmo o destemido Livingstone achou-se incapaz de realizar."[15]

Murchison estava inteiramente de acordo. Prestes a entregar a presidência ao seu sucessor, o político e diplomata lorde Ripon, ele havia pressionado a Sociedade a dar a Speke a Medalha do Fundador ao mesmo tempo que era concedida a Burton. Como o Conselho se opôs, Murchison decidiu usar a reunião destinada a homenagear Burton para chamar a atenção para Speke. "Também devo aproveitar esta oportunidade para expressar ao senhor minha sincera aprovação pelo papel muito importante que seu colega, o capitão Speke, desempenhou no curso da expedição africana liderada pelo senhor", disse Hutchison em seu discurso de abertura. Em sua fala à Sociedade, ele pretendia "deter-se na descoberta do vasto lago interior de Nyanza, feita por seu associado quando o senhor estava prostrado pela doença, uma descoberta que em si mesma é também, na minha opinião, digna da mais alta honra que esta Sociedade pode conceder".[16] Fiel à sua palavra, Murchison não só elogiou Speke em seu discurso, mas defendeu que ele deveria receber o comando da próxima expedição. "Esperamos que, quando revigorado após um ano de descanso, o destemido Speke possa receber todo encorajamento para prosseguir de Zanzibar à sua antiga estação", exortou ele à Sociedade, "e lá levar a cabo a demonstração da opinião que ele agora sustenta de que o lago Nyanza é a principal fonte do Nilo."

O triunfo de Speke estava quase completo. Além de reivindicar para si um dos maiores prêmios da história da geografia, ele também obtivera êxito ao pintar o comandante da expedição como uma figura patética que mancava atrás do jovem herói ousado. Algumas semanas depois, em junho, após ouvir uma discussão sobre o Tanganica e o Nyanza numa reunião da Real Sociedade Geográfica, um repórter de *The Examiner* sairia com a impressão de que apenas um deles importava. "Vamos limitar nossa notícia ao lago Nyanza como o mais importante", escreveu ele. "Esse lago foi visitado apenas pelo capitão Speke, pois seu companheiro foi impedido de acompanhá-lo por uma forte doença."[17]

Ainda naquele mês, a Real Sociedade Geográfica se reuniu de novo, dessa vez para considerar propostas concorrentes entregues tanto por Burton como por Speke de uma expedição de retorno à África Oriental. A reunião foi convocada pelo Subcomitê de Expedição da Sociedade, que incluía Laurence Oliphant, que havia sido convidado a participar do Conselho depois de retornar à Inglaterra com Speke, e Francis Galton, primo de Charles Darwin. Galton cunharia mais tarde a expressão "*nature versus nurture*" [hereditariedade versus meio] e, influenciado pela teoria da seleção natural de seu primo, desenvolveria a prática perigosa e desacreditada da eugenia. Explorador e matemático, Galton também escreveu um livro popular chamado *The Art of Travel* [A arte de viajar], que oferecia aos exploradores informações práticas, como uma fórmula para determinar a trajetória de um animal em investida e conselhos para contratar mulheres nas expedições, explicando que elas gostam de carregar objetos pesados e custam pouco para alimentar porque podem apenas lamber os dedos enquanto cozinham.[18] Mais tarde, em suas memórias, Galton resumiria os pontos fortes de Burton e Speke como exploradores e as diferenças como homens. "Burton era um homem de gênio e gostos excêntricos, de caráter orientalizado e completamente boêmio", escreveu ele. "Speke, por outro lado, era um britânico completo, convencional, sólido e resoluto."[19]

Burton sabia que, embora fosse mais qualificado do que Speke para liderar a próxima expedição, era uma figura difícil, até mesmo controversa, um homem hedonista numa era puritana. O governo britânico acabara de aprovar a Lei das Publicações Obscenas que proibia a venda e a distribuição de qualquer material que fosse julgado inapropriado. A romancista Mary Ann Evans, sob pseudônimo de George Eliot, foi duramente criticada em *The Saturday Review* por mencionar gravidez em *Adam Bede*, e seu próprio editor reclamou quando, em outro romance, ela se atreveu a descrever uma órfã que precisava de um banho. "Não me lembro de nenhum trecho que tenha movido minha censura crítica, a menos que seja a alusão à sujeira em comum com sua heroína", o editor lhe escreveu.[20] Além disso, a Inglaterra estava longe de estar sozinha nessa questão. Nos Estados Unidos, *Folhas de relva*, de Walt Whitman, foi declarado "sensual demais". A maioria das bibliotecas se recusou a adquirir um exemplar, e Whitman foi demitido de seu emprego de atendente no Bureau de Assuntos Indígenas, além de o reitor de Yale declarar que o livro era pouco melhor do que "andar nu pelas ruas". Na França, Gustave Flaubert foi julgado por obscenidade depois de publicar *Madame Bovary* e Baudelaire foi multado por "ofender a moral pública" por causa das imagens sexuais em *As flores do mal*.

Além de tratar os puritanos com desprezo, Burton se cercava de homens cujos interesses eram considerados obscenos. Entre seus amigos mais próximos estava o político e poeta Richard Monckton Milnes, um membro do Parlamento conhecido por sua enorme biblioteca, repleta de livros raros e belos, bem como uma grande, e agora ilegal, coleção de livros eróticos que incluía as obras completas do Marquês de Sade. Milnes, por sua vez, apresentaria Burton ao homem que fornecia a maior parte de sua coleção, Frederick Hankey, filho do governador de Malta e ex-oficial da Guarda que agora morava com sua amante na França. Hankey, que tinha sua própria coleção, composta em grande parte de ferramentas de tortura sexual, mais tarde mostraria com orgulho a Burton um de seus bens mais valiosos: um livro feito de pele humana. Ele só lamentava que a pele tivesse sido tirada de um homem já morto. Durante anos, enquanto Burton continuava a viajar pelo mundo, Hankey implorava para que ele trouxesse a pele de alguém que tivesse sido esfolado vivo. "Nem um homem morto, nem um sujeito torturado. A canoa flutuando no sangue é um mito dos mitos", Burton escreveria mais tarde a Milnes da África Ocidental. "Pobre Hankey, ainda deve esperar pela sua *peau de femme*."[21]

Até certo ponto, Burton só podia culpar a si mesmo por sua reputação. Ele gostava de ver a "sociedade polida" corar de indignação e excitação, com os olhos arregalados e a boca aberta enquanto contava histórias de suas viagens, deixando que acreditassem em quase tudo o que dizia, de façanhas sexuais a assassinatos. "Ele se deleitava em chocar pessoas certinhas e, ao realizar seu propósito, soltava a rédea da imaginação. As pessoas que conheciam Burton parcialmente por encontrá-lo em jantares públicos ou em clubes, costumavam ter várias histórias horríveis para contar sobre sua crueldade e imoralidade. Diziam com sinceridade que Burton contava as histórias horríveis contra si mesmo", escreveria mais tarde um amigo. "Não tenho dúvidas de que ele fazia isso. [...] Ao mesmo tempo, estou certo de que Burton era incapaz de crueldade monstruosa ou imoralidade grosseira. Eu conhecia bem Burton [...] e notava que atos de crueldade e imoralidade sempre o levaram a estados de intensa paixão."[22] Além disso, Burton achava interessante que, embora suas mentiras fossem sempre aceitas, suas histórias honestas raras vezes o eram. "Ele disse que era muito engraçado acreditarem quando ele estava zombando", relembraria Isabel, "e muito curioso nunca acreditarem quando dizia a verdade."[23] Burton ainda era convidado para festas, mas muitas vezes era tratado com curiosidade e cautela. "Sua conversa habitual naqueles dias", explicou Galton, "não era exatamente de um cunho adequado à sociedade episcopal."[24]

A proposta de Speke ao Subcomitê — de que retornasse ao Nyanza pela mesma rota que havia seguido antes — foi aceita de imediato. Confiante agora em seu lugar privilegiado na Sociedade, ele pediu 5 mil libras esterlinas, cinco vezes mais do que Burton havia recebido quatro anos antes, e passagem para Zanzibar num navio de guerra condizente com o prestígio da expedição. Embora manifestasse dúvidas sobre se ele precisaria de tanto dinheiro, a Sociedade acabou concordando com 2500 libras, uma quantia que, se Burton tivesse recebido em 1856, teria poupado orçamentos, regateios e preocupações desnecessárias e lhe possibilitado explorar por completo tanto o Tanganica como o Nyanza. O comitê também aprovou provisoriamente uma proposta de Burton para retomar sua busca pela fonte, embora estivesse claro para todos os envolvidos que ele não estaria bem o suficiente para sair tão cedo. Além disso, depois de financiar a expedição de Speke, não sobraria dinheiro para outra.

Speke, achando-se de repente uma estrela, assimilou a aprovação da Sociedade e o entusiasmo do público. "Meu caro Rigby, transmito pelo correio via Áden os procedimentos da Real Sociedade Geográfica para lhe mostrar o interesse que minhas descobertas criaram nesta terra", vangloriou-se em carta ao cônsul. "Desde que cheguei em casa, não tive [...] descanso, sendo arrastado de modo vertiginoso da direita para a esquerda e vice-versa. A alegria é tamanha, como nunca sonhei ou pensei."[25] Ele não apenas havia retornado um herói, como agora estava sendo enviado de volta como líder — ao leme de sua própria expedição, mais bem financiada e mais observada do que a de Burton jamais fora.

Para Speke, a aprovação de sua proposta significou não apenas uma vitória para ele, mas uma derrota para Burton. Mantendo uma comunicação frequente com Rigby depois de deixar Zanzibar, Speke lhe escreveu de novo, exultante com o fato de Burton ter tentado e fracassado. "Ao propor ir outra vez aos lagos, mencionei a Burton as circunstâncias de que ele poderia ter uma chance justa comigo, da qual estou feliz em dizer que ele aproveitou ao enviar no dia seguinte seus papéis em que também propunha meu plano." escreveu. "Bem, digo que estou contente porque nas eleições pelo conselho a preferência foi dada a mim por ter feito a parte científica da última expedição."[26] Burton podia ser brilhante e famoso, escrever livros aclamados e falar dezenas de idiomas, mas Speke havia chegado primeiro — ao lago, à Inglaterra e à Real Sociedade Geográfica. "Sir R. Murchison é meu patrono desta vez", escreveu Speke, satisfeito.

Speke também estava sendo cortejado por um dos editores mais bem-sucedidos do Reino Unido: John Blackwood. O pai de Blackwood havia fundado a William Blackwood and Sons mais de cinquenta anos antes. Embora fosse o sexto filho, John era particularmente habilidoso em cultivar novos talentos literários. Desde que assumira a editora sete anos antes, ele conquistara uma grande variedade de escritores famosos, entre eles Mary Ann Evans, cuja primeira obra sob pseudônimo havia sido publicada na *Blackwood's Magazine* dois anos antes. A Blackwood também publicaria mais tarde Anthony Trollope, E. M. Forster e, quarenta anos depois de Speke, seria a primeira a publicar *O coração das trevas* de Joseph Conrad.

Laurence Oliphant conhecia John Blackwood havia anos, escrevia-lhe às vezes e com frequência lhe trazia novos talentos. Agora, era a vez de John Hanning Speke. Oliphant e ele já estavam na Escócia, fazendo discursos na Associação Britânica para o Progresso da Ciência, quando Blackwood convidou o jovem explorador a visitá-lo em sua casa de veraneio, em Gibleston, Fife. "Tivemos um visitante muito interessante, o capitão Speke, vindo das montanhas da Lua e do que ele acredita ser, acho que com bons fundamentos, as fontes do Nilo", escreveu Blackwood a George Eliot em agosto. "Ele é um belo, viril e não afetado espécime de inglês. [...] Passou por perigos e sofrimentos suficientes para enojar qualquer homem comum com o mero pensamento da África, mas está decidido a voltar e levar a cabo sua descoberta, e conseguiu um subsídio para tanto. Sua resposta ao meu protesto contra sua volta foi incontestável: 'Imagine meu desgosto se algum francês vaporoso e jactancioso fosse e recebesse o crédito dessa descoberta para a França.'"[27]

Os benefícios de publicar suas viagens na *Blackwood's* não passaram despercebidos por Speke. Com efeito, ele começou a se corresponder com John Blackwood logo depois de retornar à Inglaterra. Embora Murchison esperasse que Speke entregasse seus artigos ao *Journal* da Sociedade para publicação, como era costume no caso de uma expedição financiada por ela, Oliphant o convenceu de que sua história merecia um público mais amplo do que a Sociedade poderia dar. "Como um grande número de amigos, tanto aqui como na Índia, manifestaram o desejo caloroso de conhecer minhas últimas viagens na África, bem como o estado social e as condições gerais das pessoas que encontrei lá, envio para publicação em sua revista o diário que acompanha esta carta, que redigi quando viajei sozinho pela África", Speke escreveu a Blackwood, ignorando as contribuições de Bombay e das dezenas de carregadores, guardas e guias que tornaram sua viagem possível. "Muitas indagações me foram dirigidas por políticos, clérigos, comerciantes e, mais particularmente, geógrafos; e espero que a publicação do diário em suas páginas de grande circulação lhes transmita as informações desejadas."[28]

Speke queria que suas viagens aparecessem na *Blackwood's*, mas não que a comunidade científica voltasse sua atenção para Burton. Depois de saber que a Real Sociedade Geográfica havia decidido, pela primeira vez, dedicar uma edição inteira de seu *Journal* ao relato de Burton sobre a Expedição à África Oriental, Speke escreveu uma carta amarga a Norton Shaw, alegando que publicar na *Blackwood's* em vez de na Sociedade não fora ideia dele, mas de Shaw. Burton "me disse que escreveu um relatório muito longo para os periódicos da Sociedade, o que me surpreende, pois, se você se lembra, ofereci à Sociedade, através de você, todos os manuscritos que escrevi na África para benefício da Sociedade", reclamou. "Quando você me disse para não ser tão liberal, mas lucrar publicando um livro, como todo mundo faz."[29]

Vencer não era mais suficiente. Burton, mesmo com a saúde debilitada e pouca esperança de encontrar apoio para uma expedição própria, ainda era um perigo. Ele fizera as apresentações iniciais de Speke à Real Sociedade Geográfica, encorajando-o em seu desejo de se tornar membro. Agora, Speke queria ser elogiado por aquela entidade, mas também que ela excluísse Burton de qualquer reconhecimento. Em cartas a Rigby e Shaw, Speke disse que lorde Elphinstone, o governador de Bombaim, havia expressado "seu lamento de que a medalha de ouro não tenha sido dada a mim em vez de a Burton".[30] Até o fato de Burton ter liderado a última expedição se tornou intolerável para Speke. "Tenho certeza de que todos em Zanzibar sabem disso", disse ele mais tarde a Rigby, "que eu era o líder e Burton, o segundo da expedição."[31]

* * *

Ao mesmo tempo que escrevia a Rigby para lhe contar sobre seus sucessos na Inglaterra, Speke estimulava o cônsul a fazer uma acusação oficial contra Burton, com o argumento de que ele agira de forma injusta, e até cruel, para com seus homens ao não lhes dar uma recompensa. Ele sabia que Hamerton havia feito a promessa, que Rigby havia se recusado a usar os fundos do governo para honrá-la, que o dinheiro da expedição acabara havia muito tempo e que Burton gastara mais de mil libras de seu próprio bolso só para levá-los de volta à costa. Não obstante, assim que saiu de Zanzibar, Speke escreveu a Rigby acusando Burton de enganar Ramji, a quem Burton havia pago desde o início pela ajuda de seus escravizados. "Considero positivamente iníquo que Ramjee seja iludido, e disse isso a Burton mais de uma vez ao falar sobre negócios no interior", escreveu Speke enquanto ainda navegava para Áden. "Você mesmo ouviu como Burton tratou do assunto em sua mesa de café da manhã um dia, e acho que agora que está totalmente ciente de toda a questão, você tem o dever de fazer justiça para esse homem infeliz. Desculpe-me por dizer isso, pois achei que você não tinha me entendido direito em Zanzibar ao lhe contar sobre a situação ou que tinha considerado que não tinha o direito de interferir."[32]

Depois que Speke voltou para a Inglaterra, nem ele nem Rigby mencionaram suas preocupações a Burton. Em vez disso, redigiram uma lista de acusações e as enviaram para onde sabiam que causaria mais danos: ao governo britânico em Bombaim e à Real Sociedade Geográfica em Londres. "O capitão Speke, desde sua partida de Zanzibar, escreveu-me duas cartas particulares em que apontava com tanta veemência as reivindicações desses homens, as dificuldades que suportaram e a fidelidade e perseverança que mostraram [...] que considero meu dever levar suas reivindicações ao conhecimento do governo", escreveu Rigby, sem mencionar o próprio papel ao se recusar a honrar o compromisso do antecessor. "Pois acho que se esses homens não forem pagos, depois de tudo o que suportaram a serviço de oficiais britânicos, nosso nome de boa-fé nesses países sofrerá."[33]

Quando recebeu a carta de Rigby para a Real Sociedade Geográfica, Norton Shaw a mostrou a Burton. Embora tenha sido apanhado de surpresa mais uma vez, Burton se defendeu com a arma mais poderosa que tinha: sua caneta. "Devo manifestar minha extrema surpresa pelo capitão Speke ter escrito duas cartas particulares ao capitão Rigby chamando a atenção para as reivindicações desses homens, sem ter comunicado isso de maneira nenhuma a mim, o chefe da expedição", escreveu ele ao governo de Bombaim. "Mantive correspondência contínua com aquele oficial desde minha partida de Zanzibar, e até este momento me impressionava com a convicção de que a opinião do capitão Speke sobre as reivindicações do guia e da escolta acima mencionadas era idêntica à minha. [...] Lamento que o capitão Rigby, sem averiguar por completo os méritos do caso (o que ele evidentemente não fez), não tenha me permitido registrar nenhuma observação que eu desejasse fazer, antes de apelar ao governo de Bombaim."[34]

Então Burton voltou sua caneta contra o próprio cônsul. Desde o momento em que foi informado de que Rigby havia sido nomeado para substituir Hamerton, Burton sabia que não teria uma recepção calorosa em Zanzibar. Mas, ao ir para Áden, acreditava estar deixando para trás os perigos do ciúme mesquinho. Mais uma vez, estava errado. Agora, sua resposta para Rigby foi de uma fúria mal contida.

> Senhor, estou em dívida com a gentileza e consideração do meu amigo dr. Shaw, por me mostrar sua carta endereçada a ele no dia 10 de outubro passado de Zanzibar. Não tentarei caracterizá-la nos termos que melhor lhe cabem. Com efeito, para fazer isso, eu deveria ser compelido a recorrer a uma linguagem "vil" e imprópria como a sua. Nem pode haver qualquer necessidade disso. Uma pessoa capaz de agir como o senhor deve ser considerada por todos como alguém que está abaixo da atenção de qualquer homem honrado. O senhor endereçou um ataque virulento a mim para um lugar em que esperava que fosse profundamente prejudicial para mim: e isso não no cumprimento de qualquer dever público, mas para a gratificação de um ressentimento privado de longa data. O senhor não me enviou nenhuma cópia desse ataque, não me deu oportunidade de conhecê-lo; a calúnia foi propagada como as calúnias costumam ser, em segredo e pelas minhas costas. O senhor adotou um método de disseminação que tornou impossível o modo comum de lidar com tais difamações, enquanto sua distância da Inglaterra o coloca em posição de estar perfeitamente imune a qualquer consequência de natureza pessoal. Sendo assim, resta-me apenas uma maneira de tratar sua carta, e é com o desprezo que ela merece.[35]

Devido às acusações de Speke e Rigby, Burton recebeu uma espécie de pedido de desculpas da Real Sociedade Geográfica e uma repreensão do governo de Bombaim. Um Comitê de Expedição dirigido por George Everest, cujo nome seria dado seis anos depois a Sagarmartha, a montanha mais alta do mundo, admitiu que a expedição de Burton, que "alcançou resultados de tal importância, teria garantido o gasto de uma soma ainda maior".[36] Mas quando Burton lhes pediu ajuda para recuperar o dinheiro que fora forçado a gastar, foi informado de que, não só a própria Sociedade não o reembolsaria, como, "na opinião do Comitê, a Sociedade não tem nenhum requerimento junto ao Ministério das Relações Exteriores que peça alguma quantia além das mil libras esterlinas já adiantadas".[37]

De Bombaim, Burton se surpreendeu ao descobrir que a palavra de Rigby e Speke havia sido aceita em detrimento da sua, e que, depois de anos de esforço e sacrifício, ele ganhara não gratidão, mas censura. "Levando em consideração a explicação dada pelo senhor [...] junto com as informações sobre o mesmo assunto fornecidas pelo capitão Speke, ele [o secretário de Estado da Índia] é de opinião que era seu dever [...] não ter saído de Zanzibar sem levar essas reivindicações ao cônsul de lá", escreveu um representante do governo a Burton. "Se esse curso tivesse sido seguido, o caráter do governo britânico não teria sofrido."[38] Recusando-se a apenas levar o golpe, Burton respondeu de imediato. "Eu apresentei toda a questão ao capitão Rigby, o qual, se naquele momento tivesse considerado seu dever interferir, poderia ter insistido em examinar o caso comigo ou com o capitão Speke antes de deixarmos Zanzibar", ressaltou ele. "Arrisco-me a expressar minha surpresa, que todos os meus trabalhos e longos serviços na causa da exploração africana não tenham me oferecido outra recompensa senão a perspectiva de ser multado por uma responsabilidade pecuniária incorrida por meu falecido amigo, o tenente-coronel Hamerton, e resolvida sem referência a mim por seu sucessor, o capitão Rigby."[39]

Agora que Burton havia sido derrotado e humilhado, Speke confessou lamentar que isso tivesse que ser feito. Em carta para Rigby, ele afirmou que todo o caso lhe causara grande dor. "De todas as coisas dolorosas que já tive de empreender, a mais severa e dolorosa em relação aos meus sentimentos, concluí ontem", escreveu ele. "Isso foi [...] escrever minhas opiniões contra as de Burton e agora o assunto está diante do governo."[40] Ao mesmo tempo, pedia a Rigby que protegesse sua correspondência pessoal para que Burton não visse até que ponto eles zombaram dele em suas cartas, rindo de suas "pernas fracas e barriga podre" e a "aversão" que sentiam por ele.[41] "Acredito que Burton exigirá de você minhas cartas", escreveu Speke. "Se esse for o caso, deixe que ele dê uma olhada nelas depois de apagar tudo o que não se relaciona com o assunto em questão — mas entregue apenas aquelas que o induziram a <u>agir contra ele</u>."[42]

Para Burton, o que era mais desconcertante do que a traição de Speke era sua raiva justa. Mesmo depois de compreender a extensão da ambição de Speke e a profundidade de seu ressentimento, Burton achara difícil não pensar nele como o jovem que ele havia convidado para suas expedições, apresentado a cientistas, exploradores e patrocinadores, aconselhado quando ele se sentia inseguro e cuidado quando não estava bem. "Sem dúvida, ensinaram-lhe que a expedição devia a ele todo o sucesso: ele aprendera a se sentir ofendido", escreveu Burton, tentando entender o que havia acontecido. "Ninguém é tão rancoroso, nem preciso dizer, quanto o homem que fere outro."[43] Agora, ao pensar no tempo que passara com Speke na África, Burton se lembrou de um dístico em árabe que aprendera anos antes:

Eu lhe ensinei tiro com arco durante o dia —
quando o braço dele ficou forte, foi em mim que atirou.[44]

16. O sonho de um exilado

Enquanto Speke subia na inebriante corrente de sua fama recente, Burton descia ao desespero. A depressão que sempre se seguira a cada triunfo seu parecia agora ainda maior e lançava uma longa sombra sobre tudo o que ele havia realizado e esperava fazer. Embora tivesse atravessado centenas de quilômetros de terras não mapeadas pelos europeus, alcançado o Tanganica e ganhado a Medalha do Fundador, sua derrota para o homem que ele havia orientado e que acreditava ser seu amigo manchava todas as conquistas.

O único ponto positivo na vida de Burton era Isabel, mas mesmo ela parecia agora inatingível. Ainda que eles tenham passado três anos separados e ela não tenha tido notícias dele por quase todo esse tempo, sua devoção nunca vacilou. Ela lhe escrevera fielmente desde a noite em que ele deixara a Inglaterra sem se despedir, enviando-lhe longas cartas a cada duas semanas, cheias de recortes de jornais, descrições de livros que estava lendo, notícias de seus amigos e familiares.[1] Em troca, ela recebera quatro cartas dele e nada mais.

Enquanto Burton arriscava sua vida numa tentativa desesperada de resolver um mistério antigo, Isabel viajara para o continente europeu com a família, a única aventura que lhe foi permitida. Mesmo assim, aonde quer que ela fosse, seus pensamentos nunca estavam longe do homem com quem desejava se casar. Na Itália, ficou surpresa ao encontrar o nome dele esculpido na Torre Inclinada de Pisa e rabiscou o seu ao lado. "Como seria curioso se, na época em que fez isso, ele pudesse dizer: 'Minha futura esposa também virá e esculpirá o dela', tantos anos depois, em minha memória", escreveu ela.[2] Na Suíça, ela recebera duas ofertas de casamento, nenhuma das quais sequer considerou aceitar. Ela se casaria com Richard Burton ou com ninguém.

Isabel tinha voltado à Inglaterra fazia um ano quando soube do retorno triunfante de Speke da África. No entanto, ainda não havia nenhuma palavra, pública ou privada, do homem a quem ela havia permanecido não apenas fiel, mas fervorosamente dedicada. Quando pensava em desistir por completo e entrar para um convento, chegou uma carta anônima de Zanzibar. O envelope era endereçado a ela, mas dentro não tinha nada além de um pequeno poema numa única folha de papel.[3]

PARA ISABEL
Aquela sobrancelha que se ergueu ao me ver,
Como no santuário sagrado da palmeira
Aqueles olhos — minha vida estava na luz deles;
Aqueles lábios, meu vinho sacramental;
Aquela voz, cujo fluxo costumava parecer
A música do sonho de um exilado*

Dois dias depois, Isabel leu no jornal que Burton estava enfim a caminho de casa. "Sinto-me estranha", escreveu ela em seu diário, "assustada, doente, estupefata, morrendo de vontade de vê-lo e, no entanto, inclinada a fugir para que, depois de tudo o que sofri e ansiei, não tivesse de suportar mais."[4] No dia seguinte, ela foi visitar uma amiga e, enquanto esperava numa sala do andar de cima, ouviu a campainha tocar, anunciando outro visitante. Quando abriram a porta, ela ouviu a voz de um homem que subia as escadas. "Quero o endereço da srta. Arundell." Era uma voz que, escreveu ela mais tarde, "me emocionou por completo." Momentos depois, ouviu a porta da sala, e ela se virou, pasma ao encontrar Richard Burton parado na porta. "Por um instante, nós dois fi-

---

* No original: "*That brow which rose before my sight,/ As on the palmer's holy shrine/ Those eyes—my life was in their light;/ Those lips my sacramental wine;/ That voice whose flow was wont to seem/ The music of an exile's dream*". (N. T.)

camos atordoados", escreveu ela. "Eu senti tão intensamente que imaginei que ele devia estar ouvindo meu coração bater e vendo como cada nervo estava sobrecarregado."

Esquecendo-se completamente da amiga a quem havia ido visitar, Isabel seguiu na mesma hora Burton para fora da sala, desceu as escadas e entrou numa carruagem. "Eu me senti bastante atordoada", escreveu ela. "Não conseguia falar nem me mexer, mas me sentia como alguém que recobra a consciência após um desmaio ou um sonho; era uma dor aguda, e durante a primeira meia hora não encontrei alívio."[5] Isabel estava tão chocada que não conseguiu nem chorar, com os olhos arregalados, secos e fixos e o coração batendo dolorosamente. Esforçando-se para se recuperar, tirou do bolso a foto de Burton que carregava havia três anos, um ícone, um talismã, um símbolo de esperança. Sem hesitar, ele enfiou a mão no bolso e tirou uma foto dela. Isabel afirmaria mais tarde que ambas as fotos estavam em perfeitas condições, mostrando "o cuidado com que sempre as guardamos".

Por mais comovida que estivesse por enfim ver o homem que durante anos havia preenchido seus sonhos, até mesmo Isabel não pôde deixar de notar que ele havia mudado muito desde a última vez que o vira. "Ele teve 21 ataques de febre — ficou parcialmente paralisado e parcialmente cego", escreveu mais tarde, horrorizada com a lembrança. "Ele era apenas um esqueleto, com a pele marrom-amarelada pendurada em bolsas, os olhos salientes e os lábios afastados dos dentes. [...] Ele estava tristemente alterado; sua juventude, sua saúde, seu ânimo e sua beleza haviam sumido naquele momento."[6] Embora o coração de Isabel ficasse partido ao lembrar o homem que outrora irradiava força e vigor, agora magro, pálido e fraco, seu desejo e determinação de se casar com ele eram ainda mais fortes. "Ele ainda era [...] meu deus e rei terreno, e eu poderia me ajoelhar a seus pés e adorá-lo", escreveu ela. "Eu gostava de me sentar, olhar para ele e pensar: 'Você é meu, e não há homem na terra que se pareça de algum modo com você.'"[7]

Por mais desesperada que Isabel estivesse para enfim se casar com Burton, ela ainda tinha um obstáculo inabalável: sua mãe. Eliza Arundell procurava um par adequado para sua filha mais velha havia dez anos, mas Richard Burton, além de não se encaixar nessa descrição, estava mais longe do pretendente ideal do que ela poderia imaginar. Quando Isabel lhe dissera que queria se casar com Burton, a resposta de Eliza fora fria, inflexível e incrivelmente dura, mesmo para uma mãe que sempre exigia obediência total dos filhos. Isabel jamais a esqueceria. "Quando cheguei em casa em êxtase e lhe disse que havia encontrado o Homem e a Vida pelos quais ansiava [...], o que você me respondeu?", escreveu ela mais tarde. "'Que ele era o *único* homem com quem você nunca consentiria que eu me casasse; que você preferia me ver no meu caixão.'"[8]

Burton era tudo o que Eliza não queria num genro. Ele era bem conhecido, mas da pior forma possível. Rumores escandalosos sobre ele corriam em todas as direções, e era raro encontrá-lo nos círculos sociais elevados dos Arundell — embora, como Isabel finalmente teria coragem de dizer para a mãe, o último lugar que Burton queria estar era no círculo social de seus pais ou de qualquer um. Ele tinha muito pouco dinheiro e ainda menos perspectivas. O governo de Bombaim o repreendera e a Real Sociedade Geográfica, depois de lhe conceder sua medalha mais importante, o ignorava e concentrava toda sua atenção e financiamento no homem que havia sido seu subordinado. Para uma mulher que queria para suas filhas posição social e estabilidade financeira, Burton parecia a pior escolha possível.

Mas o que tornava Burton completamente inaceitável para Eliza era o fato de que ele, além de não compartilhar suas crenças religiosas, aparentemente não tinha nenhuma religião. Isabel passaria o resto da vida tentando, de forma gentil mas firme, converter Burton ao catolicismo, sem desistir nem mesmo quando ele estava em seu leito de morte. Georgiana Stisted, sobrinha de Burton, afirmaria que ele havia sido um deísta durante a maior parte da vida,[9] mas o próprio Burton, embora estudasse quase todas as religiões, as rejeitava por completo. Ele acreditava que a religião organizada trazia apenas infelicidade tanto para seus praticantes como para aqueles que ela professava "salvar". "Começo a acreditar que a única crença segura é a completa descrença no que acredita o próximo", escreveu ele a um amigo. "Esperando que nos encontremos na próxima sessão espírita."[10]

Apesar da antipatia profunda e franca de Eliza por Burton e sua recusa absoluta em permitir que ele se casasse com a filha, Isabel continuou tentando convencê-la. Alguns meses depois de seu noivo voltar da África, ela escreveu à mãe uma carta longa, cuidadosamente fundamentada e com fortes argumentos.

Mas antes de expor sua causa, ela começou com uma advertência. "Minha querida mãe, sinto-me muito grata por me convidar a confiar. É a primeira vez que você faz isso, e a ocasião não deve ser negligenciada. Será um grande conforto para mim lhe contar tudo", escreveu ela. "Mas você deve me perdoar se eu disser que tenho um lugar sensível demais para ser tocado, e que uma palavra rude ou injuriosa pode amargar a nossa vida futura." Então ela começou a abordar as preocupações da mãe, ponto por ponto, na esperança de provar que eram injustas e ilógicas. "Surpreende-me que você considere que sou vítima de paixonite, você que adora talento, e meu pai, a coragem e a aventura, e aqui estão os dois unidos", argumentou ela. "Olhe para onde cumpriu os serviços militares — Índia e Crimeia! Veja os escritos, as viagens, a poesia, as línguas e os dialetos dele. Agora que Mezzofanti morreu,[11] ele está em primeiro lugar na Europa; ele é o melhor cavaleiro, espadachim e atirador. Ele foi presenteado com a medalha de ouro, ele é um Membro da Real Sociedade Geográfica, e você deve ver nos jornais sua glória, sua fama e seu agradecimento público. [...] Eu poderia lhe contar aventuras e traços de determinação dele que a encantariam se a senhora não tivesse preconceitos." Depois de lembrar a mãe das muitas realizações de Burton, Isabel afirmava que ele também era um homem absolutamente bom, apesar do que ela pudesse ter ouvido em contrário. "Ele não é de forma alguma o homem [...] que as pessoas pensam que é ou que às vezes, por diversão, ele finge ser", escreveu ela. "Quaisquer opiniões maldosas que a senhora possa ter ouvido [...] advêm de sua imprudência ao desafiar pessoas convencionais falando bobagens sobre religião, coração e princípios."

Sobre religião, Isabel se apressou a tranquilizá-la. "Ele leva uma vida boa, tem uma adoração natural a Deus, honra inata, e faz um bem desconhecido", escreveu ela.[12] Além disso, Isabel estava confiante de que, com tempo e com uma orientação calma e gentil — não muito diferente do que ela estava fazendo com a mãe —, poderia fazê-lo mudar de ideia. "*No momento* ele não está seguindo nenhuma forma; pelo menos nenhuma que deva", admitiu, mas ela acreditava que já havia sinais de que ele acabaria aceitando o modo de pensar deles. "Ele deseja se casar na Igreja católica, diz que devo praticar minha própria religião e que nossos filhos devem ser católicos, e fará essa promessa por escrito." Havia muitos homens que professavam ser católicos tementes a Deus, lembrou Isabel à mãe, mas poucos eram tão genuinamente bons quanto Burton. "Eu mesma não me importo com as pessoas que se dizem católicas, se não o são em ações", escreveu ela, "e a vida do capitão Burton é muito mais cristã, mais cavalheiresca, mais útil e mais agradável a Deus — tenho certeza — do que muitos que *se dizem* católicos e que conhecemos."

Embora Isabel usasse todos os recursos à disposição, desde a mente afiada até o coração palpitante, para convencer a mãe a aceitar Burton, Eliza não se comoveu. "A única resposta a esta carta foi um terrível sermão longo e solene", Isabel recordaria mais tarde.[13] "Dizendo-me que 'Richard não era cristão e não tinha dinheiro.'" Burton a aconselhou a desistir, certa de que ela nunca conseguiria mudar a opinião da mãe sobre ele. Ambos tinham "a nobre firmeza da mula", disse ele. A única opção que lhes restava era se casar sem a bênção dela, acreditava ele.[14] Isabel, porém, resistiu. Embora já estivesse com quase trinta anos, ainda não conseguia desobedecer à mãe.

A vida de Burton havia desmoronado de repente de modo inexplicável. Tudo com o que havia sonhado, trabalhado, arriscado a vida diversas vezes para encontrar havia desaparecido, deixando-o sem ideia de onde se virar em seguida. Mesmo aquelas poucas partes de sua vida em que ele sempre fora capaz de confiar desmoronaram. Seus pais estavam mortos e seu irmão mais novo, Edward, que havia sido um dos esteios de sua vida, o melhor amigo durante a infância peripatética, havia mudado completa, trágica e irrevogavelmente. Edward Burton sobreviveu ao motim indiano de dois anos antes, no qual Edward Speke havia sido morto, mas foi mandado para casa depois de sofrer uma grave insolação, que, acreditava-se, somada a um ataque sofrido três anos antes, durante o qual ele havia sido espancado por uma multidão enfurecida, levou ao que só poderia ser descrito como um colapso mental completo. "Sua mente cedeu lentamente", escreveria Georgiana Stisted mais tarde, "e nunca se recuperou."[15] O jovem corajoso e bonito que seguira seu irmão em todas as rebeliões juvenis, conseguindo até ser expulso de Cambridge depois que Richard foi convidado a deixar Oxford, estava agora internado no Asilo de Lunáticos do Condado de Surrey. Ele não falava desde que fora trazido para casa e, com uma única exceção, pouco mais que um murmúrio, não falaria de novo pelo resto dos quase quarenta anos de sua vida.[16] A gravidade e o mistério da doença de Edward o deixaram irremediavelmente isolado do mundo, e nem mesmo o irmão conseguiria se comunicar com ele.

Ansioso para esquecer tudo o que havia acontecido desde seu retorno, Burton deixou Londres na primeira oportunidade. Mudando inquieto de um lugar para outro, ele tentava curar o corpo alquebrado e libertar a mente torturada. "Fui expulso da cidade por um desejo intenso de ar fresco e um peso na mente — algo parecido com o que a consciência deve ser", escreveu ele a Monckton Milnes de Dover, onde fora fazer "a cura pela água".[17] Milnes o convidou então para passar uma semana em sua mansão rural, Fryston Hall, onde recebia todos, de Henry Adams a Tennyson, que apelidou a antiga propriedade ventosa de "Freezetown". O próprio Milnes a chamava carinhosamente de Afrodisiópolis, numa referência à sua grande coleção de livros eróticos. De Fryston Hall, Burton viajou para Boulogne, onde conhecera Isabel quase dez anos antes, parando em Paris para visitar Hankey.

Mas Milnes e Hankey, com suas raras coleções e sugestões ultrajantes, não conseguiam tirar da mente de Burton o que havia perdido. Quando ele visitou a família, sua jovem sobrinha Georgiana não pôde deixar de ver que o tio, outrora vibrante, havia mudado, e ela não foi a única a perceber isso. "Todo mundo comentou que ele parecia doente e deprimido", escreveu ela.[18] Ele não estava apenas frágil e fraco. Estava com o coração partido. "A estranha traição de Speke o afetou mais do que ele confessaria", lembrou Georgiana mais tarde. "Uma natureza tão afetuosa não poderia deixar de sentir profundamente o rompimento completo de uma longa amizade." Georgiana e os pais, que adoravam Burton, o levavam para longas caminhadas e jantares em família e garantiam que ele tivesse tempo e solidão para escrever e pensar, mas nada parecia ajudar. "Durante todo aquele verão ele parecia doente e desanimado", escreveu Georgiana. "Na família, a expressão 'um Burton azarado' é proverbial e, às vezes, seu azar inveterado foi quase suficiente para encerrar sua carreira. Até uma coisa boa chegava a ele como um escorpião, com um ferrão na cauda."[19]

17. Duro como tijolos

Confortável e contente em sua casa ancestral em Jordans, Speke avançou com os planos de sua própria expedição. Mas as decisões que mais pareciam absorver seus pensamentos não diziam respeito aos suprimentos que levaria ou à rota que tomaria, mas a quem contrataria. Por sua própria experiência recente, Speke sabia que escolher os homens com quem viajaria pela África Oriental era uma decisão potencialmente perigosa e de importância vital. Ele não faria isso de maneira leviana.

A lealdade se tornou essencial nas decisões de Speke. A única pessoa que ele sabia, sem dúvida, que precisava ter em sua expedição era Sidi Mubarak Bombay. "Diga a Bombay que o estou divulgando em todo o mundo", escreveu ele a Rigby, "e criei tanto interesse aqui em sua contratação que, da próxima vez, devo trazê-lo para casa comigo."[1] Speke sabia que, com Bombay ao seu lado, ele teria não apenas um tradutor e guia, mas um companheiro de confiança. Nunca ficaria perdido nem solitário.

Muito mais difícil para Speke era escolher seu segundo no comando. A Real Sociedade Geográfica já havia recebido várias inscrições para o posto, mas Speke queria alguém que conhecesse pessoalmente e em quem confiasse. Sua primeira ideia foi Edmund Smyth. Ele já havia decepcionado Smyth duas vezes no passado: primeiro, em 1854, quando escolheu navegar sozinho para

Áden em vez de viajarem juntos como haviam planejado, e de novo dois anos depois, quando abandonou os planos de caçar nas montanhas do Cáucaso após receber o convite de Burton para participar da Expedição da África Oriental. Mas Speke estava confiante de que Smyth não usaria o passado contra ele e achava que, mesmo nas situações mais difíceis, poderia contar com seu velho amigo. Ele era "um sujeito que não vai para o diabo, cheio de garra e cabeça-dura acima de tudo", escreveu ele, "um homem que tem exatamente os mesmo hábitos que eu e com quem estou completamente alinhado".[2] Smyth serviu na Índia com a 13ª Infantaria Nativa de Bengala e lutou nas batalhas de Chenab e Gujrat na Segunda Guerra Anglo-Sikh. Caçou com Speke no Himalaia, explorou as montanhas de Kumaon e Garhwal e abriu um caminho no curso superior do Ganges que havia muito tempo estava fechado para os viajantes. Dois anos antes, o escritor Thomas Hughes, que frequentara a Rugby School com Smyth, criou um personagem baseado no antigo companheiro no popular romance *Tom Brown's School Days* [Tempos de escola de Tom Brown]. "O peixe mais esquisito e frio da Rugby", escreveu Hughes sobre o personagem Crab Jones, baseado em Smyth. "Se caísse na Lua neste minuto, ele simplesmente se levantaria sem tirar as mãos dos bolsos."[3]

Mas, depois de convidar Smyth para acompanhá-lo, Speke voltou a mudar de ideia. Decidiu que seu velho amigo não era mais forte o suficiente para viajar com ele e rescindiu a oferta. "Ouvi dizer que Smyth está febrilmente inclinado", escreveu ele com desdém a Shaw. "Eu não vou tê-lo comigo. [...] Sou duro como tijolos."[4] Speke procurava por alguém que fosse inteligente e forte, mas também, e talvez mais importante, leal de forma inabalável. Precisava de alguém que nunca o traísse, não invejasse sua posição como comandante da expedição nem disputasse seu lugar na história como descobridor da nascente do Nilo.

Por fim, o companheiro perfeito se apresentou quando James Augustus Grant escreveu a Speke, oferecendo-se para acompanhá-lo à África Oriental.[5] Filho de um ministro paroquial, Grant nasceu nas Terras Altas da Escócia e foi educado em Aberdeen antes de ingressar no Exército indiano, onde conhecera Speke doze anos antes. Grant tinha todas as qualidades que Speke procurava em um segundo no comando, poucas das quais poderiam ser usadas para descrever Burton ou o próprio Speke. Ele era modesto, discreto e feliz por ficar em segundo plano. "Mamãe pensa sempre em nosso amigo Grant e está imensamente satisfeita com a ideia de eu ter um companheiro assim", escreveu Speke a Shaw de Jordans, a propriedade de sua família.[6] Com Grant, Speke sabia que nunca correria o risco de dividir os holofotes. "Sinto que nunca serei privado da descoberta do Nilo", escreveu ele satisfeito a Rigby.[7]

Alegar que havia descoberto a nascente do Nilo Branco fora fácil para Speke, mas provar isso seria muito mais difícil. Embora já tivesse estado em Nyanza, nunca havia liderado uma expedição desse tamanho. Todas as decisões difíceis que ele havia criticado em Burton seriam agora tomadas por ele. Além disso, a Real Sociedade Geográfica seria de pouca ajuda. Esperando que Speke, como todos os seus exploradores, resolvesse o problema por conta própria, ela só enviou instruções um mês antes de ele e Grant deixarem a Inglaterra. Quando por fim chegaram, Speke descobriu que ofereciam pouca orientação. A partir de Zanzibar, a expedição deveria viajar diretamente para o extremo norte do Nyanza, encontrar o ponto em que o Nilo Branco saía do lago — provando assim que era a principal fonte — e seguir o rio para o norte, até a missão alemã de Gondokoro na margem leste, onde hoje é o Sudão do Sul. A Sociedade esperava que tudo isso fosse realizado até o final de 1861, em pouco mais de um ano.

Speke sabia que, quando chegasse a Gondokoro, sua expedição estaria com problemas, com poucos ou nenhum suprimento e sem conseguir um barco para levá-la a Cartum, de onde deveria voltar para casa. Ele precisava de alguém disposto a encontrá-lo com barcos e suprimentos. Com a ajuda de Murchison, encontrou o homem certo. John Petherick conhecia a região perto de Gondokoro quase tão bem quanto qualquer explorador e melhor do que a maioria. Engenheiro de minas galês, ele procurara em vão por depósitos de carvão no Egito e no Sudão antes de desistir e se tornar um comerciante de marfim no vale do Nilo. Enquanto estava lá, explorou os afluentes do Nilo e se tornou o primeiro europeu a mapear o Bahr el-Ghazal, um rio cuja bacia de drenagem é a maior das dez sub-bacias do Nilo. Depois de ser nomeado vice-cônsul britânico em Cartum, ele voltou para a Inglaterra em 1859 e procurou Murchison, que conhecia havia anos. Murchison, por sua vez, o apresentou a Speke.

Nos meses seguintes, Speke trabalhou duro para estabelecer uma amizade com Petherick. Depois de ver um mapa que havia desenhado do alto Nilo,

Speke declarou que era "uma produção muito valiosa" e que Petherick era "o maior viajante naquela parte da África".[8] Petherick gostava de explorar, mas estava feliz com seu anonimato. Speke o incentivou a pensar que poderia se tornar famoso. "Estava longe de meus pensamentos cortejar a notoriedade, fosse como viajante ou como autor", escreveu Petherick. "Um dos meus novos conhecidos que mais me induziu a superar meus preconceitos com relação à publicação foi o capitão Speke."[9] Ele encorajou Petherick não só a publicar seus diários de viagem, como a entregá-los à *Blackwood's*. "O interesse […] é muito mais intenso do que você supõe, ou tenho certeza de que você não esconderia do público o que ele tanto deseja e que agora é mantido em segredo dentro de você", disse ele a Petherick. "A Real Sociedade Geográfica não tem meios de divulgar nada, enquanto Blackwood tem uma circulação maior do que qualquer outra. Mais uma vez, a Real Sociedade Geográfica é preguiçosa ao extremo, mas Blackwood não pede uma semana para produzir um mapa, um artigo ou qualquer outra coisa."[10]

Speke até convidou Petherick para visitá-lo em Jordans. "Pedi a Petherick que viesse aqui por alguns dias", escreveu ele a Shaw na Real Sociedade Geográfica, "para que possamos tomar providências para rasgar a África juntos."[11] Enquanto a mãe de Speke aprovava Grant por sua óbvia lealdade ao filho, suas irmãs preferiam Petherick, pois pelo menos as fazia rir. Baixo e atarracado, com uma barba rebelde e uma cabeça cheia de cachos selvagens, Petherick se sentia mais em casa num acampamento na África do que numa propriedade rural britânica. Ele andava entre os móveis delicados e a porcelana fina de forma desajeitada "como um hipopótamo desenfreado", escreveu Speke.[12] Suas irmãs adoravam ver o homem corpulento lutando para descobrir como se encaixar e o que deveria fazer. "Petherick, para grande diversão das meninas", escreveu Speke a Blackwood, "não conseguiu encontrar seu lugar na igreja hoje."[13]

Petherick, no entanto, apesar de toda a sua falta de jeito entre os aristocratas, era esperto. Ele queria voltar ao Nilo e estava alegremente disposto a deixar de lado as próprias ambições para ajudar Speke a alcançar as suas, mas estava preocupado por não ter o financiamento necessário para uma empreitada tão difícil. O próprio Speke recebera apenas 2500 libras esterlinas, e muito disso foi resultado do apelo direto de Murchison a seus amigos do Tesouro. Para fazer o que Speke e a Real Sociedade Geográfica estavam pedindo a ele — viajar ao sul de Cartum enquanto Speke seguia para o norte de Zanzibar e, depois, esperar em Gondokoro com três barcos abastecidos com suprimentos para Speke e seus homens —, Petherick precisaria de uma doação semelhante à de Speke. "A despesa dessa expedição seria de cerca de 2 mil libras", explicou Petherick à Sociedade. "No caso de uma quantia tão grande não estar disponível, eu proporia colocar dois barcos bem providos, sob a supervisão de um de meus próprios homens, em cuja integridade eu poderia sem dúvidas confiar, para aguardar a chegada da expedição. [...] A despesa seria, num cálculo moderado, de mil libras."[14]

Petherick tinha razão em se preocupar. A Real Sociedade Geográfica só tentou aumentar seu salário consular em trezentas libras por ano, e o governo recusou até mesmo esse pedido.[15] "Devo dizer", queixou-se o subsecretário do Tesouro, "que a Sociedade Geográfica depende muito de nós." Murchison fez o que pôde para levantar o dinheiro sozinho e por fim convenceu a Sociedade e o Ministério das Relações Exteriores a doar cem libras cada, contribuiu com vinte libras de seu próprio bolso e instou seus colegas membros da Sociedade a fazerem o mesmo. "Teria sido difícil esperar que o cônsul Petherick fizesse isso às próprias custas", ele os repreendeu. No final, porém, Petherick ainda se viu muito aquém das 2 mil libras esterlinas de que precisava. Apesar de ter tentado explicar várias vezes que o que lhe pediam era impossível com os fundos dados, Francis Galton, que era membro do Subcomitê de Expedição da Sociedade, emitiu instruções ordenando que Petherick esperasse por Speke em Gondokoro em novembro de 1861 e, se necessário, que permanecesse por lá até pelo menos junho de 1862.

Enquanto Petherick lutava para chamar a atenção da Sociedade, Speke e Grant se preparavam para partir. Galton convidou os dois homens para irem à sua casa e lhes desejar uma boa viagem. Anos depois, ele se lembraria da visita, durante a qual ficou impressionado com a óbvia devoção de Grant por Speke. "Posso dizer", escreveu ele mais tarde, "que o apego de Grant a Speke era notável por sua lealdade e intensidade."[16] Mas mesmo com Grant, Speke não estava disposto a correr riscos. Recordando com clareza o relacionamento torturado com seu próprio comandante, ele escreveu um contrato assumidamente severo para seu modesto e despretensioso segundo em comando, pedindo-lhe que o assinasse na noite anterior à partida para a África Oriental.

Eu, por meio deste, concordo em acompanhar o capitão J. H. Speke em sua expedição à África Central Oriental nas seguintes condições: Que não serei despesa para a Expedição durante toda a jornada e que dedico todos os meus serviços e habilidades à Expedição e renuncio a todos os meus direitos de publicação ou coleções de qualquer tipo por minha própria conta até que seja aprovado pelo capitão Speke ou pela Real Sociedade Geográfica.

Por outro lado, o capitão Speke concorda em tornar o capitão Grant parte da expedição nas condições acima indicadas.

J. A. Grant

J. H. Speke[17]

Enfim seguro de que nunca se encontraria na mesma posição em que havia colocado Burton, Speke começou a sentir certo arrependimento pela maneira como as coisas aconteceram. Burton costumava enfurecê-lo com sua segurança suprema, seu desinteresse pela opinião de qualquer outra pessoa e sua certeza de que, não importasse a situação, ele podia confiar apenas no próprio intelecto. Mas o que de fato enfurecera Speke fora Burton não ter ficado impressionado nem se sentido ameaçado por ele. "Ele costumava me menosprezar de uma maneira tão desagradável quando falava sobre qualquer coisa que eu com frequência guardava meu próprio concelho [sic]", queixara Speke para Shaw. "Burton é um daqueles homens que nunca *pode* estar errado e nunca reconhecerá um erro, de modo que, quando há apenas duas pessoas, a conversa se torna mais um tédio do que um prazer."[18]

Agora, porém, enquanto se preparava para assumir o comando da própria expedição, os sentimentos de Speke começaram a mudar do ressentimento para a magnanimidade. "Burton e eu nos encontramos na Real Sociedade Geográfica hoje", admitiu ele em uma carta a Rigby, "mas ele não falou comigo porque tivemos uma pequena diferença de opinião após a qual ele desejou que toda a correspondência privada cessasse."[19] As cartas entre os dois, que haviam continuado desde que Speke deixara Áden, ficaram cada vez mais frias à medida que aos poucos se revelava o tamanho da traição de Speke. O que havia começado nos termos mais familiares, dois amigos se dirigindo com respeito, até afeição, evoluíra rápido para uma tensão crepitante e, depois, para uma fúria mal disfarçada. "Meu caro John" tornou-se "Meu caro Speke", que foi então abreviado para "Speke" e, por fim, para o mínimo exigido pela correspondência civil na era vitoriana: "Senhor". No final, Burton pediu a Shaw que atuasse como mediador entre eles, explicando que não "desejava ter mais nenhuma comunicação privada ou direta com Speke".[20]

Dois dias antes de partir em sua expedição, Speke escreveu a Burton uma última vez. "Meu caro Burton", escreveu ele, tentando voltar a um tom mais amigável. "Não posso deixar a Inglaterra me dirigindo a você com tanta frieza quanto você tem se correspondido até agora, sobretudo porque você condescendeu em fazer um acordo amigável comigo sobre a dívida que tenho com você."[21] Burton, no entanto, recusou-se a aceitar a oferta de conciliação de Speke. Ele havia sido muito ferido, havia perdido muito. Seus sentimentos por Speke nunca poderiam ser consertados. "Senhor, recebi sua nota de 16 de abril", respondeu ele de maneira seca. "Com relação à questão das dívidas, não tenho nenhuma objeção a fazer. No entanto, não posso aceitar sua oferta quanto a me corresponder de forma menos fria — qualquer outro tom seria extremamente desagradável para mim." "Eu sou Senhor", escreveu ele, deixando a carta sem assinatura.[22]

PARTE IV
AS LÍNGUAS MALIGNAS DOS AMIGOS

18. O príncipe

A primeira pessoa a receber Speke de volta a Zanzibar no outono de 1860 foi a última pessoa que ele vira ao deixar a ilha, mais de um ano antes. Nem Speke nem Burton jamais esqueceriam a visão de Sidi Mubarak Bombay parado na praia, desejando-lhes um afetuoso adeus, quando o navio deles partiu do porto. Agora que Speke estava de volta, Bombay o esperava, ainda firme, honesto e corajoso. Pronto para voltar com ele ao Nyanza.

Depois de se reencontrar com Bombay, Speke estava ansioso para ver o homem com quem fizera uma aliança de longa distância no ano anterior. Ele logo levou Grant ao consulado britânico, onde Rigby esperava por eles. "Ele ficou encantado em nos ver", escreveu Speke, "e, antecipando nossa chegada, preparou quartos para nossa recepção, para que tanto o capitão Grant como eu pudéssemos desfrutar de sua hospitalidade até que fossem feitos os preparativos para nossa entrada no interior."[1] O cônsul também puxou Speke de lado para lhe mostrar o que ele acreditava ser um antigo mapa hindu publicado cerca de sessenta anos antes e que poderia apoiar o argumento de Speke de que as montanhas da Lua ficavam ao sul do Nyanza e, portanto, não podiam cortar o Nilo a altura do lago, como alguns de seus críticos sugeriram. "O coronel Rigby me deu um papel muito interessante, com um mapa anexado a ele, sobre o Nilo e as montanhas da Lua [...] dos 'Pŭrans' dos antigos hindŭs", escreveu

Speke. "Ele exemplifica, até certo ponto, a suposição a que cheguei anteriormente."[2] A verdadeira fonte de conhecimento antigo sobre a África Oriental, agora acreditava Speke, não eram os egípcios, mas os homens que haviam desenhado aquele mapa. "Todas as nossas informações anteriores sobre a hidrografia dessas regiões e das montanhas da Lua se originaram com os antigos hindus, que as contaram aos sacerdotes do Nilo", argumentou. "Todos aqueles geógrafos egípcios que disseminaram *seu* conhecimento com o objetivo de serem famosos por *sua* visão de longo prazo, em resolver o mistério profundo que envolvia a nascente de seu rio sagrado, não passavam de hipotéticos embusteiros."[3]

Speke estava tão confiante em suas próprias primeiras impressões da região, que, além de acreditar que havia encontrado a nascente do Nilo Branco, também já trocara seu nome. Depois de voltar para a Inglaterra, deu ao maior lago da África o nome da rainha britânica Vitória. "Batizei o lago em homenagem à rainha", explicou ele a um amigo, "porque quando voltei ela perguntou de forma educada sobre minha saúde."[4] O Nyanza, claro, já tinha um nome. Vários, na verdade. Além de seu nome em suaíli, aqueles que viviam perto do lago, falantes da língua banto luganda, chamavam-no de Nalubaale e atribuíam ao lago, que tanto provia para sua comunidade, o espírito de uma mulher ou uma mãe. O povo luo, que vive no que hoje é o Quênia e a Tanzânia, chamava-o de Nam Lolwe, no dialeto dholuo, que significa lago ou massa de água sem fim. Nenhuma dessas pessoas sabia ou se importava com o fato de que, no mundo ocidental, seu lago de repente se tornara conhecido como Vitória Nyanza, que logo seria anglicizado ainda mais para lago Vitória.

Speke sem dúvida não foi o primeiro nem seria o último explorador a dar nome a uma característica geográfica que pertencia a outro continente. Lagos, cadeias de montanhas, arquipélagos e até mesmo países inteiros receberam nomes de homens que os visitaram apenas uma vez ou nunca pisaram em suas terras. Aqueles que viviam nas cercanias, gratos pela comida, pela água, pelo abrigo ou pela beleza que forneciam, que por vezes os encaravam com medo e sempre com respeito, nunca ou raras vezes eram consultados. Nem todo explorador, entretanto, aprovava a prática. Burton considerou a renomeação do Nyanza não apenas presunçosa, mas absurda, e pensava o mesmo da decisão de Speke de designar acidentes geográficos do Tanganica de "canal Speke" e "ponta Burton". "Minha opinião [...] sobre manter a nomenclatura nativa sempre foi fixa e das mais fortes", escreveu Burton, passando a citar o geógrafo James Macqueen, "nada pode ser tão absurdo quanto impor nomes ingleses a qualquer parte, mas sobretudo a lugares no interior remoto da África."[5]

Para Speke, o lago já era o Vitória Nyanza, e sua única tarefa agora era provar o lugar dele — e o seu próprio — na história da geografia. Para tanto, precisava contratar o máximo de homens que conseguisse encontrar. Como líder da caravana, ele contratou mais uma vez Said bin Salim, apesar de ele ter vendido a maior parte dos suprimentos enquanto estavam no lago Tanganica e Burton ter sido forçado a substituí-lo por Bombay. Como seu ajudante, tradutor e companheiro, Speke não consideraria ninguém além de Bombay, que, por sua vez, escolheu para ser seu companheiro Mabruki, o homem escravizado que ele havia comprado três anos antes para levar consigo na expedição de Burton. Assim como Speke não conseguia imaginar viajar pela África Oriental sem Bombay, este não deixaria Zanzibar sem Mabruki.

Tal como Murchison na Inglaterra, Rigby fez tudo o que pôde para ajudar Speke em Zanzibar. Após criticar Burton por não honrar as promessas que Hamerton havia feito a seus homens e se recusado a usar seus poderes como substituto de Hamerton para honrá-los ele mesmo, Rigby agora anotava com cuidado todos os acordos celebrados por Speke. "O pagamento dos salários desses homens no primeiro ano e os termos do acordo feito com eles, com o gentil consentimento do coronel Rigby, foram agora registrados nos livros do Escritório Consular", escreveu Speke, "como garantia para ambas as partes e precaução contra disputas no caminho."[6]

Speke ficou emocionado não apenas por se reencontrar com Rigby e Bombay, mas também por viajar com Grant. "Ele é um amigo muito querido", escreveu, "e, como bom caçador, passamos nossos dias de forma maravilhosa."[7] Grant concordou com entusiasmo e, mais tarde, escreveu que "nenhuma sombra de ciúme ou desconfiança, ou mesmo mau humor, jamais se interpôs entre nós".[8] Houve, no entanto, desde o início além de uma camaradagem fácil entre os dois, mas também uma compreensão clara de suas posições relativas dentro da expedição. Eles tinham a mesma idade — na verdade, Grant era algumas semanas mais velho que Speke — e tiveram carreiras militares muito semelhantes, mas nunca houve dúvida de que Speke era o comandante e Grant, seu subordinado. Grant nunca se irritou com a distinção, como Speke fez com Burton, e tampouco esqueceu o acordo que havia assinado antes de deixar a

Inglaterra. Um artista altamente qualificado, ele levou consigo para Zanzibar seu caderno de esboços, dentro do qual escreveu: "Aviso. Se eu morrer, este livro será dado, com a permissão de Speke, para minha irmã".[9]

Antes de deixar Zanzibar, Speke foi convidado para caçar hipopótamos. Ele deixou Grant, também um caçador experiente e entusiasta, para trás. Enquanto esperava de forma paciente o retorno de Speke, Grant foi convidado a testemunhar a execução de dois homens acusados de assassinar o explorador alemão dr. Albrecht Roscher, perto do lago Nyasa, alguns meses antes. Após um longo atraso nas ordens de execução do sultão, um homem na multidão por fim se dirigiu a Grant. "Pode começar?", perguntou ele. "Sim", respondeu Grant, "claro, prossiga", e então viu os dois prisioneiros, um após o outro, quase serem decapitados por uma espada. "Os dois pareciam estar em um sono doce; duas galinhas pulavam nos corpos ainda trêmulos, e as vacas permaneciam imperturbáveis no espaço aberto", escreveu Grant mais tarde. "Saí do local, esperando nunca mais testemunhar outra cena semelhante; mas tive a satisfação de sentir que a justiça havia sido feita e que, se eu não estivesse presente, aqueles assassinos teriam escapado da punição."[10]

Ansioso para chegar ao Nyanza e esperando encontrar Petherick em Gondokoro em apenas um ano e meio, Speke foi para o continente pouco mais de um mês depois de chegar a Zanzibar. Ele "saiu em marcha", escreveu, "com a certeza absoluta de que em breve resolveria para sempre o grande problema do Nilo".[11] Mas, para sua frustração, assim que a expedição começou, começaram também as deserções. "Iniciei em Zanzibar com duzentos seguidores", queixou-se. "Tínhamos apenas quarenta dos duzentos homens quando chegamos a Kazeh, pouco menos de setecentos quilômetros a oeste da costa marítima. Três quartos nos abandonaram." Embora tivesse acusado Burton de ser duro demais ao se recusar a recompensar quem havia desertado de sua expedição, Speke exigia agora uma punição muito mais séria para seus próprios homens. "Os homens do sultão fogem e nos deixam na mão. Eu disse ao sheik para redigir uma carta ao sultão reclamando sobre eles e pedindo que penalidades severas fossem instituídas para esse comportamento, a fim de impedir qualquer outro de seguir o exemplo deles", escreveu ele a Rigby. "Eles são praticamente ladrões, com a agravante de que juraram fidelidade a mim, e desejo que assim sejam notificados. [...] Mando uma lista com os dezessete homens que fugiram para que você faça o que achar melhor."[12] Sua advertência aos homens que permaneceram foi clara: em risco não estava apenas a recompensa deles, mas sua liberdade. "Se desertassem", disse-lhes, "eles encontrariam meu braço longo o suficiente para prendê-los na costa e colocá-los na prisão."[13]

Speke queria que seus homens o obedecessem, porém, mais do que isso, queria seguir em frente. Em cada ponto, sua expedição foi frustrante e até mesmo perigosamente lenta. Em Kazeh, o posto comercial onde ele e Burton foram forçados a passar cinco semanas por causa da enfermidade de Burton, Speke foi detido por quase o dobro do tempo por causa de doença, logística e negociações. Quando partiu de novo, foi parado quase de imediato no reino de Uzinza, onde o chefe, Lumeresi, insistiu que ele permanecesse por quase três meses. A essa altura, era outubro, quase um ano depois de a expedição ter deixado Zanzibar e apenas alguns meses antes do encontro marcado com Petherick, e eles ainda tinham centenas de quilômetros pela frente.

A expedição estava ficando sem provisões. Em uma carta desesperada enviada a Rigby, Speke admitiu que estava profundamente preocupado, "mal sabendo o que fazer". Os homens dependiam muito de forragear e da caça de pequenos animais, em geral pardais e pombos. "Tivemos de confiar no acaso e em nossos rifles", escreveu Grant. "Certa noite, nosso jantar inteiro consistia em duas espigas de milho, comidas com sal."[14] Enquanto os outros se curvavam desanimados sobre seus pratos com tampa de lata, empoleirados em cima de caixas de madeira, Bombay escapuliu e voltou mais tarde com uma galinha morta, "muito pequena e desajeitadamente achatada". Então desapareceu de novo e, de algum modo, encontrou cinco galinhas vivas, que os alimentaram pelos próximos dois dias.[15]

Quase todos os homens também já haviam adoecido. Speke e Grant foram vítimas de doenças que transformaram seus corpos fortes e saudáveis em cascas que mancavam, tossiam e tremiam. Speke teve um resfriado tão forte que mal conseguia dormir ou ficar de pé. "Os sintomas, no geral, eram bastante alarmantes", admitiu ele mais tarde. "O coração parecia inflamado e prestes a explodir, formigando e doendo a cada respiração, o que era extremamente agravado pela tosse constante, quando jatos de catarro e bile eram ejetados."[16] Por fim, como havia feito no Tanganica quando um besouro entrou em seu ouvido, Speke tentou resolver o problema por si mesmo. "Pensando então em como poderia curar melhor a doença que me mantinha derrubado", escreveu ele, "tentei enfiar uma agulha de seringa e usá-la como dreno na lateral do meu corpo."[17] Muito fraco para forçar a ponta cega através da carne, ele pediu a um dos homens para fazê-lo, mas nem este foi capaz.

Grant sofria de febres frequentes, mas sua queixa mais incapacitante era uma infecção na coxa direita, que ficou "deformada pela inflamação". Durante meses, ele não tinha ideia do que estava causando o inchaço extremo ou de como tratá-lo. A "dor intensa [...] foi aliviada de modo temporário por uma incisão profunda e uma descarga abundante", escreveu ele. "Formaram-se novos abscessos e outras incisões foram feitas. [...] Todos os dias, para tirar a secreção acumulada, eu desnudava minha perna como uma sanguessuga."[18] Os homens, vendo o intenso sofrimento de Grant, faziam de tudo para aliviá-lo. Bombay preparou para ele um cataplasma de estrume de vaca, sal e lama, mas nada parecia ajudar. Sua perna só piorava.

Para aumentar os temores e as frustrações de Speke, ele recebeu a notícia do lançamento de *The Lake Regions of Central Africa* [As regiões dos lagos da África Central], o livro de Burton sobre a Expedição da África Oriental. Embora Burton tivesse reconhecido a coragem e a força de seu companheiro, ele também descrevera todas as suas falhas e deficiências, desde o fato de não falar árabe ou nenhuma língua africana até sua incapacidade em adquirir barcos no Tanganica. Depois de ouvir sobre o livro de Burton e as acusações nele contidas, a irritação de Speke se transformou em raiva e ele jurou vingança. "Eu soube hoje por intermédio de Rigby [...] que Burton publicou algumas coisas amargas a meu respeito em alusão à expedição ao lago, e agora devo dizer que, se ele violou minha honra de alguma forma, lamentarei muito ter omitido muitas de suas transações nos últimos artigos que lhe enviei para publicação", escreveu ele a seu editor John Blackwood. "Com efeito, lamentarei muito se forem publicados durante minha ausência, se você puder manter o público em suspense até meu retorno sem prejuízo para você."[19] Blackwood, que já havia aconselhado Speke a moderar seus ataques a Burton em seus artigos para a revista, o exortaria a não fazer nenhuma alteração em seu livro. Até a mãe de Speke escreveria a Blackwood para lhe pedir que impedisse o filho de revelar sua rivalidade com Burton. "Fomos tão fortemente recomendados a dissuadir

Hanning de levar ao público aquela altercação, que desejamos deixar fora de seu poder fazê-lo", escreveu ela, "e o sr. Speke e meus outros filhos pensam que seria aconselhável publicar o livro como ele o deixou."[20]

Speke, sem saber das preocupações de sua família ou da relutância de seu editor, continuou a xingar Burton da África Oriental. "Tudo certo e pronto para lutar", escreveu ele a Blackwood, começando a formular sua resposta. "Eu não aguentei mais, então ataquei Burton no olho, e acho que ele levou tudo que merece." Speke disse que Grant ficara igualmente furioso com o livro de Burton. "O velho Grant diz que o homem deveria ser enforcado", escreveu ele, "uma opinião, devo dizer, a que cheguei há muito tempo."[21] Sabendo que também teria uma plateia receptiva em Rigby, Speke enchia todas as suas cartas ao cônsul com queixas amargas a respeito de Burton. "Se a Sociedade o conhecesse como eu o conheço e pudesse ver como foi enganada por sua vaidade insana, seu diário nunca teria sido aceito", escreveu numa carta longa e incoerente que ia e voltava de erros antigos a planos futuros de vingança. "Você está certo em chamá-lo de miserável e maligno, e eu desejo voltar para a Inglaterra e contra--atacá-lo. Ele imprimiu meus diários somalis sem pedir minha permissão para inchar seu *First Footsteps* — prometendo me reembolsar pelas despesas que tive ao entrar sozinho na terra dos somalis. [...] O egoísmo era a única raiz de todos os seus males, ele levava à vaidade, ao engano e a todas as outras abominações das quais ele era, é e sempre, receio eu, será o mestre. [...] O fato de Burton dizer que atuei numa 'capacidade subordinada' só mostra como ele se irrita com a impressão de que as pessoas chegaram à conclusão correta de que eu, e não ele, conduzi todo o trabalho da última expedição. Nunca houve uma briga no acampamento que Burton não me chamasse para resolver, pois se sentia incapaz. De que adiantava dizer que eu não sabia árabe nem francês e que minha falta de conhecimento de boas maneiras e costumes era um bom motivo para me mandar para longe de Kazeh?"[22]

Àquela altura, havia apenas dois reinos entre a expedição e o Nyanza, mas eram dois dos maiores e mais poderosos da África Oriental — Karagwe e Buganda, onde hoje está Kampala, a capital de Uganda.[23] Esperando receber acomodações melhores e mais respeito de seus reis, Speke fingiu ser ele próprio da realeza. Quando lhe ofereceram os alojamentos habituais reservados aos comerciantes árabes, ele alegou ter sido insultado, insistindo que não era um comerciante, mas um príncipe. "Insisti na minha reivindicação de príncipe estrangeiro", escreveu ele, "cujo sangue real não podia suportar tamanha indignidade. O palácio era minha esfera."[24] Quando foi obrigado a esperar horas para ver o rei, como costumava acontecer, rugiu de raiva, ameaçando ir embora. "Eu decidira nunca me sentar no chão, como os nativos e os árabes são obrigados a fazer", explicou ele, "nem fazer minha reverência de qualquer outro jeito que não fosse o habitual na Inglaterra."[25] Com Bombay atuando como seu intérprete, ele ofereceu seu *kuhongo* sentado num banquinho de ferro, segurando um guarda-chuva para se proteger do sol. "Eu não poderia me sentar ao sol nem morar na cabana de um homem pobre", escreveu ele. "Estava abaixo da minha dignidade."[26]

Por mais que confiasse em Bombay, e por mais devotado e insubstituível que Bombay tivesse se mostrado ser, Speke permitira que uma brecha se abrisse entre eles.[27] Tudo começou com a tensão sempre latente e às vezes em erupção entre Bombay e um dos membros da expedição, um homem altamente qualificado, mas arrogante e ambicioso, chamado Baraka, que tinha ciúmes da posição de poder de Bombay. Speke sabia que Baraka havia "intimidado de forma incessante" Bombay, fazendo tudo o que podia para colocar os outros homens, sobretudo os carregadores wanguana, contra ele, mas ficou furioso quando Bombay, desesperado, pediu ajuda a um curandeiro. Ele trocara contas preciosas por uma mistura que esperava que pudesse "afetar o coração dos wangŭana para que ficassem do lado dele", derramara-a num pote de *pombe* e a pusera perto de Baraka. Quando Baraka soube que a *pombe* estava contaminada, acusou Bombay de tentar matá-lo. Furioso com Bombay por "sua crença em tais loucuras mágicas", Speke o puniu mostrando favoritismo a Baraka, levando este em vez de Bombay sempre que visitava o rei. Speke sabia que esse único ato, "por menor que possa parecer aos outros", "tinha uma enorme consequência para as partes hostis".

Em sua inquietação e impaciência em chegar ao Nyanza, Speke até atacou o próprio Bombay. Certa manhã, quando o guia regional não apareceu, Speke ordenou que Bombay desmontasse a barraca. "Como podemos ir?", este perguntou, sabendo que já estavam muito atrasados e que corriam o risco de se perder num território que nenhum deles conhecia.[28] Sem responder, Speke apenas repetiu a ordem: "Desmonte a barraca". Sem estar disposto a obedecer a ordens de maneira cega quando estava preocupado com as consequências, Bombay questionou outra vez Speke. "Quem nos guiará?", perguntou. Speke respondeu apenas com outro comando curto para desmontar a barraca. Como Bombay insistiu em não obedecer, Speke, furioso, chamou alguns de seus homens e derrubou a barraca ele mesmo, cobrindo Bombay com o tecido. Este enfim "se enfureceu", lembrou Speke mais tarde, "agredindo os homens que me ajudavam, pois havia fogueiras e caixas de pólvora sob a tenda. É claro que tive de me enfurecer e atacar Bombay". Depois de gritar que eles poderiam explodir todo o acampamento, Bombay ficou atordoado quando Speke respondeu com raiva: "Se eu escolher explodir minha propriedade, é decisão minha; e se você não cumprir seu dever, eu vou explodir você também". Furioso, Bombay disse que se recusava a ser insultado. Speke respondeu batendo no companheiro, enquanto todos os homens assistiam. Depois bateu de novo. E de novo. Pingando sangue, Bombay foi embora, jurando nunca mais trabalhar para Speke, uma promessa que não cumpriria.

Apesar da violência e da humilhação desse momento, Bombay perdoou Speke, retornou ao acampamento e continuou a marcha. Speke nunca admitia remorso por suas ações, parecendo acreditar que o que estava em risco não era a segurança e o respeito que Bombay tinha por si mesmo, sua amizade com Speke ou mesmo sua lealdade contínua à expedição, mas a dignidade do próprio Speke. "Foi a primeira e última vez que pude perder minha dignidade ao desferir um golpe com minhas próprias mãos", escreveu ele mais tarde. "Mas não pude evitá-lo nessa ocasião sem perder o comando e o respeito; pois, embora muitas vezes eu pudesse conferir cem e até 150 chicotadas aos meus homens por roubo, não podia, por causa da devida subordinação, permitir que qualquer oficial inferior atacasse Bombay e, portanto, tinha que fazer o trabalho eu mesmo."[29]

Speke estava tão empenhado em alcançar o Nyanza e provar que ele era a nascente do Nilo Branco que não estava preocupado se iria se desencontrar de Petherick em Gondokoro. Ele acreditava que o comerciante esperaria por ele o tempo que precisasse e sairia para buscá-lo, se necessário.[30] Como havia deixado a Inglaterra antes de Petherick, Speke presumia que ele havia recebido o financiamento de que precisava. Mais do que isso, achava que Petherick era obrigado a lhe dar qualquer assistência de que precisasse, por mais inconveniente, caro ou perigoso que isso pudesse ser para o próprio Petherick. Em janeiro, Speke ficara entusiasmado ao saber que "visitantes estrangeiros" foram vistos no Nilo, certo de que eram Petherick e seus homens. "O novo ano foi anunciado pela informação mais excitante, que nos deixou quase loucos de alegria", escreveu ele, "pois acreditamos plenamente que o sr. Petherick estava de fato subindo o Nilo, tentando nos encontrar."[31]

Alguns meses mais tarde, depois que Speke alcançou Buganda, chegaram mais notícias, dessa vez sobre um homem branco barbado, visto pelos batedores de Mutesa, o poderoso governante do reino. Speke ficou exultante, mas também preocupado, pois Petherick poderia inadvertidamente arruinar sua artimanha, revelando que ele não era da realeza. Decidiu então enviar Baraka para tentar encontrar Petherick e lhe entregar uma carta. "Meu caro Petherick", escreveu ele, "você terá de abandonar sua dignidade por enquanto e me considerar seu oficial superior."[32] Ele explicou que havia dito a Mutesa que Petherick era seu subordinado e que "eu ordenei que você subisse o Nilo para me procurar e me levar embora, que três embarcações eram minhas, assim como o conteúdo delas, e que você não poderia desobedecer às minhas ordens". Era importante também que Petherick não aparecesse vestido de oficial. "Não traga uniforme, pois não tenho nenhum", escreveu Speke. "Mas traga muito pano vermelho comum e chapéu fez para meus homens usarem como guarda de honra."

Outra dificuldade era Grant, cuja perna piorara, retardando ainda mais a expedição. "Só uma coisa me constrangia: Grant estava pior, sem esperança de se recuperar por pelo menos um ou dois meses", escreveu Speke. "Avançar o mais rápido possível era a única chance de levar a jornada a um resultado bem-sucedido."[33] A única resposta, decidiu Speke, era enviar Grant à frente com a bagagem para o palácio do rei Kamrasi, em Bunyoro, ao norte do Nyanza, enquanto ele continuava sentido leste sem ele até chegar ao Nilo e, esperava, ao ponto em que o rio saía do Nyanza. Embora a equidade da decisão de Speke fosse mais tarde questionada, Grant defendeu Speke até o fim. "Na época, eu estava definitivamente incapacitado para andar trinta quilômetros por dia, em especial quilômetros de marcha em Uganda, através de pântanos e por um terreno acidentado. Portanto, cedi com relutância à necessidade de nossa separação", explicou Grant. "Estou ansioso para ser explícito nesse ponto, pois alguns inferiram apressadamente que meu companheiro não queria que eu compartilhasse da gratificação de ver o rio. Nada poderia ser mais contrário aos fatos."[34] Qual fosse o motivo da decisão de Speke, ambos sabiam que o resultado seria o mesmo. Grant, que havia participado das dificuldades, das despesas e dos perigos da expedição, seria privado tanto da emoção do momento — ver o Nilo saindo do Nyanza — como da glória que estava por vir.

Três semanas depois de deixar Buganda e se separar de Grant, Speke e seus homens chegaram a Urondogani, onde enfim avistaram o Nilo Branco. "Aqui, enfim, eu estava à beira do Nilo", escreveu ele. "A cena era a mais linda, nada poderia superá-la!"[35] Voltando-se para Bombay e os outros, ele os exortou a "raspar a cabeça e banhar-se no rio sagrado, o berço de Moisés".[36] Bombay, de forma educada, recusou. "Não vemos essas coisas da mesma maneira fantasiosa que você", explicou ele. Para Speke, a terra ao redor do Nilo era o lugar perfeito não apenas para o comércio europeu, mas também para a conversão cristã. "Que lugar, pensei comigo mesmo, seria este para os missionários!", escreveu.[37] No entanto, assim como o Nyanza já tinha um nome, Bombay lembrou com delicadeza a Speke que ele e os outros homens da expedição já tinham uma fé tão forte e profunda quanto a do comandante. "Não poderíamos descartar a fé muçulmana", disse Bombay, "assim como você não poderia descartar a sua."[38]

Uma semana depois, Speke e Bombay estavam diante de uma cachoeira barulhenta, com cerca de cinco metros de altura e quase trezentos metros de largura. Enquanto observavam, o maior lago da África dava origem ao rio mais longo do mundo, força vital para milhões de pessoas ao longo de milhares de quilômetros. Speke não tinha as medições científicas ou a navegação completa de que precisaria para provar de maneira definitiva que o Nyanza era a nascente do Nilo Branco, nem tinha agora os suprimentos ou tempo para obtê-los, mas estava satisfeito por ter conseguido o que se havia proposto a fazer. "A expedição já havia cumprido suas funções. Vi que o velho pai Nilo sem dúvida nasce no Vitória Nyanza e, como eu havia predito, aquele lago é a grande fonte do rio sagrado", escreveu, satisfeito. "Achei que deveria me contentar com o que me foi destinado a realizar; pois eu tinha visto metade do lago e recebi informações sobre a outra metade, por meio das quais eu sabia tudo sobre o lago, pelo menos no que dizia respeito aos principais objetos de importância geográfica."[39]

Depois de decidir batizar as cataratas de Ripon Falls, em homenagem ao primeiro marquês de Ripon, que era presidente da Real Sociedade Geográfica no momento em que a expedição começara, Speke voltou para Urondogani, onde vira o Nilo pela primeira vez, comprou cinco barcos de madeira e zarpou pelo rio. Fazendo o que podia com o tempo e os recursos limitados de que dispunha, anotou a longitude e a latitude, as elevações do próprio rio e as colinas que o rodeavam. O barco evitou hipopótamos e crocodilos enquanto os homens pescavam percas do Nilo de quase dois metros de comprimento, com grandes bocas escancaradas e barrigas prateadas. Olhando ao redor, Speke tirou um momento para apreciar o potencial do rio, sua riqueza comercial ou a conversão cristã, e simplesmente, sua beleza. E sentiu "como se eu só quisesse uma esposa e uma família, um jardim e um iate, um rifle e uma vara para me fazer feliz aqui por toda a vida".[40]

Em fevereiro, treze meses depois da data em que deveria ter encontrado Petherick em Gondokoro, a expedição de Speke chegou por fim à missão alemã. Ao longo do caminho, ele reencontrara Grant em Bunyoro e parara num acampamento que pensou ser de Petherick, mas que pertencia ao seu rival comercial, um maltês chamado Amabile Musa de Bono. De Bono não era amigo de Petherick. Os dois não eram apenas concorrentes no comércio de marfim: quando cônsul no Sudão, Petherick prendera de Bono e um de seus homens mais importantes, Kurshid Agha, por comércio de escravizados. Com efeito, um amigo de Petherick o alertara recentemente que De Bono estava tentando se livrar dele e até espalhara rumores de que o próprio Petherick estava envolvido nesse tipo de comércio. Os homens de De Bono disseram a Speke que, após ouvir falar de sua expedição, De Bono os havia enviado para ajudá-lo. Speke percebeu que esses deviam ser os homens brancos que os batedores de Mutesa haviam visto perto do Nilo. Ele agradeceu a De Bono, mas perguntou onde estava Petherick. A resposta, escreveu mais tarde, foi "um silêncio misterioso".[41]

Enquanto caminhava ao longo do rio em Gondokoro, passando pela igreja vazia da missão e por alguns barcos alinhados na margem, Speke de repente viu um homem correndo em sua direção. Mesmo à distância, percebeu que era um inglês, mas quando o homem se aproximou ficou claro que, mais uma vez, não era Petherick. Era Samuel Baker, amigo de Speke, que segurou sua mão com força e firmeza. "Mal posso dizer que alegria foi aquela", escreveu Speke. "Não conseguíamos falar rápido o bastante de tão comovidos que estávamos por nos encontrarmos de novo."

Engenheiro, explorador e caçador de animais selvagens, Baker vinha tentando havia anos organizar uma expedição própria para encontrar a nascente do Nilo Branco. A Real Sociedade Geográfica, num esforço para impedi-lo de competir com Speke e Grant, tentou convencê-lo a explorar o rio Sobat, no sul do Sudão. Baker, no entanto, não seria dissuadido. "Eu tinha uma esperança maluca, misturada com humildade", escreveu ele, "que, assim como o verme insignificante atravessa o carvalho mais duro, eu poderia, pela perseverança, alcançar o coração da África."[42] Sabendo que não receberia nenhuma ajuda da Real Sociedade Geográfica ou do governo, Baker usou seu próprio dinheiro, que ganhou com a construção de uma ferrovia e de pontes na Europa Oriental. Foi lá que ele também conheceu sua jovem e excepcional esposa Florence, num mercado de escravizados na Romênia. Nascida na Hungria, abandonada num campo de refugiados quando criança e vendida para um traficante de escravizados armênio, Florence falava turco, árabe e inglês. Baker tinha pelo menos o dobro da idade dela, mas ela insistira em viajar pela África com ele, vestindo até mesmo roupas de caça pesadas como as dele, embora atraísse multidões sempre que tentava lavar seus longos cabelos loiros no rio.

Após ouvir rumores de que Petherick havia morrido, a Real Sociedade Geográfica pedira a Baker que ajudasse Speke em Gondokoro. Baker concordara, mas ele e Florence ainda estavam lá não por estarem dispostos a esperar anos por Speke, mas porque tentavam contratar alguns homens de De Bono para sua própria expedição. Depois que Baker compartilhou com Speke tudo o que havia acontecido no mundo ocidental desde sua partida, quase três anos antes, da morte do príncipe Albert, marido da rainha Vitória, até o início da Guerra Civil Americana, Speke perguntou se ele sabia o que havia acontecido com Petherick.[43] Baker respondeu que, antes de deixar a Inglaterra, Petherick havia recebido mil libras esterlinas de uma subscrição que ele mesmo havia organizado para ajudar Speke e que agora estava negociando marfim num posto a cerca de cem quilômetros a oeste de Gondokoro.

Enquanto ouvia Baker, a confusão de Speke se transformou em irritação. "Naturalmente, fiquei muito aborrecido com Petherick", escreveu ele mais tarde, "porque me havia apressado a sair de Uganda e me separado de Grant [...] só para manter a fé nele."⁴⁴ Speke soube que três dos barcos que vira amarrados na margem do rio pertenciam a Petherick e foram deixados lá para ele, cheios de provisões e guardados pelos próprios homens de Petherick. Mas foi a ausência do companheiro que irritou Speke. Como sua expedição estava bastante exaurida, ele aceitou de má vontade noventa metros de tecido dos homens de Petherick, mas apenas "do material mais comum", ele insistiu, "como um substituto de mosquiteiros para meus homens, além de quatro camisas de marinheiro para meus chefes".⁴⁵ O resto ele recusou, mas levou os suprimentos e os barcos que Baker oferecia.

Quatro dias depois, Petherick e sua esposa Katherine chegaram a Gondokoro.⁴⁶ A viagem, que deveria ter durado seis semanas, durou sete meses e custou a Petherick não o dobro do que a Real Sociedade Geográfica lhe dera, mas cinco vezes mais. Ele e sua esposa tinham sobrevivido por pouco, mas vários membros da expedição pereceram. O botânico James Brownell e seu jovem assistente Foxcroft morreram de febre. Eles haviam naufragado, arrastado barcos por centenas de quilômetros de terra árida e pântanos que iam até a cintura, perdido quase todas as suas provisões e cambaleado para o posto comercial em Wayo morrendo de fome e em farrapos. Não estavam lá para negociar, como Baker insinuara e Speke acreditara, mas numa tentativa desesperada de encontrar comida e ajuda médica. Embora a jornada brutal tivesse transformado Petherick de um explorador forte e saudável em "um inválido indefeso", ele nunca desistira, determinado "a vencer todos os obstáculos e manter meu compromisso com Speke a qualquer custo".

Antes mesmo de sair de seu barco em Gondokoro, Petherick viu Speke parado na praia.⁴⁷ Surpreso e aliviado ao ver o homem cuja saúde e bem-estar haviam sido sua principal preocupação e objetivo nos últimos sete meses, Petherick, a princípio, ficou ansioso para mostrar a ele tudo o que havia providenciado para a expedição. Sua empolgação, no entanto, logo se transformou em choque. Speke logo deixou claro que não só não era grato pelo que Petherick havia sofrido para ajudá-lo, como também achava que ele não havia feito o suficiente. "Em vez [...] do encontro cordial que eu esperava dos viajantes procurados de maneira intensa e, agora, bem-sucedidos", escreveu Petherick, "fomos recebidos com frieza." Petherick instou Speke a pegar tudo o que quisesse dos suprimentos que havia deixado para ele, mas Speke recusou. Ele não "partilharia de mais de nossos estoques ou assistência do que satisfaria suas necessidades mais urgentes e que não poderia ser obtido em outro lugar", escreveu Petherick, surpreso. Ele não precisava mais de sua ajuda, Speke disse a ele. "Baker me ofereceu seus barcos."

Naquela noite, Speke concordou em jantar com Petherick e sua esposa, mas Katherine nunca perdoaria o desdém com que ele tratava os dois. Eles haviam trazido da Inglaterra um grande presunto e o carregado por centenas de quilômetros, guardando-o enquanto perdiam tantos suprimentos preciosos e se recusando a comê-lo quando tinham tão pouco para mantê-los vivos. Eles disseram um ao outro que iriam guardá-lo para comemorar com Speke quando enfim se reencontrassem em Gondokoro. Enquanto comiam, Katherine, como seu marido havia feito no início do dia, implorou a Speke que aceitasse a ajuda deles, "mas ele respondeu com a fala arrastada: 'Não desejo reconhecer o truque do socorro'", relembrou ela mais tarde com desgosto. Mal conseguindo conter sua indignação, ela deixou a mesa e nunca mais quis compartilhar uma refeição com ele. Meses depois, ainda enojada com a lembrança, Katherine escreveu uma carta de Cartum em que descrevia o comportamento de Speke quando chegaram a Gondokoro. "Depois de todo o nosso trabalho!", escreveu ela. "Não importa, essa sua conduta impiedosa ainda vai se voltar contra ele."[48]

19. Danem-se suas almas

Enquanto Speke marchava com firmeza em direção ao Nyanza com uma ambição única e inabalável, Burton parecia girar em círculos. Mudando de um continente a outro, de uma ideia a outra, ele se tornou o que temia, "uma chama de luz sem foco".[1] O intelecto ardente que por tanto tempo alimentara seu estudo de idiomas e religiões, culturas estrangeiras e terras distantes de repente ficou sem direção ou propósito. Ele estava frustrado consigo mesmo e furioso com todos os outros. "Que misantropo eu sou", escreveu ele.

Um ano após ter sido pego de surpresa com a traição, uma das poucas pessoas em que Burton ainda confiava era seu amigo John Steinhaüser, o cirurgião civil suíço em Áden. "Ele era um dos poucos que, mesmo com más ou boas notícias", escreveu Burton, "rejeitava diminuir um pingo de sua amizade e cuja consideração nunca foi mais calorosa do que quando todo o mundinho parecia mais frio."[2] Ele havia muito lamentava o fato de Steinhaüser ter adoecido e não ter podido participar da Expedição da África Oriental, certo de que, se ele estivesse lá, "com toda a probabilidade humana, o tenente Speke teria escapado da surdez e da febre, e eu, da paralisia". Porém, mais do que a habilidade médica de Steinhaüser, Burton valorizava sua amizade. Ele era "um homem de gostos literários e de extensa leitura e, melhor ainda, um espírito tão firme e determinado quanto um empreendimento desesperado", escreveu Burton.

"Nunca um pensamento desagradável, muito menos uma palavra hostil, quebrou nosso bom companheirismo." Quando voltaram a se encontrar num bistrô em Boulogne, Steinhaüser disse a Burton que tinha uma ideia. "Vou lhe dizer o que tenho em mente", disse ele.[3] Burton mais tarde se lembraria do amigo abrir as mãos e, com o que parecia ser uma inspiração divina que inundava seu rosto, dizer: "Vou para a América! Sim, vou para a América".

Burton e Steinhaüser partiram para a América do Norte na primavera de 1860, um ano antes do início da Guerra Civil Americana. Eles viajaram juntos do Canadá para Boston, Nova York e Washington. Então, Burton, decidido a conhecer o oeste do país, embarcou sozinho numa diligência que ia de St. Joseph, no Missouri, para San Francisco, na Califórnia. Suas viagens eram impulsionadas, como tantas vezes no passado, pelo fascínio por outras culturas. No oeste americano, ele começou a estudar a igreja mórmon e as tribos nativas do país, que havia muito tempo lutavam contra os europeus por suas terras e suas vidas.

Desde sua viagem a Meca, a forma incipiente de antropologia de Burton, nascida de um amor natural pelo aprendizado e de um interesse genuíno por outras culturas, começou a se transformar em algo novo, que além de maculado pela arrogância imperial, estava infectado pela amargura pessoal. Como havia feito em todos os lugares por onde viajara, ele estudou os idiomas que encontrou entre os nativos norte-americanos, em particular a linguagem de sinais, e comparou tradições, ritos e religiões com aqueles que havia observado ou lido a respeito em outras culturas. Fascinado pelo escalpelamento, sustentou que não se originara na América do Norte, mas no Nordeste da Ásia. "A ideia subjacente", escreveu ele, "é sem dúvida o desejo natural de preservar uma lembrança de um inimigo morto."[4] Mas suas descrições dos indígenas norte-americanos eram muitas vezes insensíveis e cruéis, desprovidas de compaixão ou mesmo de uma perspectiva honesta. Em *The City of the Saints* [A cidade dos santos], livro sobre suas viagens pela América do Norte, caracterizou os nativos norte-americanos não só como membros de uma cultura diferente, merecedores de respeito e proteção, mas como uma espécie diferente. "Não acredito que um índio das planícies tenha se tornado cristão", escreveu ele numa discussão sobre os missionários americanos. "Ele deve primeiro ser humanizado, depois civilizado e, por último, cristianizado; e, como já foi dito, duvido que tenha sobrevivido à operação."[5]

Burton ridicularizava os esforços desesperados dos missionários cristãos para "salvar os selvagens". Speke, que com frequência descrevia os africanos como crianças, admirava o trabalho dos missionários, insistindo que "instruí--lo é a maneira mais segura de conquistar o coração de um homem negro, que, uma vez conquistado, pode ser com facilidade convertido da maneira que o preceptor quiser".[6] Por sua vez, Burton apesar dos esforços de Isabel, tinha pouca paciência com religiosos, sobretudo missionários. Ele os vira trabalhando na África e achava seus métodos, na melhor das hipóteses, ineficazes e hipócritas, e na pior, brutais. Ressaltava que, embora se enfurecessem com frequência com talismãs de outras religiões, os missionários encorajavam a reverência aos símbolos e objetos cristãos, de medalhas a folhas de palmeira. "Os sacerdotes podem ser bons servos, mas são, mundanamente falando, maus mestres. A tirania eclesiástica exercida sobre o povo, do mais alto ao mais baixo, contribui muito para a extinção do cristianismo no país onde tanto foi feito para divulgá-lo", escreveu Burton. "Enquanto falam 'daquela mansidão que se torna um missionário' [...], os frades emitem oito ordenanças ou 'memorandos espirituais' em que degradam os governadores de cidades e províncias que não são devidamente casados, que negligenciam a missa ou que não celebram as festas dos santos. O açoitamento parece ter sido a punição de todas as infrações de disciplina."[7] Burton adorava dizer a seus leitores que os espíritos malignos em grande parte da África Oriental eram brancos.

Apesar das profundas crenças religiosas e do compromisso devoto com o trabalho missionário, Burton parecia ser mais tolerante com os mórmons. Eles o lembravam, de certa forma, dos homens muçulmanos que conhecera e admirara na Arábia e na África. Ele ficou especialmente impressionado com Brigham Young, o carismático presidente mórmon. Ao parar em Salt Lake City, passou uma hora com Young, que havia assumido a liderança da igreja após o assassinato de seu fundador, Joseph Smith. "A primeira impressão deixada em minha mente por essa curta sessão foi que o Profeta não é um homem comum", escreveu Burton mais tarde, "e que ele não tem nada da fraqueza e da vaidade que caracterizam o homem incomum comum."[8] Burton, aliás, não se ofendeu com a prática mais polêmica dos mórmons: a poligamia. Speke, que nunca se casaria, acreditava que "todos que têm muitas esposas parecem encontrar pouco prazer naquela felicidade doméstica tão interessante e bonita de nossos lares ingleses".[9] Mas Burton estudara a poligamia na religião muçulmana e viu nela algum valor. "O literalismo com o qual os mórmons interpretaram as Escrituras os levou diretamente à poligamia", escreveu ele.[10] "Os textos que prometem a Abraão uma descendência numerosa como as estrelas acima ou as areias abaixo [...] induziram a eles, seus descendentes, a buscar uma bênção semelhante." Até as mulheres, afirmou ele, se beneficiavam com a prática, sobretudo se morassem na zona rural de Utah. "Criadas são raras e caras; é mais barato e confortável se casar com elas", argumentou. "A vida nas selvas da América ocidental é um curso de labuta severa: uma única mulher não pode realizar as múltiplas tarefas de cuidar da casa, cozinhar, esfregar, lavar, cerzir, ter filhos e cuidar de uma família. Uma divisão de trabalho é necessária, e ela a encontra adquirindo uma irmandade."

Enquanto Burton contemplava as virtudes da poligamia em Utah, Isabel estava em casa, preparando-se para se tornar sua esposa. Mais tarde, ela afirmaria que, depois de ele partir para a América do Norte, desaparecendo mais uma vez sem se despedir, ela sabia de sua ausência antes mesmo de receber a notícia. "Eu estava caminhando com duas amigas", escreveu ela, "e senti um aperto no coração."[11] Ao voltar para casa, começou a contar à irmã que de alguma forma sabia que não voltaria a ver Richard por algum tempo quando ouviu uma batida na porta. "Um bilhete escrito com aquela letra tão familiar foi posto em minhas mãos", escreveu ela. "Eu sabia meu destino e, com um suspiro profundo, o abri. Ele havia partido."

Em sua carta, Burton disse a Isabel que ficaria fora durante nove meses e que esperaria uma resposta quando voltasse. Será que ela enfim desafiaria a mãe e se casaria com ele? "Se eu não tivesse coragem de arriscar", ela sabia, "ele voltaria para a Índia, e dali para outras explorações, e não voltaria mais."[12] Isabel passou as seis semanas seguintes de cama, com uma série de médicos confusos e preocupados dando a ela tratamento para "gripe, caxumba, dor de garganta, febre, delírio e tudo o que eu não tinha", escreveu ela, "quando na verdade eu estava apenas triste, lutando pelo que eu queria, uma última luta difícil com o suspense do futuro que eu tinha diante de mim, e nada nem ninguém para me ajudar." Quando por fim saiu da cama e mandou os médicos embora, Isabel havia se decidido. Ela iria "se casar com um homem pobre e também me preparar para as expedições",[13] escreveu ela, então era melhor começar a trabalhar.

Nos meses seguintes, Isabel se dedicou a aprender tudo o que precisaria saber como esposa de Richard Burton. Embora tenha escrito que não poderia "viver como um vegetal no campo [...] de avental branco, um molho de chaves, ralhando com minhas criadas, contando ovos e manteiga",[14] ela fugiu da cidade para a fazenda de uma amiga, onde aprendeu não só a cozinhar, mas também a cuidar de cavalos, alimentar galinhas e ordenhar vacas. De volta a Londres, pediu a um amigo que a ensinasse a esgrima. Quando ele perguntou por quê, ela ficou surpresa. "Por quê? Para defender Richard, quando ele e eu formos atacados juntos na selva."

Por fim, sentindo-se fisicamente preparada, Isabel se sentou para escrever uma lista de dezessete "Regras para minha orientação como esposa", que ela esperava que a ajudasse a manter Burton não apenas feliz, mas em casa.[15] "Que seu marido encontre em você uma companheira, uma amiga, uma conselheira e uma confidente, para que nada lhe falte em casa", escreveu ela para si mesma. "Cuide muito dos confortos de sua criatura; permita fumar ou qualquer outra coisa; pois se você não o fizer, *alguém o fará*." Tendo sempre sonhado com uma vida aventureira, ela ansiava por estar pronta para "o agreste como um homem" e "não deixar nada parar jamais". Ela sabia que "nada o cansaria mais do que a estagnação". Ao mesmo tempo, ela se admoestou a ser sempre "alegre e atraente" e a "melhorar e se educar em todos os sentidos [...], para que ele não se canse de você". Ela não deveria "nunca recusar nada que ele peça [...]. Manter o romance da lua de mel, seja em casa ou no deserto". Claro, ela nunca o questionaria ou criticaria, porém, mais do que isso, não se permitiria nem mesmo "responder quando ele encontrasse falhas" nela. Sobretudo, ela "nunca permitiria que alguém falasse dele de forma desrespeitosa" e "esconderia seus defeitos de *todo mundo*". E acrescentava que, "com seu temperamento particular", poderia haver momentos em que ela deveria "defender a paz", mas só se fosse "consistente com sua honra perante o mundo".

Quando Burton voltou para a Inglaterra, Isabel estava pronta. Ela pediu mais uma vez o consentimento dos pais. O pai, que era fascinado por Burton, lhe disse: "Eu consinto de todo o coração, se sua mãe também o fizer".[16] A resposta da mãe foi um "nunca!". Isabel, no entanto, se não deixou de se preocupar, pelo menos não estava disposta a esperar mais. "Não posso sacrificar nossas vidas por um mero capricho, e você não deve esperar isso", disse ela à mãe. "Eu vou me casar com ele, quer você queira, quer não." Embora, tal como o pai, os irmãos de Isabel "dissessem que o receberiam com alegria", acabaram decidindo que ela se casaria com Richard numa cerimônia pequena, com a presença de apenas alguns amigos.

Três semanas depois, Richard e Isabel se casaram na igreja católica bávara, na Warwick Street, em Londres. De touca branca, vestido marrom-claro e cheia de solenidade religiosa, Isabel foi ao encontro de Richard à porta da igreja.[17] Ao entrarem juntos, ela ficou emocionada ao vê-lo tocar a bacia de água benta e fazer "um grande sinal da cruz".[18] Ele havia prometido a ela e ao cardeal que concordou em deixá-los se casar que Isabel sempre seria livre para praticar sua religião. "De fato, praticar a religião dela!", ele havia dito. "Eu prefiro pensar que ela *deve*." Apesar dessa alegre concessão à religião da esposa, Burton não estava disposto a mudar sua própria opinião sobre a Igreja, nem faria qualquer esforço para redimir sua reputação aos olhos da sociedade londrina. Após o casamento, Richard e Isabel foram a um café da manhã na casa de George Bird, um médico e amigo em comum dos dois, que também fora instrutor de esgrima de Isabel enquanto Burton estava fora. Incapaz de resistir a provocar Burton sobre os rumores que por tanto tempo o circundavam, Bird disse: "Então, Burton, diga-me, como você se sente quando mata um homem?". Olhando para o médico com falsa surpresa, Burton respondeu: "Ah, me divirto muito! E você?".[19]

Pouco depois do casamento, Burton perdeu quase tudo o que possuía num incêndio.[20] Antes de partir para a América do Norte, ele havia dado seus pertences a seus agentes, os srs. Grindlay, que os armazenaram num depósito, e Burton ainda não os havia retirado. O incêndio consumiu "tudo o que tínhamos no mundo", escreveu Isabel, "exceto as poucas caixas que estavam conosco". O mais doloroso para Burton foram os raros manuscritos e escritos pessoais que ele havia deixado guardados, pois não confiava em levá-los consigo em suas viagens. Tentando minimizar a perda, brincou: "Ouso dizer que o mundo não ficará pior porque alguns desses manuscritos foram queimados". Porém, ele ficou maravilhado quando um funcionário, após explicar que os irmãos Grindlay tinham seguro, mas Burton não, perguntou se ele havia perdido alguma coisa de valor, como joias. "Quando eu disse 'não', ver seu rosto mudar de simpatia para total surpresa por eu me importar tanto com qualquer outro tipo de perda foi divertido", lembrou Burton mais tarde. De todo modo, isso não era relevante, disse ele, pois nenhum dinheiro poderia substituir o que havia perdido.

No início de 1861, Burton enfim conseguiu ser nomeado cônsul. O salário era de apenas setecentas libras por ano e o posto ficava na ilha de Bioko, na África Ocidental, então conhecida pelo nome português Fernando Pó e considerada o "túmulo do Ministério das Relações Exteriores". Mas Burton sabia que não poderia recusar o posto. "Desnecessário dizer que aceitei com gratidão", escreveu ele a Milnes. "O cachorro que recusa a migalha do governo nunca poderá, por um destino punitivo, triturar com os dentes o pão do governo."[21] Ele esperava algo melhor, acreditava que seus anos de serviço, além das dezenas de idiomas que conhecia e do conhecimento enciclopédico da Ásia e da África Oriental, justificavam essa expectativa, mas sabia que isso provavelmente nunca aconteceria. Anos depois, o jornalista irlandês-americano Frank Harris perguntaria a Lorde Lytton, vice-rei da Índia, porque nunca havia recomendado Burton para o cargo. "Eles nunca o enviariam", gritou Lytton. "Ele não tem o título ou a posição; além disso, seria independente demais. Meu Deus, como ele se livraria dos arreios e derrubaria a carroça!"[22]

Isabel, porém, ficou ofendida pelo marido. "Ele, que em qualquer outra terra teria sido recompensado com pelo menos um título de Cavaleiro Comandante e uma bela pensão, ficou feliz por colocar o pé no degrau mais baixo da escada do serviço consular", reclamou ela. "Aos quarenta anos, ele se viu em casa, com o posto de capitão, sem salário, sem pensão, com muita fama, uma esposa recém-casada e um pequeno consulado no clima mais pestilento."[23] Ela ficou ainda mais infeliz quando soube que ele não a levaria consigo, certo de que ela não sobreviveria ao clima. "Sob circunstâncias normais, a África Equatorial é morte certa para os ingleses", escreveu Burton. "Estou surpreso com a combinação de loucura e brutalidade de maridos civilizados que, ansiosos por ficarem viúvos, envenenam, cortam a garganta ou esmagam o crânio de sua melhor metade. A coisa pode ser realizada de maneira organizada e silenciosa, segura e respeitável, com alguns meses de ar africano em Zanzibar ou Fernando Pó."[24]

Burton não estava preocupado em morrer por enfermidade em Fernando Pó, mas de tédio. Numa tentativa de afastar a monotonia e talvez até realizar algo que valesse a pena, ele preenchia todos os dias com uma atividade frenética. Escreveu seu poema épico mais conhecido, *The Kasidah*, que assinou como FB, usando o pseudônimo Francis Baker — seu nome do meio combinado ao nome de solteira de sua mãe —, e fingiu tê-lo traduzido do árabe. Preencheu 2500 páginas de anotações e coletou provérbios nativos suficientes para preencher um livro de 450 páginas, que publicou com o título *Wit and Wisdom from West Africa* [Sagacidade e sabedoria da África Ocidental]. Explorou o delta do rio Níger e o rio Bonny; procurou gorilas ao longo do rio Gabão; e escalou o monte Camarões, então conhecido pelos europeus como monte Vitória, reivindicando ter sido o primeiro europeu a chegar ao seu cume. "Ser o primeiro nessas coisas é tudo", escreveu ele, "ser o segundo, nada."[25] Ele também visitou duas vezes o reino do Daomé, então conhecido por seus sacrifícios humanos, admirando os "reinos prolongados de uma dinastia cujos oito membros se sentaram no trono por 252 anos, rivalizando assim com os sete monarcas romanos cujo governo se estendeu por quase o mesmo período". Ao ir embora depois de testemunhar uma execução ritual em massa, Burton apertou a mão do rei do Daomé. "Você é um bom homem", disse-lhe o rei, "mas zangado demais." Burton não pôde deixar de concordar. "Viajantes, como poetas, são em especial uma raça raivosa", admitiu ele.[26]

Nada do que Burton fazia parecia livrá-lo da raiva e da depressão que o dominavam desde seu retorno da África Oriental. Numa carta a Blackwood em que discutia suas viagens pela América do Norte e seus planos para um livro sobre isso, escreveu esperançoso: "Preciso me manter ocupado no que diz respeito à África".[27] Fernando Pó, porém, não era o que ele tinha em mente. Apesar de tudo o que a ilha lhe oferecera como inspiração e aventura, ele a achou opressiva, admitindo mais tarde que logo após sua chegada havia sido "excepcionalmente suicida". Ele se sentia como "um falcão engaiolado", escreveu, "um Prometeu com o Desespero Demoníaco roendo meu coração".[28]

No final de 1862, o coração de Burton não estava apenas consumido pelo desespero, mas também começara a se deteriorar. Em viagens de Fernando Pó para casa, ele comparecera às reuniões da Sociedade Etnológica de Londres, fundada vinte anos antes para "confirmar pela ciência indutiva a querida unidade da humanidade".[29] Porém, houve uma cisão na sociedade entre aqueles que acreditavam no monogenismo, ou seja, que todos os seres humanos compartilhavam uma ancestralidade comum, e os que defendiam o poligenismo, a crença de que raças diferentes tinham origens diferentes. Os poligenistas deixaram a sociedade, entre eles Richard Burton, que passou a colocar seu poderoso intelecto e seus anos de pesquisa a serviço de uma pseudociência tão distorcida, destrutiva e vil que causaria danos incalculáveis nos anos seguintes.

Em 1863, mesmo ano em que Abraham Lincoln emitiu a Proclamação de Emancipação, abolindo a escravidão, Burton, de licença de seu posto consular, tornou-se membro fundador da Sociedade Antropológica de Londres. A entidade foi ideia do dr. James Hunt, um conhecido fonoaudiólogo que tinha entre seus pacientes Leo Tennyson, filho de Alfred, Lorde Tennyson, e o matemático e escritor Charles Dodgson, conhecido pelo pseudônimo Lewis Carroll, autor de *Alice no País das Maravilhas*. Hunt professava ser antiescravagista, mas suas opiniões sobre raça eram tão extremadas que mais tarde foi acusado de colaborar com os confederados estadunidenses e ser pago para influenciar os britânicos a ficar ao lado deles. Tanto para Hunt como para Burton, o monogenismo era um conceito religioso antiquado, usado por homens como Speke, que acreditavam que os africanos eram descendentes de Cam, o segundo filho de Noé, e foram, portanto, "condenados a serem escravos de Sem e Jafé".[30] Mas, com a publicação em 1859 de *A origem das espécies*, de Darwin, o fundamento do monogenismo começou a mudar das teorias bíblicas para a antiguidade humana, do reino da religião para o da ciência.

Burton se importava menos com a luta travada entre os monogenistas e os poligenistas do que com a liberdade de estudar e dizer o que quisesse. "Não posso deixar de nos felicitar", disse ele em seu primeiro discurso à sociedade, "pelo fato de encontrarmos na sala uma liberdade de pensamento e uma liberdade de expressão que, posso afirmar, nenhuma outra sociedade da Grã-Bretanha conhece."[31] Porém, logo depois dessa reunião, Burton passou a achar até mesmo essa nova entidade muito restritiva. "Mal tínhamos começado quando a 'Respeitabilidade', aquele sepulcro branco cheio de impureza, levantou-se contra nós", zombou ele. "O decoro nos depreciou com sua voz insolente e flagrante, e os irmãos de joelhos fracos se afastaram."[32]

Numa sala dos fundos do Bertolini's, um restaurante perto de Leicester Square, Burton fundou sua própria sociedade secreta: o Cannibal Club. Cercado por homens brancos de cartola e fraque pretos, Burton convocava as reuniões usando uma maça esculpida para parecer a cabeça de um homem africano com um fêmur humano na boca. Nenhum assunto era tabu no Cannibal Club, mas sua especialidade era a pornografia, que atraía homens como o parlamentar poeta Monckton Milnes, antigo amigo de Burton. Também atraiu o jovem protegido mais promissor de Milnes, Algernon Charles Swinburne. Baixo e frágil, com uma boca pequena, uma cabeça notavelmente grande emoldurada por cachos soltos e um temperamento nervoso, Swinburne vinha de uma família rica da Nortúmbria. Frequentou Eton e Oxford e, como Burton, saiu da universidade sem diploma. Devotava agora a maior parte do tempo a beber até ficar inconsciente, praticava autoflagelação e escrevia uma poesia intensamente lírica, mas, para a Inglaterra vitoriana, chocantemente explícita. Após ingressar no Cannibal Club com apenas 27 anos, Swinburne se tornaria um dos poetas britânicos mais notáveis do século XIX, indicado ao prêmio Nobel de literatura todos os anos entre 1903 e 1909, quando faleceu.

Para Burton, Swinburne escreveu o que ficou conhecido como Catecismo do Canibal. Antes de cada reunião, enquanto os homens riam e olhavam de soslaio, ansiosos para beber até passar mal, um membro recitava a primeira estrofe do poema de Swinburne, que fora escrita para zombar do santo sacramento da Eucaristia. Era obscena e blasfema, o bálsamo perfeito para o coração devastado de Richard Burton.

Preserva-nos de nossos inimigos;
Tu que és Senhor dos sóis e céus;
Cuja carne e bebida é carne em tortas;
E sangue em tigelas!
Com tua doce misericórdia, amaldiçoa seus olhos;
E amaldiçoa suas almas!*

---

* No original, em inglês: "*Preserve us from our enemies;/ Thou who art Lord of suns and skies;/ Whose meat and drink is flesh in pies;/ And blood in bowls!/ Of thy sweet mercy, damn their eyes;/ And damn their souls!*". (N. T.)

20. Neston Park

A Real Sociedade Geográfica não estava preparada para a multidão que se reuniu do lado de fora da Burlington House, sede da entidade, para sua reunião especial, em 23 de junho de 1863. Acostumada a uma pequena e afável plateia de cavalheiros cientistas, ela foi de súbito inundada por uma multidão tão grande e determinada que quebrou janelas do prédio palaciano em Piccadilly.[1] Lá dentro, dignitários, do conde de Paris ao príncipe de Gales, entravam no auditório de painéis escuros e tomavam suas fileiras de assentos curvos e almofadados.[2] Muitos permaneceriam após a palestra para examinar os desenhos e os espécimes que haviam sido dispostos com cuidado sobre uma mesa. Outros ficariam completamente desapontados, forçados a ficar do lado de fora do auditório lotado, na esperança de escutar o que era dito lá dentro.[3] Da realeza a lojistas, todos estavam lá para ouvir o palestrante homenageado da noite: John Hanning Speke.

Dois meses antes, Speke havia enviado um telegrama para Murchison de Alexandria, no Egito. Em palavras que reverberaram pelos corredores da Sociedade e pelo resto do mundo, ele anunciou que "o Nilo está resolvido". As notícias viajaram muito mais rápido que o próprio Speke e, quando ele e Grant chegaram a Londres, a empolgação havia atingido um nível febril. "Ter resolvido o problema de eras, ter viajado pela África do oceano Índico ao Mediterrâneo, ter seguido o grande Pai das Águas de sua cabeceira entre as montanhas da Lua até sua foz na costa do Egito, é um feito que tornará os nomes de Speke e Grant para sempre memoráveis nos anais da descoberta geográfica", maravilhou-se um repórter. "Não há mais mistério ligado à origem do Nilo, pois o problema sobre o qual Homero falou, sobre o qual Heródoto especulou, que desconcertou Alexandre e ocupou Nero, foi enfim resolvido pela habilidade, pela perseverança e pela energia de alguns oficiais ingleses."[4]

Antes de deixar o Egito, para onde viajara de barco pelo Nilo saindo de Gondokoro, Speke recompensou os últimos dezenove membros de sua expedição, a quem se referiu como "meus filhos fiéis".[5] Designando Bombay capitão dos "fiéis", ele pediu à Real Sociedade Geográfica que lhe desse uma medalha de prata e ao resto dos homens, de bronze. Cada um também recebeu um prêmio monetário. "Prometi dar-lhes tudo, desde que se comportassem bem durante a viagem [...], uma bolsa de dinheiro", escreveu Speke, "para começar uma vida nova assim que chegassem a Zanzibar."[6] Mas, para aqueles que haviam desertado e foram encontrados de novo em Zanzibar, ele providenciou a prisão, conforme prometido.[7]

Speke e Grant lutaram para abrir caminho até a plataforma no meio da multidão, onde Murchison os esperava. Embora ainda não fossem oito horas da noite, hora marcada para o início da reunião, Murchison se levantou, anunciando que "tinha certeza de que a audiência impaciente não detestaria conhecer o capitão Speke e o capitão Grant de imediato".[8] A plateia irrompeu em aplausos longos e estridentes. Por fim, preparado para contar sua história, Speke falou. "No ano de 1858, quando descobri o lago Vitória [...], de imediato tive certeza de que era a nascente do Nilo", disse ele à plateia extasiada. "Ainda existia uma dúvida na mente de todos, exceto na minha, sobre a origem do Nilo, na qual ninguém acreditaria até que eu voltasse e percorresse o rio de ponta a ponta."[9] O mistério da nascente do Nilo estava agora resolvido, disse ele, mas isso poderia ter acontecido anos atrás se não fosse a resistência de um homem. "Se eu estivesse sozinho naquela primeira expedição, teria resolvido o Nilo em 1859", disse, "mas minha proposta [tinha] sido negada pelo chefe da expedição, que estava doente na época e cansado da jornada."

Murchison não poderia estar mais orgulhoso de seu protegido. Junto com sua deslumbrante recepção em Burlington House, a Real Sociedade Geográfica concedeu a Speke uma de suas maiores honras, a Medalha do Fundador, que ele cobiçava havia muito tempo. Ele também recebeu medalhas de ouro dos reis da França e da Itália — a medalha italiana com as palavras *Honor est a Nilo* [A honra é do Nilo] —, além de parabéns da rainha Vitória, com cujo nome ele batizara o Nyanza. Além de conquistar a admiração e a adoração de milhares de pessoas em todo o mundo ocidental, ele também renovara o interesse pela própria Sociedade.

O prazer que Murchison teve com a fama de Speke, no entanto, durou pouco, pois logo ficou sabendo que o explorador não planejava dar o relato completo de sua expedição à Real Sociedade Geográfica, mas a Blackwood. Murchison ficara surpreso e desapontado quando, quatro anos antes, Speke publicou seu diário na revista *Blackwood's*, mas decidiu esquecer o assunto. Speke não liderara aquela expedição e Burton dera à Sociedade um manuscrito extenso ao qual eles dedicaram uma edição inteira de seu *Journal*. Agora, porém, Speke não era apenas o comandante de uma expedição patrocinada pela Sociedade, mas também havia sido escolhido a dedo pelo próprio Murchison para procurar a nascente do Nilo Branco. A ideia de que ele trataria a Sociedade e os homens que o apoiaram e encorajaram com tal indiferença e desrespeito casual surpreendeu Murchison. "O Conselho", ele confidenciou a Grant num típico eufemismo vitoriano, "está descontente com ele."[10]

Por fim, depois de meses insistindo, reclamando e exigindo, a Real Sociedade Geográfica recebeu um pequeno artigo de Speke. No entanto, era tão decepcionante que Murchison ditou uma carta concisa ao homem que ele havia defendido com entusiasmo, reclamando de seu "caráter muito breve e imperfeito".[11] Os membros da direção da Sociedade então convocaram um comitê para refletir sobre como deveriam reagir. No final, chegaram à conclusão de que teriam de publicar o artigo, mas o prefaciariam com uma nota bastante inusitada. "O conselho lamenta que um assunto tão importante seja ilustrado em seu *Journal* apenas por estas breves memórias", começava a nota. "Como o autor não transmitiu [...] quaisquer outros materiais ou diários de suas viagens, o leitor deverá procurar maiores informações na obra publicada do capitão Speke a respeito da importante expedição que lhe foi confiada, e na qual contou com o apoio do presidente e do Conselho da Sociedade."[12] A entidade também acrescentou notas de rodapé, corrigindo erros e, de maneira ainda mais dolorosa, comparando o detalhamento e a precisão do trabalho anterior de Burton com a aparente desatenção de Speke.[13]

John Blackwood, que conquistara o direito de contar a história que o mundo esperava ouvir, também tinha sérias preocupações. Ele ficou espantado ao descobrir que o artigo que Speke lhe dera estava repleto de erros que poderiam "desacreditar todo o livro".[14] Até Grant, que defendia Speke de qualquer acusação, admitiu que esperava que ele "consentisse em fazer certas alterações [...]. Parece-me que ele deseja tristemente o conselho de um amigo".[15] Speke, no entanto, ignorou todos os conselhos bem-intencionados. "Não tenha medo dos críticos", escreveu ele a Blackwood. "Vamos envergonhá-los se abrirem a boca."[16]

Blackwood, no entanto, temia não só que os críticos encontrassem erros no relato de Speke, mas também que não pudessem lê-lo. Enquanto Burton era capaz de produzir centenas de páginas de prosa sentado numa barraca, lutando contra a febre, Speke sofria para pôr a caneta no papel em seu quarto na Jordans. "Ele escreve de uma maneira tão abominável, infantil e ininteligível que é impossível dizer o que alguém poderia fazer com isso", escreveu Blackwood, frustrado, a seu sobrinho William, que também trabalhava para a editora da família. "Mesmo assim ele está cheio de matéria e quando ele fala e explica tudo está certo."[17] Blackwood sabia que Speke estava tentando, mas o resultado era tão confuso que até mesmo o homem que havia sido contratado para compor o livro, referido como "sr. B.", estava perplexo. O manuscrito de Speke "nunca serviria para ser apresentado ao público", disse William ao tio. "Seria a morte do sr. B se ele tentasse corrigi-lo. O garoto que está examinando o texto comigo quase teve um ataque de riso." Como costumava fazer em cartas, Speke usava pouca pontuação no manuscrito, seus pensamentos divagavam pela página, como se tivessem sido escritos conforme brotavam na sua mente. Em um trecho, sobre o reino de Buganda, ele escreveu: "Ordenando então o retorno para casa, para minha alegria, pois embora o belo N'yanza fosse a falta de consideração pelo conforto de outras pessoas, a cansativa incessante navegação o dia inteiro e todos os dias, assim como a pressa de Mtesa corre sobre tudo".[18]

Por fim, desesperado, Blackwood decidiu contratar um ghost-writer. Ele sabia que Speke tinha uma história impressionante para contar, que milhares de pessoas estavam ansiosas para ler, mas só não sabia como. "Não há dúvida de que é muito interessante e cheio de cenas curiosas e novas, algumas das quais parecem muito infantis", escreveu William Blackwood a John. "É preciso encontrar alguém para dar forma ao seu trabalho notável."[19] O tio concordou.

Eles decidiram então que Speke precisava de um editor que fizesse o serviço completo, alguém que não só limpasse o manuscrito, mas também rescrevesse grande parte. "O ideal seria o editor ler tudo com Speke", explicou John Blackwood, "fazer perguntas a ele e depois escrever o mais próximo possível em sua linguagem, o máximo que o inglês apresentável permitir."

Speke concordou com o plano, mas seu orgulho foi ferido. Além disso, não ajudou em nada que o homem que Blackwood escolheu para reescrever o livro tivesse um sobrenome que fazia o sangue de Speke ferver: Burton. John Hill Burton era um escritor conhecido e respeitado por mérito próprio, autor de uma biografia literária de David Hume e de uma história da Escócia em sete volumes. "Burton é um bom sujeito", escreveu John Blackwood, "e se pudéssemos fazer Speke compreender o absurdo infernal e a incompreensibilidade do estilo em que ele se expressa, os dois combinariam e funcionariam bem juntos, pois ambos são cavalheiros."[20] Speke se mudou para a casa de Burton em Edimburgo, onde passou dia após dia trabalhando de perto com ele no manuscrito. A colaboração foi respeitosa e produtiva, mas longe de ser feliz. Burton descreveu a prosa de Speke "como um fio sem fim [que] não precisava ser rompido",[21] e Speke, entediado e frustrado, reclamou com Blackwood que estava "cansado de provas".

Journal of the Discovery of the Source of the Nile [Diário da descoberta da nascente do Nilo] foi por fim lançado em dezembro de 1863. Foi um sucesso instantâneo, esgotando assim que chegou às prateleiras. No entanto, apesar do esforço de Blackwood e John Hill Burton, o livro também foi imediatamente atacado. Speke se orgulhava de ter sido cartógrafo em ambas as expedições, mas seus mapas estavam chocantemente errados. Um terço da enorme costa ocidental do Nyanza estava muito mais a leste, os níveis de água estavam muito distantes da realidade e, com base em seus cálculos, o Nilo subia morro acima por 140 quilômetros. Até mesmo Rigby criticou o livro em uma carta para Grant, na qual escreveu que "Speke fala demais de suas disputas [...] e não o suficiente sobre o terreno, e seu relato é tão vago que não se pode segui-lo".[22] A crítica de Rigby deve ter sido particularmente irritante quando Speke soube que também estava sendo ridicularizado por sua referência venerável ao "antigo mapa hindu" que Rigby lhe mostrara em Zanzibar. Sem que eles soubessem, o mapa era uma fraude famosa, havia muito descartada nos círculos geográficos. Humilhado, Speke pediu a Blackwood para removê-lo de futuras impressões, mas o estrago já estava feito.

Speke também foi criticado por atacar quem o havia ajudado — nesse caso, Petherick. Meses antes, enquanto estava em Cartum, ele havia enviado a Petherick uma carta, assegurando-lhe que, se ele explicasse as circunstâncias que o levaram a chegar atrasado a Gondokoro, tudo seria perdoado. "Meu caro Petherick", escreveu Speke, "se você sentir vontade de escrever uma declaração completa das dificuldades enfrentadas ao subir o Nilo Branco, seria um grande alívio para a mente de todos ligados ao fundo de socorro e também para mim, pois as línguas estão sempre afiadas neste mundo intrometido."[23] No entanto, depois que voltou para a Inglaterra, a raiva justificada de Speke parecia ter crescido mais uma vez. Blackwood o advertiu a baixar o tom de sua denúncia contra Petherick em seu livro e lembrou que Speke "se encontrou e jantou com ele sem brigar ou mostrar que estava ofendido, e então você chega em casa e publica uma declaração, ou melhor, uma expressão que é infinitamente mais prejudicial do que se o tivesse cortado na hora. Consulte seus irmãos ou qualquer pessoa sobre isso e tenho certeza de que concordarão comigo".[24] Speke havia cedido e incluíra apenas "duas linhas frias" sobre Petherick, mas logo após o lançamento do livro fez um discurso na véspera de Natal que causou muito mais danos do que qualquer uma de suas reclamações sobre promessas quebradas ou suprimentos roubados.[25] Espalhando o boato que ouviu em Gondokoro dos rivais comerciais de Petherick, homens que este prendera por vender escravizados, Speke sugeriu que o próprio cônsul havia participado desse tipo de comércio.

Para Petherick, as repercussões foram imediatas e devastadoras. "O golpe", escreveu ele, "foi o mais forte que pude suportar."[26] Embora não houvesse nenhuma prova para apoiar tais alegações graves, o Ministério das Relações Exteriores, ansioso para evitar qualquer controvérsia, revogou seu consulado. Ainda em Cartum, ele fez o que pôde para se defender, professando sua inocência em cartas a quem quisesse ouvir, chegando a iniciar um processo judicial contra Speke, mas sem sucesso. Também sua esposa, surpresa com as acusações de Speke, escreveu de Cartum para casa. "É possível que Speke tenha agido assim? Parece incrível que ele impugne a honra e a integridade de Petherick", escreveu ela. "Meu coração está cheio de amargura."[27] Speke, irritado com esses esforços para responder às suas acusações, não se arrependeu das próprias ações, mas de ter tido qualquer associação com Petherick. "Gostaria de nunca ter visto a besta", reclamou ele, "pois tanto ele como a esposa estão escrevendo contra mim no estilo mais canalha."[28]

Depois de destruir descuidadamente a reputação de um homem inocente, Speke descobriu que a adulação que o cercava desde seu retorno à Inglaterra começava a desaparecer. Até mesmo Murchison sentiu que precisava defender Petherick: numa reunião da Real Sociedade Geográfica, disse que as acusações haviam sido "injustamente feitas contra M. Petherick" e escreveu a Grant que Speke tinha enviado a ele "o telegrama mais violento [sobre Petherick]. Tão violento que, se eu o tivesse tornado público, ele poderia ter ficado muito ferido".[29] Burton protestou que Petherick havia sido "jogado ao mar sem piedade, com sua fortuna privada sendo desperdiçada, a saúde dele e de sua heroica e apegada esposa sendo arruinada de maneira completa e talvez irremediável, e seu caráter de comerciante e funcionário público explodindo nos olhos de seus compatriotas e do mundo civilizado ao ser acusado de desacato ao dever e do crime de tráfico de escravizados, no momento em que fazia tudo ao seu alcance para acabar com ele".[30]

Machucado pelo que lhe parecia uma crítica injusta e injustificada, Speke acreditava que ele próprio havia sido injustiçado. "Fui acusado na imprensa pública de ser pouco generoso", queixou-se. Ele estava frustrado e zangado até com as pessoas mais próximas a ele, ressentido por Blackwood ter feito tantas críticas ao seu manuscrito e por Grant, então em Edimburgo trabalhando no próprio relato da viagem, não ter vindo a Londres para a publicação de seu livro. Murchison acreditava que Grant tinha sido sensato por ter mantido distância e lhe escreveu que ele tivera a sorte de estar "fora dessa briga [com Petherick]. Todos dizem que seu nome deveria estar ao lado do de Speke nas páginas do livro dele. Ora, é uma sorte que ele tenha deixado você de fora, indicando que não é responsável por nenhuma indiscrição dele".[31] Speke, impenitente, jurou que confiaria apenas em si mesmo. "Nunca mais viajarei com um companheiro para uma região selvagem", escreveu ele a Blackwood, "e sem dúvida nunca mais pensarei em escrever uma narrativa pessoal, pois isso só leva a ser agredido."[32] Ele também ainda estava furioso com Burton e disse que seu editor não deveria ter "medo por conta do que escrevi, pois isso só existe entre Burton [...] e mim, se vamos lutar com a pena ou com o punho [...]. Acho que fui muito brando, levando em consideração a quantidade de injustiça que ele me fez".

Inquieto e ansioso para escapar de seus críticos, Speke partiu para a França, levando consigo Laurence Oliphant. Em Paris, encontrou-se com o imperador Napoleão III, sobrinho de Napoleão I, e sua esposa, a imperatriz Eugénie, que, segundo Speke, parecia "encantada com as perspectivas" de outra expedição à África. Speke planejava cruzar o continente de leste a oeste, reunindo cristãos convertidos ao longo do caminho. Era uma expedição, argumentou ele, que só ele seria capaz de concluir.

Murchison, no entanto, após ouvir falar dos esforços de Speke, deixou claro que a Real Sociedade Geográfica não se envolveria. "Como vi que algumas pessoas pensaram que o apelo da expedição de Speke veio de *nós*", escreveu ele a Austen Henry Layard, subsecretário permanente do Ministério das Relações Exteriores, "pensei que era meu dever resolver esse equívoco."[33] Ele também contou a Layard que estava preocupado com o estado mental de Speke. "Speke me enviou telegramas de Paris em que denunciava Petherick, mas que não pude ler ou apresentar de tão intempestivos que eram. Eles estão amarrados e arquivados com outros como 'visões de Speke'!", escreveu. "Lamento profundamente essas aberrações, pois Speke tem, em outros aspectos, as qualidades necessárias para ser bem-sucedido como um explorador ousado."

Em agosto, Speke retornou da França e Burton voltou de Fernando Pó. Era a primeira vez em muitos anos que estavam na Inglaterra ao mesmo tempo, e nenhum dos dois sabia o que o futuro lhes reservava. Embora ambos tivessem comandado uma expedição bem-sucedida à África, tinham poucas esperanças de liderar outra. Ao menos por enquanto, a Real Sociedade Geográfica estava farta de ambos. "Eu soube por Murchison", escreveu o ministro das Relações Exteriores, Lorde John Russell, naquele verão, "que [...] a Sociedade Geográfica está ansiosa para romper todas as conexões com o capitão Speke."[34] Murchison colocou sua confiança mais uma vez nas mãos de seu velho amigo e o explorador mais experiente da Sociedade, David Livingstone.[35] Em dezembro, pouco antes de Speke fazer o discurso em que atacava Petherick, Murchison escreveu a Livingstone para propor que ele voltasse à África para circum-navegar o Nyanza e confirmar, ou refutar, a teoria de Speke. Livingstone, embora estivesse com 51 anos, aceitou a oferta.

A Sociedade, entretanto, não esqueceu Burton e Speke. Murchison, que conquistara muitos seguidores animados com a famosa Seção E da Associação Britânica para o Progresso da Ciência, queria gerar entusiasmo com a 34ª reunião anual da associação, que se realizaria em setembro, em Bath. Livingstone estaria lá e faria um dos discursos principais, mas ele temia o evento, assim como falar em público. "Sinto um arrepio quando penso nisso", escreveu ele a um amigo. "Afe!".³⁶ A associação precisava de outra maneira de atrair pessoas para Bath. A resposta foi um debate entre dois dos mais famosos e controversos exploradores da época, cada um defendendo sua posição na mais misteriosa e explosiva das questões: a nascente do Nilo Branco.

De início, Burton teve pouco interesse no que logo ficou conhecido como "o grande debate sobre o Nilo". Ele sabia que Speke não tinha evidências suficientes para provar suas afirmações sobre o Nyanza e já havia concordado em falar sobre o Daomé, que tinha certeza de que seria uma das palestras mais populares da conferência. Além do Daomé ser um tema de grande fascínio para muitos participantes da reunião, o próprio Burton era um orador famoso e eletrizante. "Ele tinha um excelente poder imaginativo e uma memória ricamente armazenada não só pelo estudo, mas também pela experiência pessoal", escreveria Bram Stoker mais tarde.³⁷ "Enquanto falava, a fantasia parecia correr solta por seu poder sedutor; e todo o mundo do pensamento parecia flamejar com cores deslumbrantes." Burton sabia que não precisava de um debate ou de uma controvérsia para atrair uma multidão, e sem dúvida não precisava de John Hanning Speke.

Além disso, assim como Burton ainda acreditava que o Tanganica poderia ser a fonte do Nilo Branco, Isabel ainda tinha esperança de que ele e Speke pudessem se reconciliar. Ela tinha uma ligação pessoal com Speke que não tinha nada a ver com o marido: cem anos antes, os Speke e os Arundell haviam sido parentes por casamento. Isabel e John também tinham uma amiga em comum, a condessa Kitty Dormer, que já havia sido noiva do pai de Isabel e estava disposta a facilitar um encontro entre ela e Speke. Eles se encontraram apenas uma vez, escreveu Isabel, mas trocaram várias mensagens. Ela lembrou mais tarde que, a certa altura, Speke se desculpou com ela por seu desentendimento com Burton: "Sinto muito. Não sei como tudo aconteceu. Dick foi tão gentil comigo [...] e eu gostava tanto dele; mas seria muito difícil para mim voltar agora".³⁸ Isabel acreditava que, por mais abalada que estivesse a relação entre os dois, ela ainda poderia ser consertada. "Quase conseguimos reconciliar Richard e Speke", afirmou ela, "e teríamos feito isso, não fossem as anti--influências em torno dele."

Isabel sabia que a mais maligna dessas influências era agora Laurence Oliphant, que acabara de voltar da França com Speke e sabia exatamente como inflamar o ódio de seu amigo por Burton. "Tal brecha, uma vez aberta", sabia Burton, "é facilmente ampliada."[39] Oliphant, ao encontrar Burton, mencionou de forma casual que tivera uma conversa com Speke sobre o debate proposto. Speke, afirmou ele, disse que "se Burton aparecesse no palco em Bath, ele o chutaria". Burton reagiu exatamente como esperado. "Bem, isso resolve tudo!", disse ele com desprezo. "Por Deus, tomara que ele me chute."[40] Testemunha dessa conversa, Isabel não se surpreendeu com a reação do marido nem com a intromissão de Oliphant, que ela sabia que tinha o "hábito de separar amigos".

Anos depois, Isabel afirmaria que Oliphant, após uma conversão religiosa estranha e extrema, viria a se arrepender dos danos que havia causado, não apenas ao relacionamento de Burton com Speke, mas também com o explorador anglo-americano Henry Morton Stanley. "Ele influenciou Speke até plantar a semente da profunda inimizade contra Richard até o fim", escreveu Isabel. "Mencionei isso ao sr. Stanley [...], e ele respondeu: 'Que estranho; ele fez exatamente o mesmo comigo!'"[41] Quando Isabel enfim confrontou Oliphant, ele não negou nem se defendeu. "Perdoe-me", disse ele apenas. "Sinto muito, eu não sabia o que estava fazendo."[42]

Enquanto Speke parecia aguardar o debate com prazer, tentando convencer Oliphant de que estava confiante de que seria bem-sucedido, quem conhecia os dois homens sabia que o confronto estaria longe de ser justo. Além de Burton ser um orador extraordinariamente habilidoso que extraía imenso prazer da disputa verbal, amarrando seus inimigos em nós retorcidos e contorcidos, Speke era tão incompetente no púlpito como com a caneta. Agora com certa deficiência auditiva — sua audição nunca se recuperou depois que o besouro entrou em seu ouvido —, ele às vezes achava difícil acompanhar até mesmo uma conversa tranquila, quanto mais um ataque rápido como um raio, que variava de maneira sutil. Naquela época, ele também era conhecido por ser, nas palavras do jornalista irlandês Sir John Gray, "um orador muito pobre e despreparado". Tal como Livingstone, ele nunca gostou de falar em público, fato que ficava dolorosamente aparente para quem o escutava. E Speke sabia que não teria muitos amigos na plateia em Bath. Enquanto os apoiadores de Burton estavam ansiosos para ver Speke falhar de forma espetacular e pública, muitos dos amigos de Speke pareciam tê-lo abandonado por completo. Murchison estava agora reservado e distante, e até Grant preferiu ficar fora da luta, enviando suas desculpas quando Speke o convidou para ficar com ele na casa de seu irmão, em Monks Park, perto de Bath, para que pudesse comparecer ao debate.

Em 13 de setembro, um dia antes de a Associação Britânica iniciar sua reunião anual, Burton e Isabel se registraram no Royal Hotel, em Bath. Quase 2800 pessoas convergiram para a tranquila cidade de Somerset, fundada no primeiro século da era cristã pelos romanos, atraídos por suas fontes termais naturais. O debate entre Burton e Speke aconteceria no dia 16 no Royal Mineral Water Hospital, um imponente edifício de esquina de pedra de 122 anos que ficava sobre longos túneis que transportavam água quente das nascentes para o Banho do Rei.

Dois dias depois, em 15 de setembro, Burton e Isabel chegaram à sala de conferências para a abertura da Seção E. Assim que entraram na sala, seus olhos foram atraídos para um homem magro e loiro sentado em silêncio no palco, à direita de Murchison. Burton e Speke não se viam havia vários anos e não se falavam havia mais de cinco, desde o dia em que se separaram em Áden. Agora, na sala de conferências, Burton e Isabel foram forçados a passar diante de Speke para chegar aos assentos designados para eles no palco. Quando Speke ergueu os olhos, eles o encararam em silêncio. Para Speke, todas as emoções dolorosas e conflitantes, que por anos ferveram logo abaixo da superfície, logo pareciam ter voltado naquele instante de reconhecimento. "Jamais esquecerei do rosto dele", escreveria Isabel mais tarde. "Estava cheio de tristeza, anseio e perplexidade."[43]

Burton também ficou impressionado com as mudanças assombrosas que viu no rosto do homem que outrora conhecera tão bem. "Não pude deixar de observar", escreveu ele, "a imensa mudança nas feições, na expressão e na aparência geral que a labuta severa, complicada talvez pela surdez e pela pouca visão, haviam causado nele."[44] Depois de um longo momento, alguém chamou Speke e o feitiço foi quebrado. Isabel escreveu que o rosto pálido e abatido de Speke "parecia ter se transformado em pedra". Ele começou a se mexer em seu assento e, de repente, "exclamou meio alto" e para ninguém em particular: "Ah, não aguento mais isso". Levantou-se da cadeira cambaleando e se dirigiu para a porta. Um homem que estava por perto gritou para ele: "Vai querer sua cadeira de novo, senhor? Posso ficar com ela? Vai voltar?". Ao sair do salão, Speke murmurou apenas "espero que não".[45]

Depois de sair às pressas da sala, Speke não foi para a casa do irmão em Monks Park, mas para a antiga estrada romana que levava a Londres. Seu destino era Neston Park, uma vasta propriedade em Wiltshire, cerca de trinta quilômetros a leste de Bath. Estabelecida no século xv, Neston Park pertencia agora ao tio de Speke, John Bird Fuller, que vivia com sua família numa grandiosa casa de pedra com colunas. Agitado por seu encontro inesperado com Burton e por saber que teria que enfrentá-lo num debate em menos de 24 horas, Speke fugiu para a propriedade, onde sabia que poderia caçar, a única coisa que nunca deixou de lhe trazer consolo.

Por volta das 14h30, apenas uma hora depois de ter visto Burton, Speke e seu jovem primo George Fuller já se moviam em silêncio, mas com firmeza, pelos terrenos amplos e abertos de Neston Park. Longe da casa, eles avançaram pela relva alta, passaram por pequenos agrupamentos de árvores e por vezes levantavam suas armas para mirar ao notar perdizes desentocadas saindo de um ninho no chão ou dos galhos emaranhados de uma cerca-viva. Atrás deles caminhava Daniel Davis, o jardineiro de Fuller, marcando os pássaros quando caíam do céu.

Mas tanto Fuller como Davis mantinham distância. "Eu estava apreensivo com a possibilidade de um acidente", Fuller admitiu mais tarde.[46] Ele sabia que Speke tinha anos de experiência em tiro, que caçara uma grande variedade de animais em circunstâncias muito mais difíceis do que um campo inglês tranquilo e, como o próprio Burton havia notado na África Oriental, era especialmente cuidadoso com sua arma. No entanto, ele também sabia que no dia seguinte, em menos de 24 horas, seu primo enfrentaria Burton em Bath, o que acrescentava muito estresse a um dia que já estava cheio de tristeza, pois era o aniversário da morte do irmão de Speke, Edward, que havia sido assassinado sete anos antes durante o motim indiano. Ao observar Speke naquela caçada, Fuller e Davis notaram um "descuido de Hanning no uso da arma". Não era típico dele e os deixava nervosos. "Portanto, evitamos ficar muito perto dele ao caminhar pelos campos", explicou Fuller.

Os três homens estavam caçando havia cerca de uma hora e meia, Fuller um pouco a frente de Speke, Davis atrás dele, quando Speke se aproximou de um muro de pedra.[47] Davis observou que, com a arma na mão, ele se preparava para escalar as lajes soltas, que se estendiam pelo campo e formavam, naquele ponto, camadas com cerca de meio metro de altura. Voltando ao seu trabalho, Davis desviou o olhar quando de repente ouviu o disparo de uma arma. Ele olhou outra vez para cima, na expectativa de ver uma perdiz caindo. Em vez disso, viu Fuller correndo de maneira frenética em sua direção.

Ao ouvir o som da arma, Fuller se virou e viu o primo cair de forma pesada do muro baixo de pedra que escalava. Correu pelo campo, com a relva alta achatando sob suas botas, e chegou ao muro, onde encontrou Speke deitado ao lado dele, com sangue brotando no lado esquerdo de sua camisa de caça. A espingarda, uma Lancaster de cano duplo sem trava de segurança, estava caída no chão perto de Speke, com um cano meio engatilhado e o outro totalmente descarregado. Enquanto Fuller se inclinava sobre o primo, Speke teve força para falar apenas três palavras: "Não me mova".[48] Quando Davis chegou, Fuller estava com a mão pressionada contra o peito de Speke, tentando desesperadamente estancar o sangramento. Ele instruiu o jardineiro a ficar com seu primo e correu para pedir ajuda.

Fuller logo voltou com o cirurgião do lugar, Thomas Fitzherbert Snow. Mas, assim que viu o homem pálido e imóvel no chão, Snow soube que era tarde demais. A carga disparada pelo próprio Speke rasgara seu peito em direção à coluna, atingindo seus pulmões e dilacerando os grandes vasos sanguíneos próximos do coração. "Um ferimento como aquele resultaria em morte", sabia Snow.[49] Enquanto Davis o observava, sozinho e indefeso, John Hanning Speke morreu onde havia caído, sem proferir nenhuma outra palavra.

21. O coração cansado esfria

Na manhã de 16 de setembro, quando Burton chegou para o debate, encontrou o auditório do Royal Mineral Water Hospital já "lotado a ponto de ser sufocante".[1] De pé, perto do púlpito com Isabel, ele tentou evitar a aglomeração de pessoas enquanto esperava Speke chegar e o debate começar. De início, a plateia ansiosa estava paciente, feliz por ter garantido um lugar no salão para o evento mais esperado da conferência. No entanto, o horário do debate chegou e partiu, e o palco seguia frustrantemente vazio, o que deixou a multidão inquieta, dando vazão "à sua impaciência", escreveu um repórter em tom de desaprovação, "por meio de sons ouvidos mais vezes numa plateia de teatro do que numa reunião científica".[2]

Em uma sala próxima, o Conselho da Real Sociedade Geográfica estava reunido, como de costume, para discutir os negócios da entidade e escolher quais artigos seriam lidos no dia seguinte. Eles estavam quase no fim, ouvindo um discurso do viajante escocês Sir James Alexander, que defendia que o Conselho deveria recomendar Speke para o título de cavaleiro, quando um mensageiro entrou na sala e entregou uma carta a Murchison. Ele leu sem fazer comentários e então a passou calmamente para Norton Shaw, o secretário da Sociedade, que estava à sua esquerda. Depois de lê-la, Shaw a passou para o homem sentado ao seu lado.[3] Enquanto Alexander falava, ao que parece alheio ao crescente mal-estar que aos poucos enchia a sala, a carta foi passada de mão em mão, terminando enfim com Francis Galton. Uma das últimas pessoas que Speke visitou antes de partir para a África Oriental quatro anos antes, Galton era agora o último homem ali a saber que seu amigo havia se matado com um tiro.

Ainda na sala de conferências, Burton estava tão confuso com o atraso quanto todos ao seu redor. "Todas as pessoas importantes estavam com o Conselho, só eu não tinha sido convidado", escreveu ele com amargura. "Então, permaneci no palco ao lado de minha esposa, com as anotações na mão, ansioso pelo confronto."[4] Por fim, seu amigo, o geógrafo Alexander George Findlay, o chamou à sala da reunião. Com Isabel parada do lado de fora, observando em silêncio, Burton pegou a carta que já havia sido lida por todos os outros homens presentes na sala. Enquanto absorvia a mensagem, ele "afundou numa cadeira", recordou Isabel mais tarde, "e vi pela expressão de seu rosto a terrível emoção que ele estava controlando e o choque que havia recebido".[5]

Atordoados e solenes, os membros do Conselho enfim entraram na sala de conferências. Murchison tomou seu lugar no púlpito e falou para a plateia. "Tenho que me desculpar, mas quando eu explicar o motivo de ter demorado um pouco mais para assumir a cadeira em que deveria estar, vocês me perdoarão."[6] Um silêncio caiu sobre a sala enquanto todos os olhos estavam fixos em Murchison. "Fomos tão profundamente afetados em nosso comitê pela terrível calamidade que de repente se abateu sobre meu querido amigo, o capitão Speke, a qual o fez perder a vida, que para mim é impossível prosseguir com as atividades do dia." O final da frase de Murchison foi engolido pela onda sonora que as palavras chocantes "perdeu a vida" de imediato criaram no salão, que um repórter só pôde chamar de "sensação". No entanto, o presidente da Sociedade continuou com dificuldade e expressou não apenas a tristeza da Associação Britânica e da Real Sociedade Geográfica, mas também sua própria dor pessoal. "Essa perda é ainda mais dolorosa para mim por ter visto ainda ontem meu eminente amigo, o capitão Speke, e ele deveria ter vindo aqui hoje para falar com você sobre a descoberta africana", disse ele, "e vocês podem facilmente imaginar o efeito que o anúncio de sua morte teve sobre mim." Sentindo que devia alguma explicação aos homens e mulheres diante dele, Murchison lhes contou o que sabia. "Não me explicaram de todo as circunstâncias do acidente, mas parece que ele caçava com um ou dois amigos. Enquanto tentava saltar um muro, eles ouviram sua arma disparar, e, ao se aproximarem, descobriram que a arma havia disparado um tiro que atravessou perto do seu coração, e ele só teria conseguido viver alguns minutos." O salão entrou em erupção mais uma vez.

Pouco restava a fazer exceto prestar homenagem. Depois que a multidão se acalmou, Murchison propôs uma resolução em honra a Speke, "que as mais sinceras condolências deles fossem oferecidas a seus parentes por sua vida ter sido ceifada de maneira tão terrível, na plenitude de sua força e vigor".[7] Quando terminou de falar, todas as mãos no salão se levantaram em apoio. Mais tarde naquele dia, Clements Markham, quem cinco anos antes havia levado Speke para contar a Murchison sobre o Nyanza e agora era presidente da Seção E, fez um anúncio em nome de Burton. "O capitão Burton ficou muito afetado pela terrível ocorrência", explicou um repórter mais tarde, "e, incapaz de confiar em si mesmo para fazer quaisquer observações, solicitou ao secretário que lesse algumas palavras que ele [capitão Burton] havia escrito."[8] Após a morte repentina e violenta de Speke, que ocorrera a apenas alguns quilômetros de distância e poucas horas antes de eles se enfrentarem num debate tenso, Burton lutava agora para transmitir tanto emoção crua como honestidade simples. "As diferenças de opinião que, como se sabe, existiam entre nós enquanto ele estava vivo", leu Markham em nome de Burton, "tornam-me mais obrigado a expressar publicamente meu sincero sentimento de admiração por seu caráter e empreendimento e minha profunda sensação de perda."

Onze dias depois, a família de Speke levou seu corpo para casa. "Os ossos do viajante descansam, não sob as sombras enclausuradas da Abadia de Westminster", relatou um jornal, "mas num jazigo familiar sob a bonita igrejinha de Dowlish Wake [...], a quatro [quilômetros] da sede da família Speke em Jordans."[9] Trezentos anos antes, seu ancestral George Speke havia construído uma capela na pequena igreja de pedra, e em sua homenagem uma efígie de bronze foi colocada no chão. Depois de uma longa procissão liderada pelo clero, que percorreu a vila, o caixão de Speke foi lentamente carregado por sua família perplexa e enlutada, por seus amigos e pelos maiores geógrafos e exploradores britânicos da época, exceto por um: Murchison, Livingstone e Grant.

Doente de dor e culpa, Grant estava aflito pelo pensamento de que poderia ter de alguma forma evitado a morte de Speke. "Se eu tivesse ido lá com meu amigo", escreveu ele, "essa calamidade poderia ter sido evitada."[10] Agora, segurando uma coroa delicada de flores de resedá branco e violetas silvestres, ele observava o caixão de Speke ser baixado até a câmara mortuária.[11] Chorando tão alto que seus soluços "eram audíveis por todo o edifício sagrado", escreveu um repórter, ele estendeu a mão e "colocou a coroa de flores sobre o caixão que continha os restos mortais do valente capitão".[12]

Depois que o corpo de Speke foi enterrado, uma grande dúvida assombrou aqueles que ele havia deixado: sua morte fora acidental ou intencional? As autoridades, ansiosas para poupar a família de Speke de mais dor e garantir que a vergonha do suicídio não recaísse sobre ela, não permitiram muitas investigações sobre a tragédia. Um breve inquérito foi realizado em Monks Park, na casa do irmão de Speke, William, durante o qual foram ouvidos os depoimentos de George Fuller, Daniel Davis e Thomas Snow. Logo depois, um júri se reuniu para escutar o relatório do legista e logo deu um veredicto unânime: "O falecido morreu devido ao disparo acidental de sua própria arma".[13] No entanto, muito tempo depois de o caso ter sido encerrado, permaneciam perguntas incômodas. Por que um homem com tanta experiência de caça quanto Speke e que sempre demonstrara extremo cuidado ao manusear armas de fogo escalaria um muro de pedra solta com uma espingarda meio engatilhada apontada para o peito? Será que a óbvia agitação que tanto preocupara Fuller e Davis naquela tarde levara a um descuido ou fora uma manifestação de desespero?

Até mesmo o obituário publicado no *Times* três dias após a morte de Speke levantou a questão que estava na mente de todos. "Speke era o último homem de quem se poderia esperar que sucumbisse a um perigo tão pobre como esse", dizia o obituário. "Ele era um caçador veterano. Até mesmo seu fervor pela aventura começou com o seu ardor pela caça. [...] Esse homem deve ter vivido sempre em meio a riscos; as armas de fogo devem ter sido tão conhecidas para ele quanto a caneta é para o escritor ou o pincel, para o pintor. Talvez tenha sido a grande familiaridade que produziu o descuido momentâneo que teve um efeito tão fatal."[14] O fato de não ser possível responder à pergunta não a tornava mais fácil de suportar, e a sensação repugnante que ela causava tampouco desapareceria.

Para Burton, a ideia de que Speke talvez tivesse acabado com a própria vida de forma intencional não era apenas uma possibilidade, mas sua primeira suposição. "Meu Deus", ele teria murmurado depois de ler a carta que anunciava a morte de Speke. "Ele se matou."[15] Embora tivesse conseguido sobreviver à reunião daquele dia, lendo com a voz trêmula seu artigo sobre o Daomé, Burton cedeu à dor assim que voltou para casa. "Ele chorou longa e amargamente", escreveu Isabel, "e eu passei muitos dias tentando confortá-lo."[16] Georgiana, sobrinha de Burton, também ficou impressionada com a força da tristeza de seu tio. Speke "não foi esquecido com facilidade pelo companheiro de suas muitas andanças", escreveu ela. "A emoção de Burton era incontrolável."[17] Além de ficar atordoado e doente com a morte repentina de Speke, ele também sabia que seu próprio destino estaria para sempre ligado ao do ex-companheiro. "Nunca se saberá nada sobre a morte de Speke", escreveu ele a um amigo alguns meses depois. "Os caridosos dizem que ele deu um tiro em si mesmo, os não caridosos, que eu atirei nele."[18]

Embora apenas Speke tivesse falecido naquele dia, Burton acreditava que essa morte havia silenciado os dois. "O triste acontecimento", escreveu ele em uma carta ao *Times*, "deve selar minha boca a respeito de muitas coisas." Ele havia visto o debate como uma oportunidade não só de se defender, mas também de questionar o que acreditava serem suposições infundadas de Speke sobre o Nilo e o Nyanza. "Se tivéssemos nos encontrado em Bath, a discussão resultante deveria ter gerado um escrutínio muito mais minucioso em relação à última expedição do que é possível agora", escreveu ele, frustrado. "Do jeito que está, devo me calar sobre muitos pontos, dos quais, em outras circunstâncias, eu teria o direito de falar."[19]

Burton tinha apenas 43 anos, mas a vida que teria pela frente tinha pouco do encanto e das possibilidades que outrora a haviam definido. Ele foi transferido do consulado de Fernando Pó para Santos, no Brasil, onde ele e Isabel permaneceram durante quatro anos. Ele falou de expedições que poderia fazer, desde escalar os Andes até explorar a Patagônia, mas era tarde demais. "Fisicamente", escreveu um jovem oficial estrangeiro, Burton era "um homem enfraquecido".[20] Após Isabel suplicar, foi nomeado cônsul em Damasco, onde Burton se emocionou por estar de volta ao Oriente Médio. No entanto, em meados de 1871, sua raiva e seu rancor, dessa vez dirigidos ao povo judeu da Síria, mais uma vez o deixaram desesperançado, e ele foi forçado a sair. "Demissão vergonhosa, aos cinquenta anos, sem aviso prévio, nem salário, nem caráter", escreveu amargamente a Isabel. O coração dela, mais ainda que o dele, estava partido. "Os chacais", ela escreveu com raiva, "estão sempre prontos para desprezar um leão morto."[21]

Ao longo de seu casamento de trinta anos, Isabel permaneceria profunda e até mesmo obsessivamente devotada ao marido, disposta a fazer qualquer coisa que ele pedisse a todo momento. "Fico feliz em dizer que havia apenas uma vontade na casa, e era a dele", ela escreveria mais tarde. "Tive muita sorte de ter conhecido meu senhor."[22] Burton a ensinou a revisar seus manuscritos, cuidar de seus negócios pessoais e profissionais e, em suas palavras, "empacotar, pagar e seguir" toda vez que ele desejasse ou fosse forçado a se mudar para o próximo consulado, país ou continente. Seu controle sobre a esposa chegou ao ponto de praticar nela sua habilidade de hipnotizador e gabar-se, como um amigo escreveu mais tarde, de que "à distância de muitas centenas de quilômetros ele poderia induzi-la a fazer qualquer coisa que quisesse de modo completo, como se estivesse com ela na mesma sala".[23]

Porém, conforme a força e a confiança naturais de Burton começavam a abandoná-lo, as de Isabel cresciam. Ela adorou poder enfim viajar com o marido, enfrentando incertezas, desconfortos e até perigos. Quando não estava editando ou promovendo os manuscritos dele, ela passou a trabalhar em seus próprios textos, começando com *The Inner Life of Syria, Palestine, and the Holy Land* [A vida interior da Síria, da Palestina e da Terra Santa], um diário bem guardado que se transformou num best-seller em dois volumes. No momento em que desembarcaram em Trieste, naquele que seria o último posto consular e última residência de Burton, Isabel chegou mais perto do que jamais imaginou ser possível de realizar seu maior sonho: viver o que sempre lhe pareceu ser a vida livre e sem restrições de um homem. Ao cavalgar com Burton nas montanhas, ela vestia um largo traje de montaria azul-escuro enfiado em botas de cano alto, um revólver e uma faca Bowie presos ao cinto, o cabelo enrolado no alto da cabeça e coberto por um fez, um chapéu de feltro sem abas. Ela achou "muitíssimo divertido e ficou muitíssimo contente", escreveu mais tarde, "ao saber que ao longo da estrada sempre fui, em geral, confundida com um rapaz".[24]

A lenta transformação de Burton era interna, mas igualmente visível. Quando ele voltou para visitar a Inglaterra, ficou claro para qualquer um que o conhecesse que ele não estava apenas abatido, mas arrasado. Sua sobrinha Georgiana ficou chocada com as mudanças drásticas que viu em seu outrora brilhante e charmoso tio. "Nunca o havíamos visto tão mal, tão nervoso; suas mãos tremiam, seu temperamento estava estranhamente irritadiço, todo aquele apreço pela diversão e pelo humor que o tornava um companheiro tão alegre para velhos e jovens havia desaparecido", escreveu ela. "Ele não conseguia se contentar com nada; estava inquieto, mas não saía de casa; doente, mas não aceitava nenhum conselho."[25]

A única atividade para a qual Burton se sentia apto era escrever, mas mesmo isso constituía agora uma fonte de dor lancinante e de lembranças ressentidas. Após uma misteriosa ausência de oito anos, um manuscrito perdido em Zanzibar que ele havia confiado ao cônsul boticário para que o enviasse à Real Sociedade Geográfica reapareceu de repente, encontrado num cofre em Bombaim. Burton culpou Rigby pelo desaparecimento, uma acusação que o outro negou indignado, mas agora que o tinha de volta, pronto para ser revisado, foi tomado por lembranças mais amargas do que doces. "Eu não poderia acreditar, antes que a experiência me ensinasse, como é triste e solene o momento em que um homem se senta para pensar e escrever a história do que aconteceu antes do início da última década", escreveu ele. "Quantos fantasmas e espectros surgem no cérebro — fragmentos de esperanças destruídas e de objetivos inúteis. [...] Quantas sepulturas se fecharam sobre seus mortos durante esses curtos dez anos — esse epítome do passado! 'E quando a lição atinge a cabeça/ O coração cansado esfria.'"[26]

Uma única e vaga esperança ainda tremeluzia no peito de Burton: que ele, afinal, poderia ter razão em achar que o Tanganica, e não o Nyanza, era a nascente do Nilo Branco. No obituário de Speke, o *Times* presumiu que o longo e amargo debate entre Burton e ele havia acabado. "O capitão Speke e o capitão Burton não podem mais ser colocados um contra o outro como gladiadores", dizia o jornal. "Deve ser muito difícil para o capitão Burton, que ganhou tantos lauréis, pensar que estava cochilando sob a sombra do prêmio mais alto de todos enquanto outra mão menos experiente se estendia e colhia o fruto."[27] Mas, para Burton, apesar de sua queixa de que havia sido silenciado pela morte de Speke, a luta não havia acabado. "Por qual motivo 'a controvérsia deveria ser deixada adormecida' porque o valente Speke foi vítima de um acidente fatal?", perguntou ele.[28]

Àquela altura, Burton sabia que não resolveria o mistério do Nilo, mas de repente parecia que tampouco David Livingstone o faria. Depois de partir para a África Oriental em busca da nascente do Nilo, o missionário desapareceu. Passaram-se anos sem notícias dele, e homens que haviam desertado de sua expedição afirmavam que ele tinha sido assassinado. A Real Sociedade Geográfica seguia esperançosa e enviou duas expedições para buscá-lo, mas ambas retornaram sem sucesso. Burton achava os esforços frenéticos ridículos. Usando a gíria latina de um iniciado para descrever o que considerava a indignidade de tentar encontrar o missionário mais renomado do país, ele zombou que seria "bastante *infra dig* descobrir um fracasso".[29]

Por fim, para vergonha e aborrecimento da Sociedade, um impetuoso jornalista estadunidense nascido no País de Gales e criado em instituições de auxílio chamado Henry Morton Stanley não só encontrou Livingstone, como resolveu a questão da nascente do Nilo. Mas não fez isso sozinho, pois contou com o apoio do *New York Herald* e a ajuda de um homem em especial: Sidi Mubarak Bombay. Este ficara abalado com a notícia da morte de Speke, comparando a perda a ter seu braço direito cortado e prometendo um dia fazer uma peregrinação ao seu túmulo, mas por enquanto permanecia na África, disposto a ajudar na busca por David Livingstone.[30]

No entanto, por mais devotado que Bombay tivesse sido a Speke, sua relação com Stanley foi tensa desde o momento em que se conheceram. "O famoso Bombay fez sua aparição", zombou Stanley depois de conhecer o homem que Speke e Burton tanto estimavam. "Que o capitão Speke o havia mimado com gentilezas era evidente."[31] Stanley acusou Bombay de encorajar um motim, e Bombay se recusou a pressionar os carregadores de modo tão cruel e implacável quanto Stanley exigia. Não obstante, no segundo semestre de 1871, Bombay havia conduzido a caravana ao Tanganica, o lago que Burton ainda insistia que poderia ser a nascente do Nilo. Lá, Stanley encontrou Livingstone em suas margens e, afirmou ele mais tarde, pronunciou quatro palavras que se tornariam mais famosas do que eles mesmos: "Dr. Livingstone, eu presumo?".[32]

Apesar da inexperiência de Stanley, ele realizaria o que nem Burton nem Speke haviam conseguido. Junto com Livingstone, viajou para a cabeceira do Tanganica e confirmou que o rio Rusizi desaguava no lago, em vez de sair dele, acabando com a esperança de Burton de que de alguma forma esse lago pudesse alimentar o Nilo. Então, um ano depois de Livingstone ter sido encontrado morto, ajoelhado ao lado de sua cama, acredita-se que orando, Stanley circum-navegou o Nyanza e provou que esse lago era, como Speke insistira, a principal nascente do Nilo Branco. As expedições não trouxeram respeito a Stanley, mas lhe trouxeram fama, uma condição, escreveu ele em seu diário, que "detesto e de que me esquivo".[33] A Real Sociedade Geográfica concedeu a Stanley sua Medalha de Patrono por encontrar Livingstone, mas ele descobriu que, após realizar o que as expedições da própria Sociedade não tinham conseguido, seus esforços não eram apreciados de modo universal. "Meu sucesso", escreveu Stanley a um dos membros mais ilustres da Sociedade, "parece ter despertado uma amargura considerável na mente daqueles de quem eu naturalmente esperava uma recepção diferente."[34]

Grant, por sua vez, aplaudiu de forma aberta e entusiasmada a expedição de Stanley. Quase uma década após sua morte, a teoria de Speke foi enfim confirmada e ficou provado que Burton estava errado. Em um discurso para a Real Sociedade Geográfica, Grant parabenizou o polêmico jornalista-explorador e repreendeu todos os que questionaram Speke, sobretudo Burton. Stanley "confirmou as descobertas feitas por Speke [...] e enviou para nós um mapa e descrições tão vívidas e verdadeiras que o mais cético não pode deixar de ficar satisfeito", disse Grant. "O principal dos incrédulos, e aquele que apareceu primeiro no campo, foi o capitão Burton, companheiro de Speke. Não parecia haver nenhuma razão em sua argumentação. Ele disse que deveria haver vários lagos, lagoas; qualquer coisa, na verdade, exceto *o* Lago."[35] Burton reagiu ao ataque de Grant numa longa carta ao *Athenaeum*, abordando suas críticas ponto por ponto. Porém, naquele momento, até ele sabia que a batalha já estava perdida. Tanto a comunidade científica como o público em geral aceitaram que a nascente do Nilo Branco era o Nyanza, agora conhecido no mundo ocidental como lago Vitória.

Havia então pouco interesse em qualquer coisa que Burton tivesse a dizer, sobre qualquer assunto. Depois de anos sendo objeto de atenção intensa, muitas vezes maligna, visto com fascínio ou medo, adulação ou repulsa, considerado um forasteiro estranho e possivelmente perigoso, ele era agora algo muito pior: um homem esquecido. Pobre, envelhecido, doente e raivoso, ele se viu sem ninguém para combater e sem nada pelo que lutar. Continuou a escrever livros e artigos, que não lhe renderam aclamação pública nem recompensa financeira.

Para a diversão de Burton, seus únicos livros que agora atraíam a atenção do público eram aquelas traduções consideradas obscenas pela Inglaterra vitoriana. Ele e seu velho amigo Foster Fitzgerald Arbuthnot foram os primeiros a traduzir para o inglês o *Kama Sutra*, um manual sânscrito do século v sobre a arte do amor. Para contornar as leis britânicas de obscenidade, Burton criou uma editora fictícia chamada Kama Shastra Society of London and Benares.[36] A obra, que se tornou, nas palavras de um estudioso, "um dos livros mais pirateados da língua inglesa", foi tão difamada publicamente quanto devorada em particular. Porém, até mesmo o *Kama Sutra* empalideceu em comparação com a indignação e a excitação que cercaram o lançamento, dois anos depois, de uma tradução em dez volumes (com seis volumes suplementares acrescentados mais tarde) de *O livro das mil e uma noites*. "É provável que nenhum europeu nunca tenha reunido uma coleção tão chocante de costumes degradantes e estatísticas de vícios", escreveu o jornalista britânico Henry Reeve sobre a tradução de Burton na *Edinburgh Review*. "É uma obra que por muito tempo nenhum cavalheiro decente permitirá em suas estantes."[37] Ao comparar o trabalho de Burton com o de tradutores anteriores, Reeve escarneceu que "Galland é para o berçário, Lane é para a biblioteca, Payne é para o escritório e Burton é para os esgotos". Como não esperava nada melhor, Burton riu das críticas enquanto seguia até o banco. "Lutei durante 47 anos, distingui-me honrosamente de todas as formas possíveis. Nunca recebi um elogio ou um 'obrigado', tampouco um tostão", disse ele de maneira irônica a Isabel. "Traduzo um livro duvidoso na minha velhice e imediatamente ganho 16 mil guinéus. Agora que conheço os gostos ingleses, nunca mais precisaremos ficar sem dinheiro."[38]

À medida que se aprofundava ainda mais nos estudos sexuais que haviam absorvido grande parte de seu tempo no Cannibal Club, Burton começou a se afastar das ideias radicalmente racistas promovidas ali. Ele enfim abandonou o poligenismo e admitiu que os africanos "se mostraram totalmente iguais em intelecto e capacidade às raças brancas da Europa e da América".[39] Quando um sudanês chamado Selim Aga escreveu um livro de memórias que foi publicado pela *Geographical Magazine*, Burton o defendeu daqueles que se recusavam a acreditar que ele pudesse ser o autor. Como havia contratado Aga como seu faz-

-tudo e viajado com ele pela África Ocidental durante três anos, Burton sabia que ele fora educado na Escócia, falava inglês com sotaque escocês e era perfeitamente capaz da prosa sofisticada do artigo. "Aqueles que notaram o artigo costumam declarar que teria sido escrito por um europeu, e não poucos suspeitaram que fosse de minha autoria", escreveu Burton à revista, mas ele assegurou aos leitores de que não havia dúvida "de que não foi escrito por ninguém, senão 'Selim Agha'."[40] No entanto, a compreensão repentina de Burton veio tarde demais e era ínfima para neutralizar seus escritos etnológicos e seu apoio inicial ao poligenismo. Uma defesa a plenos pulmões da igualdade racial, muito menos uma mudança silenciosa e profundamente qualificada de pensamento, poderiam ter consertado o dano causado. A única pequena dose de redenção que ele encontrou foi em enfim aceitar a verdade. "Mentiras têm pernas curtas e duram pouco", escreveu ele em seu "Ensaio terminal" para *As mil e uma noites*, "e o veneno evapora."[41]

Certa noite, não muito depois do retorno triunfante de Stanley, um jovem jornalista estadunidense chamado George Washburn Smalley subiu correndo uma escada em Londres, atrasado para um jantar elegante. Concentrado em para onde estava indo, só notou o homem sentado na escada após tropeçar nele. O homem segurava um livro e um lápis e estava tão absorto em seu trabalho que nem ergueu os olhos. Smalley, no entanto, ao ver o cabelo grosso, os ombros largos, a cicatriz longa e irregular gravada na bochecha morena e curtida, parou de repente. "Era Burton", percebeu ele com espanto.[42]

Formado em Yale e na escola de direito de Harvard e um dos jornalistas mais talentosos da Guerra Civil Americana, Smalley não deixaria esse momento passar sem falar com Richard Burton. Ao ouvir uma voz, Burton por fim olhou para cima com seus famosos olhos escuros e hipnotizantes, naquele momento nublados pela confusão. "Ele acordou como se estivesse sonhando", lembrou Smalley mais tarde, "com o ar atordoado de quem não sabe ao certo onde está."[43] Consumido pela curiosidade e esquecendo por completo a festa para onde corria minutos antes, Smalley perguntou a Burton o que ele estava lendo. Burton respondeu que era o poema épico *Os lusíadas*, que conta a história da descoberta por Vasco da Gama da rota marítima que contornava a África até a Índia. Burton traduzia aos poucos o poema, escrito no século XVI pelo poeta português Luís de Camões, havia quase vinte anos. Smalley comentou que "parecia um lugar estranho para esse trabalho", ao que Burton respondeu: "Ah, eu posso ler e escrever em qualquer lugar. E sempre carrego Camões comigo. [...] Fiz a maior parte da minha tradução nesses momentos estranhos".

Ao longo de seus anos de jornalismo, Smalley conheceu inúmeros homens famosos, de heróis militares a ícones da indústria, mas nunca alguém como Burton. "Olhei para ele com aquele tipo de curiosidade que se tem na presença de uma pessoa perfeitamente única, ou pelo menos original, cujo caráter e capacidades estão evidentemente além do comum", escreveu ele mais tarde. "Você não cansa nunca?", perguntou a Burton. "Nunca", foi a resposta. "O que você quer dizer com 'nunca'?", disse Smalley, perplexo. "Quero dizer que não consigo me lembrar de saber alguma vez o que era me sentir cansado ou ser incapaz de continuar com qualquer trabalho que desejasse fazer", respondeu Burton.[44]

Percebendo que o jovem à sua frente estava a caminho da festa da qual acabara de escapar, Burton lhe deu um sorriso cínico. "Você encontrará muitas pessoas chatas nas salas acima", alertou.[45] Smalley ouviu então o "barulho de vozes humanas" que emanava da festa. Convidados e criados cruzavam com eles na escada, "passando e repassando" por entre nuvens de fumaça de cigarro espessas e flutuantes. "E, lá no centro desse vapor e em meio a toda a agitação social, estava Burton", maravilhou-se Smalley. "Indiferente a tudo à sua volta, esquecido de tudo, ouvindo apenas a música dos versos portugueses." O jornalista percebeu que o poema era obra de um homem cuja vida não era muito diferente da do lendário escritor, explorador e linguista sentado na escada à sua frente. Burton estava "vivendo a vida miserável, mas heroica, de um poeta pobre que tinha morrido havia trezentos anos", escreveu Smalley.

Quando a tradução de Burton de *Os lusíadas* foi por fim lançada, Isabel temeu que, tal como acontecia com seu marido brilhante, embora profundamente imperfeito, nunca fosse compreendida. "Se mil comprarem, cem lerão e dez entenderão?", imaginou ela. "Para os inestéticos, para os não poetas, não linguistas, não músicos, não artistas, os lusíadas de Burton serão uma terra e uma língua desconhecidas."[46] Seu marido, no entanto, não estava preocupado, pois não tinha expectativa nenhuma. Durante toda a vida ele enfrentou críticos e detratores, foi traído e esquecido e permitiu que sua fúria infectasse o próprio trabalho, causando danos duradouros tanto a suas vítimas inocentes como ao próprio nome. O que importava agora se essa obra perto do fim da vida fosse ignorada? "Se uma coincidência de ninharias adversas impede que eu seja apreciado agora", escreveu ele do Cairo, "chegará o dia, talvez um pouco tarde, em que os homens elogiarão o que agora ignoram."[47] Os anos que dedicara a essa única tradução, uma homenagem tanto à exploração quanto à poesia, não foram para a crítica ou para o público, mas para si mesmo. Muito mais do que qualquer expedição ou aventura, qualquer prêmio geográfico há muito procurado, isso talvez servisse de legado após a morte. Se não, pelo menos era um conforto na velhice. "Não poupei trabalho na obra; eu fiquei satisfeito, nem que seja *Malebouche*", escreveu ele quase no fim de seu prefácio para *Os lusíadas*, preparando-se mais uma vez para o ataque. "Repito o meu lema: *poco spero, nulla chiedo.*" Pouco espero, nada peço.

Epílogo
Cinzas

Embora tenha solucionado o mistério que cativou filósofos e frustrou exploradores por milênios — nas palavras da Real Sociedade Geográfica, respondeu "ao problema de todas as épocas" —, John Hanning Speke logo foi esquecido. Ele teve sorte e razão, e se apegou a esses fatos na esperança de que o protegessem de se perder sob a longa sombra de Richard Burton. Mas, no fim das contas, estar certo não foi suficiente. Enquanto mais de uma dezena de biografias seriam escritas sobre seu inimigo profundamente perturbado e infinitamente fascinante, Speke seria o assunto principal de apenas um pequeno volume, escrito mais de um século após sua morte.

Murchison, apesar de ter se frustrado com Speke perto do fim de sua vida, fez o que pôde para manter sua memória viva. Em 1866, dois anos após a morte de Speke, Murchison abriu uma subscrição para construir um memorial para ele em Kensington Gardens. Um obelisco de granito vermelho foi extraído em Aberdeen, na Escócia, não muito longe de onde Grant nascera, e as palavras "Em memória de Speke/ Vitória Nyanza e o Nilo/ 1864" foram gravadas em sua base. O monumento ainda existe, cercado por uma cerca baixa de ferro forjado. A pedra é polida, a grama ao redor está bem aparada, mas o tráfego passa rápido por ali e poucos param para ler o nome do homem que pôs a nascente do Nilo no mapa do mundo.

Speke ficaria furioso se soubesse, mas foi Burton quem melhor se lembrou dele, e por mais tempo do que a maioria. Não só contribuiu com o fundo de Murchison para o memorial, como também ajudou na criação de um busto do explorador falecido. Alguns meses depois do funeral de Speke, ao qual não compareceu por saber que não seria bem-vindo, Burton foi convidado ao ateliê do escultor Edgar George Papworth, o artista contratado para fazer o busto.[1] Papworth vinha de uma longa linhagem de artistas e construtores que havia começado com o avô, o "mestre estucador" do Palácio de St. James e do Palácio de Kensington, passava pelo pai, um construtor e arquiteto, e chegava ao seu filho, Edgar George Papworth Jr., um dos escultores mais admirados de sua geração. Papworth conhecia pedra e argila tão bem quanto qualquer homem que vivia na época na Grã-Bretanha, mas não conhecia Speke. Preocupado que o busto não teria nenhuma das qualidades que animaram seu modelo em vida, pediu ajuda ao homem cujo nome esteve ligado ao de Speke nos últimos dez anos. "Só peguei o molde após a morte e nunca o conheci vivo", disse ele a Burton em seu estúdio na Dorset Square, olhando para o busto incompleto. "Mas você, que viveu tanto tempo com ele, com certeza pode me dar algumas pistas."[2]

Burton, sem se intimidar com a arte nem com o artista, não hesitou. Isabel, que estava com ele no estúdio, explicou mais tarde que o marido "aprendera alguma coisa de escultura quando menino, na Itália". Ele pegou o lápis de esculpir da mão de Papworth e começou na mesma hora a trabalhar. "Com alguns toques aqui e ali", escreveu Isabel, ele "fez uma imagem e uma expressão perfeitas." Isabel, que vira seu marido esculpir vida no busto de um homem que fora tanto seu amigo íntimo como seu maior inimigo, mais tarde relembraria o momento num poema de sua autoria intitulado "Quem vence por último".

Uma máscara moldada aos meus pés encontrei
Com a boca retraída e o olhar profundo,
Mais sem vida do que as bolas de gude redondas —
A própria morte em meio ao mimetismo da vida*[3]

---

* No original: "A Moulded mask at my feet I found/ With the drawn-down mouth and the deepen'd eye,/ More lifeless still than the marbles round —/ Very death amid life's mimicry". (N. T.)

Até mesmo a realização mais elogiada de Speke foi silenciada ao longo do tempo. Embora o Nyanza seja a principal fonte do Nilo Branco, o próprio lago é alimentado por muitos rios e córregos menores, que desaguam das montanhas no entorno. Em 2006, quase 150 anos depois que Speke e Bombay viram o Nyanza pela primeira vez, um explorador britânico chamado Neil McGrigor afirmou ter feito a primeira subida completa do Nilo do mar até a nascente e depois rastreado o maior rio que alimenta o Nyanza, chamado Kagera, que é agora considerado a nascente mais remota do Nilo.

De forma trágica, o legado mais duradouro de Speke não foram suas expedições nem qualquer memorial construído em sua homenagem, mas suas teorias imprudentes e infundadas que conectavam raça e religião. Para Speke, "a história de Noé e a disposição de seus filhos na face do globo" explicavam o que ele acreditava ser uma diferença fundamental entre as raças.[4] Quando Bombay, o homem em quem ele mais confiava na época enquanto esteve na África Oriental e a quem tanto devia, perguntou-lhe sobre "a origem dos sidis, sua casta e [...] por qual lei da natureza eu explicava seu destino cruel de serem escravos de todos os homens", Speke havia respondido sem pestanejar. Bombay, disse ele, era "da linhagem negra ou camítica e, pela ordem comum da natureza, eles, sendo os mais fracos, tiveram de sucumbir a seus superiores, os ramos jafético e semítico da família".[5]

Speke estava longe de ser o primeiro a defender o mito camítico, que foi usado por décadas para justificar a escravidão. Mas a popularidade que o explorador experimentou na Inglaterra vitoriana, bem como sua crença fervorosa e sua vontade de discutir o mito, o levaram a ser mais aceito. As assombrosas realizações dos antigos egípcios, que o Império britânico tanto ansiara por estudar e se apropriar, eram explicadas por outra distinção, dessa vez entre os filhos de Ham. Apenas o mais moço, Canaã, carregava a maldição do pai, dizia o argumento, enquanto Mizraim, o ancestral dos egípcios, não. Em 1994, o mito camítico, além de alimentar o racismo, também daria origem a uma das guerras civis mais devastadoras da história da África: o genocídio de Ruanda. O argumento de Speke de que a maioria hutu da região descendia de Canaã, "uma raça primitiva", e que a minoria tutsi era filha de Mizraim e descendentes do "melhor sangue da Abissínia"[6] levou a décadas de discriminação. No final, 800 mil pessoas morreram na revolta, vidas perdidas para um ódio nascido de um mito perpetuado por um homem para quem a África significava pouco mais do que seu potencial para o Império britânico e a fama que poderia lhe trazer.

Sidi Mubarak Bombay, o africano oriental a quem Speke explicou pela primeira vez sua teoria sobre os africanos orientais, teria uma vida mais longa, mais repleta de acontecimentos e mais realizada do que a de Speke. Enquanto para Burton e Speke a irresistível e fugaz oportunidade de mapear a África Oriental terminou no dia em que Speke morreu, para Bombay o trabalho de mapear seu próprio continente era constante. Ele passaria o resto da vida explorando o lar do qual fora tirado quando criança e que recuperara com uma coragem silenciosa. Nos anos seguintes, ele aumentou suas já surpreendentes conquistas, não só ao ajudar Stanley a encontrar Livingstone, mas, junto com o explorador britânico Verney Lovett Cameron, tornou-se o primeiro a cruzar todo o continente de leste a oeste, de um oceano ao outro. No final, Bombay se tornaria não apenas um dos guias mais talentosos da história da exploração africana, mas provavelmente o homem que mais viajou pela África — estima-se que ele tenha percorrido cerca de 10 mil quilômetros de pastagens, florestas, desertos e montanhas, a maior parte a pé.

As inegáveis contribuições feitas por pessoas como Bombay forçaram os exploradores europeus a começar a reconhecer sua dependência de carregadores, tradutores e guias nativos e, embora relutantes, o papel essencial que estes desempenhavam na exploração de cada continente. Em 1871, num discurso para a Real Sociedade Geográfica, seu então presidente, Sir Henry Creswicke Rawlinson, admitiu que, se eles não "depositassem alguma confiança nos exploradores nativos [e] aceitassem a informação assim obtida, haveria um espaço em branco perfeito em nossos mapas de muitas regiões".[7] Naquele mesmo ano, a Sociedade concedeu medalhas de prata aos ajudantes de Livingstone, James Chuma, Abdullah Susi e Jacob Wainwright, depois de terem carregado o corpo do missionário-explorador por mais de 1500 quilômetros até a costa, uma jornada de nove meses, para que ele pudesse ser enterrado na Abadia de Westminster. Bombay, embora nunca tenha sido convidado para ir à Inglaterra receber os prêmios que ganhou ao longo de muitas décadas de exploração, recebeu uma medalha de prata e uma pensão vitalícia. No ano seguinte, uma medalha de ouro foi concedida a Nain Singh, um explorador indiano que ajudou a mapear grande parte da Ásia Central e do Tibete, tendo explorado o rio Bramaputra e determinado a localização e a altitude da cidade tibetana de Lhasa.

No entanto, fora do menor dos círculos científicos, os nomes dos exploradores não europeus permaneceram em grande medida desconhecidos. Mais de três quartos de século depois que Bombay viajou com Cameron pela África Equatorial, o alpinista tibetano Tenzing Norgay fez com Edmund Hillary a primeira escalada de Sagarmatha, a montanha mais alta do mundo, hoje amplamente conhecida como Everest, numa expedição patrocinada pela Real Sociedade Geográfica. Norgay recebeu tanto a Medalha de Jorge britânica — por bravura "não em face do inimigo" — como a Estrela do Nepal, mas, enquanto o nome de Hillary é há muito tempo conhecido, Norgay só recentemente chamou a atenção de um público mais amplo.

Em 2009, a Real Sociedade Geográfica deu um passo sério para tentar mudar a percepção equivocada de que os exploradores europeus sozinhos mapearam o mundo. Uma grande exposição intitulada Hidden Histories of Exploration [Histórias escondidas da exploração], pesquisada nos arquivos da Sociedade e escrita pelo professor Felix Driver e pelo dr. Lowri Jones, foi apresentada em sua sede, em Londres. "A história da exploração levou muitas vezes à celebração. [...] Mas o que e quem devemos celebrar?", perguntava a exposição.[8] Em resposta, ela destacava homens cujo trabalho fora essencial para algumas das expedições mais famosas da história, entre eles Sidi Mubarak Bombay.

Nos séculos XIX e XX, o resultado da exploração africana não foi apenas mapear o continente, mas se apoderar dele, região por região. Na época da morte de Burton, estava claro para todas as nações europeias não só onde ficavam lagos e rios, montanhas e florestas da África, mas também que ela possuía recursos naturais vastos e invejáveis, de diamantes e ouro a ferro, urânio e petróleo. No que logo ficou conhecido como a "corrida pela África", o continente foi invadido, ocupado e colonizado. No início do século XX, sete países europeus já controlavam mais de 90% do continente africano, deixando apenas bolsões dispersos de independência — o Império da Etiópia no leste e a Libéria no oeste — em um continente de mais de 28 milhões de quilômetros quadrados. Foi apenas no final do século XX que a África conseguiu se libertar da colonização europeia. Ao longo do caminho, em 1964, cem anos após a morte de Speke, a região de Tanganica e a ilha de Zanzibar foram unidas, tanto em nome como em nacionalidade, para formar o Estado soberano da Tanzânia.

A liberdade individual foi uma batalha ainda mais difícil de vencer do que a independência nacional. A Grã-Bretanha havia aprovado a Lei do Comércio de Escravos em 1807 e a Lei de Abolição da Escravatura em 1833 — 32 anos antes de os Estados Unidos aprovarem a Décima Terceira Emenda —, mas na África Oriental a escravidão só seria formalmente abolida no início do século xx. Mesmo então, continuou quase inalterada. No final, não seriam as pressões da Europa, que continuou a lucrar com a escravidão em outras partes do mundo, mas fatores regionais, entre eles o colapso dos mercados árabes que dependiam do trabalho escravizado, que por fim acabaram com o tráfico escravista da África Oriental.

Os próprios escravizados também tomaram medidas decisivas e eficazes para acabar com a escravidão e oferecer apoio aos que haviam recuperado sua liberdade. Centenas de milhares escaparam da escravidão, enfrentando condições extraordinariamente perigosas e incertas. Outros usaram as leis de abolição das potências coloniais que haviam tomado grande parte da África para pressionar os homens que os possuíam. Entre os principais esforços e mais duradouros para acabar com a escravidão estavam as medidas tomadas pelos "africanos de Bombaim",[9] pessoas que foram sequestradas quando crianças, resgatadas de navios negreiros no oceano Índico e criadas em orfanatos de Bombaim (atual Mumbai). Depois de serem recrutados pelos europeus para ajudar na exploração da África, muitos desses homens e mulheres, entre eles James Chuma e Abdullah Susi, os famosos ajudantes de David Livingstone, montaram campanhas antiescravistas. Eles também ajudaram a fundar assentamentos na África Oriental, como Freretown e Rabai, que se tornaram locais seguros e com oportunidades para aqueles que haviam sido um dia escravizados.

Embora Bombay não tenha vivido o suficiente para testemunhar o fim do comércio de escravizados, ele viu o mercado onde havia sido trocado por tecidos ser fechado para sempre. Em 1873, o cônsul britânico John Kirk pressionou o sultão de Zanzibar Barghash ibn Said a assinar um tratado que proibia a exportação de escravizados do continente e, três anos depois, fechar o infame mercado de escravizados de Zanzibar. Três anos depois, em 1879, a catedral da Igreja cristã foi construída no local e, em 2014, o World Monuments Fund concedeu uma doação de quase 1 milhão de dólares para protegê-la e construir um museu que conta a trágica e vergonhosa história do tráfico de escravizados na África Oriental.

Em 1885, Sidi Mubarak Bombay morreu aos 65 anos. Nenhum monumento foi construído para ele após sua morte nem uma biografia foi escrita sobre ele nos anos subsequentes. Seu nome é raras vezes visto nos anais da exploração, mas é possível argumentar que Bombay realizou mais do que qualquer outro explorador que entrou no continente onde ele tinha nascido. Mais do que isso, ele viveu e morreu na África como um homem livre.

A vida de Richard Burton duraria mais do que a de Speke ou de Bombay, mas seus últimos anos guardaram pouca semelhança com o crepúsculo de um herói nacional. Saltando de consulado em consulado, ele foi ignorado pelo governo britânico, pela Real Sociedade Geográfica e pelo público em geral, desprezado pela família e pelos amigos de Speke e relegado à quase pobreza. No início de 1886, foi surpreendido por um telegrama que o informava que a rainha havia aprovado que ele recebesse o título de cavaleiro. Àquela altura, porém, ele estava tão zangado e ressentido que Isabel temia que não aceitasse. "Suponho que você saiba que eles me deram o título de Cavaleiro-Comendador da Ordem de São Miguel e São Jorge", escreveu ele a sua amiga, a romancista Maria Louise Ramé, conhecida pelo pseudônimo Ouida, "e sou ingrato o suficiente para comentar: 'Metade dá quem tarde dá.'"[10]

No final, tudo o que restou a Burton era aquilo que já tinha desde o início — literatura e idiomas. Suas controversas traduções de textos árabes antigos se tornaram, de muitas maneiras, sua salvação. Além de trazer fundos extremamente necessários, elas preencheram os dias e ocuparam a mente. E deram a ele um aspecto da vida pública do qual ele mais sentia falta: uma boa briga. "Não me importo nem um pouco com ser processado", disse ele com prazer a Isabel enquanto trabalhava na tradução de *As mil e uma noites*. "Se a questão chegar a uma contenda, irei ao tribunal com minha Bíblia, meu Shakespeare e meu Rabelais debaixo do braço e provarei a eles que, antes de me condenarem, devem eliminar *metade* deles."[11]

Isabel se preocupava com as traduções de Burton de textos eróticos, não só pela maneira como seriam recebidos ou pelo perigo de violar as leis de obscenidade, mas porque temia por sua alma imortal. Ela logo refutava qualquer sugestão de que o interesse dele não era acadêmico. "Não deixe ninguém supor por um momento que Richard Burton escreveu algo do ponto de vista impuro", escreveu ela. "Ele dissecava uma paixão a partir de todas as perspectivas, como um médico pode dissecar um corpo, mostrando a fonte, a origem, o mal e o bem, e seus usos apropriados, conforme planejado pela Providência e pela Natureza."[12] Para ela, o marido, famoso não só por idiomas, escritos e viagens, mas pelas histórias escandalosas e pelo interesse descarado pelas tendências sexuais de todas as culturas, era pessoalmente irrepreensível em pensamento e ação. "Na vida privada, ele era o homem mais puro, refinado e modesto que já existiu", declarou. "Ele era tão inocente que nunca poderia ser levado a acreditar que outros homens disseram ou usaram essas coisas de qualquer outra perspectiva."

Embora Isabel não pudesse impedir Burton de traduzir qualquer texto que chamasse sua atenção e seu interesse, nos últimos anos de vida, o equilíbrio de poder entre eles começou lentamente a mudar. Burton sempre se gabara de ser capaz de controlar a esposa por meio da hipnose, assumindo o comando da mente dela não importava o momento e a distância. Mas, depois que ele teve um ataque cardíaco sério em 1887, acompanhado de longas e violentas convulsões, ela assumiu o controle dele. Decidiu que o marido, que havia viajado para alguns dos cantos mais remotos do mundo, geralmente sem ela, a partir daquele momento "exigiria sempre *muito cuidado e vigilância*".[13] Enquanto ele se recuperava, deitado na cama ou sendo empurrado numa cadeira de rodas pelas ruas tranquilas de Trieste, ela alegremente o mimava, e ele permitia.

Porém, ao mesmo tempo, Burton iniciou uma nova tradução, dessa vez de *O jardim perfumado*, um texto árabe medieval, cujo lado explicitamente sexual Burton sabia que iria chocar e indignar o povo britânico, e assim esgotar a edição de imediato. Isabel não se opôs porque, como ela admitiu mais tarde, seus médicos lhe disseram que "era tão afortunado, com sua perda parcial de saúde, que ele pudesse encontrar algo para se interessar e ocupar seus dias".[14] Burton acreditava que esse livro seria uma de suas obras mais importantes e prometeu a Isabel que seria sua última tradução de textos eróticos. Ele acreditava que seria uma apólice de seguro de vida para a esposa. E sabia que iria "causar um grande rebuliço na Inglaterra", mas era o "benefício vitalício" dela, "e os rendimentos serão separados para uma anuidade para você".[15]

Em 19 de outubro de 1890, um dia que Isabel mais tarde lembraria como "o último dia feliz de minha vida",[16] ela voltou para casa vinda da igreja e encontrou Richard trabalhando na tradução. Enquanto o saudava com um beijo, ele lhe mostrou meia página do manuscrito no árabe original. "Amanhã terminarei isso e prometo a você que nunca mais escreverei outro livro sobre esse assunto", disse ele. "Vou começar a nossa biografia."[17] Emocionada e aliviada, Isabel respondeu: "Que felicidade isso vai ser".[18] No entanto, Burton não terminaria *O jardim perfumado* nem escreveria sua prometida biografia. Às sete horas da manhã do dia seguinte, seu coração e suas mãos pararam para sempre.

Por quarenta anos, a vida de Isabel girara em torno de Richard Burton. Tudo o que restava de quem ela era antes de conhecê-lo e a vida que poderia ter vivido se não o tivesse conhecido era sua religião, e ela se apegou a isso agora com mais força do que nunca. Continuar sem Richard parecia inimaginável, impossível. Sua maior esperança era que ela o seguisse logo para o túmulo. "Desejo ir a um convento para fazer um retiro espiritual de quinze dias", escreveu ela à cunhada Maria Stisted. "Depois disso, gostaria de viver muito de maneira tranquila, recolhida, em Londres, até que Deus me mostre o que devo fazer ou, *como espero, me leve também*."[19]

Embora sentisse que sua vida havia acabado, Isabel ainda tinha seu trabalho para fazer. Ela acreditava que sua missão agora era proteger o legado do marido e salvar sua alma. Nas horas finais de Burton, sabendo que o fim estava próximo, ela mandou chamar o jovem padre da igreja que ela frequentava em Trieste. Quando ele chegou, uma hora antes de Burton ser declarado morto, ela lhe implorou que administrasse a extrema-unção. Sabendo que Burton, além de não ser católico, era também um agnóstico declarado, o padre hesitou. Mas tão urgentes eram os apelos de Isabel, e tanto ela insistiu que o marido havia anos antes "abjurado de sua heresia e se declarado pertencente à Igreja",[20] que ele enfim cedeu. Georgiana Stisted, a adorada sobrinha de Burton, escreveria mais tarde com amargura que "Roma tomou posse formal do cadáver de Richard Burton e fingiu, além disso, com insolência insuportável, tomar sob sua proteção a alma dele".[21]

Para espanto dos amigos de Burton e desgosto da família, Isabel fez questão de um funeral católico para o marido agnóstico. Ela providenciou que seu corpo fosse embalsamado para que pudesse ser enviado de volta à Inglaterra, onde seria enterrado numa tumba que ela desenhara, esculpida para se parecer com a barraca que eles haviam usado durante as viagens à Síria. Em Trieste, todas as bandeiras foram abaixadas a meio mastro, e parecia que toda a cidade saíra para ver o caixão coberto com a bandeira e seguir a triste procissão de carruagens, transbordando de flores, enquanto se dirigiam para a igreja de Santa Maria. Lá, crianças de um orfanato local cantaram o canto gregoriano "Dies irae, dies illa". Dia de ira, ó dia de luto. "Ouviram-se soluços por toda parte", escreveu Isabel. "Só eu não chorei; eu me sentia transformada em pedra."[22]

Após o funeral, Isabel entrou na casa que dividira com o marido durante dezenove anos e se trancou nas dependências de Burton, sozinha com os manuscritos dele. Pegou a tradução quase completa de *O jardim perfumado* e começou a lê-la. "Permaneci durante três dias em estado de perfeita tortura", escreveu ela, "quanto ao que deveria fazer a respeito daquilo."[23] Isabel sabia que o manuscrito que tinha em mãos não era apenas o último presente do marido para ela, mas a encarnação de seu gênio e sua paixão. "Era sua *magnum opus*", escreveu ela, "sua última obra, da qual ele tanto se orgulhava, que deveria ter sido concluída no terrível dia seguinte — que nunca chegou."[24] Ela também acreditava que se tratava de um pecado. "Minha cabeça me dizia que o pecado é a única pedra rolante que acumula musgo", escreveu ela, "que o que um cavalheiro, um erudito, um homem do mundo pode escrever quando vivo, ele veria de modo muito diferente do que faria a pobre alma ao se ver nua diante de seu Deus, com apenas suas boas ou más ações para responder, e suas consequências visíveis para ele no primeiro momento, rolando até o fim dos tempos."

Quando a escuridão caiu, Isabel se sentou no chão em frente à lareira, com os dois volumes de *O jardim perfumado* dispostos diante dela, enquanto o fogo projetava sombras bruxuleantes nas páginas pálidas. Ela havia recebido a oferta de milhares de libras pelo manuscrito, dinheiro que a ajudaria a pagar o elaborado túmulo que planejara para o marido e seus próprios dias solitários e finais. Despedaçada e desgostosa, Isabel lutou com o que para ela era a escolha mais dolorosa que já se forçara a fazer. "Meu coração dizia: 'Você pode ficar com 6 mil guinéus'", escreveu ela. "Seu marido trabalhou para você, manteve você em um lar feliz com honra e respeito por trinta anos. Como vai recompensá-lo?" O que ela devia a Burton, acreditava ela, não era usar a obra como ele pretendia, mas sacrificá-la para salvar sua alma. "Para que seu corpo miserável seja alimentado, vestido e aquecido por alguns meses ou anos infelizes, você deixará aquela alma, que é parte da sua própria, no frio e na escuridão até o fim dos tempos?", ela se perguntou. Sua resposta veio depressa. "Não só não por 6 mil guinéus, mas nem por 6 milhões de guinéus eu vou arriscar."[25]

Ela pegou a primeira folha do manuscrito e estendeu a mão trêmula em direção ao fogo. "Com tristeza, reverência, temor e tremor", escreveu ela, "queimei uma folha após a outra, até que todos os volumes foram consumidos."[26] Ela esperava ser julgada de maneira dura, até mesmo odiada, pelos milhares de pessoas que admiravam o marido e adoravam sua obra, e estava certa, mas ela se importava apenas com o julgamento de um homem. "Ele se levantará em seu túmulo e me amaldiçoará ou me abençoará?", ela se perguntou enquanto observava a última obra de Richard Burton virar cinzas nas chamas. "Esse pensamento vai me assombrar até a morte."

Agradecimentos

Uma das primeiras lições que aprendi quando trabalhava na *National Geographic* foi que nenhum escritor conta uma história sozinho. Para este livro, como em todos os que escrevi, contei com a ajuda de conselheiros extraordinariamente cultos e generosos, pessoas que ofereceram seu tempo e sua experiência para me guiar numa infinidade de assuntos complicados. Depois de trabalhar neste texto por cinco anos, tenho mais gente a agradecer do que poderia incluir nestas páginas, mas farei o possível.

Entre os muitos especialistas que consultei para este livro, ninguém deixou uma marca mais duradoura do que Donald Young. Autoridade altamente respeitada em Richard Burton, Don é autor da tese de mestrado que pesquisei de forma exaustiva, *The Selected Correspondence of Sir Richard Burton* [A correspondência selecionada de Sir Richard Burton], bem como do livro fascinante e lindamente encadernado *The Search for the Source of the Nile* [A busca pela fonte do Nilo], ambos fontes indispensáveis para mim quando iniciei minha pesquisa. Tendo vivido na África Oriental durante a maior parte da vida, Don também tem um imenso conhecimento e respeito pela terra da região, seu povo e sua história. Ele me ajudou a planejar e realizar uma viagem de pesquisa que começou no Quênia, seu lar adotivo, e continuou por Zanzibar, Tanzânia continental e Uganda, o que possibilitou que eu seguisse o caminho que Burton,

Speke e Bombay haviam trilhado mais de 150 anos antes. Mesmo depois que voltei para os Estados Unidos, Don continuou a me ajudar a cada passo, me colocando em contato com historiadores e arquivistas na África Oriental, respondendo a perguntas e lendo meu manuscrito. Ele se tornou não apenas um conselheiro admirado e valorizado, mas um amigo para toda a vida.

Também sou profundamente grata a um dos maiores paleoantropólogos do mundo, Donald Johanson, que me apresentou a Don Young. Conheci Donald há mais de vinte anos em Addis Abeba, na Etiópia, durante uma viagem de pesquisa para a *National Geographic*. Ele havia acabado de completar outra escavação, perto do local onde anos antes havia descoberto Lucy, um dos esqueletos mais completos do *Australopithecus afarensis*. Nunca esquecerei desse dia, por ter conhecido um cientista lendário e porque foi o início de uma longa e querida amizade. Na primavera de 2020, quando voltei à África Oriental a fim de pesquisar para este livro, tive a grande sorte de conhecer vários especialistas excepcionalmente bem informados sobre a região e sua história. Em Zanzibar, trabalhei com Said Suleiman Mohammed, um historiador que me acompanhou num tour histórico detalhado da ilha, do prédio que outrora abrigou o consulado britânico, onde Richard Burton e John Hanning Speke buscaram a ajuda de Hamerton e Rigby, às ruínas de onde havia sido o majestoso palácio do sultão e ao doloroso museu construído no terreno do mercado onde Sidi Mubarak Bombay e inúmeros outros foram vendidos como escravizados. Também sou grata pela ajuda do professor K. S. Khamis, diretor dos Arquivos Nacionais de Zanzibar e autor de *A Brief History of Zanzibar* [Uma breve história de Zanzibar], que me ajudou a entender as muitas mudanças que ocorreram ao longo de centenas de anos naquele arquipélago singular. Na Tanzânia continental, conheci Kelvin Ngowi, conservador de antiguidades do Ministério de Recursos Naturais e Turismo no Museu Memorial Dr. Livingstone, em Ujiji Kigoma. Ngowi me contou a história do famoso encontro de David Livingstone e Henry Morton Stanley nas margens do lago Tanganica, um momento que Sidi Mubarak Bombay não só testemunhou, como ajudou a tornar possível. Ngowi também me levou ao caminho, ladeado por mangueiras imponentes, que por centenas de anos conduziu milhares de escravizados para fora de Ujiji em sua jornada desesperada e forçada para a costa. Em Uganda, quase tão maravilhoso quanto observar o Nilo enquanto ele flui para fora do Nyanza foi visitar o reino de Buganda, que manteve grande parte de sua autonomia mesmo depois que Uganda conquistou sua independência. Enquanto estava lá, encontrei-me com Nalinnya Carol, diretora executiva do Buganda Heritage & Tourism Board, e com os guias Herbert Ssewajje e Ndawla Fred. Eles explicaram o que o reino havia conquistado e seus desafios atuais, bem como sua rica história, e me levaram para ver o palácio do rei Mutesa I, que conheceu Speke e Bombay. Enquanto estive em Buganda, também aproveitei o tempo que passei com Taga Nuwagaba, autor e ilustrador de *Totems of Uganda*. Taga passou anos rastreando os totens de cada grupo cultural do país — há 52 apenas em Buganda —, pesquisou meticulosamente seus súditos, explicou os próprios animais e contou suas histórias, além de desenhar ilustrações de tirar o fôlego de cada totem, do grou-coroado-oriental à formiga de cauda de Natal.

Em Kampala, estive com o ilustre professor de política e antropologia dr. Mahmood Mamdani, que é o professor de governo Herbert Lehman na Escola de Assuntos Internacionais e Públicos da Universidade Columbia, e era então também diretor do Instituto de Pesquisas Sociais Makerere. O dr. Mamdani, especialista no estudo da história e da política africanas e na interseção entre política e cultura, é autor de vários livros brilhantes e instigantes, como *When Victims Become Killers: Colonialism, Nativism, and Genocide in Ruanda* [Quando as vítimas se tornam assassinos: Colonialismo, nativismo e genocídio em Ruanda] e, mais recentemente, *Neither Settler nor Native: The Making and Unmaking of Permanent Minorities* [Nem colono, nem nativo: Fazer e desfazer minorias permanentes]. Ele teve a gentileza de me convidar ao seu escritório para discutir seu trabalho e a vida dos sidis que ainda vivem na Índia. Gostaria de agradecer à nossa amiga em comum, a biógrafa Deborah Baker, por nos apresentar. Também sou grata ao dr. Mamdani por me apresentar à extraordinária obra do poeta Ranjit Hoskote. O poema de Ranjit "Sidi Mubarak Bombay", que ele generosamente me permitiu usar na epígrafe deste livro, é tudo o que eu esperava dizer sobre Bombay e muito mais, definido em apenas alguns versos dolorosos e de tirar o fôlego. O poema faz parte do belo livro novo de Ranjit, *Hunchprose*.

No início de minha pesquisa, também fiz várias viagens ao Reino Unido para trabalhar em alguns dos melhores arquivos do mundo. Minha primeira parada foi na Biblioteca Nacional da Escócia, em Edimburgo, que abriga um tesouro de cartas, diários, anotações e cadernos de esboços, sobretudo os de Speke e seu companheiro de viagem posterior, James Grant. Nos Arquivos e

Coleções de Manuscritos da biblioteca, gostaria de agradecer aos curadores Alison Metcalfe e Kirsty McHugh, bem como ao assistente de coleções especiais Jamie McIntosh. Também sou grata pela ajuda de Claire Wotherspoon, da Equipe de Referência de Manuscritos da elogiada Biblioteca Britânica em Londres; Jonathan Smith, arquivista e catalogador de manuscritos modernos na Biblioteca do Trinity College, em Cambridge; Nancy Charley, arquivista da Real Sociedade Asiática; Chris Day nos Arquivos Nacionais do Reino Unido; Judith Coles no Museu Médico de Bath; e Jane Sparrow-Niang, autora de *Bath and the Nile Explorers* [Bath e os exploradores do Nilo] e voluntária na Real Instituição Científica e Literária de Bath.

Entre os arquivos mais valiosos e fascinantes que visitei na Inglaterra está a biblioteca da Real Sociedade Geográfica, sem cuja extensa e cuidadosamente selecionada coleção eu não poderia ter escrito este livro. Sou grata a todos que protegem esse arquivo e o tornam acessível a pesquisadores, mas gostaria de agradecer em particular a Julie Carrington e Jan Turner, que responderam às minhas muitas perguntas e solicitações não apenas enquanto eu estava em sua biblioteca, mas por anos antes e depois, quando escrevi para elas a milhares de quilômetros de distância. Também sou muito grata ao professor Felix Driver, do departamento de geografia da Real Universidade Holloway de Londres. O professor Driver, junto com o dr. Lowri Jones, é o autor da exposição Hidden Histories of Exploration, na Real Sociedade Geográfica, um estudo inovador e importante dos carregadores e guias que possibilitaram tantas das famosas expedições que a Sociedade patrocinou. O professor Driver também me enviou generosamente uma cópia de seu livro sobre a exposição.

Durante uma viagem posterior de pesquisa à Inglaterra, também tive a sorte de visitar Neston Park, onde John Hanning Speke perdeu a vida. Alison Kippen, que dirige o Neston Park's Estate Office, foi incrivelmente rápida e prestativa em suas respostas aos meus e-mails e facilitou meu encontro com James Fuller, tataraneto de George Fuller, que caçava com o primo John Hanning Speke naquele dia fatídico. James me levou para um passeio de tirar o fôlego por sua propriedade, que agora abriga uma fazenda orgânica, com marcenaria e uma fábrica de sorvetes e laticínios de última geração, cenário de filmes da BBC e que faz parte do Countryside Stewardship Scheme, que protege os corredores de vida selvagem. James me levou junto com minha impressionada filha ao campo em que Speke e Fuller caçavam em 15 de setembro de 1864, e também ao muro baixo de pedra de onde Speke caiu depois que sua arma disparou. Ele até nos deu uma das lajes lascadas e desgastadas da parede, que agora ocupa um lugar de destaque em meu escritório.

Gostaria de agradecer à minha amiga, estimada biógrafa, jornalista e professora, dra. Pamela Newkirk, que generosamente cedeu seu tempo e talento para ler o manuscrito deste livro e oferecer conselhos inestimáveis. Agradeço a Amicia Demoubray, que me apresentou por e-mail a vários membros da família Speke; ao dr. Steve Hindle, diretor de pesquisa da Fundação W. M. Keck, e a Anne Blecksmith, chefe de serviços de leitura, na Biblioteca Huntington, em San Marino, na Califórnia; à historiadora dra. Sylviane Anna Diouf, pesquisadora visitante do Centro para o Estudo da Escravidão e Justiça da Universidade Brown e autora de vários livros aclamados pela crítica sobre a diáspora africana, entre eles *Africans in India: From Slaves to Generals and Rulers* [Africanos na Índia: De escravizados a generais e governantes]; ao dr. Julius Lejju da Universidade de Ciência e Tecnologia de Mbarara, em Mbarara-Uganda; ao dr. Joost Fontein e à dr. Freda Nkirote, do Instituto Britânico na África Oriental; a Catriona Foote, assistente de biblioteca sênior, Coleções Especiais da Universidade de St. Andrews; ao dr. Edward Alpers, professor pesquisador do departamento de história da Universidade da Califórnia em Los Angeles; a Naresh Fernandes, autor de *City Adrift: A Short Biography of Bombay* [Cidade à deriva: Uma breve biografia de Bombaim], que generosamente me indicou várias fontes importantes; e aos editores da Burtoniana.org, que reuniram uma enorme quantidade de informações sobre a vida e a obra de Burton, além de compilar um livro de quatro volumes com suas cartas e memórias.

Em uma nota pessoal, agradeço aos meus queridos amigos Denis e Susie Tinsley, que, mais uma vez, me convidaram para ficar na casa lindíssima e acolhedora deles (que estava abençoadamente quente mesmo em fevereiro) enquanto eu pesquisava em Londres; ao dr. Ajay Singh, um amigo da família e oftalmologista e cirurgião altamente qualificado que me explicou as doenças oculares que os membros da expedição contraíram enquanto estavam na África Oriental e me apresentou ao trabalho de Sir William Bowman; a Jennifer Fox, que checou meu manuscrito com tanto cuidado e atenção; e a Riya Raj, minha jovem e diligente estagiária, que está sempre disposta a se debruçar sobre um novo projeto, por mais estranho que seja.

Poucos autores tiveram a oportunidade de trabalhar com a mesma equipe de um livro para outro. Nos últimos vinte anos, tive muita sorte não apenas por trabalhar com as mesmas pessoas, mas também com três das melhores do setor. Meu editor Bill Thomas, minha agente Suzanne Gluck e o publicitário Todd Doughty me orientaram, aconselharam, apoiaram e encorajaram em quatro livros — e, espero, estarão dispostos a ficar comigo por muitos anos. Sou profundamente grata pela sabedoria, pelo talento e pela amizade deles.

Como sempre, devo meus mais profundos agradecimentos à minha família: meus pais Larry e Connie Millard; minhas irmãs Kelly Sandvig, Anna Shaffer e Nichole Millard; e meus filhos Emery, Petra e Conrad Uhlig, que sempre me surpreendem com sua bondade, força e inteligência. Por fim, e para sempre, sou imensamente grata a meu incomparável e insubstituível marido, Mark Adams Uhlig.

Créditos das imagens

pp. 121, 125, 127 (acima), 128 (abaixo), 130, 133 (acima à dir.) e 134 (acima): Alamy

pp. 121 (abaixo) e 132-3 (acima à esq. e abaixo): com permissão da Coleção de Arte do distrito de Richmond sobre o Tâmisa de Londres/ Galeria da Casa de Orleans

pp. 122-4, 126 e 135-6: Real Sociedade Geográfica

p. 127 (abaixo): Galeria Nacional de Retratos, Londres

p. 128 (acima) e 129 (abaixo): Look and Learn

p. 131 (acima e abaixo) e 134 (abaixo): Bath in Time

Notas

FONTES MANUSCRITAS

British Library, BL
Houghton Papers, Trinity College, HPTC
Huntington Library, HL
Morgan Library, ML
National Library of Scotland, NLS
Royal Asiatic Society, RAS [Real Sociedade Asiática]
Royal Geographical Society, RGS [Real Sociedade Geográfica]

PRÓLOGO — OBSESSÃO [pp. 11-6]

1. Bob Brier, "Napoleon in Egypt". *Archaeology*, v. 52, n. 3, maio/jun., 1999, p. 46.
2. Felix Driver, "The Active Life: The Explorer as Biographical Subject". *Oxford Dictionary of National Biography*, 2005.

1. UMA CHAMA DE LUZ [pp. 19-31]

1. Richard Burton, *Personal Narrative of a Pilgrimage to Al-Madinah & Meccah*. Nova York: Dover, v. 1, 1964, p. 166.
2. Ibid., pp. 166-7.

3. Ibid., p. 23.

4. John Hayman (Org.), "The Visitation at El Medinah". In: *Sir Richard Burton's Travels in Arabia and Africa: Four Lectures from a Huntington Library Manuscript*. San Marino: Huntington, 1990, p. 20.

5. Isabel Burton, *The Life of Captain Sir Richard F. Burton*. Londres: Chapman & Hall, 1893, p. 178.

6. Richard Burton, *Personal Narrative*..., op. cit., p. 1.

7. Ibid., p. 1.

8. Letter Book, RGS Archives, Murchison para J. C. Melvill. In: Jon R. Godsall, "Fact and Fiction in Richard Burton's Personal Narrative of a Pilgrimage to El-Medinah and Meccah". *Journal of the Royal Asiatic Society*, v. 3, n. 3, nov. 1993, p. 341.

9. John Hayman (Org.), "The Visitation at El Medinah", op. cit., p. 3.

10. Isabel Burton, *The Life of*..., op. cit., p. 32.

11. Bram Stoker, *Personal Reminiscences of Henry Irving*. Londres: William Heinemann, 1906, v. 1., p. XL.

12. Algernon Charles Swinburne, apud Arthur Symons, "A Neglected and Mysterious Genius". *The Forum*, v. 67, 1922, p. 240.

13. Isabel Burton, *The Life of*..., op. cit., v. 1, pp. 31, 28-9.

14. Ibid., v. 1, pp. 31-2.

15. Ibid., v. 1, p. 46.

16. Ibid.

17. Ibid., v. 1, p. 38.

18. Ibid., v. 1, p. 34.

19. Theodore A. Cook, prefácio a Richard F. Burton, *The Sentiment of the Sword*. Disponível em: <https://en.wikisource.org/wiki/The_Sentiment_of_the_Sword/Preface>. Acesso em: 18 ago. 2023.

20. Isabel Burton, *The Life of*..., op. cit., p. 56.

21. Richard Burton, *The Book of the Thousand Nights and a Night, A Plain and Literal Translation of the Arabian Nights' Entertainments, with Introduction Explanatory Notes on the Manners and Customs of Moslem Men and a Terminal Essay upon the History of the Nights*. Impresso pelo Burton Club apenas para assinantes exclusivos, 1885, p. xxxv.

22. Isabel Burton, *The Life of*..., op. cit., p. 101.

23. Ibid., p. 81.

24. Ibid., p. 101.

25. Ibid., p. 89.

26. N. M. Penzer, "The Centenary of Sir Richard Francis Burton", RAS. Anos mais tarde, depois de ser abordado por um estranho que havia tentado aprender persa por livros e que ficou perplexo e insultado quando "o célebre estudioso e linguista oriental, Richard Burton" não teve ideia do que ele dizia, Burton respondeu secamente: "Ah, era persa que você estava falando? [...] Só conheço a língua tal como é falada e escrita na Pérsia pelos persas".

27. "Falconry in the East", *Notices of New Books*, RAS.

28. Richard Burton, *Remarks on a Critique of the "Falconry of the Indus"*. EIU Service Club, 14, St. James's Square.

29. Id., carta ao *Bombay Times*, fev. 1848.
30. Id., *The Lake Regions of Central Africa*. Nova York: Harper, 1860, p. 103.
31. J. W. Heldring, *The Killing of Dr. Albrecht Roscher*. Bloomington: Xlibris, 2011, p. 101.
32. Frank Harris, *Contemporary Portraits*. Nova York: Mitchell Kennerley, 1915, p. 194.
33. Richard Burton, "The Biography of the Book and Its Reviewers Reviewed", *The Book of the Thousand Nights and a Night*. Supplemental Six, Benares, 1888, p. 416.
34. Badger para Burton, 21 fev. 1872, HL.
35. Frank McLynn, *Snow Upon the Desert*. Londres: John Murray, 1990, p. 74.
36. Richard Burton, *Personal Narrative...*, op. cit., v. 1, p. 127.
37. Ibid., v. 1, pp. 165-6.
38. Ibid., v. 1, pp. 24-5.
39. Ibid., v. 1, p. 167.
40. Ibid., v. 1, p. 62.
41. Ibid., v. 1, p. 6.
42. Ibid., v. 1, pp. 151-2.
43. Ibid., v. 1, p. 167.
44. Ibid., v. 1, pp. 167-8.
45. Ibid., v. 2, p. 237.
46. Richard Burton, *The Arabian Nights...*, op. cit., p. IX, 135n.
47. Id., "Terminal Essay", *The Arabian Nights...*, op. cit.
48. Id., *Personal Narrative...*, op. cit., v. 2, pp. 160-1.
49. Isabel Burton, *The Life of...*, op. cit., v. 1, p. 177.
50. Richard Burton, *Personal Narrative...*, op. cit., v. 2, p. 207, nota 2.
51. Ibid., v. 2, pp. 207-8.
52. Ibid.
53. Isabel Burton, *The Life of...*, op. cit., v. 1, p. 178.
54. Richard Burton, *Personal Narrative...*, op. cit., v. 2, p. 276.
55. Ibid., v. 2, p. 259.
56. Isabel Burton, *The Life of...*, op. cit., v. 1, p. 32.

2. SOMBRAS [pp. 32-8]

1. Edwin de Leon, *Thirty Years of My Life on Three Continents*, v. 1, p. 158, em Jon R. Godsall, *The Tangled Web: A Life of Sir Richard Burton*. Leicester: Matador, 2008, p. 107.
2. Burton para Shaw, 16 nov. 1853, RGS.
3. Isabel Burton, *The Life of Captain Sir Richard F. Burton*, op. cit., v. 1, p. 182.
4. Burton para Shaw, 16 nov. 1853, RGS.
5. Richard Burton, *First Footsteps in East Africa; or, An Exploration of Harar*. Londres: Tylston & Edwards, 1894, pp. 159-60.
6. Rebmann fez então uma afirmação extraordinária: disse ter visto neve no topo do monte Kilimanjaro. Para a mente dos geógrafos ingleses, arrogantes e inexperientes, a ideia de que seria

possível encontrar neve em algum lugar próximo à linha do Equador, mesmo no pico de uma montanha, não era apenas de todo improvável, mas risível. Rebmann havia sido abertamente ridicularizado pelo reverenciado geógrafo britânico William Cooley, que nunca havia pisado na África, fato que não o impedia de se considerar um especialista no continente e de escrever sobre o assunto. "O esforço constante do sr. Rebmann para provar a existência de neve em Kilíma Njaro por inferência de fenômenos que costumam ser insignificantes ou mal compreendidos dá naturalmente origem à presunção de que ele na verdade não viu neve", Cooley zombou em seu livro *Inner Africa Laid Open* [*África interior exposta*]. "Ele fixa seus olhos nas abstrações e os fecha para as realidades." Cooley taxou de "conversa fiada" os relatos de pessoas que viviam na base do Kilimanjaro de que havia de fato neve em seu cume, e mesmo quando, dez anos depois, um explorador alemão e um geólogo britânico escalaram o topo e ficaram sob uma nevasca, ele se recusou a admitir que estava errado. Nem a reputação de Cooley, nem sua confiança diminuíram com o episódio.

7. R. Coupland, *East Africa and Its Invaders: From the Earliest Times to the Death of Seyyid Said in 1856*. Oxford: Clarendon, 1938, p. 400.

8. Donald Young e Quentin Keynes, *The Search for the Source of the Nile: Correspondence Between Captain Richard Burton, Captain John Speke and Others...*. Londres: The Roxburghe Club, 1999, p. 10.

9. Burton para Shaw, 16 nov. 1853, RGS.

10. Toby Wilkinson, *The Nile: Downstream Through Egypt's Past and Present*. Londres: Bloomsbury, 2014, p. 6.

11. B. W. Langlands, "Concepts of the Nile". *The Uganda Journal*, v. 26, n. 1, mar. 1962, pp. 2-4.

12. Ibid., p. 16.

13. Ibid., pp. 18-19.

14. Jon R. Godsall, *The Tangled Web*, op. cit., p. 147.

15. Adrian S. Wisnicki, "Cartographical Quandaries: The Limits of Knowledge Production in Burton's and Speke's Search for the Source of the Nile". *History in Africa*, v. 35, 2008.

16. *The Journal of the Royal Geographical Society of London*, v. 33, p. 101.

17. Burton para Shaw, out. 1853, RGS.

18. Richard Burton, *Personal Narrative...*, v. 1, p. 31.

19. Jon R. Godsall, "Richard Burton's Somali Expedition". *Journal of the Royal Asiatic Society*, série 3, 2001, p. 163.

20. Burton para Shaw, 16 nov. 1853, RGS.

21. Burton para Shaw, 15 dez. 1853, RGS.

3. GARANTIA POR NOSSO SANGUE [pp. 39-47]

1. Richard Burton, *First Footsteps in East Africa; or, An Exploration of Harar*, op. cit., p. 3.

2. Lionel James Trotter, *The Bayard of India: A Life of General Sir James Outram, Bart. G.C.B., etc*. Londres: William Blackwood, 1923, p. 169.

3. Jon R. Godsall, "Richard Burton's Somali Expedition", op. cit., p. 168.
4. Burton para Shaw, 16 nov. 1853, RGS.
5. Richard Burton, *First Footsteps in East Africa...*, op. cit., p. 4.
6. Isabel Burton, *The Life of Captain Sir Richard F. Burton*, op. cit., v. 1, p. 118.
7. Jon R. Godsall, "Richard Burton's Somali Expedition", op. cit., pp. 138-9.
8. Richard Burton, *First Footsteps in East Africa...*, op. cit., p. 115.
9. Jon R. Godsall, "Richard Burton's Somali Expedition", op. cit., p. 164.
10. Richard Burton, *First Footsteps in East Africa...*, op. cit., p. 7.
11. Ibid., p. 7.
12. "Obituary, Dr. Stocks, F. L. S.". *Gentleman's Magazine*, v. 42, jul./dez. 1854.
13. Ibid.
14. Ibid.
15. Burton para Shaw, 16 nov. 1853, RGS.
16. *Allen's Indian Mail*, 19 set. 1854.
17. John Hanning Speke, *What Led to the Discovery of the Source of the Nile*. Edimburgo: William Blackwood, 1864, p. 1.
18. Ibid.
19. Richard Burton, *Zanzibar: City, Island and Coast*, v. 2. Honolulu: University Press of the Pacific, 2003, p. 378.
20. John Hanning Speke, "Captain Speke's Discovery of the Victoria Nyanza, the Supposed Source of the Nile — Part II". *Blackwood's Edinburgh Magazine*, nov. 1859, pp. 575-6.
21. Alexander Maitland, *Speke*. Newton Abbot: Victorian Book Club, 1973, p. 15.
22. Speke para Grant, mar. 1854, NLS.
23. Karl A. Meyer, *Tournament of Shadows: The Great Game and the Race for Empire in Central Asia*. Nova York: Basic Books, 1999, p. 210.
24. Speke para Shaw, 26 out. 1859, RGS.
25. John Hanning Speke, *What Led to the Discovery...*, op. cit., p. 2.
26. Richard Burton, *Zanzibar: City, Island and Coast*, op. cit., v. 2, p. 376.
27. John Hanning Speke, *What Led to the Discovery...*, op. cit., p. 2.
28. Richard Burton, *Zanzibar: City, Island and Coast*, op. cit., v. 2, pp. 373-4.
29. Isabel Burton, *The Life of...*, op. cit., v. 1, p. 315.
30. Richard Burton, *First Footsteps in East Africa...*, op. cit., p. 7.
31. Speke para Grant, 12 out. 1854, NLS.
32. Richard Burton, *Zanzibar: City, Island and Coast*, op. cit., v. 2, p. 381.
33. Isabel Burton, *The Life of...*, op. cit., v. 1, p. 315.

4. O ABBAN [pp. 48-54]

1. Richard Burton, *First Footsteps in East Africa; or, An Exploration of Harar*, op. cit., p. 186.
2. Ibid., pp. 8-9.
3. John Hanning Speke, *What Led to the Discovery of the Source of the Nile*, op. cit., p. 6.
4. Ibid.

5. Ibid., p. 7.
6. Richard Burton, "Narrative of a Trip to Harar", op. cit., p. 138.
7. John Hanning Speke, *What Led to the Discovery...*, op. cit., p. 7.
8. Ibid., p. 7.
9. Richard Burton, *First Footsteps in East Africa...*, op. cit., p. 54.
10. John Hanning Speke, *What Led to the Discovery...*, op. cit., p. 7.
11. Ibid., p. 7.
12. Ibid., p. 40.
13. Ibid., p. 13.
14. Ibid., pp. 13-4.
15. Ibid., p. 15.
16. Ibid.
17. Ibid., p. 27.
18. Ibid., pp. 33-4.
19. Burton para Shaw, 25 fev. 1855, RGS.
20. Burton para Sarah, 14 nov. 1848, em Thomas Wright, *The Life of Sir Richard F. Burton*, v. 1. Londres: Everett, 1906, p. 83.
21. Georgiana Stisted, *The True Life of Capt. Sir Richard F. Burton*. Nova York: Cosimo Classics, 2004, pp. 164, 412.
22. Burton para William M. Coghlan, 21 fev. 1855. Russell E. Train Africana collection, Smithsonian.
23. John Hanning Speke, *What Led to the Discovery...*, op. cit., p. 34.
24. Ibid.
25. Ibid.
26. Richard Burton, *First Footsteps in East Africa...*, op. cit., pós-escrito.
27. Jon R. Godsall, "Richard Burton's Somali Expedition", op. cit., p. 136.
28. John Hanning Speke, *What Led to the Discovery...*, op. cit., p. 34.
29. Ibid.
30. Richard Burton, *Zanzibar: City, Island and Coast*, op. cit., v. 2, p. 382.

5. O INIMIGO ESTÁ SOBRE NÓS [pp. 55-65]

1. Richard Burton, *First Footsteps in East Africa; or, An Exploration of Harar*, op. cit., p. 189.
2. C. J. Cruttenden, "Memoir on the Western or Edoor Tribes, Inhabiting the Somali Coast of NE Africa". *The Journal of the Royal Geographical Society of London*, v. 19, 1849, pp. 49-76; Richard Burton, *First Footsteps in East Africa...*, op. cit., p. 176.
3. John Hanning Speke, *What Led to the Discovery...*, op. cit., pp. 34-5; Richard Burton, *First Footsteps in East Africa...*, op. cit., pós-escrito.
4. John Hanning Speke, *What Led to the Discovery...*, op. cit., p. 39.
5. Ibid.
6. Ibid.
7. Ibid.

8. Richard Burton, *First Footsteps in East Africa...*, op. cit., p. 177.
9. John Hanning Speke, *What Led to the Discovery...*, op. cit., p. 39.
10. Ibid.
11. Ibid.
12. Richard Burton, *First Footsteps in East Africa...*, op. cit., pós-escrito.
13. Ibid.
14. John Hanning Speke, *What Led to the Discovery...*, op. cit., p. 40.
15. Speke para Burton, abr. 1855, BL.
16. Richard Burton, *First Footsteps in East Africa...*, op. cit., pós-escrito, nota de rodapé.
17. Ibid., pós-escrito.
18. Ibid.
19. Ibid.
20. Ibid.
21. John Hanning Speke, *What Led to the Discovery...*, op. cit., p. 40.
22. Ibid., p. 41.
23. Ibid.
24. Ibid.
25. Richard Burton, *First Footsteps in East Africa...*, op. cit., pós-escrito, nota de rodapé.
26. John Hanning Speke, *What Led to the Discovery...*, op. cit., p. 42.
27. Ibid., pp. 42-3.
28. Ibid., p. 43.
29. Ibid.
30. Richard Burton, *First Footsteps in East Africa...*, op. cit., pós-escrito.

6. NA BOCA DO INFERNO [pp. 69-78]

1. Isabel Burton, *The Life of Captain Sir Richard F. Burton*, op. cit., v. 1, p. 225.
2. Ibid., p. 226.
3. Jon R. Godsall, "Richard Burton's Somali Expedition", op. cit., pp. 138-9.
4. Gordon Waterfield, "Burton Attacked in Official Reports", em Richard Burton, *First Footsteps in East Africa...*, op. cit., p. 263.
5. Herne para Burton, abr. 1855, BL.
6. Speke para Playfair, 24 out. 1859, em *First Footsteps in East Africa; or, An Exploration of Harar*, op. cit., [1966], p. 284.
7. Ibid.
8. Ibid.
9. Anotação de Isabel Burton em Isabel Burton, *The Life of...*, op. cit., v. 1, p. 223.
10. John Hanning Speke, *What Led to the Discovery...*, op. cit., p. 43.
11. Speke para Burton, 22 jul. 1859, BL.
12. Richard Burton, *First Footsteps in East Africa...*, op. cit., p. 215.
13. John Hanning Speke, *What Led to the Discovery...*, op. cit., pp. 12-3.
14. Ibid., p. 44.

15. Isabel Burton, *The Life of...*, op. cit., v. 1, p. 137.
16. John Hanning Speke, *What Led to the Discovery...*, op. cit., p. 45.
17. Ibid.
18. Ibid., p. 46.
19. Ann Taylor, *Laurence Oliphant, 1829-1888*. Oxford: Oxford University Press, 1982, p. 36.
20. Margaret Oliphant, *Memoir of the Life of Laurence Oliphant and of Alice Oliphant, His Wife*. Londres: William Blackwood, 1892, p. 96.
21. Georgiana Stisted, *The True Life of Capt. Sir Richard F. Burton*, op. cit., p. 163.
22. Id., "Reminiscences of Sir Richard Burton". *Temple Bar*, jul. 1891, p. 337.
23. John Hanning Speke, *What Led to the Discovery...*, op. cit., p. 114.
24. Ibid., p. 147.
25. Isabel Burton, *The Life of...*, op. cit., v. 1, p. 225.
26. Ibid.
27. Ibid., p. 229.
28. Burton para Shaw, 18 ago. 1855, RGS.
29. Isabel Burton, *The Life of...*, op. cit., v. 1, p. 228.
30. Winston S. Churchill, *A History of the English Speaking Peoples*. Londres: Cassell, 1956, p. 58.
31. Joseph Cummins, *The War Chronicles: From Flintlocks to Machine Guns*. Beverly: Fair Winds, 2009, p. 108.
32. Burton para Shaw, 18 ago. 1855, RGS.
33. Isabel Burton, *The Life of...*, op. cit., v. 1, p. 244.
34. Ibid., p. 244.
35. Ann Taylor, op. cit., p. 39.
36. Frank Harris, op. cit., p. 193.

7. QUE MALDIÇÃO É UM CORAÇÃO [pp. 79-88]

1. Isabel Burton e W. H. Wilkins, *The Romance of Isabel Lady Burton: The Story of Her Life*. Nova York: Dodd Mead, 1897, p. 3.
2. Ibid., p. 15.
3. Ibid., p. 16.
4. Ibid., pp. 17-8.
5. Ibid., p. 18.
6. Raymond Blathwayt, "The Reader". *The Bookman*, maio 1896.
7. Isabel Burton e W. H. Wilkins, op. cit., p. 19.
8. Ibid., p. 21.
9. Ibid., p. 22.
10. Ibid., pp. 21-2.
11. Ibid., p. 40.
12. Ibid., p. 52.
13. Ibid., pp. 37-8.

14. Ibid., p. 52.
15. Raymond Blathwayt, op. cit.
16. Isabel Burton e W. H. Wilkins, op. cit., p. 54.
17. Ibid., p. 61.
18. Ibid., p. 72.
19. Ibid., p. 73.
20. Ibid., p. 69.
21. Raymond Blathwayt, op. cit.
22. Isabel Burton e W. H. Wilkins, op. cit., p. 91.
23. Georgiana Stisted, "Reminiscences of Sir Richard Burton", op. cit.
24. Isabel Burton e W. H. Wilkins, op. cit., p. 23.
25. Ibid., p. 65.
26. Ibid., p. 76.
27. Ibid., pp. 77-8.
28. Ibid., p. 81.
29. Isabel Burton, *The Life of...*, op. cit., comentários de Isabel, v. 1, p. 249.
30. Ibid.
31. Ibid., v. 1, p. 250.
32. Ibid., v. 1, p. 249.
33. Ibid., v. 1, pp. 254-5.
34. Isabel Burton e W. H. Wilkins, op. cit., p. 88.
35. Ibid., pp. 88-9.

8. HORROR VACUI [pp. 89-102]

1. Madeleine Jones Lowri, *Local Knowledge and Indigenous Agency in the History of Exploration*. Tese, Universidade de Londres, 2010.
2. G. R. Crone e E. E. T. Day, "The Map Room of the Royal Geographical Society". *The Geographical Journal*, v. 126, mar. 1960, p. 12.
3. B. W. Langlands, "Concepts of the Nile", op. cit., p. 14; Greg Miller, "Why Ancient Mapmakers Were Terrified of Blank Spaces". *National Geographic*, 20 nov. 2017.
4. "Evolution of the Map of Africa". Disponível em: <https://library.princeton.edu/visual_materials/maps/websites/africa/maps-continent/continent.html>. Acesso em: 13 jun. 2023.
5. Richard Burton, *The Lake Regions of Central Africa*, op. cit., p. 366.
6. Ibid.
7. John Hanning Speke, *What Led to the Discovery of the Source of the Nile*, op. cit., p. 46.
8. Richard Burton, *Zanzibar: City, Island and Coast*, op. cit., v. 1, p. 65.
9. Id., *The Lake Regions of Central Africa*, op. cit., p. 23.
10. R. C. Bridges, "Sir John Speke and the Royal Geographical Society". *The Uganda Journal*, v. 26, n. 1, mar. 1962, p. 29.
11. Richard Burton, *Zanzibar: City, Island and Coast*, op. cit., v. 1, p. 8.
12. John Hanning Speke, *What Led to the Discovery...*, op. cit., p. 46.

13. Ibid.
14. R. C. Bridges, "Sir John Speke and the Royal Geographical Society", op. cit., p. 29.
15. Richard Burton, *The Lake Regions of Central Africa*, op. cit., p. 23.
16. Speke para Playfair, 24 out. 1859, NLS.
17. John Hanning Speke, *What Led to the Discovery...*, op. cit., p. 47.
18. Richard Burton, *Zanzibar: City, Island and Coast*, op. cit., v. 1, pp. 16-7.
19. Id., *The Book of the Thousand Nights and a Night...*, op. cit.
20. Id., *The Lake Regions of Central Africa*, op. cit., p. 35.
21. Id., *Zanzibar: City, Island and Coast*, op. cit., v. 1, p. 18.
22. Ibid., v. 1, pp. 27-8.
23. Id., *The Lake Regions of Central Africa*, op. cit., p. 124.
24. Burton para Monckton Milnes, 27 abr. 1857, HPTC.
25. Richard Burton, *Zanzibar: City, Island and Coast*, op. cit., v. 1, p. 34.
26. Ibid., p. 35.
27. Ibid.
28. John Hanning Speke, *What Led to the Discovery...*, op. cit., p. 48.
29. Burton para Shaw, 5 jan. 1857, BL.
30. John Hanning Speke, *What Led to the Discovery...*, op. cit., p. 49.
31. Burton para Back, 9 abr. 1857, RGS.
32. Richard Burton, *Zanzibar: City, Island and Coast*, op. cit., v. 1, p. 489.
33. John Hanning Speke, *What Led to the Discovery...*, op. cit., p. 50.
34. Ibid.
35. Ibid., p. 49.
36. Burton para Shaw, 22 abr. 1857, BL.
37. John Hanning Speke, *What Led to the Discovery...*, op. cit., pp. 49-51.
38. Richard Burton, *Zanzibar: City, Island and Coast*, op. cit., v. 2, p. 388.
39. Carta de Burton para destinatário desconhecido, abr. 1857, BL.
40. Richard Burton, *The Lake Regions of Central Africa*, op. cit., p. 36.
41. Ibid.
42. Speke para Georgina Speke, maio 1857, BL.
43. Speke para Burton, 20 jun. 1860, NLS.
44. Richard Burton, *Zanzibar: City, Island and Coast*, op. cit., v. 2, p. 388.
45. Ibid., v. 2, p. 385.
46. Ibid., v. 2, p. 382.
47. John Hanning Speke, *What Led to the Discovery...*, op. cit., p. 52.
48. Isabel Burton, *The Life of Captain Sir Richard F. Burton*, op. cit., v. 1, p. 264.
49. Ibid.

9. BOMBAY [pp. 103-10]

1. Há várias maneiras de grafar o nome dessa estação. Burton escrevia Chogway. Speke, num artigo para a Real Sociedade Geográfica, grafou Chongwe.

2. John Hanning Speke, *What Led to the Discovery of the Source of the Nile*, op. cit., p. 52.
3. Isabel Burton, *The Life of Captain Sir Richard F. Burton*, op. cit., v. 1, p. 266.
4. John Hanning Speke, *What Led to the Discovery...*, op. cit., p. 63.
5. Id., "Journal of a Cruise on the Tanganyika Lake, Central Africa". *Blackwood's Edinburgh Magazine*, set. 1859, p. 345.
6. Alan Moorehead, *The White Nile*. Nova York: Dell, 1960, pp. 17-8.
7. Ibid., p. 19.
8. Habshi Amarat, *African Elites in India*. Ahmedabad: Mapin, 2006, pp. 46-7.
9. John Hanning Speke, "Journal of a Cruise on the Tanganyika Lake, Central Africa", op. cit., p. 345.
10. Ibid.
11. Ibid., p. 344.
12. Isabel Burton, *The Life of...*, op. cit., v. 1, pp. 266-7.
13. John Hanning Speke, "Captain Speke's Discovery of the Victoria Nyanza, the Supposed Source of the Nile, Part II". *Blackwood's Edinburgh Magazine*, out. 1859, p. 397.
14. Richard Burton, *The Lake Regions of Central Africa*, op. cit., apêndice I, p. 528.
15. Isabel Burton, *The Life of...*, op. cit., v. 1, p. 266.
16. Speke para Blackwood, 2 set. 1859, NLS.
17. John Hanning Speke, *What Led to the Discovery...*, op. cit., p. 53.
18. Ibid.
19. Ibid.
20. Ibid., p. 56.

10. A MORTE ESTAVA ESCRITA [pp. 111-20]

1. John Hanning Speke, *What Led to the Discovery of the Source of the Nile*, op. cit., p. 56.
2. Burton para Milnes, 27 abr. 1857, HPTC.
3. Isabel Burton, *The Life of Captain Sir Richard F. Burton*, op. cit., v. 1, pp. 276-7.
4. John Hanning Speke, *What Led to the Discovery...*, op. cit., p. 56.
5. Richard Burton, *The Lake Regions of Central Africa*, op. cit., pp. 22, 64.
6. Id., *Zanzibar: City, Island and Coast*, op. cit., v. 1, p. 472.
7. Id., *The Lake Regions of Central Africa*, op. cit., p. 67.
8. Ibid., p. 70.
9. Richard Burton, *Zanzibar: City, Island and Coast*, op. cit., v. 1, p. 37.
10. Burton para Shaw, 22 abr. 1857, BL.
11. John Hanning Speke, *What Led to the Discovery...*, op. cit., p. 115.
12. Ibid., p. 56.
13. Ibid.
14. Richard Burton, *The Lake Regions of Central Africa*, op. cit., p. 408.
15. Ibid., p. 181.
16. Ibid., apêndice I, p. 531.
17. Id., *Zanzibar: City, Island and Coast*, op. cit., v. 2, p. 379.

18. Richard Burton, *The Lake Regions of Central Africa*, op. cit., apêndice I, p. 529.
19. Ibid., apêndice I, p. 529.
20. Ibid., apêndice I, p. 529; Karlis Karklins, "Identifying Beads Used in the 19th-Century Central East Africa Trade". *BEADS: Journal of the Society of Bead Researchers*, v. 4, 1992.
21. Id., *The Lake Regions of Central Africa*, op. cit., apêndice II, p. 552.
22. Ibid., p. 33.
23. John Hanning Speke, "Journal of a Cruise on the Tanganyika Lake, Central Africa", op. cit., p. 340.
24. Richard Burton, *The Lake Regions of Central Africa*, op. cit., apêndice II, p. 550.
25. Ibid., pp. 26, 551.
26. Ibid., apêndice II, p. 552.
27. Ibid., p. 22.
28. Ibid., p. 27.
29. Ibid., p. 14.
30. John Hanning Speke, "Captain Speke's Discovery of the Victoria Nyanza, the Supposed Source of the Nile, Part III". *Blackwood's Edinburgh Magazine*, nov. 1859, p. 569.
31. Ibid.
32. Ibid.
33. John Hanning Speke, *What Led to the Discovery...*, op. cit., p. 116.
34. Richard Burton, *The Nile Basin*. Londres: Tinsley, 1864, p. 166.
35. Id., *Zanzibar: City, Island and Coast*, op. cit., v. 2, p. 398.
36. Id., *The Lake Regions of Central Africa*, op. cit., pp. 26-7.
37. Ibid., p. 26.
38. Ibid., p. 27.
39. Isabel Burton, *The Life of...*, op. cit., v. 1, p. 281.
40. Richard Burton, *The Lake Regions of Central Africa*, op. cit., p. 104.
41. John Hanning Speke, "Captain Speke's Discovery of the Victoria Nyanza, the Supposed Source of the Nile, Part II", op. cit., p. 397.
42. Richard Burton, *The Lake Regions of Central Africa*, op. cit., p. 33.
43. Ibid., p. 22.
44. Burton para o novo cônsul britânico em Zanzibar, out. 1857, BL.
45. Richard Burton, *The Lake Regions of Central Africa*, op. cit., p. 34.
46. Ibid., p. 32.
47. Ibid., p. 35.
48. Ibid.
49. Ibid.

11. UM VELHO INIMIGO [pp. 137-54]

1. Richard Burton, *The Lake Regions of Central Africa*, op. cit., pp. 48, 239-40.
2. Ibid., p. 236.
3. Ibid., p. 235.

4. Ibid., p. 49.
5. Ibid., pp. 112, 241.
6. Ibid., p. 148.
7. Ibid., p. 241.
8. Ibid., p. 243.
9. Ibid., p. 54.
10. Ibid., p. 234.
11. Ibid., p. 241.
12. Isabel Burton, *The Life of Captain Sir Richard F. Burton*, op. cit., v. 1, p. 285.
13. Richard Burton, *The Lake Regions of Central Africa*, op. cit., p. 77.
14. Ibid., p. 49.
15. Frederick Hockley, em W. H. Harrison (Org.), *Psychic Facts*. Londres, 1880.
16. Burton para Milnes, 2 jul. 1861, BL.
17. Richard Burton, *Scinde; or, The Unhappy Valley*. Londres: Richard Bentley, 1851, p. 263.
18. Id., *First Footsteps in East Africa; or, An Exploration of Harar*, op. cit., p. 31.
19. Id., *The Lake Regions of Central Africa*, op. cit., p. 50.
20. Ibid., p. 63.
21. Ibid., p. 132.
22. Ibid., p. 16.
23. Ibid., pp. 178-9, 100-3.
24. Ibid., p. 158.
25. John Hanning Speke, *What Led to the Discovery...*, op. cit., p. 59.
26. Richard Burton, *The Lake Regions of Central Africa*, op. cit., p. 431.
27. Ibid., p. 431.
28. John Hanning Speke, "Captain Speke's Discovery of the Victoria Nyanza, the Supposed Source of the Nile, Part II", op. cit., p. 397.
29. Richard Burton, *The Lake Regions of Central Africa*, op. cit., p. 197.
30. Ibid., pp. 201-2.
31. Ibid., p. 239.
32. Ibid., p. 239.
33. Ibid., p. 75.
34. Ibid., pp. 107-9.
35. Ibid., p. 49.
36. Ibid., v. 1, p. 281.
37. Ibid., v. 1, p. 201.
38. Ibid., p. 153.
39. Ibid., pp. 57, 59, 62.
40. Ibid., p. 65.
41. Ibid., p. 78.
42. Ibid., p. 80.
43. Ibid., p. 80.
44. Id., *Zanzibar: City, Island and Coast*, op. cit., v. 2, 388.
45. Ibid., v. 2, p. 377.

46. Richard Burton, *The Lake Regions of Central Africa*, op. cit., pp. 87-8.
47. Adrian Wisnicki, "Cartographical Quandaries: The Limits of Knowledge Production in Burton's and Speke's Search for the Source of the Nile", op. cit., p. 471.
48. Richard Burton, *The Lake Regions of Central Africa*, op. cit., p. 72.
49. Isabel Burton, *The Life of…*, op. cit., v. 1, p. 285.
50. Richard Burton, *The Lake Regions of Central Africa*, op. cit., p. 72.
51. Ibid., p. 210.
52. Isabel Burton, *The Life of…*, op. cit., v. 1, 285.
53. Richard Burton, *The Lake Regions of Central Africa*, op. cit., p. 72.
54. Ibid., p. 210.
55. David Livingstone, *Missionary Travels and Researches in South Africa*. Londres: J. Murray, 1858, pp. 11-2.
56. Speke para Shaw, 2 jul. 1858, RGS.
57. John Hanning Speke, "Captain Speke's Discovery of the Victoria Nyanza, the Supposed Source of the Nile, Part II", op. cit., p. 572; John Hanning Speke, *What Led to the Discovery of the Source of the Nile*, op. cit., p. 104.
58. Richard Burton, *Zanzibar: City, Island and Coast*, op. cit., v. 2, p. 388.
59. Id., *The Lake Regions of Central Africa*, op. cit., p. 74.
60. Ibid., p. 128.
61. Ibid., p. 156.
62. Ibid., p. 156.
63. Ibid., p. 157.
64. Ibid., pp. 159-60.
65. Ibid., p. 128.
66. Ibid., p. 128.
67. Ibid., p. 77.
68. Ibid., p. 243.
69. Ibid., p. 149.
70. John Hanning Speke, *What Led to the Discovery…*, op. cit., p. 59.
71. Burton para Hamerton, 6 set. 1857, BL.
72. Richard Burton, *The Lake Regions of Central Africa*, op. cit., p. 77.
73. Burton ao cônsul britânico em Zanzibar, out. 1857, BL.

12. TANGANICA [pp. 155-70]

1. John Hanning Speke, "Captain Speke's Discovery of the Victoria Nyanza, the Supposed Source of the Nile, Part II", op. cit., p. 394.
2. Id., *What Led to the Discovery of the Source of the Nile*, op. cit., pp. 59-60.
3. Id., "Captain Speke's Discovery of the Victoria Nyanza, the Supposed Source of the Nile, Part II", op. cit., p. 394.
4. Richard Burton, *The Lake Regions of Central Africa*, op. cit., p. 389.
5. Ibid., p. 260.
6. Ibid.

7. John Hanning Speke, *What Led to the Discovery...*, op. cit., p. 60.
8. Richard Burton, *The Lake Regions of Central Africa*, op. cit., p. 418.
9. Ibid., p. 263.
10. Ibid., p. 266.
11. Isabel Burton, *The Life of Captain Sir Richard F. Burton*, op. cit., v. 1, p. 295.
12. Ibid., v. 1, p. 295.
13. Ibid.
14. Richard Burton, *Zanzibar: City, Island and Coast*, op. cit., v. 2, pp. 388-9.
15. Isabel Burton, *The Life of...*, op. cit., v. 1, p. 295.
16. Richard Burton, *The Lake Regions of Central Africa*, op. cit., pp. 275-6.
17. Ibid., p. 276.
18. Carta de Sir William Bowman, médico de olhos de Speke, em John Hanning Speke, "Journal of a Cruise on the Tanganyika Lake, Central Africa", op. cit., p. 342.
19. Richard Burton, *Zanzibar: City, Island and Coast*, op. cit., v. 2, p. 373.
20. Robert Wilson, *History of the British Expedition to Egypt*. Filadélfia: Conrad, 1803, pp. 310-1.
21. Richard Burton, *The Lake Regions of Central Africa*, op. cit., p. 306.
22. Ibid., p. 276.
23. Isabel Burton, *The Life of...*, op. cit., v. 1, p. 298.
24. Richard Burton, *The Lake Regions of Central Africa*, op. cit., p. 307.
25. Isabel Burton, *The Life of...*, op. cit., v. 1, pp. 298-9.
26. John Hanning Speke, "Journal of a Cruise on the Tanganyika Lake, Central Africa", op. cit., p. 342.
27. Ibid.; John Hanning Speke, *What Led to the Discovery...*, op. cit., p. 61.
28. Richard Burton, *The Lake Regions of Central Africa*, op. cit., p. 319.
29. Ibid., p. 347.
30. Ibid., pp. 262, 335.
31. Ibid., p. 821.
32. John Hanning Speke, "Journal of a Cruise on the Tanganyika Lake, Central Africa", op. cit., p. 343.
33. Richard Burton, *The Lake Regions of Central Africa*, op. cit., p. 338.
34. Ibid., p. 333.
35. John Hanning Speke, "Journal of a Cruise on the Tanganyika Lake, Central Africa", op. cit., p. 342.
36. Richard Burton, *The Lake Regions of Central Africa*, op. cit., p. 333.
37. John Hanning Speke, "Journal of a Cruise on the Tanganyika Lake, Central Africa", op. cit., p. 342.
38. Ibid., p. 344.
39. Ibid., p. 346.
40. Ibid., p. 348.
41. Richard Burton, *The Lake Regions of Central Africa*, op. cit., p. 345.
42. John Hanning Speke, "Journal of a Cruise on the Tanganyika Lake, Central Africa", op. cit., p. 346.

43. John Hanning Speke, *What Led to the Discovery...*, op. cit., pp. 67-8.
44. Ibid.
45. Id., "Journal of a Cruise on the Tanganyika Lake, Central Africa", op. cit., p. 350.
46. Id., *What Led to the Discovery...*, op. cit., pp. 67-8.
47. Id., "Journal of a Cruise on the Tanganyika Lake, Central Africa", op. cit., p. 352.
48. Ibid., p. 355.
49. Ibid., pp. 355-6.
50. Richard Burton, *The Lake Regions of Central Africa*, op. cit., p. 336.
51. John Hanning Speke, "Journal of a Cruise on the Tanganyika Lake, Central Africa", op. cit., p. 352.
52. Richard Burton, *The Lake Regions of Central Africa*, op. cit., pp. 336-7.
53. John Hanning Speke, "Captain Speke's Discovery of the Victoria Nyanza, the Supposed Source of the Nile, Part II", op. cit., p. 391.
54. Richard Burton, *The Lake Regions of Central Africa*, op. cit., p. 353.
55. Ibid.
56. Ibid., p. 354.
57. Isabel Burton, *The Life of...*, op. cit., v. 1, p. 303.
58. Richard Burton, *The Lake Regions of Central Africa*, op. cit., p. 358.
59. Ibid., pp. 360-1.
60. John Hanning Speke, "Captain Speke's Discovery of the Victoria Nyanza, the Supposed Source of the Nile, Part II", op. cit., p. 393.
61. Richard Burton, *The Lake Regions of Central Africa*, op. cit., p. 361.
62. Id., *Personal Narrative of a Pilgrimage to Al-Madinah & Meccah*, op. cit., p. 38.
63. Id., *The Lake Regions of Central Africa*, op. cit., p. 65.
64. Ibid.
65. Ibid., p. 387.
66. Ibid., p. 378.

13. ATÉ O FIM DO MUNDO [pp. 171-9]

1. John Hanning Speke, *What Led to the Discovery of the Source of the Nile*, op. cit., p. 75.
2. Richard Burton, *The Lake Regions of Central Africa*, op. cit., p. 381.
3. Ibid., p. 387.
4. Ibid., p. 389.
5. Speke para Shaw, 2 jul. 1858, RGS.
6. Ibid.
7. Isabel Burton, *The Life of Captain Sir Richard F. Burton*, op. cit., v. 1, p. 290.
8. John Hanning Speke, "Captain Speke's Discovery of the Victoria Nyanza, the Supposed Source of the Nile, Part II", op. cit., p. 393.
9. Ibid., p. 395.

10. Richard Burton, escrevendo de Unyanyembe, 2 jul. 1858, publicado em *Proceedings of the Royal Geographical Society*, 24 jan. 1859.
11. Id., *The Lake Regions of Central Africa*, op. cit., p. 390.
12. John Hanning Speke, *What Led to the Discovery...*, op. cit., p. 95.
13. Richard Burton, *The Lake Regions of Central Africa*, op. cit., p. 411.
14. John Hanning Speke, *What Led to the Discovery...*, op. cit., p. 75.
15. Id., "Captain Speke's Discovery of the Victoria Nyanza, the Supposed Source of the Nile, Part II", op. cit., p. 396.
16. Id., *What Led to the Discovery...*, op. cit., p. 116; Richard Burton, *The Lake Regions of Central Africa*, op. cit., p. 390.
17. Speke, "Captain Speke's Discovery of the Victoria Nyanza, the Supposed Source of the Nile, Part II", op. cit., p. 396.
18. Ibid., p. 397.
19. John Hanning Speke, *What Led to the Discovery...*, op. cit., p. 80.
20. Id., "Captain Speke's Discovery of the Victoria Nyanza, the Supposed Source of the Nile, Part II", op. cit., p. 408.
21. Ibid., p. 400.
22. Ibid., p. 403.
23. Ibid., pp. 410-1.
24. John Hanning Speke, *What Led to the Discovery...*, op. cit., p. 92.
25. Ibid., p. 96.
26. Ibid., p. 94.
27. Id., "Captain Speke's Discovery of the Victoria Nyanza, the Supposed Source of the Nile, Part II", op. cit., p. 412.
28. Ibid.
29. John Hanning Speke, *What Led to the Discovery...*, op. cit., p. 98.
30. Richard Burton, *The Lake Regions of Central Africa*, op. cit., pp. 407-9.
31. John Hanning Speke, *What Led to the Discovery...*, op. cit., p. 111.
32. Richard Burton, *The Lake Regions of Central Africa*, op. cit., pp. 410-1.
33. Isabel Burton, *The Life of...*, op. cit., v. 1, p. 314.
34. Richard Burton, *The Lake Regions of Central Africa*, op. cit., p. 412.
35. Isabel Burton, *The Life of...*, op. cit., v. 2, p. 424.
36. *Journal of the Royal Geographical Society of London*, NLS, em Alexander Maitland, op. cit., p. 143.

14. AS FACAS ESTÃO EMBAINHADAS [pp. 183-93]

1. Richard Burton, *The Lake Regions of Central Africa*, op. cit., p. 429.
2. Ibid.
3. Ibid.
4. Ibid.

5. Ibid., p. 430.
6. Isabel Burton, *The Life of Captain Sir Richard F. Burton*, op. cit., v. 1, p. 322.
7. Richard Burton, *The Lake Regions of Central Africa*, op. cit., p. 430.
8. Isabel Burton, *The Life of...*, op. cit., v. 1, p. 322.
9. Ibid., v. 1, p. 323.
10. Richard Burton, *The Lake Regions of Central Africa*, op. cit., p. 437.
11. Isabel Burton, *The Life of...*, op. cit., v. 1, p. 326.
12. Richard Burton, *The Lake Regions of Central Africa*, op. cit., p. 528.
13. Christopher Rigby e Mrs. Charles E. B. Russell (Orgs.), *General Rigby, Zanzibar and the Slave Trade*. Nova York: Negro Universities Press, 1970, p. 79.
14. Richard Burton, *The Lake Regions of Central Africa*, op. cit., p. 523.
15. Christopher Rigby, op. cit., p. 71.
16. Isabel Burton, *The Life of...*, op. cit., v. 1, p. 327.
17. J. W. Heldring, op. cit., p. 189.
18. Christopher Rigby, op. cit., p. 247, nota de rodapé.
19. Richard Burton, *Zanzibar: City, Island and Coast*, op. cit., v. 2, p. 389.
20. Speke para Rigby, 6 out. 1860, em Christopher Rigby, op. cit.
21. Speke para Rigby, 6 out. 1860.
22. Rigby para Miles, 26 mar. 1859, em Christopher Rigby, op. cit.
23. Burton para Shaw, 24 jun. 1858, RGS.
24. Rigby para H. L. Anderson, Secretário do Governo, Bombaim, em Christopher Rigby, op. cit., p. 246.
25. Isabel Burton, *The Life of...*, op. cit., v. 1, p. 310.
26. Richard Burton, *The Lake Regions of Central Africa*, op. cit., apêndice II, p. 553.
27. Id., *Zanzibar: City, Island and Coast*, op. cit., v. 2, p. 389.
28. Id., *The Lake Regions of Central Africa*, op. cit., p. 525.
29. Ibid., p. 526.
30. Ibid. Na mitologia grega, a camisa de Nesso é a túnica envenenada que matou Hércules.
31. Richard Burton, *Zanzibar: City, Island and Coast*, op. cit., v. 2, p. 389.
32. Ann Taylor, op. cit., pp. 63-4.
33. Richard Burton, *Zanzibar: City, Island and Coast*, op. cit., v. 2, p. 390.
34. Isabel Burton, *The Life of*, op. cit., v. 1, p. 327.
35. Burton para a Real Sociedade Geográfica, 19 abr. 1859, BL.
36. Richard Burton, *Zanzibar: City, Island and Coast*, op. cit., v. 2, p. 390.
37. Tal como Isabel Burton lembrava de Speke ter-lhe dito, relatado em suas anotações em Isabel Burton, *The Life of...*, op. cit., v. 1, pp. 424-5.

15. FOI EM MIM QUE ELE ATIROU [pp. 194-207]

1. Speke para Shaw, 8 maio 1859, RGS.
2. Clements Markham, *The Fifty Years' Work of the Royal Geographical Society*. Londres: John Murray, 1881.

3. Ibid.

4. S. H. Beaver, "Geography in the British Association for the Advancement of Science". *The Geographical Journal*, v. 148, n. 2, jul. 1982, pp. 173-81.

5. R. C. Bridges, "Sir John Speke and the Royal Geographical Society", op. cit., p. 27.

6. Richard Burton, *Zanzibar: City, Island and Coast*, op. cit., v. 2, pp. 390-1.

7. Trechos de "Reports by Captains Burton and Speke, of the East African Expedition, on Their Discovery of Lake Ujiji &c., in Central Africa". *Proceedings of the Royal Geographical Society of London*, v. 3, n. 3, 1858-9.

8. John Hanning Speke, *Journal of the Discovery of the Source of the Nile*. Londres: J. M. Dent, 1863, p. 31.

9. Ibid.

10. Isabel Burton, *The Life of Captain Sir Richard F. Burton*, op. cit., v. 1, p. 330.

11. Ibid., p. 328.

12. Richard Burton, *Zanzibar: City, Island and Coast*, op. cit., v. 2, p. 391.

13. Id., *The Nile Basin*, op. cit., p. 6.

14. Isabel Burton, *The Life of...*, op. cit., v. 1, p. 331.

15. John Hanning Speke em *The Journal of the Royal Geographical Society of London*, v. 29, 1859.

16. Ibid.

17. "The Geographical Society". *The Examiner*, 18 jun. 1859.

18. Dorothy Middleton, "The Search for the Nile Sources". *The Geographical Journal*, v. 238, jun. 1972, p. 211.

19. Francis Galton, *Memories of My Life*. Londres: Methuen, 1908, p. 199.

20. Blackwood para Eliot, em Roland F. Anderson, "George Eliot Provoked". *Modern Philology*, v. 71, ago. 1973.

21. Burton para Milnes, 31 maio 1863, HPTC.

22. *The Bookman*, out. 1891.

23. Isabel Burton, *The Life of...*, op. cit., v. 1, p. 397.

24. Francis Galton, *Memories of My Life*, op. cit., p. 202.

25. Speke para Rigby, 3 set. 1859, NLS.

26. Ibid.

27. Blackwood para Eliot, 15 ago. 1859, NLS.

28. John Hanning Speke, "Journal of a Cruise on the Tanganyika Lake, Central Africa", op. cit.

29. Speke para Shaw, 28 out. 1859, RGS.

30. Speke para Rigby, 19 jan. 1860, em Christopher Rigby, *Rigby*, op. cit.; Speke para Shaw, 17 jan.1860, em ibid.

31. Speke para Rigby, 6 out. 1860, em ibid.

32. Speke para Rigby, 6 abr. 1859, em ibid.

33. Rigby para H. L. Anderson, Secretário do Governo, Bombaim, 15 jul. 1859, em *The Lake Regions of Central Africa*, op. cit., apêndice II, p. 551.

34. Burton para o governo de Bombaim, 11 nov. 1859, em ibid., apêndice II, pp. 553-4.

35. Burton para Rigby, 16 jan. 1860, em Isabel Burton, *The Life of...*, op. cit., v. 2, pp. 575-6.

36. Real Sociedade Geográfica, Atas das reuniões do Comitê da Expedição, 2 dez. 1859 e 10 jan. 1860.
37. Ibid.
38. J. Cosmo Melville para Burton, 14 jan. 1860, em *The Lake Regions of Central Africa*, op. cit., apêndice II, p. 555.
39. Burton para Melville, em ibid.
40. Speke para Rigby, 2 dez. 1859, NLS.
41. Speke para Rigby, 17 out. 1859, NLS; Speke para Rigby, 25 nov. 1859, NLS.
42. Speke para Rigby, 2 dez. 1859, NLS.
43. Richard Burton, *Zanzibar: City, Island and Coast*, op. cit., v. 2, p. 392.
44. Ibid., p. 389.

16. O SONHO DE UM EXILADO [pp. 208-14]

1. Isabel Burton e W. H. Wilkins, *The Romance of Isabel Lady Burton: The Story of Her Life*, op. cit., p. 150.
2. Ibid., p. 109.
3. Isabel Burton, "We Try to Effect a Reconciliation". In: *The Life of Captain Sir Richard F. Burton*, op. cit., v. 1, p. 329.
4. Isabel Burton e W. H. Wilkins, *The Romance of Isabel...*, op. cit., p. 149.
5. Ibid., p. 150.
6. Ibid.
7. Ibid., p. 151.
8. Isabel Burton, "My Appeal to My Mother". Em *The Life of Captain Sir Richard F. Burton*, op. cit., v. 1, p. 333.
9. Georgiana Stisted, "Reminiscences of Sir Richard Burton", op. cit.
10. Burton para Luke Burke, 9 jun. 1861(?), HL.
11. Giuseppe Caspar Mezzonfanti era um cardeal italiano que falava 38 idiomas.
12. Isabel Burton, "My Appeal to My Mother". Em *The Life of...*, op. cit., v. 1, pp. 332-7.
13. Ibid., v. 1, p. 337.
14. Ibid., v. 1, p. 332.
15. Georgiana Stisted, *The True Life of Capt. Sir Richard F. Burton*, op. cit., pp. 163-4.
16. Ibid.
17. Burton para Milnes, [sem data] 1859, Dover.
18. Georgiana Stisted, *The True Life...*, op. cit., p. 252.
19. Id., "Reminiscences of Sir Richard Burton", op. cit., p. 406.

17. DURO COMO TIJOLOS [pp. 215-21]

1. Speke para Rigby, 3 ago. 1859, NLS.
2. Alexander Maitland, op. cit., p. 111.

3. Thomas Hughes, *Tom Brown's School Days*. Londres: Macmillan, 1857, p. 119.

4. Speke para Shaw, 26 out. 1857, RGS.

5. "Eu me ofereci para acompanhá-lo; minha oferta foi aceita de imediato". Grant, apud "Nile Basins and Nile Explorers". *Blackwood's Edinburgh Magazine*, v. 97, jan./jun., p. 102.

6. Speke para Shaw, 15 abr. 1860, RGS.

7. Speke para Rigby, 3 ago. 1859, NLS.

8. Speke para John Blackwood, domingo, sem data, 1859, NLS.

9. John Petherick, *Travels in Central Africa, and Explorations of the Western Nile Tributaries*. Londres: FB & Ltd. Dalton House, 2017, p. 78.

10. Speke para Petherick, out. 1859, em ibid., p. 9.

11. Speke para Shaw, out. 1859, RGS.

12. Speke para Blackwood, 11 abr. 1860, NLS.

13. Speke para Blackwood, 18 abr. 1860, NLS.

14. John Petherick, op. cit., pp. 89-90.

15. R. C. Bridges, "Sir John Speke and the Royal Geographical Society", op. cit., p. 34.

16. Francis Galton, *Memories of My Life*, op. cit., pp. 200-1.

17. James Grant Papers, NLS.

18. Speke para Shaw, 28 out. 1859, RGS.

19. Speke para Rigby, 25 nov. 1859, NLS.

20. Burton para Shaw, nov. 1859, RGS.

21. Speke para Burton, 16 abr. 1860, BL.

22. Burton para Speke, 18 abr. 1860, BL.

18. O PRÍNCIPE [pp. 225-39]

1. John Hanning Speke, *Journal of the Discovery of the Source of the Nile*, op. cit., p. 8.

2. Ibid., p. 13.

3. Ibid., p. 264.

4. Apud Mary S. Lovell, *A Rage to Live: A Biography of Richard and Isabel Burton*. Nova York: W. W. Norton, 1998, p. 324.

5. Richard Burton, *Zanzibar: City, Island and Coast*, op. cit., v. 2, p. 393.

6. John Hanning Speke, *Journal of the Discovery...*, op. cit., pp. 13-4.

7. Speke para Rigby, 12 dez. 1860, NLS.

8. James Grant, apud Laurence Oliphant, "Nile Basins and Nile Explorers". *Blackwood's Edinburgh Magazine*, v. 97, jan./jun. 1865, p. 102.

9. James Grant Papers, NLS.

10. James Grant, *A Walk Across Africa; or, Domestic Scenes from My Nile Journal*. Londres: William Blackwood, 1864, pp. 18-9.

11. John Hanning Speke, *Journal of the Discovery...*, op. cit., p. 245.

12. Speke para Rigby, dia 3, sem mês, 1860, NLS.

13. John Hanning Speke, *Journal of the Discovery...*, op. cit., p. 28.

14. James Grant, *A Walk Across Africa...*, op. cit., p. 31.

15. Ibid., pp. 31-2.
16. John Hanning Speke, *Journal of the Discovery...*, op. cit., pp. 144-5.
17. Ibid., p. 150.
18. James Grant, *A Walk Across Africa...*, op. cit., p. 152.
19. Speke para Blackwood, 1 out. 1860, NLS.
20. Georgina Speke para John Blackwood, 25 set. 1861, NLS.
21. Speke para Blackwood, 1 fev. 1861, BL.
22. Speke para Rigby, 22 out. 1860, NLS.
23. Em Karagwe, enquanto esperava, impaciente, para poder continuar sua jornada, Speke convenceu uma das cunhadas do rei e sua filha a deixá-lo fazer medições. Ambas, valorizadas por sua beleza, haviam sido forçadas a ganhar tanto peso que mal conseguiam ficar de pé. A menina, que tinha apenas dezesseis anos, estava sentada "chupando um pote de leite, no qual o pai a mantinha trabalhando com uma vara na mão, pois, como engordar é o primeiro dever da vida feminina elegante, isso deve ser devidamente imposto pela vara, se necessário", escreveu Speke. "Seus traços eram adoráveis, mas seu corpo era redondo como uma bola."
24. John Hanning Speke, *Journal of the Discovery...*, op. cit., p. 284.
25. Ibid., p. 288.
26. Ibid., pp. 310-1.
27. Ibid., pp. 231-2.
28. Ibid., pp. 270-1.
29. Ibid., pp. 271-2.
30. "Levando em consideração a promessa de manter dois ou três barcos durante dois ou três anos para mim", Speke escreveu mais tarde a Petherick, "eu sacrifico tudo para cumprir o compromisso." Speke para Petherick, 28 mar. 1862, em John Petherick, op. cit., p. 117.
31. John Hanning Speke, *Journal of the Discovery...*, op. cit., p. 242.
32. Speke para Petherick, 28 mar. 1862, em John Petherick, op. cit., pp. 116-7.
33. John Hanning Speke, *Journal of the Discovery...*, op. cit., pp. 244-5.
34. James Grant, *A Walk Across Africa...*, op. cit., pp. 246-7.
35. John Hanning Speke, *Journal of the Discovery...*, op. cit., p. 459.
36. Ibid., p. 461.
37. Ibid., p. 479.
38. Ibid., p. 433.
39. Ibid., p. 467.
40. Ibid., p. 470.
41. Ibid., p. 601.
42. Dorothy Middleton, op. cit., p. 216.
43. John Hanning Speke, *Journal of the Discovery...*, op. cit., p. 603.
44. Ibid., p. 607.
45. Ibid., p. 606.
46. John Petherick, op. cit., pp. 119, 126, 131.
47. Ibid., pp. 127-8.
48. Ibid., p. 20.

19. DANEM-SE SUAS ALMAS [pp. 240-9]

1. Isabel Burton, *The Life of Captain Sir Richard F. Burton*, op. cit., p. 32.
2. Richard Burton, *Zanzibar: City, Island and Coast*, op. cit., v. 1, pp. 14-5.
3. Diário de Burton, Museu Britânico.
4. Richard Burton, *The City of the Saints "and Across the Rocky Mountains to California"*. Londres: Longmans, 1861, p. 112.
5. Ibid., p. 115.
6. John Hanning Speke, *What Led to the Discovery of the Source of the Nile*, op. cit., p. 111.
7. Richard Burton, *Two Trips to Gorilla Land and the Cataracts of the Congo*. Londres: Sampson Low, 1876, cap. 16.
8. Id., *The City of the Saints...*, op. cit., p. 245.
9. John Hanning Speke, "Captain Speke's Discovery of the Victoria Nyanza, the Supposed Source of the Nile, Part II", op. cit., p. 409.
10. Richard Burton, *The City of the Saints...*, op. cit., p. 430.
11. Isabel Burton, *The Life of...*, op. cit., v. 1, p. 337.
12. Ibid., v. 1, p. 338.
13. Ibid., v. 1, p. 337.
14. Isabel Burton e W. H. Wilkins, *The Romance of Isabel Lady Burton: The Story of Her Life*, op. cit., p. 66.
15. Ibid., pp. 162-5.
16. Isabel Burton, *The Life of...*, op. cit., v. 1, pp. 340-1.
17. Ibid., v. 1, p. 342.
18. Isabel Burton e W. H. Wilkins, *The Romance of...*, op. cit., p. 106.
19. Ibid., p. 166.
20. Isabel Burton, *The Life of...*, op. cit., v. 1, p. 345.
21. Burton para Milnes, 20 mar. 1861, HPTC.
22. Frank Harris, op. cit., v. 1, p. 192.
23. Isabel Burton, *The Life of...*, op. cit., v. 1, pp. 345-6.
24. Richard Burton, *Zanzibar: City, Island and Coast*, op. cit., v. 1, p. 183.
25. Id., *A Mission to Gelele, King of Dahome*. Londres: Tinsley, 1864, p. 241.
26. Id., "Narrative of a Trip to Harar". *The Journal of the Royal Geographical Society of London*, v. 25, 1855.
27. Burton para Blackwood, 9 jan. 1861, apud Mary Blackwood Porter, *Annals of a Publishing House: William Blackwood and His Sons*. Edimburgo: W. Blackwood, 1897, v. 3
28. Richard Burton, *Wanderings in West Africa from Liverpool to Fernando Po*. Londres: Tinsley, 1863, v. 1, p. 66.
29. Robert Kenny, "From the Curse of Ham to the Curse of Nature". *The British Journal for the History of Science*, v. 40, n. 3, set. 2007, p. 369.
30. John Hanning Speke, "Captain Speke's Discovery of the Victoria Nyanza, the Supposed Source of the Nile, Part III", op. cit., p. 570.

31. Richard Burton, "Memoirs Read Before the Anthropological Society of London". *The Anthropological Review*, v. 5, n. 16, jan. 1867, pp. 91-102.

32. Id., *Wanderings in West Africa from Liverpool to Fernando Po*, op. cit., v. 1, p. 66.

20. NESTON PARK [pp. 250-62]

1. Richard Burton, *The Nile Basin*, op. cit., p. 21.
2. "The Source of the Nile". *Oxford University Herald*, 27 jun. 1863.
3. "The Nile Discoveries". *The Caledonian Mercury*, 24 jun. 1863.
4. *Newcastle Chronicle*, 29 ago. 1863.
5. John Hanning Speke, *Journal of the Discovery of the Source of the Nile*, op. cit., p. 611.
6. Ibid., p. 388.
7. R. C. Bridges, "Sir John Speke and the Royal Geographical Society", op. cit., p. 37.
8. "The Nile Discoveries". *The Caledonian Mercury*, 24 jun. 1863.
9. *The Illustrated London News*, suplemento 43, 4 jul. 1863, p. 17.
10. Murchison para Grant, maio 1864, RGS.
11. James Casada, "James A. Grant and the Royal Geographical Society". *The Geographical Journal*, v. 140, n. 2, jun. 1974, p. 247.
12. "The Upper Basin of the Nile, from Inspection and Information". *Journal of The Royal Geographical Society of London*, v. 33, 1863.
13. R. C. Bridges, "Sir John Speke and the Royal Geographical Society", op. cit., p. 40.
14. David Finkelstein, "Unraveling Speke: The Unknown Revision of an African Exploration Classic". *History of Africa*, v. 3, 2003, p. 122.
15. Grant para Blackwood, 1863.
16. Speke para Blackwood, 30 mar. 1863.
17. David Finkelstein, op. cit., p. 122.
18. Ibid.
19. Ibid.
20. Ibid.
21. Apud ibid.
22. Rigby para Grant, 30 jul. 1864, NLS.
23. Speke para Petherick, em Richard Burton, *The Nile Basin*, op. cit., pp. 170-1.
24. Blackwood para Speke, 21 nov. 1863.
25. John Petherick, op. cit., p. 139.
26. Ibid., p. 140.
27. Ibid., p. 19.
28. Speke para Blackwood, 1863.
29. R. C. Bridges, "Sir John Speke and the Royal Geographical Society", op. cit., p. 38; Murchison para Grant, maio 1864.
30. Richard Burton, *The Nile Basin*, op. cit., parte I, p. 192.

31. Murchison para Grant, maio 1864.
32. Speke para Blackwood, 6 jul. 1864, NLS.
33. Murchison para Layard, 1 jul. 1864, BL.
34. Russell para Layard, 1 jun. 1864.
35. R. C. Bridges, "The Sponsorship and Financing of Livingstone's Last Journey". *African Historical Studies*, 1968.
36. W. Garden Blaikie, *The Personal Life of David Livingstone: Chiefly From Unpublished Journals and Correspondence from His Family*. Nova York: Revell, 1880, p. 343.
37. Bram Stoker, *Personal Reminiscences of Henry Irving*, op. cit., p. xl.
38. Isabel Burton, *The Life of Captain Sir Richard F. Burton*, op. cit., v. 1, p. 216.
39. Richard Burton, *Zanzibar: City, Island and Coast*, op. cit., v. 2, p. 393.
40. Isabel Burton, *The Life of...*, op. cit., v. 1, p. 389.
41. Ibid., v. 1, p. 425.
42. Ibid., v. 1, p. 425, nota.
43. Ibid., v. 1, p. 389.
44. Richard Burton, *Zanzibar: City, Island and Coast*, op. cit., v. 2, pp. 397-8.
45. Isabel Burton, *The Life of...*, op. cit., v. 1, p. 389.
46. Memorando de Fuller, fev. 1914.
47. Depoimento de Davis, *The Times*, 17 set. 1864.
48. *The Times*, 24 set. 1864.
49. Depoimento de Snow, *The Times*, 17 set. 1864.

21. O CORAÇÃO CANSADO ESFRIA [pp. 263-75]

1. Isabel Burton, *The Life of Captain Sir Richard F. Burton*, op. cit., v. 1, p. 405.
2. *Bath Chronicle*, 17 set. 1864.
3. Francis Galton, *Memories of My Life*, op. cit., p. 202.
4. Isabel Burton, *The Life of...*, op. cit., v. 1, p. 405.
5. Ibid., v. 1, p. 389.
6. *Bath Chronicle*, 17 set. 1864.
7. Ibid.
8. Ibid.
9. *Tiverton Gazette*, 27 set. 1864.
10. James Grant, *A Walk Across Africa; or, Domestic Scenes from My Nile Journal*, op. cit., p. 347.
11. Diário de Livingstone, 23 set. 1864.
12. *Tiverton Gazette*, 27 set. 1864.
13. *The Times*, 17 set. 1864.
14. *The Times*, 19 set. 1864.
15. Jeremy Paxman, "Richard Burton, Victorian Explorer". *FT Magazine*, 1 maio 2015.
16. Isabel Burton, *The Life of...*, op. cit., v. 1, p. 426.

17. Georgiana Stisted, *The True Life of Capt. Sir Richard F. Burton*, op. cit., p. 252.

18. Burton para Frank Wilson, 21 dez. 1864, ML.

19. Richard Burton, *The Nile Basin*, op. cit., parte I, p. 24.

20. Fawn Brodie, *The Devil Drives: A Life of Sir Richard Burton*. Nova York: W. W. Norton, 1967, p. 244.

21. Isabel Burton e W. H. Wilkins, *The Romance of Isabel Lady Burton: The Story of Her Life*, op. cit., p. 501.

22. Isabel Burton, *The Life of...*, op. cit., v. 1, p. 259.

23. Wilfrid Scawen Blunt, *My Diaries: Being a Personal Narrative of Events, 1888-1914*. Nova York: Alfred A. Knopf, 1923, v. 2, p. 128.

24. Isabel Burton, *The Inner Life of Syria, Palestine, and the Holy Land: From My Private Journal*, op. cit., p. 224.

25. Georgiana Stisted, *The True Life...*, op. cit., p. 363.

26. Richard Burton, *Zanzibar: City, Island and Coast*, op. cit., v. 1, pp. 1-2.

27. *The Times*, 19 set. 1864.

28. Richard Burton, *The Athenaeum*, 14 jan. 1865.

29. Burton para Henry Walter Bates, 18 jan. 1872, RGS.

30. Henry Morton Stanley, *How I Found Livingstone in Central Africa*. Londres: Sampson Low, Marston, 1895, p. 271.

31. Ibid., p. 27.

32. Ibid., p. 331.

33. Diário de Henry Morton Stanley, 11 ago. 1872, em Tim Jeal, *The Impossible Life of Africa's Greatest Explorer*. New Haven: Yale University Press, 2008, p. 133.

34. Stanley para o rev. Horace Waller, 29 jul. 1872.

35. James Augustus Grant, "On Mr. H. M. Stanley's Exploration of the Victoria Nyanza". *Proceedings of the Royal Geographical Society*, 29 nov. 1875.

36. "When a British Official Dodged Victorian Prudery to Publish the Kamasutra in English". *Quartz India*, 27 jun. 2019.

37. Robert Irwin, *The Arabian Nights: A Companion*. Londres: Allen Lane; Penguin, 1994. p. 36.

38. Isabel Burton, *The Life of...*, op. cit., v. 1, p. 442.

39. Richard Burton e Verney Lovett Cameron, *To the Gold Coast for Gold*. Charleston: BiblioBazaar, 2006, v. 2, p. 1.

40. Id. "A Trip Up the Congo or Zaire River". *The Geographical Magazine*, 1 jul. 1875.

41. Id., "Terminal Essay", em *The Arabian Nights...*, op. cit.

42. George Smalley, "Mr. Smalley on Capt. Burton". *New York Tribune*, n. 358, RAS.

43. Ibid.

44. George Smalley, "Sir Richard Burton: Some Personal Recollections of an Extraordinary Man". *New York Tribune*, 2 nov. 1890.

45. Id., "Mr. Smalley on Capt. Burton", op. cit.

46. Isabel Burton, prefácio da editora, em *The Lusiads*. Londres: Bernard Quaritch, 1880.

47. Ibid., p. xvi. "Malebouche" é um substantivo anglo-normando que significa "boca ruim" ou uma pessoa que é a personificação da calúnia. O lema de Burton vem do poema épico "Jerusalém libertada", do poeta italiano do século XVI, Torquato Tasso, a quem ele credita no início do livro. A citação de Tasso é: *"Brama assai, poco spera e nulla chiede"*.

EPÍLOGO — CINZAS [pp. 277-87]

1. Isabel Burton, "Who Last Wins". *Fraser's Magazine for Town and Country*, v. 79, jan./jun. 1869.
2. Ibid.
3. Ibid.
4. John Hanning Speke, "Captain Speke's Discovery of the Victoria Nyanza, the Supposed Source of the Nile, Part III", op. cit., p. 570.
5. Ibid.
6. John Hanning Speke, *Journal of the Discovery of the Source of the Nile*, op. cit., p. 203.
7. Adrian Wisnicki, "Cartographical Quandaries: The Limits of Knowledge Production in Burton's and Speke's Search for the Source of the Nile", op. cit., p. 465.
8. The Hidden Histories Exhibition.
9. A Real Sociedade Geográfica fez uma exposição sobre os africanos de Bombaim em 2008, como parte de seu projeto Crossing Continents: Connecting Communities [Cruzando Continentes: Conectando Comunidades].
10. Burton para Ouida (Maria Louise Ramé), 2 abr. 1886, BL.
11. Isabel Burton, *The Life of Captain Sir Richard F. Burton*, op. cit., v. 1, p. 284.
12. Isabel Burton e W. H. Wilkins, *The Romance of Isabel Lady Burton: The Story of Her Life*, op. cit., p. 723.
13. Isabel Burton para Alice Bird, 10 abr. 1887.
14. Burton já havia publicado esse livro com o título *O jardim perfumado*, mas nunca ficara satisfeito com a tradução e o título.
15. Isabel Burton e W. H. Wilkins, *The Romance of...*, op. cit., pp. 723-4.
16. Isabel Burton, *The Life of...*, op. cit., p. 529.
17. Isabel Burton e W. H. Wilkins, *The Romance of...*, op. cit., p. 723.
18. Isabel Burton, *The Life of...*, op. cit., v. 1, p. 410.
19. Isabel Burton para Maria Stisted, apud biografia de Burton de Thomas Wright, op. cit., pp. 246-7.
20. Mary Lovell, op. cit., p. 732.
21. Georgiana Stisted, *The True Life of Capt. Sir Richard F. Burton*, op. cit., p. 414.
22. Isabel Burton, *The Life of...*, op. cit., v. 1, p. 417.
23. Isabel Burton e W. H. Wilkins, *The Romance of...*, op. cit., p. 724.
24. Ibid., p. 725.
25. Ibid., p. 726.
26. Ibid.

Bibliografia selecionada

AGA, Selim. *Incidents Connected with the Life of Selim Aga, a Native of Central Africa*. Aberdeen: W. Bennett, 1846.
ALPERS, Edward A. *East Africa and the Indian Ocean*. Princeton: Markus Wiener Publishers, 2009.
_____. *Ivory & Slaves in East Central Africa*. Berkeley: University of California Press, 1975.
AMARAT, Habshi. *African Elites in India*. Ahmedabad: Mapin, 2006.
BAKER, J. N. L. "John Hanning Speke". *The Geographical Journal*, v. 128, n. 4, dez. 1962, pp. 385-8.
BANAJI, D. R. *Bombay and the Sidis*. Londres: Macmillan, 1932.
BASSETT, Thomas J. "Indigenous Mapmaking in Intertropical Africa". *History of Cartography*, v. 2, livro 3. Chicago: University of Chicago Press, 1987.
BLUNT, Wilfrid Scawen. *My Diaries: Being a Personal Narrative of Events, 1888-1914*. Nova York: Alfred A. Knopf, 1923.
BRIDGES, R. C. "Europeans and East Africans in the Age of Exploration". *The Geographical Journal*, v. 139, n. 2, jun. 1973, pp. 220-32.
_____. "Sir John Speke and the Royal Geographical Society". *The Uganda Journal*, v. 26, n. 1, mar. 1962, pp. 23-43.
BRODIE, Fawn M. *The Devil Drives: A Life of Sir Richard Burton*. Nova York: W. W. Norton, 1967.
BURTON, Isabel. *The Inner Life of Syria, Palestine, and the Holy Land: From My Private Journal*. Londres: Henry S. King, 1876.
_____. *The Life of Captain Sir Richard F. Burton*. Londres: Chapman & Hall, LD, 1893. 2 v.
_____; WILKINS, W. H. *The Romance of Isabel Lady Burton: The Story of Her Life*. Nova York: Dodd Mead, 1897.

BURTON, Richard F. *First Footsteps in East Africa; or, An Exploration of Harar*. Londres: Tylston & Edwards, 1894.

_____. *The Book of the Thousand Nights and a Night, A Plain and Literal Translation of the Arabian Nights' Entertainments, with Introduction Explanatory Notes on the Manners and Customs of Moslem Men and a Terminal Essay upon the History of the Nights*. Impresso por Burton Club apenas para assinantes exclusivos, 1885.

_____. *The City of the Saints "and Across the Rocky Mountains to California"*. Londres: Longmans, 1861.

_____. *The Lake Regions of Central Africa*. Nova York: Harper, 1860.

_____ (trad.); BURTON, Isabel (Org.). *The Lusiads*. Londres: Bernard Quaritch, 1880.

_____. "Narrative of a Trip to Harar". *The Journal of the Royal Geographical Society of London*, v. 25, Londres, John Murray, Albemarle Street, pp. 1855, 136-50.

_____. *The Nile Basin*. Londres: Tinsley, 1864.

_____. *Personal Narrative of a Pilgrimage to Al-Madinah & Meccah*. Nova York: Dover, 1964. 2 v.

_____. *Wit and Wisdom from West Africa; or, a Book of Proverbial Philosophy, Idioms, Enigmas, and Laconisms*. Londres: Tinsley, 1865.

_____. *Zanzibar: City, Island and Coast*. Honolulu: University Press of the Pacific, 2003. 2 v.

_____; CAMERON, Verney Lovett. *To the Gold Coast for Gold*. Charleston: BiblioBazaar, 2006.

CARNOCHAN, W. B. *The Sad Story of Burton, Speke, and the Nile; or, Was John Hanning Speke a Cad?: Looking at the Evidence*. Stanford: Stanford General, 2006.

CASADA, James A. "James A. Grant and the Royal Geographical Society". *The Geographical Journal*, v. 140, n. 2, jun. 1974, pp. 245-53.

CASEY, Bart. *The Double Life of Laurence Oliphant: Victorian Pilgrim and Prophet*. Nova York: Post Hill, 2015.

CASSANELLI, Lee V. *The Shaping of Somali Society: Reconstructing the History of a Pastoral People, 1600-1900*. Filadélfia: University of Pennsylvania Press, 1982.

CLARKE, Edward Daniel. *Travels in Various Countries of Europe, Asia and Africa, Part the Second: Greece, Egypt and the Holy Land*. Londres: T. Cadell and W. Davies Strand, 1814.

COLLINS, Robert O. *The Nile*. New Haven: Yale University Press, 2002.

COUPLAND, R. *East Africa and Its Invaders: From the Earliest Times to the Death of Seyyid Said in 1856*. Oxford: Clarendon, 1938.

CUMMINS, Joseph. *The War Chronicles: From Flintlocks to Machine Guns*. Beverly: Fair Winds Press, 2009.

DE SILVA JAYASURIYA, Shihan; PANKHURST, Richard (Orgs.). *The African Diaspora in the Indian Ocean*. Asmara: Africa World Press; Brill, 2003.

DE SILVA JAYASURIYA, Shihan; ANGENOT, Jean-Pierre. *Uncovering the History of Africans in Asia*. Leiden: Brill, 2008.

DOWNS, Jonathan. *Discovery at Rosetta: The Ancient Stone That Unlocked the Mysteries of Ancient Egypt*. Nova York: Skyhorse, 2008.

DRIVER, Felix: "The Active Life: The Explorer as Biographical Subject". In: *Oxford Dictionary of National Biography*. Oxford: Oxford University Perss, 2005.

DUGARD, Martin. *Into Africa: The Epic Adventures of Stanley & Livingstone*. Nova York: Broadway Books, 2003.

FABIAN, Johannes. *Out of Our Minds: Reason and Madness in the Exploration of Central Africa*. Berkeley: University of California Press, 2000.

FINKELSTEIN, David. "Unraveling Speke: The Unknown Revision of an African Exploration Classic". *History of Africa*, v. 3, 2003, pp. 117-32.

GALTON, Francis. *The Art of Travel; or, Shifts and Contrivances Available in Wild Countries*. Londres: Phoenix, 1872.

_____. *Memories of My Life*. Londres: Methuen, 1908.

GEIKIE, Archibald. *Life of Sir Roderick I. Murchison*. Londres: John Murray, 1875.

GILSON MILLER, Susan (Trad. e Org.). *Disorienting Encounters: Travels of a Moroccan Scholar in France in 1845-1846*. Londres: University of California Press, 1992.

GODSALL, Jon R. *The Tangled Web: A Life of Sir Richard Burton*. Leicester: Matador, 2008.

GOLDSMID, Sir Frederic John. *James Outram: A Biography*. Londres: Smith, Elder, 1880. 2 v.

GRANT, James Augustus. *A Walk Across Africa; or, Domestic Scenes from My Nile Journal*. Londres: William Blackwood, 1864.

HARRIS, Frank. *Contemporary Portraits*. Nova York: Mitchell Kennerley, 1915.

HAYMAN, John (Org.). *Sir Richard Burton's Travels in Arabia and Africa: Four Lectures from a Huntington Library Manuscript*. San Marino: Huntington, 1990.

HELDRING, J. W. *The Killing of Dr. Albrecht Roscher*. Bloomington: Xlibris, 2011.

HENDERSON, Philip. *The Life of Laurence Oliphant: Traveller, Diplomat and Mystic*. Londres: Robert Hale, 1956.

HITCHMAN, Francis. *Richard F. Burton, K. C. M. G., His Early Private and Public Life*. Londres: Sampson Low, Marston, Searle & Rivington, 1887. 2 v.

HOPPER, Mathew S. "East Africa and the End of the Indian Ocean Slave Trade". *Journal of African Development*, v. 13, n. 1-2, 2011, pp. 39-66.

HOSKOTE, Ranjit. *Hunchprose*. Nova Délhi: Penguin; Hamish Hamilton, 2021.

HUMPHRIES, John. *Search for the Nile's Source: The Ruined Reputation of John Petherick, Nineteenth-Century Welsh Explorer*. Cardiff: University of Wales Press, 2013.

IRWIN, Robert. *The Arabian Nights: A Companion*. Londres: Allen Lane; Penguin, 1994.

JEAL, Tim. *Explorers of the Nile: The Triumph and Tragedy of a Great Victorian Adventure*. New Haven: Yale University Press, 2011.

JOHNSTON, Harry Hamilton. *The Nile Quest: A Record of the Exploration of the Nile and Its Basin*. Londres: Lawrence & Bullen, [1903].

JUTZI, Alan (Org.). *In Search of Sir Richard Burton: Papers from a Huntington Library Symposium*. San Marino: Huntington Library, 1993.

KARKLINS, Karlis. "Identifying Beads Used in the 19th-Century Central East Africa Trade". *BEADS: Journal of the Society of Bead Researchers*, v. 4, 1992.

KENNEDY, Dane. *The Highly Civilized Man: Richard Burton and the Victorian World*. Cambridge (EUA): Harvard University Press, 2005.

_____. *The Last Blank Spaces: Exploring Africa and Australia*. Cambridge (EUA): Harvard University Press, 2013.

KEYNES, Quentin. *The Search for the Source of the Nile: Correspondence Between Captain Richard Burton, Captain John Speke and Others, from Burton's Unpublished East African Letter Book;*

Together with Other Related Letters and Papers in the Collection of Quentin Keynes. Londres: The Roxburghe Club, 1999.

KHAMIS, K. S.; OMAR, H. H. *Historia Fupi Ya Zanzaibar*. Zanzibar: Idara ya Nyaraka, Makumbusho na Mambo ya Kale, 1994.

KRAPF, J. L. *Travels, Researches and Missionary Labors During an Eighteen Years' Residence in Eastern Africa*. Boston: Ticknor & Fields, 1860.

LANGLANDS, B. W. "Concepts of the Nile". *The Uganda Journal*, v. 26, n. 1, mar. 1962, pp. 1-22.

LAWRANCE, Benjamin N.; OSBORN, Emily Lynn; ROBERTS, Richard L. *Intermediaries, Interpreters, and Clerks: African Employees in the Making of Colonial Africa*. Madison: University of Wisconsin Press, 2006.

LIVINGSTONE, David. *The Last Journals of David Livingstone, in Central Africa, from 1865 to His Death*. v. 1. Londres: John Murray, 1874.

_____. *The Last Journals of David Livingstone, in Central Africa, from 1865 to His Death*. v. 2. Nova York: Dossier, 2015.

LOVELL, Mary S. *A Rage to Live: A Biography of Richard and Isabel Burton*. Nova York: W. W. Norton, 1998.

LUDWIG, Emil. *The Nile: The Life-Story of a River*. Nova York: Viking, 1937.

MACKENZIE, John. *David Livingstone and the Victorian Encounter with Africa*. Londres: National Portrait Gallery, 1996.

MAITLAND, Alexander. *Speke*. Newton Abbot: Victorian Book Club, 1973.

MARKHAM, Clements R. *The Fifty Years' Work of the Royal Geographical Society*. Londres: John Murray, 1881.

MCCARTHY, James. *Selim Aga: A Slave's Odyssey*. Edimburgo: Luath, 2006.

MCLYNN, Frank. *Burton: Snow Upon the Desert*. Londres: John Murray, 1990.

_____. *Hearts of Darkness: The European Exploration of Africa*. Nova York: Carroll & Graf, 1992.

MEYER, Karl A. *Tournament of Shadows: The Great Game and the Race for Empire in Central Asia*. Nova York: Basic Books, 1999.

MIDANT-REYNES, Beatrix. *The Prehistory of Egypt: From the First Egyptians to the First Pharaohs*. Oxford: Blackwell, 1992.

MOOREHEAD, Alan. *The White Nile*. Nova York: Dell, 1960.

MORRIS, Jan. *Heaven's Command: An Imperial Progress*. Londres: Harvest, 1973.

NEWMAN, James L. *Paths Without Glory: Richard Francis Burton in Africa*. Washington: Potomac, 2010.

OLIPHANT, Margaret. *Memoir of the Life of Laurence Oliphant and of Alice Oliphant, His Wife*. Londres: William Blackwood, 1892.

OLIVER, Caroline. *Western Women in Colonial Africa*. Londres: Greenwood, 1982.

ONDAATJE, Christopher. *Journey to the Source of the Nile*. Buffalo: Firefly Books, 1999.

_____. *Sindh Revisited: A Journey in the Footsteps of Captain Sir Richard Francis Burton, 1842-1849: The Indian Years*. Toronto: HarperCollins, 1996.

PAAS, Steven. *Johannes Rebmann: A Servant of God in Africa Before the Rise of Western Colonialism*. Eugene: Wipf & Stock, 2018.

PALLAVER, Karin. "Nyamwezi Participation in Nineteenth-Century East African Long-Distance Trade". *Africa*, v. 41, n. 3-4, 2006, pp. 513-31.

PENZER, Norman M. *An Annotated Bibliography of Sir Richard Francis Burton*. Mansfield Centre: Martino, 2004.

PETHERICK, John. *Travels in Central Africa, and Explorations of the Western Nile Tributaries*. v. 2. Londres: FB; Dalton, 2017.

_____; PETHERICK, Katherine Harriet Edleman. *Travels in Central Africa, and Explorations of the Western Nile Tributaries*. v. 1. Londres: FB; Dalton, 2017.

PLAYFAIR, Robert Lambert. *An Account of Aden: Reprinted from "A History of Arabia Felix"*. Aden: The Jail, 1859.

PORTER, Andrew. *The Oxford History of the British Empire: The Nineteenth Century*. Oxford: Oxford University Press, 1999.

RALLI, Augustus. *Christians in Mecca*. Londres: Kennikat, 1909.

RAY, John. *The Rosetta Stone and the Rebirth of Ancient Egypt*. Cambridge (EUA): Harvard University Press, 2007.

REID, Richard J. *A History of Modern Uganda*. Cambridge: Cambridge University Press, 2017.

RICE, Edward. *Captain Sir Richard Francis Burton*. Cambridge: Da Capo, 2001.

RICHARDS, Alfred Bates; WILSON, Andrew; BADDELEY, Clair. *A Sketch of the Career of Richard F. Burton*. Londres: Waterlow, 1886.

RIGBY, Christopher Palmer; RUSSELL, Mrs. Charles E. B. (Orgs.). *General Rigby, Zanzibar and the Slave Trade*. Nova York: Negro Universities Press, 1970.

ROTBERG, Robert I. *Africa and Its Explorers: Motives, Methods, and Impact*. Cambridge (EUA): Harvard University Press, 1970.

SAAD, Elias N. *Social History of Timbuktu*. Cambridge: Cambridge University Press, 1983.

SATTIN, Anthony. *The Gates of Africa: Death, Discovery, and the Search for Timbuktu*. Nova York: St. Martin's, 2003.

SCHAFFER, Simon; ROBERTS, Lissa; RAJ, Kapil; DELBOURGO, James (Org.). *The Brokered World: Go-Betweens and Global Intelligence, 1770-1820*. Sagamore Beach: Watson Publishing International, 2009.

SCHWARTZ, Stuart B. *Implicit Understandings: Observing, Reporting, and Reflecting on the Encounters Between Europeans and Other Peoples in the Early Modern Era*. Cambridge: Press Syndicate of the University of Cambridge, 1994.

SHETH, Ketaki. *A Certain Grace: The Sidi — Indians of African Descent*. Nova Délhi: Photoink, 2013.

SIMPSON, Donald. *Dark Companions: The African Contribution to the European Exploration of East Africa*. Londres: Paul Elck, 1975.

SINEMA, Kyrsten. *Who Must Die in Rwanda's Genocide: The State of Exception Realized*. Londres: Lexington, 2015.

SPEKE, John Hanning. *Journal of the Discovery of the Source of the Nile*. Londres: J. M. Dent, 1863.

_____. *What Led to the Discovery of the Source of the Nile*. Edimburgo: William Blackwood, 1864.

SPEKE, John Hanning; GRANT, James Augustus; SWAYNE, George Carless. *Lake Victoria; a Narrative of Explorations in Search of the Source of the Nile. Compiled from the Memoirs of Captains Speke and Grant*. Londres: British Library, 1868.

STAFFORD, Robert A. *Scientist of Empire*. Cambridge: Cambridge University Press, 1989.

STANLEY, Henry M. *How I Found Livingstone in Central Africa*. Londres: Sampson Low, Marston, 1895.

STILWELL, Sean. *Slavery and Slaving in African History*. Cambridge: Cambridge University Press, 2014.

STISTED, Georgiana M. *The True Life of Capt. Sir Richard F. Burton*. Nova York: Cosimo Classics, 2004.

_____. "Reminiscences of Sir Richard Burton". *Temple Bar*, jul. 1891.

STOKER, Bram. *Personal Reminiscences of Henry Irving*. Londres: William Heinemann, 1906. 2 v.

SUTTON, J. E. G. "The Antecedents of the Interlacustrine Kingdoms". *Journal of African History*, v. 34, 1993, pp. 33-64.

TAYLOR, Ann. *Laurence Oliphant, 1829-1888*. Oxford: Oxford University Press, 1982.

TEMPLE-RASTON, Dina. *Justice on the Grass: Three Rwandan Journalists, Their Trial for War Crimes, and a Nation's Quest for Redemption*. Nova York: Free Press, 2005.

TROTTER, Lionel James. *The Bayard of India: A Life of General Sir James Outram, Bart. G. C. B. etc.* Londres: William Blackwood, 1923.

TROUTT POWELL, Eve M. *A Different Shade of Colonialism: Egypt, Great Britain, and the Mastery of the Sudan*. Berkeley: University of California Press, 2003.

WILKINSON, Toby. *The Nile: Downstream Through Egypt's Past and Present*. Londres: Bloomsbury, 2014.

_____. *The Rise and Fall of Ancient Egypt*. Nova York: Random House, 2010.

WILSON, Robert T. *History of the British Expedition to Egypt*. Filadélfia: Conrad, 1803.

WISNICKI, Adrian. "Cartographical Quandaries: The Limits of Knowledge Production in Burton's and Speke's Search for the Source of the Nile". *History in Africa*, v. 35, 2008, pp. 455-79.

_____. "Charting the Frontier: Indigenous Geography, Arab-Nyamwezi Caravans, and the East African Expedition of 1856-59". *Victorian Studies*, v. 51, n. 1, outono 2008, pp. 103-37.

_____. *Fieldwork of Empire, 1840-1900: Intercultural Dynamics in the Production of British Expeditionary Literature*. Nova York: Routledge, 2019.

WRIGHT, Thomas. *The Life of Sir Richard Burton*. Londres: Everett, 1906. 2 v.

YOUNG, Donald. "The Selected Correspondence of Sir Richard Burton, 1848-1890". Tese, Universidade de Nebraska, 1979.

_____; KEYNES, Quentin. *The Search for the Source of the Nile: Correspondence between Captain Richard Burton, Captain John Speke and Others, from Burton's Unpublished East African Letter Book; Together with Other Related Letters and Papers in the Collection of Quentin Keynes*. Londres: The Roxburghe Club, 1999.

Índice remissivo

abban (protetor), 49-53
Adam Bede (Eliot), 199
Adams, Henry, 214
Áden, 15, 25, 40, 94; Burton e Speke em, após a Expedição da África Oriental, 190-2; início da expedição da Somalilândia em, 39-43, 51-4; Speke em, 45-7, 114; Steinhaüser em, 191
África: algodão de Gujarat como artigo de troca na, 106; cartografia da, 91; colonização europeia e "corrida pela", 281; duas montanhas mais altas na, 33, 299-300*n*; epidemia de cólera na, 186; explorações de Burton na, Ocidental, 246-7; línguas da, 226; mapa mais antigo da, 90; missionários na, 91, 140, 242; mito camítico e, 248, 279; partes em branco dos mapas da, 90; regiões da, não cartografadas, 90-1; *ver também* África Oriental; Somalilândia e somalis; *países e reinos específicos*
África Oriental: abolição da escravidão na, 282; assentamentos de escravos livres na, 282; beleza da, 138-9; Burton sobre missionários na, 242; caravanas na, 116, 138-9, 151; chwezi (povo) e, 140; comerciantes árabes na, 140-1; contágio de varíola na, 151; espíritos malignos da, eram brancos, 242; exploração de Krapf, Rebmann e Erhardt na, 33-4, 299-300*n*; hima (povo) e, 140; histórias de Krapf sobre enormes lagos interiores na, 34; lago Nyanza, 156, 160, 171, 173-4; lago Nyasa, 156; lago Tanganica, 92, 118, 120, 137, 140, 152, 154-6, 159-71; mapa da, desenhado por Erhardt e Rebmann, 91-3; montanhas da Lua na, 32, 35, 37, 91, 202, 251; montanhas Rubeho na, 152; nyamwezi (povo) e, 140-1; populações de língua banto na, 140; povos wakaranga, wavinza e wajiji na, 161-2; redes de comércio na, 140-1; região dos lagos na, 88, 92; reinos da, 140; tráfico de escravizados na, 96, 104; Unyanyembe (povo) e, 141; vale do Rift Ocidental na, 160; vili (povo) e, 140; yao/ajaua (povo), 103-5
Aga, Selim, 272
Aga Khan, 32

Albert, príncipe consorte, 237
Alexander, Sir James, 263
Alexandre, o Grande, 35
Alexandria (Egito), 11-3; Speke em, 250-1
Alice no País das Maravilhas (Carroll), 248
Ambar, Malik, 107
Andrade, Gaetano, 95, 115, 144-5, 151, 156, 163, 175, 178
Aquascutum (fabricante de casacos), 76
Arbuthnot, Foster Fitzgerald, 272
Art of Travel, The [A arte de viajar] (Galton), 199
Artémise (navio de guerra), 115-6, 119, 170; Burton ouve os canhões de, 142
Ártico, expedição ao, 92
Arundell, família: catolicismo e, 79; Furze Hall e, 80, 82; linhagem ancestral da, 79; velha canção sobre a, 79
Arundell, Blanche, 86, 88
Arundell, Elizabeth Gerard, 80, 83, 210-3, 243-4
Arundell, Henry, 79-80, 244-5
Arundell, Sir Thomas, 79
Asilo de Lunáticos do Condado de Surrey, 213
Associação Britânica para o Progresso da Ciência, 195, 202, 257-8; Burton-Speke sobre "o grande debate sobre o Nilo" e, 258-61, 263-4; notícia da morte de Speke e, 263-5; palestra de Burton sobre o Daomé para a, 258, 267; reunião anual da, em Bath, 257-8, 260-1, 263
Athenaeum, The (revista), 91, 271

Back, Sir George, almirante, 92, 98
Badger, George Percy, 25
Badr, Sidi, 107
Baker, Florence, 237
Baker, Samuel, 237-9
Balaclava, batalha de, 75-6
banto (língua e povo), 104, 140, 226
Baudelaire: *As flores do mal*, 200; censurado, 200

Beatson, W. F., 76-7; Cavalo de Beatson (unidade de cavalaria), 76
Bechuanalândia (atual Botswana), 150
Bimbashi, Selim, 36
Bioko, ilha de (antiga Fernando Pó), 246-7, 257; Burton nomeado cônsul de, 246, 248; produção literária de Burton na, 246-7
Bird, George, 245
Blackwood, John, 202; autores publicados por, 202; casa de verão de, na Escócia (Fife), 202; ghost-writer contratado para Speke e, 253; *Journal of the Discovery of the Source of the Nile* [Diário da descoberta da nascente do Nilo] de Speke e, 252, 254-5; Oliphant e, 202-3; raiva de Speke por Burton e, 230-2; Speke e, 202-3, 218, 256
Blackwood, William, 253-4
Blackwood's Magazine (revista), 202; diários de viagem de Speke na, 202-3, 218, 230-1
Blaeu, Willem Janszoon, 90
Blyth, Edward, 71
Bombaim (Índia), 37, 95; acusações contra Burton enviadas ao governo britânico em, 204, 206
Bombay, Sidi Mubarak, 103-10, 115; apelidos, 143; chega ao lago Tanganica, 160; como guia de Cameron, 280; como guia de Stanley e encontro com Livingstone, 270-1, 280; "derrubado por uma febre intermitente", 156; escravização e, 104-7, 186, 282-3; Expedição da África Oriental de Burton e, 103-10, 115, 118, 143-4, 156, 160, 163, 168, 175-7, 185, 190; expedição de Speke ao lago Nyanza e, 215, 225, 227, 229-30, 232-3, 235; libertação de, e retorno para a África, 107-8; línguas faladas por, 109; medalha de prata e recompensa monetária de, 251, 280; morte de Speke e, 270; morte de, 283; nome adquirido de, 107; partida de Burton e, 190-1; primeira viagem de Speke ao lago Nyanza e, 175-7; quilômetros viajados por, na África, 280; seu escravizado

Mabruki, 118, 143, 175, 227; Speke e, 109-10, 143-4, 183-4, 215, 225, 232-3, 280; talentos e qualidades de, 109, 143-4, 185, 215; viagem de Speke e, a Kasengé, 163, 168
Book of the Sword, The [O livro da espada] (Burton), 23
Boulogne, França, 22, 74, 82, 84-7, 214, 241
Bowman, Sir William, 159
Buganda, reino de, 140, 231, 253; expedição ao lago Nyanza chega ao, 234; Kampala atual e, 231; rei Mutesa I de, 140, 234
Buist, George, 69-70
Bunyoro, reino de, 234, 236
Burton, Edward, 21-2, 47, 82, 169, 213
Burton, Hagar, 81-2, 86
Burton, Isabel Arundell, 79-88; amizade de, com uma cigana, 81, 86; aparição de Richard Burton a, 88; apelidada de "Daisy", 81, 86; aulas de esgrima de, 244-5; Burton-Speke sobre "o grande debate sobre o Nilo" e, 260; busca de aventuras e, 82-5, 243-4; caráter de, 81, 85, 87; carta/ poema anônima de Zanzibar para, 209; casamento de trinta anos com Richard Burton, 268; casa-se com Richard Burton, 244-5; catolicismo e, 79, 88, 211, 285-6; conversão religiosa de Richard Burton e, 211-3, 242, 245, 285-6; família e herança de, 79; funda o Stella Club, 86; infância de, 80-1; *Inner Life of Syria, Palestine, and the Holy Land, The* [A vida interior da Síria, Palestina e da Terra Santa], 268; morte de Richard Burton e, 285-6; morte de Speke e, 264; nome de Richard Burton entalhado na Torre de Pisa e, 208-9; nomeação de Richard Burton para Trieste e, 268, 283-7; nomeações consulares de Richard Burton e, 246, 267; oposição da mãe de, a Richard Burton, 208-13, 242, 244; pedida em casamento por Richard Burton, 87; prepara-se para ser esposa de Richard Burton, 244-5; primeiros encontros de, com Richard Burton, 82-4, 86-7, 214; prognósticos do horóscopo para, 81; proteção do legado de Richard Burton e, 283-7; queima *O jardim perfumado*, 286-7; "Quem vence por último" escrito por, 278; reencontro com Richard Burton em Londres, 210; "Regras para minha orientação como esposa" escritas por, 244; relembra o busto de Speke encomendado pelo marido, 278; retrato de Richard Burton guardado por, 210; Richard Burton como seu destino, 82, 84-8; Richard Burton defende Speke para, 197; rompimento Burton-Speke e, 258-9; saúde e aparência ruins de Richard Burton e, 210; sobre Richard Burton, 200-1; tradução de Richard Burton de *Os lusíadas* e, 274; ultimato de Richard Burton e, 243-4; viagem de Richard Burton à América e, 143-4; viagens de, pela Europa, 208
Burton, John Hill, 254
Burton, Joseph Netterville, 21, 74, 172
Burton, Maria, 21, 74
Burton, Richard Francis: acusações de Rigby e resposta de, 204-7; acusações de Speke contra Petherick e, 255-6; adverte a possibilidade de uma rebelião indiana, 169; afirma que "linguistas são uma raça perigosa", 25; agentes de (irmãos Grindlay), 245; alter ego Shaykh Abdullah de, 19, 26-7, 31-2, 49; amizades de, 200-1; antropologia e, 241; aparência de, 21-2, 82, 210, 214; avaliação de Galton sobre, 199; aversão de, pela Inglaterra, 22; bens de, perdidos num incêndio, 245-6; caçadas de Speke e, 116-7; caráter de, 41, 54, 77, 101, 199-200, 274-5; como figura controversa, 199, 211; como orador público, 258; culpa de, pela morte de Stroyan, 65; defende Speke, 197-8; defende Selim Aga, 272-3; depressão de, após término das expedições, 187, 208; descreve Speke, 46; dístico em árabe sobre traição e, 207; drogas alucinógenas e, 141-2; encontro com Smalley, 273-4; encontros sexuais e inte-

resse por práticas sexuais de, 23; envia Speke ao Wady Nogal, 49, 71; escravidão e, 118, 139-40; exploração da África Ocidental, 246-7, 258; família, 52; ferimento de dardo e cicatriz de, no ataque somali, 60-1, 63-4, 74; funda o Cannibal Club, 248-9, 272; Guerra da Crimeia e, 69, 75-7; habilidades de, na esgrima, 22-3; Hamerton descrito por, 169-70; hipnose e, 141, 284; infarto de, 284; interesse de, pelo sobrenatural, 141; irmãos de, 21-2; lema "*poco spero, nulla chiedo*" de, 275, 323*n*; lembra de Speke, 277-8; Lorde Lytton sobre, 246; mar interior de Erhardt e Rebmann e, 91-2; membro fundador da Sociedade Antropológica de Londres, 248; mistério da nascente do Nilo e, 88, 269-71; mórmons e, 241-3; morte da mãe de, 52; morte de Speke e carta de, ao *Times*, 267; morte de Speke e, 264-7; morte do pai de, 172; morte de, 283-7; no Cairo, 32-3, 37; nomeado cônsul em Bioko, 246-8, 257; nomeado cônsul em Damasco, 267; nomeado cônsul em Santos, 267; nomeado cônsul em Trieste, 268, 283-7; oftalmia e, 159-60; olhos de, 21; Oliphant e, 77, 191-3, 197, 259; opiniões de, sobre raça, 272-3; origens e infância de, 20-4, 80; perdas familiares de, 213; poligenismo e, 248, 272; poliglota e linguista, 20, 23-5, 120, 173, 241, 298*n*; posição de, sobre manter a nomenclatura nativa de características geográficas, 226-7; ponto baixo da vida de, 213-4; preferência de, por roupas árabes, 49; preocupação genuína de Speke com a saúde de, 158-9; primeira vez de, no Nilo, 37; provérbio sobre viagens citado por, 137; queixas e ciúme de Speke, 70-2, 100-1, 110, 120, 179, 184-5, 188, 192-4, 203, 206-7, 220-1, 256; raiva e depressão de, após a Expedição da África Oriental, 187, 208, 240, 247; Real Sociedade Geográfica e, 33, 195-8 (*ver também* Real Sociedade Geográfica); relação e casamento de, com Isabel Arundell, 79-88, 208-13, 244-5, 283-7; religião e, 28-9, 211-3, 241-2, 245; reprimenda de Grant e reação de, 271; reunião anual da Associação Britânica para o Progresso da Ciência em Bath e, 258-61, 263-4, 267; Rigby e, 25-6, 154, 186-9; saúde de, 111-2, 151, 156-8, 167-8, 178, 187, 191-2, 199, 210, 214; serviço de, na Companhia das Índias Orientais, 24, 37; sobre caça de animais grande porte, 117; sobre poligamia, 242-3; Speke como rival de, 197, 199, 201-4; Speke como segundo em comando da Expedição da África Oriental e, 89, 93-5, 98-101, 110, 115-7, 120, 143-4, 147-52, 155-6, 161, 163-6, 169, 171-9, 183-6 (*ver também* Expedição da África Oriental); Speke considerado ignorante por, 174; Speke e, sobre "o grande debate sobre o Nilo", 258-61, 263-4, 267; Speke na expedição da Somalilândia e ferimento de, 47, 53-4, 57-65, 72-3 (*ver também* expedição da Somalilândia); Steinhaüser e, 95, 100, 110, 120, 191, 240-3; talento literário de, 253; título de cavaleiro de, 283; traições de Speke e, 191-3, 204-8, 220-1; últimos anos de, 283-7; "um, azarado", 214; Zanzibar e, 95-8

Burton, Richard Francis, escritos de: *A Complete System of Bayonet Exercise* [Um sistema completo de exercícios de baioneta], 23; *As mil e uma noites* (tradução), 272; editora fictícia e, 272; etnológicos, 23; *Falconry in the Valley of the Indus* [Falcoaria no vale do Indo], 24; *First Footsteps in East Africa* [Primeiros passos na África Oriental], 72; *Kama Sutra* (tradução), 272; *O jardim perfumado* (tradução inacabada e destruída), 286-7; *Os lusíadas* (tradução), 274; reaparição do manuscrito perdido sobre Zanzibar e, 269; sobre Expedição da África Oriental ao *Journal* da Royal Geographical Society, 203, 252; *The Book of the Sword* [O livro da espada], 23; *The City of the Saints* [A cidade dos santos], 241; *The Kasidah* (poema épico), 247; *The Lake Regions of Central Africa* [As regiões dos lagos da África Central], 230; traduções de obras eróticas e, 272, 283-7; uso do pseudônimo Francis Baker e, 247; *Wit and Wisdom from West Africa* [Sagacidade e sabedoria da África Ocidental], 247

Burton, Richard Francis, expedições de: a Harar, 48, 51-2, 69, 74, 84; a Meca, 19-21, 26-31, 84, 141; à África Oriental (1857), 92-3, 108-20, 137-40, 155-74, 178-9, 183-93; à Somalilândia de 1854, 15, 48, 54-65, 69-71; proposta de, às regiões dos lagos da África Oriental, 92-3; à América do Norte, 240-3

Cairo (Egito): Burton no, 32-3, 37; Shepheard Hotel no, 32, 34
Cameron, Verney Lovett, 280-1
Camões, Luís de, 274
Cannibal Club, 247-9; membros do, 248-9; pornografia e, 248-9; Swinburne escreve o Catecismo do Canibal e, 249
Cardigan, James Brudenell, sétimo conde de, 75-6; homenageado com nome de suéter, 76
"carga da Brigada Ligeira, A" (Tennyson), 75
Carter, Henry, 40-1
Cartum (Sudão), 35, 217, 219, 255; Petherick vice-cônsul em, 217-8, 238-9, 255-6
Cary, John, 90
Ceilão (atual Sri Lanka), 73
Champollion, Jean-François, 13
chapéu *wideawake*, 176
Chuma, James, 280, 282
Churchill, Winston, 32, 76
chwezi (povo), 140
City of the Saints, The [A cidade dos santos] (Burton), 241
Cochet, Ladislas, 187
Coghlan, William, 70, 74
cólera, 186

Companhia das Índias Orientais, 20, 24-5, 40; Burton como intérprete na, 24-5; busca de Burton pela nascente do Nilo e, 39; Comissão Examinadora de Bombaim e, 25; Expedição da África Oriental de Burton e, 94; licença da, de Burton, 37; processo do exame de línguas e, 24-5; Rigby na, 25-6
Companhia de Navegação a Vapor Peninsular e Oriental (P&O), 43
Complete System of Bayonet Exercise, A [Um sistema completo de exercícios de baioneta] (Burton), 23
Conrad, Joseph, 202; *O coração das trevas*, 202
Cooley, William, 92; *Inner Africa Laid Open* [África interior exposta], 300*n*
coração das trevas, O (Conrad), 202
Creswicke Rawlinson, Sir Henry, 280
crocodilos, 101, 164, 236

Daomé, reino de, 247; palestra de Burton sobre, 258, 267
Darwin, Charles, 15, 195, 199; *A origem das espécies*, 195, 248
Davis, Daniel, 261-2, 266
De Bono, Amabile Musa, 236-7
Disraeli, Benjamin, 81; *Tancredo*, 81, 87
Dodgson, Charles (Lewis Carroll), 248; *Alice no País das Maravilhas*, 248
Dormer, Kitty, 258
Drácula (Stoker), 21
Dragon of Salem (navio britânico), 190
Driver, Felix, 281
drogas alucinógenas, 141-2

Egito: estudiosos franceses no, 12; invasão de Napoleão ao, 11, 32; obsessão europeia com o, 13-4; Pedra de Roseta no, 11-3; planície aluvial do Nilo e densidade populacional no, 34-5; vitória britânica sobre a França no, 11-2
elefantes, 104, 116-7, 119-20, 149, 172; presas de, 105
Elgin, oitavo conde de, 191

Eliot, George (Mary Ann Evans), 199, 202; *Adam Bede*, 199; Blackwood e, 202

Elphinstone (chalupa de guerra), 95-6

Elphinstone, lorde (governador de Bombaim), 95, 100, 203

Erhardt, Jakob, 34, 36; crença em um mar interior africano, 91; financiamento para, 94; mapa desenhado por, 91-3, 155-6

escravidão, 15, 96, 104; abolição da, na África Oriental, 282; abolição da, na Grã-Bretanha, 282; Burton escreve sobre, 139-40; Burton liberta cinco pessoas em situação de, 140; caminho para libertação da, na Índia, 106-7; campanhas anti, 282; captura e venda de Bombay e, 104-5; descrição de Smee sobre, 106; ilha de Kilwa e, 105; luta de Livingstone contra, 196; nos Estados Unidos, 106, 282; preços médios da escravização humana, 106; Proclamação de Emancipação e, 248; província de Ujiji e, 161; rotas de tráfico e, 139; Zanzibar e, 105-6, 115, 161, 186

Estados Unidos: descrições de Burton dos povos nativos do, 241; Guerra Civil Americana e, 237, 241, 248; mórmons e, 241-2; Proclamação da Emancipação e, 248; *The City of the Saints* [A cidade dos santos] (Burton) e, 241; visita de Burton e Steinhaüser aos, 240-3

Etiópia, 281; cordilheira Ahmar na, 48; Harar e, 48, 52, 107

Everest, George, 206

Everest, monte (Sagarmartha), 206; expedição Hillary ao, com guia Tenzing Norgay, 281

expedição à Meca, 26-31, 84; Burton visita a Caaba em, 28-30; ocultista Hockley e, 141; pertences de Burton e, 26-7; preparação e disfarce de Burton para, 26-7; sextante de Burton e, 19, 26-8; suspeitas do servo Mohammed e, 27-8

expedição à Somalilândia (1854), 15, 37-65, 69-72; armas para, 56; ataque somali à, 58-62; Berbera e, 55-7; Burton aceita riscos para, 39, 41; Burton aprende somali na, 41; Burton criticado pela, 69-70; Burton e a culpa pela morte de Stroyan na, 64-5; Burton ferido na, 60-1; Burton recruta membros para, 41-2; camelos e equipamentos na, 56; caravana de Ogaden e, 57; comando de Burton na, 37-8; condições da Companhia das Índias Orientais para, 39; consulta de Burton a Krapf para, 38; espera por um navio de suprimentos de Áden e, 57; fim da, 65; *First Footsteps in East Africa* [Primeiros passos na África Oriental] (Burton) e, 72; guardas armadas contratados para, 53-4; Herne e, 59-61, 64-5, 70; mulheres somalis entram na, 57-8; obstáculos de Outram e, 40-1; partida de Áden e, 54; plano de Burton para, 38, 41; preparativos para, 48; rota da, 39, 53; segurança da, 56; Speke e, 45-7, 53-64, 70-2; Stroyan e, 41-2, 48, 55-6, 59; Stroyan morto na, 64-5; tamanho, 55

Expedição da África Oriental (1857), 15-6, 92-102, 109-20, 137-40, 143; ajuda de Hamerton para, 115, 154; apoio de Back à, 92; bandeira da, 137-8; besouro entra no ouvido de Speke durante a, 164-5, 259; Bombay e, 103-10, 115, 118, 143-4, 156, 160, 185, 190; burros e mulas na, 117, 145-6, 190; Burton descreve o lago Tanganica na, 160, 171; Burton descreve o povo wajiji na, 161-2; Burton descreve o retorno de Speke de Kasengé na, 166; Burton descreve o rio Pangani na, 101-2; Burton satisfeito com as descobertas da, 172; caravana da, chega em Ujiji com suprimentos e más notícias, 169-70; chega a Kazeh, 155-7; chega a Mombaça, 99; chega ao "Passo Terrível", 152; coisas que Burton carregava consigo na, 113-4; conselho de Hamerton e, 118-9; conselhos sobre rota da, 99, 156; cozinheiros de Goa e, 95, 111, 145, 151, 156; danos causados pelo clima na, 146-7; desapontamentos, contratempos e tragédias na, 120, 142-4; descontentamento de Speke com a, 98-100, 110, 120, 172-3, 227-8; deserções da, 143; doença contraída por Speke na, conhecida como "pequenos ferros", 183-5; doenças e febres na, 111-2, 147, 150-2, 156, 158-60, 162-3, 186; em Ujiji, 161-3, 166-70; em Zanzibar à costa do continente, 98-102; em Zimbili, 157; encontros e ataques de animais na, 148-50; equipamentos e contratações da, 97-8, 103, 113-8, 141, 145, 154-5, 157; escolha de roupas para, 113-4; escravizados e, 118, 143; esgotamento de comida e fome durante a, 152-3, 168-9; expectativa de duração da, 116; fim da, 190-1; financiamento da, 93-4, 114-5, 189-90, 201, 205-6; inexistência de assistência médica na, 158; instruções de Burton para, 93; instrumentos científicos e, 95, 112-3, 147-8; *kirangozi* (guia) e, 138-9; *kuhonga* (presentes) e, 114-6, 153, 166; lago Tanganica e, 92, 118, 120, 137, 140, 152, 154-6, 159-71; *Louisa* (bote salva-vidas) e, 98, 117, 120, 162; maleta perdida durante a, 143; "mapa da lesma" e, 155-6; mensagens deixadas ao longo da rota da, 139; morte de Hamerton e perda de suporte da, 142-3; na estação militar de Chogué, 103, 109-10, 115, 306n; necessidade de barcos para, 120, 162-3, 166; oftalmia e, 159-60; opinião de Burton sobre membros da, 145; ordem dos membros na caminhada da, 138-9; pagamento de Ramji e, 204; pagamento para os membros da, 115, 190; *pagazi* (carregadores) e, 138; para em Áden, 95; parte para Wale Point e Kaole, 116-8, 137; pede ajuda ao consulado, 153-4; perigos da, 119-20, 153; primeira parada da (Kuingani), 139, 141-2; procura de Burton por Rebmann durante a, 97-9; Ramji chega com guardas e carregadores durante a, 115-7, 156; reação de Burton à alegação de Speke sobre ter descoberto a nascente do Nilo Branco e, 178-9; relação Speke-Burton durante a, 100, 147-8, 158-9, 172-3, 183-5; retorna a Kazeh, 170-4, 177-8; retorna a Zanzibar (1859), 186-7; ritmo da, 144, 155, 161; rotina diária durante a, 144-5; Said como *ras kafilah* (guia de caravana) na, 115-7, 144, 151, 153, 157, 168, 174-5, 185; saúde de Burton durante a, 147, 151, 156-8, 162, 167-8, 171-3, 178, 187; segue rotas do tráfico de escravizados, 139; sinais de perigo na, 139; soldados para, 145; Speke como segundo em comando da, 89, 93-5, 98-101, 110, 115-7, 120, 143-4, 147-52, 155-6, 161, 163-6, 169, 171-9, 183-6, 190, 203; Speke defende um desvio na rota da, para o Nyanza, 173-4; Speke parte para Kasengé durante a, 163-6; Speke vai ao lago Nyanza durante a, 171, 173-9; Steinhaüser e, 95, 100; tamanho da, 115-6, 145; terreno coberto pela, 148-9; uso de fundos pessoais de Burton e Speke para a, 189-90, 204; Zanzibar e, 95-8, 113, 115-6

expedição ao lago Nyanza (1860), 192-8, 201, 217-21, 225-39, 250-1; alegação de realeza de Speke e, 231-2, 234; Baker enviado a Gondokoro para encontrar Speke durante a, 236-9; Baraka e Speke e, 232, 234; Bombay como membro da, 215, 225, 227, 229-30, 232-3, 235; caça de animais grandes e, 228; Cartum como destino final da, 217; chega a Gondokoro, 236-7; contratação de membros e equipamento para a, 215-21, 227; cristianismo de Speke e, 235; de Gondokoro a Alexandria de barco, 251; decisões de Speke na, 217; deixa Kazeh e fica detida em Uzinza, 229; deserções da, 228-9; doença e tratamento de Speke durante a, 229-30; encontro da nascente do Nilo Branco durante a, 235-6; de Stanley, 270-1; febres e inflamação das pernas de Grant durante a, 229-30, 234; financiamento da,

201, 218; fúria de Speke e ataque a Bombay durante a, 232-3; Grant enviado à frente para Bunyoro durante a, 234-6; Grant segundo em comando da, 216-7, 219-20, 225, 227-30, 317*n*; membros da, recebem medalhas e recompensas monetárias, 251; moléstias e doenças durante a, 229-30; notícias transmitidas em Gondokoro sobre a, 237-8; parte de Zanzibar para Kazeh, 228-9; Petherick e, 217-9, 233-4, 237-9, 318*n*; plano de seguir o Nilo Branco até Gondokoro e, 217; provisões baixas na, 229; retorna a Zanzibar, 251; Rigby e, 227-9; rota da, 217; Said bin Salim contratado para, 227; Speke maltrata Petherick durante a, 239; tamanho da, 228; travessia de Karagwe e Buganda na, 231, 234, 318*n*; Zanzibar como ponto inicial da, 217, 225-8

explorador/ exploradores, 14-5; assassinato de Albrecht Roscher, 228; assassinato do francês Maizan na África, 112-3; conseguem penetrar no Sudd, 36; contratação de homens em Zanzibar por, conhecida como "testemunho nativo", 108; descobertas de, levam à conquista e à colonização, 15, 281-2; Krapf, Rebmann e Erhardt na África Oriental, 33-4; Livingstone como o mais famoso, da Grã-Bretanha, 15, 149-50; mudança de nome de acidentes geográficos, 226-7, 236; nascente do Nilo como o Santo Graal dos, 34; Petherick e os afluentes do Nilo, 217-8; primeira subida completa do Nilo por McGrigor, 279; reconhecimento de guias nativos por, 280-1; Speke no Tibete, 44-5; *The Art of Travel* [A arte de viajar] e, 199; Vasco da Gama em Zanzibar, 95-6; *ver também exploradores específicos*

Falconry in the Valley of the Indus [Falcoaria no vale do Indo] (Burton), 24
febre tifoide, 111-2

Findlay, Alexander George, 264
First Footsteps in East Africa [Primeiros passos na África Oriental] (Burton), 72
Flaubert, Gustave: censura e, 199-200; *Madame Bovary*, 199-200
flores do mal, As (Baudelaire), 200
Folhas de relva (Whitman), 199
Forster, E. M., 202
Franklin, John, 92
Frost, sr. (boticário), 116, 118-9, 169-70
Fuller, George, 261-2, 266
Fuller, John Bird, 261

Galle (Ceilão), 191
Galton, Francis, 199, 201, 219, 264; cunha a expressão "*nature versus nurture*" [hereditariedade versus meio], 199; eugenia e, 199; resumo de Burton e Speke e, 199; *The Art of Travel* [A arte de viajar], 199
Gama, Vasco da, 95-6, 273
Gondokoro (Sudão do Sul), missão alemã de, 217, 219; Baker encontra Speke em, 237-8; Bono e Speke em, 236-7; discurso de Speke e, 255; expedição ao lago Nyanza chega a, 236-7; plano de Speke de encontrar Petherick em, 233-4, 236-7
Grã-Bretanha, 14-5; censura e puritanismo na, 199-200; cerco de Alexandria e, 12-3; chapéu *wideawake* vitoriano e, 176; colonização pela, 15; comando militar corrupto da, 75; estratégia para achar a nascente do Nilo e, 14; Lei das Publicações Obscenas na, 199; Lei de Abolição da Escravatura na, 282; Lei de Abolição do Comércio de Escravos na, 96; Lei do Comércio de Escravos na, 282; mito camítico e, 279; ocultista Hockley e, 141; Pedra de Roseta e, 12-3; Revolução Industrial e, 76; Segunda Revolução Industrial e, 76; vitorianos e o sobrenatural na, 141
Grande Exposição de Londres (1851), 90
Grant, James Augustus, 216-7, 229-30; apresentação de, sobre a nascente do Nilo na

Real Sociedade Geográfica, 250-1; chega a Zanzibar, 225; expedição de Stanley e, 271; febres e doenças de, 229-30, 234; morte de Speke e, 265-6; relato de, sobre a expedição ao lago Nyanza, 256; repreende Burton, 271; retorna a Londres (1863), 250; segundo em comando na expedição ao lago Nyanza, 216-7, 219-20, 225, 227-30, 317n; Speke e, 219-20, 227-8, 231, 256, 259-60; testemunha execuções, 228

Guerra da Crimeia, 69, 73; "A carga da Brigada Ligeira" e, 75-6; batalha de Balaclava e, 75-6; batalha de Sebastopol e, 76; Burton e, 69, 75-7; cerco de Kars e, 73, 77; Oliphant e, 73-4, 77; Speke e, 73-4, 89; Stella Club e, 86; Tratado de Paris e, 79

Guerras Napoleônicas, 75; *History of the British Expedition to Egypt* [História da expedição britânica ao Egito] (Wilson), 159

Gujarat (Índia), 20, 106-8

Hamed bin Sulayyim, sheik, 166, 168

Hamerton, Atkins, 97, 188; acompanha a expedição que parte de Zanzibar, 115-6, 118-9; aconselha Burton, 118-9; adverte Burton sobre os perigos da expedição, 112-3; adverte o explorador francês Maizan, 112-3; ajuda Burton e Speke, 112; financiamento para a Expedição da África Oriental e, 115, 189, 205-6, 227; morte de, 142-3, 154, 169-70, 172, 187, 189

Hamilton, William Richard, 11; busca pela Pedra de Roseta e, 11, 13; lema da Real Sociedade Geográfica e, 14; recuperação das esculturas do Partenon e, 14

Hankey, Frederick, 200, 214

Harar (Etiópia), 48, 52, 107; Burton sugere trajes árabes em, 48-9; expedição a, 48, 51-2, 69, 74, 84

Harris, Frank, 246

Herne, G. E., 41, 46, 48-9, 56; ataque somali e, 59-61, 64-5, 70

Heródoto, 14, 35

Hillary, Sir Edmund, 281

hima (povo), 140

hipnose, 141

Hipódromo de Ascot (Berkshire), 86

hipopótamos, 99, 101, 116-7, 120, 228, 236; marfim dos, 105

History of the British Expedition to Egypt [História da expedição britânica ao Egito] (Wilson), 159

HMS *Égyptienne*, 13

HMS *Furious*, 191-2, 194

HMS *Terror*, 92

Hockley, Frederick, 141

Hoskote, Ranjit: "Sidi Mubarak Bombay" (poema), 7

Hughes, Thomas, 216; *Tom Brown's School Days* [Tempos de escola de Tom Brown], 216

Hume, David, 254

Hunt, James, 248

ibn Said, Barghash, sultão de Zanzibar, 282

Índia: 13ª Infantaria Nativa de Bengala, 45, 216; algodão de Gujarat, 106; Bengala, 107; Decão, 107; escravizados africanos na, 106-7; ex-escravizados governantes na, 107; morte de irmão de Speke na, 169; Primeira Guerra de Independência da, 169; títulos Habshi ou Sidi para escravos na, 107

Inglaterra *ver* Grã-Bretanha

Inner Africa Laid Open [África interior exposta] (Cooley), 300n

Inner Life of Syria, Palestine, and the Holy Land, The [A vida interior da Síria, Palestina e da Terra Santa] (Isabel Burton), 268

insetos, 149; formigas e, 149; no ouvido de Speke, 164-5, 259; doenças e, 150-1; tipos de formigas e, 149

Jardim Botânico de Londres, 86

jardim perfumado, O (tradução inacabada e destruída de Burton), 284-7
Johnson, Samuel, 15
Jones, Lowri, 281
Journal of the Discovery of the Source of the Nile [Diário da descoberta da nascente do Nilo] (Speke), 254-7; ataque de Speke aos homens que o ajudaram descrito no, 255-6; críticas de Rigby ao, 254; críticos e, 254-5; mapa hindu como fraude no, 254
Journal of the Royal Asiatic Society of Bengal (periódico), 71
Journal of the Royal Geographical Society of London, The (revista), 37, 202; artigo decepcionante de Speke na, 252; edição da, sobre a Expedição da África Oriental de Burton, 203, 252
"juramento de divórcio", 58

Kagera, rio, 279
Kama Sutra (tradução de Burton e Arbuthnot), 272
Karagwe, reino de, 140, 231, 318*n*; rei Rumanika de, 140
Kazeh (África Oriental), 155, 168-74; Expedição da África Oriental chega a, 155-7; Expedição da África Oriental retorna a, 171-3; expedição ao lago Nyanza chega a, 228-9
khat (estimulante), 142
Kilimanjaro, monte, 33, 99, 299-300*n*
Kilwa, ilha, 105, 186
kirangozi (guia), 138-9
Kirk, John, 282
Krapf, Johann, 32-3; expedição ao Nilo e, 36; exploração africana e, 33-4; fascínio de, por idiomas, 33; na África Oriental, 33; perde esposa e filhas, 33
kuhonga (presentes), 114-6, 153, 166; Expedição da África Oriental e, 114-6, 153, 166; expedição ao lago Nyanza e, 232; *masango* (arames de latão), 114; *ushanga* (contas), 114

Kuingani (aldeia), 139, 141-2; profecia do curandeiro de, 141-2

Ladha Damha (coletor da alfândega de Zanzibar), 117, 120; dialeto kutchi e, 120
Lake Regions of Central Africa, The [As regiões dos lagos da *África Central*] (Burton), 230; descrição de Speke em, 230
Lawrence, T. E., 32
Layard, Austen Henry, 257
Lei das Publicações Obscenas, 199
Libéria, 281
Livingstone, David, 15, 149-50, 196, 198, 259; atacado por leão, 149-50; corpo de, tirado da África por guias nativos, 280; desaparecimento de, 270; enterro de, na Abadia de Westminster, 280; expedição para circum-navegar o Nyanza e, 257-8, 270; medalhas para os guias de, 280; morte de, 270-1; Stanley encontra, na África, 270-1
Loango, reino de, 140
Londres: Belgrave Square, 194, 196; Burton retorna a, 197; casamento de Burton-Arundell na Igreja católica bávara, 245; Hatchett's Hotel (Piccadilly), 194; Speke volta a, antes de Burton, 194
luo (povo), 140, 226
lusíadas, Os (tradução de Burton), 273-4; prefácio de Burton para, 274-5, 322*n*
Lytton, Lorde (vice-rei da Índia), 246; sobre Burton, 246

Mabruki (escravizado), 118, 143, 156, 175, 227
Macqueen, James, 227
Madame Bovary (Flaubert), 200
Maizan, Eugène, 40, 112-3, 142
Majid, Sayyid, sultão de Zanzibar, 97, 109, 186
malária, 112, 127; perigos da quinina, 112
mapas, cartógrafos: coleção da Real Sociedade Geográfica, 89-90; da África Oriental, desenhado por Erhardt e Rebmann, 91-2,

155-6; do alto Nilo de Petherick, 217-8; efêmeros, 91; esboço de Speke das viagens ao Nyanza, 194; exibidos na Grande Exposição de Londres, 90; *horror vacui* e, 90; mais antigos da África, 90; mapa hindu de Rigby, 225-6, 254; mapeamento de Speke da África Oriental, 148; partes em branco, 90; primeiros mapas africanos, 91
marajá de Jodhpur, 32
Markham, Clements, 194-5, 265, 314n
Mármores de Elgin, 191
Martin, R. Montgomery, 90
Mary Ann (brigue inglês), 40
massai (tribo), 99
McGrigor, Neil, 279
Meca, 19-20; *ver também* Expedição à Meca
Mezzofanti, Giuseppe Caspar, 212
mil e uma noites, As (trad. de Burton), 95, 272, 283; "Ensaio terminal", 273; resenhas, 272
Milnes, Richard Monckton, 200, 214, 246; Cannibal Club e, 249; casa de campo Fryston Hall, 214; coleção erótica, 200, 214
mito camítico, 279; genocídio de Ruanda e, 279-80
moedas: táler de Maria Tereza ou "dólares", 109
Mombaça: Burton e Speke chegam a, 99; Rebmann e casa da missão de Kisuludini, 99
monogenismo *vs.* poligenismo, 247-8
Montanhas da Lua, 32, 35, 37, 91, 202, 251
mórmons, 241-2; poligamia, 242-3
Murchison, Sir Roderick Impey, 20-1, 37, 94; Burton e, 198; caça e, 195; defende Petherick, 256; distancia-se de Speke, 256-7, 260; família e herança, 195; geólogo, 195; ingratidão de Speke e, 252; memorial de Speke e, 277-8; mentor de Speke, 194-8, 202, 217-9, 251-2; notícia da morte de Speke e, 263-5; presidente da Real Sociedade Geográfica, 194-6, 198; Tarradale House, 195; telegrama de Speke de Alexandria, "o Nilo está resolvido", 251
Museu Britânico, 13

Napoleão Bonaparte, 11-2, 32
Napoleão III e princesa Eugénie, 256-7
Nightingale, Florence, 75, 85-6
Nilo (rio), 12; busca de Baker pela nascente do Nilo Branco, 237; busca de Krapf pela nascente, 32-3; busca pela nascente do Nilo Branco (Bahr-el-Abyad), 91-3, 162; descoberta de Speke da nascente do Nilo Branco, 177, 217, 235, 250-1, 270-1, 279; descoberta de Stanley da nascente do Nilo Branco, 270-1; estratégia britânica para achar a nascente, 14-5; expedição de Krapf, Rebmann e Erhardt, 36-7; expedições fracassadas à nascente, 14; fascínio por, 35; fatos sobre, 34-5; hipopótamos e crocodilos, 236; inundação anual, 34-5; no Cairo, 32; o Sudd e, 36; obstáculos à exploração, 36; percas do, 236; Petherick explora os afluentes, 217; primeira subida do mar à nascente de McGrigor, 279; ramos Azul e Branco, 35; rio Kagera como nascente mais remota, 279; Speke chega ao Nilo Branco em Urondogani, 235-6; tentativas romanas de explorar o Nilo Branco, 36; teorias sobre a nascente, 14, 32, 35-6; *ver também* Expedição da África Oriental de 1857; Expedição do Lago Nyanza de 1860
Norgay, Tenzing, 281
nyamwezi (povo), 140; Burton contrata guias e carregadores do, 140-1
Nyanza (lago) (lago Vitória), 156; cachoeira batizada de Ripon Falls por Speke, 236; circum-navegação de Stanley, 270-1; descrição de Speke, 176-7; mapa de Speke, 194; múltiplos nomes, 156, 216-7; peixes, 177; primeira expedição de Speke ao, 160, 171, 173-8, 198; reação de Burton à mudança de nome, 216-7; rios que fluem do, 178; Speke batiza com o nome da rainha, 226; Speke declara que é a nascente do Nilo Branco, 177, 192, 194-5, 198, 236, 271; tamanho e profundidade, 176-7
Nyasa (lago), 156

oftalmia, 159-60
Ogaden, caravana de, 57
Oliphant, Laurence, 73-4, 77, 191-3; *A próxima campanha* (panfleto), 73, 77; Blackwood e, 202-3; Burton e, 77, 191-3; conversão religiosa, 259; Real Sociedade Geográfica e, 199; rompimento Burton-Speke e, 192-3, 197, 259; Speke e, 191-2, 197, 202-3, 256-7, 259
Oliphant, Sir Anthony, 73
"orientalismo", 13
origem das espécies, A (Darwin), 195, 248
Outline of the Somali Language and Vocabulary, An [Um esboço da língua e do vocabulário somali] (Rigby), 25
Outram, James, 40-1, 45-9, 57, 70-1

pagazi (carregador), 138
Pangani (rio da Tanzânia), 99, 101, 103; estação militar de Chogué, 103, 109-10, 115, 306n
Papworth. Edgar George, 278
Pemba, 95, 186
Petherick, John, 217-9; acusações falsas de Speke, 255-6; aparência, 218; deixa barcos e provisões para Speke, 237-8; desprezo de Speke, 238-9; dificuldades para chegar a Gondokoro, 237-9, 255; família de Speke em Jordans e, 218; financiamento, 218-9, 237; mapa desenhado por, 217-8; Murchison e Burton defendem, 256-7; plano de Speke de encontrá-lo em Gondokoro, 233-34, 318n; Rota de Cartum a Gondokoro, 218-9; rumores de sua morte, 236-7; Speke recebe informação falsa sobre, 237-8; Speke recruta para a Expedição do Lago Nyanza, 217-9
Petherick, Katherine, 238-9, 255-6
Phipps, Constantine, 15
Playfair, Robert, 71, 94
Plínio, o Velho, 35
Ptolomeu, 35; teoria sobre a nascente do Nilo, 35

"Quem vence por último" (Isabel Burton), 278
Quênia, (monte), 33

Raglan, Fitz-Roy Somerset, primeiro barão, 76; erros no comando, 76; Guerra da Crimeia e, 76; manga batizada com seu nome, 76
Ramé, Maria Louise (Ouida), 283
Ramji, chefe da alfândega de Zanzibar, 115-7, 120, 156, 204
Real Sociedade Geográfica, 94, 98-9, *123*, 128-9, 147, 172-3, 179, 189, 192-9, 201-4, 206, 211-12, 215, 217-20, 236-8, 250-2, 256-7, 263-4, 269-71, 277, 280-1, 283, 292; apresentação de Speke e Grant sobre a nascente do Nilo, 250-1; aprovação e financiamento da expedição de Speke ao Nyanza, 201, 217-9; artigos de Speke e, 202-3; Associação Britânica para o Progresso da Ciência e Seção E, 195-6, 257-8, 264; atribui a Burton a Medalha de Fundador, 197; Burton escreve sobre o Nyanza como nascente do Nilo, 192; busca pela nascente do Nilo e, 37, 92; busca pelo dr. Livingstone, 270; cientistas e, 195; concede a Speke a Medalha do Fundador, 251-2; correspondência de Burton com, 33-4, 37-8, 42-3, 51-2, 77; desejo de Speke de uma nova expedição ao Nilo, 193, 199; envia Baker a Gondokoro para se encontrar com Speke, 237; escanteia Speke, 257; estimula Burton a se encontrar com Rebmann, 98; expedição ao Everest de Hillary e, 281; Expedição da África Oriental de 1857 de Burton e, 92, 189, 206; expedição de Burton a Harar e, 52, 74; expedição de Burton a Meca e, 20-1, 33; expedição fracassada de Carter à Somalilândia, 40-1; exploração do interior da África e, 40-1; exposição Hidden Stories of Exploration [Histórias escondidas da exploração] (2009), 281; "famintos anos 1940", 195; financiamento governamental, 89; fi-

nanciamento pessoal de Burton não é reembolsado, 206; foco na exploração, 195-6; geografia *vs.* geologia e, 195-6; ingratidão de Speke e seu relato da expedição ao Nyanza, 252; lema, 14; localização, 89; "mapa da lesma" de Erhardt e Rebmann e, 91-2, 156; Markham presidente, 194; medalhas e recompensa monetária para guias nativos, 251, 280-1; membros famosos, 15; Murchison presidente, 194-6, 198; número de membros, 195-6; objetivos da fundação, 89; oferece a Livingstone expedição ao Nyanza, 257; reconhecimento de guias nativos, 280; relatórios de Burton de África Oriental, 147; sala de mapas e coleção de mapas, 89-90; sede na Burlington House, 250; Speke e, 201-2; Speke instiga lista de acusações contra Burton, 204-5; Speke passa por cima de Burton, 197; Speke precede Burton no retorno à Inglaterra, 191-2; Speke reivindica crédito pela descoberta da nascente do Nilo Branco, 179, 194-5, 250; Stanley recebe a Medalha de Patrono, 271; Subcomitê de Expedição, 199, 201, 206, 219; Wady Nogal e, 49

Rebmann, Johannes, 33-4, 36, 91-3, 98-9, 155-6; 299-300n; crença em um mar interno africano, 91; desenho do mapa da "lesma", 91-3, 98, 155-6; em Mombaça, encontro com Burton e Speke, 98-9; procura de Burton por, 98-9

Reeve, Henry, 272

Rigby, Christopher Palmer, 25-6 127, 154, 186; acidente de carruagem, 187; ataque a Zanzibar e, 186-7; como inimigo de Burton, 25, 154, 186-9, 204-5; cônsul britânico em Zanzibar, 154, 186-9, 204-5; crítica ao livro de Speke, 254; epidemia de cólera em Zanzibar e, 186; Expedição do Lago Nyanza de 1860 e, 227-9; mapa hindu e, 225-6, 254; *Outline of the Somali Language and Vocabulary, An* [Um esboço da língua e do vocabulário somali], 25; queixas de Speke sobre Burton e, 230-1; recusa de honrar financiamento prometido a Burton, 189-91; recusa de se despedir de Burton, 190-1; retorno de Speke a Zanzibar e, 225; Speke e, 188, 197, 201-2, 203-4, 220-1, 229; Speke insta a fazer acusações contra Burton, 204, 206-7

Ripon, lorde, 198, 236
Rodríguez, Valentine, 95
Roosevelt, Theodore, 32
Roscher, Albrecht, 228
Roseta, Pedra de, 11-3
Rub' al-Khali ("Lugar Vazio"), 20
Rubeho (cordilheira), 152
Rufiji (rio), 186
Rusizi (rio), 167-8, 270
Russell, Lorde John, 257

Sade, Marquês de, 200
"safari", 137
Said bin Salim, 115-7, 142-5, 151, 153, 157, 168; despedido, 185; recusa-se a viajar com Speke, 174-5
Saunders, Trelawney, 90
"savants" (sábios), 12
Schamyl (líder muçulmano), 73, 77
Shaw, Norton, 77, 93, 150, 194, 203-4, 263; correspondência com Burton, 33, 37-8, 42, 52, 77, 189, 220-1; correspondência com Speke, 93, 150, 172-3, 189, 194, 203, 216-8; instigação de Speke de lista de acusações contra Burton e, 204-5; notícia da morte de Speke e, 263
"Sidi Mubarak Bombay" (Hoskote), 7
Simpson, Sir James, 76
Singh, Nain, 281
Smalley, George Washburn, 273-4
Smee, Thomas, 106
Smith, Joseph, 242
Smyth, Edmund, 45, 93, 215-6; aventuras de, 215-6; personagem de ficção "Crab Jones" baseado em, 216

Snay bin Amir, sheik, 155-7, 168-9, 173, 178, 184
Snow, Thomas Fitzherbert, 262
sobrenatural: aparição de Burton a Isabel Arundell, 88; curandeiro de Kuingani, 142; interesse de Burton por, 141; interesse vitoriano por, 141; ocultista Hockley, 141; sonho de Oliphant, 191; vidência, 141
Sociedade Antropológica de Londres, 248
Sociedade Etnológica de Londres, 247
Sociedade Missionária da Igreja, 91, 98; mensagem para Rebmann e, 94
Somalilândia e somalis, 39-40; Berbera (cidade), 48, 53-7, 64-5, 69-70, 74; Burton irrita os somalis, 53; feira de Berbera, 41, 48, 55, 57; monção anual, 56; rede de comércio, 40; Speke e, 45-6; violência contra europeus, 40; warsangali de, 50
Speke, Edward, 169, 213, 261
Speke, Georgina, 100, 230-1
Speke, John Hanning, 43-7, 70, 215-21, 225-39, 250-60; *abban* chamado Sumunter e, 49-53; acusação falsa a Petherick, 255-6; Áden e, 45-7, 114, 190-1; ambição de, 188; aparência e temperamento, 43, 46-7, 49; apresentação na Real Sociedade Geográfica sobre a nascente do Nilo, 250-1; avaliado por Galton, 199; Blackwood descreve, 202-3; Bombay e, 109-10, 143-4, 183-4, 215, 225, 232-3, 280; Burton corta comunicação, 220-1; Burton descreve, 46; Burton e, 89; Burton e diário de, 71-2; Burton em contraste com, 43-4; Burton traído por, 191-3, 204-8, 220-1; busto esculpido por Papworth, 278; caça de animais grandes e, 43-5, 98-9, 101, 116-7, 172, 195, 228; caráter, 50-1, 54, 101, 174, 254-5; carreira militar, 43, 45, 73; carta para Playfair em Áden, 94; como orador público, 259-60; congratulações da rainha Vitória, 252; cristianismo e, 242; descobre a nascente do Nilo Branco, 177-9, 192, 194-5, 198, 236, 271, 277-9; desejo de comandar uma nova expedição à África Oriental, 195; "dificuldades da exploração africana", 46-7; editor John Blackwood e, 202-3, 230-1, 252-6; enterro em Jordans, 265-6; esquecido pela história, 277-8; falta de habilidade para escrever, 252-4; Grant e, 219-20, 227-8, 231, 256, 259-60; Guerra da Crimeia e, 73-4, 89; Hamerton e, 188; *Journal of the Discovery of the Source of the Nile* [Diário da descoberta da nascente do Nilo], 254-7; lar ancestral, Jordans, 215, 218; lembranças de Burton de, 277-8; mapa de "lesma" de Erhardt e Rebmann e, 93; mapas e, 254; memorial em Kensington Gardens, 277; monogenismo e, 248; morte do irmão Edward, 169, 213, 261; morte em acidente de tiro, 261-2, 265-6; muda nome do lago Nyanza para Vitória, 226; "o grande debate sobre o Nilo", 258-61, 263-4; obituário em *The Times*, 266, 269; oftalmia e cegueira temporária, 159-61, 165, 176; Oliphant e, 191-2, 197, 202-3, 256-7, 259; Oliphant e, na França, 256-7, 259; opinião pública se volta contra, 255-6; opiniões sobre raça, mito camítico e, 242, 248, 279-80; palestras, 202; perseverança, 44; Petherick e, 217-8, 237-9; prêmios e medalhas, 251-2; presidente Murchison da Real Sociedade Geográfica e, 194-8, 202, 217-9, 251-2, 256-7, 259-60; publicação por Burton de *Diário e observações feitas pelo tenente Speke, ao tentar alcançar o Wady Nogal*, 72; recuperação de ferimentos, 72-3; ressentimento com Burton, 70-2, 100-1, 110, 120, 179, 184-5, 188, 192-4, 203, 206-7, 220-1, 256; retorno à Inglaterra (1859), 191-3; retrato feito por Burton em *The Lake Regions of Central Africa*, 230; Rigby e, 188, 197, 201-4, 206-7, 220-1, 229, 254; roupas árabes e, 49, 174; sala de mapas da Real Sociedade Geográfica e, 89; se diz "duro como tijolos", 216; Smyth e, 45, 93, 215-6; sobre mar

interior de Erhardt e Rebmann, 91-2; sobre poligamia, 242; surdez causada por um besouro no ouvido, 164-5, 259; tentativa de reconciliação de Burton, 220-1; troca nome de acidentes geográficos, 226-7, 236; viagem à Índia com Burton para garantir licença, 94-5

Speke, John Hanning, expedições: Expedição à Somalilândia e ferimentos, 47, 53-4, 57-65, 72-3; expedição a Wady Nogal e seu fracasso, 49, 71-2, 166; Expedição ao Lago Nyanza de 1860, 192-8, 201, 215-21, 225-39, 250-1; Expedição da África Oriental chega ao lago Tanganica, mas não o vê, 161; Expedição da África Oriental, doenças e moléstias, 150-2, 156-9, 162-3, 183-5; Expedição da África Oriental, segundo em comando, 89, 93-5, 98-101, 110, 115-7, 120, 143-4, 147-52, 155-6, 161, 163-6, 169, 171-9, 183-6; Expedição da África Oriental, viagem ao lago Nyanza, 171, 173-8, 198; Expedição da África Oriental, viagem de canoa no lago Tanganica, 162-6; exploração do Tibete, 44-5; Reescreve a Expedição à Somalilândia, 71

Speke, William, 266

Stanley, Henry Morton, 259, 270-1; Bombay e, 270; encontra a nascente do Nilo, 270-1; encontra o dr. Livingstone, 270-1; fama e, 271; ganha a Medalha de Patrono, 271

Steinhaüser, John, 95, 100, 110, 120, 191; viagem à América do Norte com Burton, 240-3

Stisted, Georgiana, 74, 211, 213-4, 267-9, 285

Stisted, Maria, 285

Stocks, John Ellerton, 42-3; morte chocante, 42-3, 65

Stoker, Bram, 258; *Drácula*, 21; encontro com Burton, 21-2

Stratford de Redcliffe, lorde, 77

Stroyan, William, 41-2, 48, 55-6; assassinato, 59, 64-5, 69, 74; Burton exige vingança, 74

Suez (Egito), 19
Susi, Abdullah, 280, 282
Swinburne, Algernon Charles, 21, 249
Sykes, William, 37

Tancredo (Disraeli), 81, 87
Tanganica (lago) (mar de Ujiji), 92, 118, 120, 137, 154-70; besouros e sofrimento de Speke, 164-5; Burton e Speke, primeiros europeus a chegar, 161; Burton escolhe como nascente do Nilo, 269-71; crocodilos, 164; descrição de Burton, 160, 171; Expedição da África Oriental chega e não tem barco, 160, 162; ida e volta de Speke a Kasengé, 163-7; lago de água doce mais longo e o segundo mais profundo, 160, 177; povos que vivem nas margens, 161-2; presença árabe, 161; rumores de um rio que fluía do norte do, 162, 167-8, 270; Speke batiza acidentes de "canal Speke" e "ponta Burton", 226; Uvira, centro de comércio mais setentrional, 167-8

Tanzânia, 104, 140, 155, 226, 282, 289-90
Tasso, Torquato, 323n
Tennyson, Alfred Lorde, 157, 214, 248; "A carga da Brigada Ligeira", 75
Tennyson, Leo, 248
Thuwaini bin Said, 97, 186
Tibete: descobertas de Nain Singh sobre a cidade de Lhasa, 281; exploração de Speke, 44-5; Manasarovar (lago), 45
Times, The, Londres: carta de Burton sobre Schamyl, 77; carta de Burton sobre Speke, 266-7; obituário de Speke, 266, 269
Tom Brown's School Days [Tempos de escola de Tom Brown] (Hughes), 216
Trollope, Anthony, 202

Ujiji, África Oriental, 161; chegada de caravana com suprimentos e más notícias, 169-70; entreposto de marfim e escravizados, 161;

Expedição da África Oriental e, 161-3, 166-70; *tembe* (cabana circular) para Burton, 161-3, 166, 169
Unguja, 95
unyanyembe (povo), 141; chefe Fundikira, 141
Urondogani, junto ao Nilo Branco, 235-6
Uzinza, reino de, 229

varíola, 15-2
vili (povo), 140
Virgílio, 35
Vitória, rainha, 252

Wady Nogal ("Vale Feliz"), 49; diário da expedição de Speke, 72; expedição fracassada de Speke, 49-51, 71-2, 166
Wainwright, Jacob, 280
wajiji (povo), 161-2
wakaranga (povo), 161-2
wavinza (povo), 161-2
Wazira, Muinyi, 145
Whitman, Walt: censura e, 199; *Folhas de relva*, 199
William Blackwood and Sons, 202
Wilson, Robert, *History of the British Expedition to Egypt* [História da expedição britânica ao Egito], 159

Wit and Wisdom from West Africa [Sagacidade e sabedoria da África Ocidental] (Burton), 247

yao ou ajaua (povo da Tanzânia e de Moçambique), 103, 118
Young, Brigham, 242

Zanzibar, 15, 37, 53, 94, 111-2; começo da expedição de Speke ao lago Nyanza, 217; como base da Expedição da África Oriental, 95-8, 170; como parte da Tanzânia, 282; cônsul britânico Hamerton, 97, 112; cônsul britânico Rigby, 154, 186-9, 204-5, 225; cônsul francês Cochet, 187-8; disputa sobre o sultanato de, 97, 186; epidemia de cólera, 186; escravidão e, 105-6, 115, 161, 186; exploradores europeus contratam homens para liderar suas caravanas, 108; fim da escravidão, 282; final da expedição de Speke ao lago Nyanza, 251; geografia e história, 95-6; monção (*masika*) detém expedição de Burton, 97, 113; museu do mercado de escravizados, 282-3; pedido de ajuda de Burton, 153-4; prédio do consulado britânico, 186-7; retorno da Expedição da África Oriental, 186; sultão de, 97, 115

ESTA OBRA FOI COMPOSTA PELO ACQUA ESTÚDIO EM MINION E IMPRESSA
EM OFSETE PELA GRÁFICA BARTIRA SOBRE PAPEL PÓLEN NATURAL DA SUZANO S.A.
PARA A EDITORA SCHWARCZ EM MAIO DE 2025

A marca FSC® é a garantia de que a madeira utilizada na fabricação do papel deste livro provém de florestas que foram gerenciadas de maneira ambientalmente correta, socialmente justa e economicamente viável, além de outras fontes de origem controlada.